교육학개론

INTRODUCTION TO EDUCATION

교육학개론

안병환 · 성낙돈 · 구광현 · 가영희 공저

동 문 사

Preface
머리말

오늘날 사회는 과거 그 어느 때보다 급속하게 변화하고 있다. 즉, 변화의 속도뿐만 아니라 변화의 양적 측면에서 상상하기 어려울 정도의 변화를 보이고 있다. 이러한 급변하는 사회 속에서 자라나는 청소년들에게 바람직한 가치관을 심어주어 바람직한 인간을 길러 주는 노력은 더 중요할 것이다.

교육은 인간생활에서 무엇보다 중요한 활동이다. '어떠한 삶이 바람직한 것인가?', '바람직한 삶을 이끌어 가기 위해서는 어떠한 사람됨이 필요한 것인가?', '바람직한 사회를 조성하고 발전시켜 나가기 위해서는 어떤 사람을 필요로 하며, 사람의 어떤 특성을 필요로 하는 것인가?', '사람을 바람직하게 육성하기 위한 과정과 방법은 무엇인가?' 등과 같은 질문은 우리가 이 세상을 살면서 회피할 수 없는 것들이다. 그리고 이 질문들에 대하여 어떠한 성격과 내용의 답을 제시하고, 또 이에 따른 행동을 하느냐에 따라 삶의 질이 크게 달라진다.

교육을 둘러싼 논의는 끊임없이 의견이 분분하다. 즉, 교육이 지향하는 바와 그 수단의 양상이 복잡·다양하여 교육자를 혼란에 빠지게 한다. '교육이 인간다운 인간형성을 돕는 과정인지, 아니면 신분상승과 사회적 출세를 위한 수단의 과정인지 혹은 민주적 시민이 갖추어야 할 자질을 함양하는 과정인지 또는 좀 더 나은 생활과 윤택한 생활을 통해 삶의 질을 향상시키기 위한 과정인지' 등과 같이 교육의 어떠한 부분에 초점을 맞추는가에 따라 교육의 의미와 내용이 달라진다고 할 수 있다. 바로 이러한 점 때문에 교육학이 중요하다고 할 수 있다. 무엇보다 교육이 추구해야 할 가치와 목적, 내용과 방법, 제도와 행정 등에 대하여 안내하고 지도할 수 있는 길잡이로서의 학문 또는 지식이 필요하기 때문이다.

교육학은 교육에 관해서 탐구하는 학문분야의 지식을 일컫는 것이다. 이는 과학과 철학을 비롯하여 여러 학문을 종합적으로 응용하여 교육에 대한 이해를 심화하는 한편 교육실천에 기여할 수 있는 지식을 체계화하려는 학문이다. 교육학은 '바람직한 인간의 육성과 바람직한 사회의 조성'을 실현할 수 있는 길을 찾는 데 기여하려는 학문이다. 따라서 교육학 공부를 통하여 교육의 방향과 방법을 찾고자 하는 것은 무엇보다 중요한 학습이라 할 수 있다.

따라서 예비교사나 교사들은 교육학에서 연구된 인간이해에 관한 다양한 지식, 이론, 방법 등을 활용하여 교육실제에 적용하는 데 도움을 받을 수 있을 것이다. 또 한편으로는 교육현장에서 발견된 새로운 지식이나 방법 등은 교육학을 보다 더 발전시키는 데 도움을 줄 수도 있을 것이다. 이런 점에서 인간을 보다 바람직한 존재로 길러주는 과정인 교육을 잘 실천하기 위해서는 교육학에 대한 이해가 매우 중요하다고 할 수 있다.

Preface
머리말

이 책에서는 예비교사들에게 필요한 교육의 개념·정의·기능·목적 등을 알아보고, 교육에 대한 역사적, 철학적, 사회적, 심리학적인 개념을 정립하며, 교수-학습 방법, 교육행정학, 평생교육학, 생활지도와 상담 그리고 교사론 등을 포함하는 교육이론을 제시하였다.

이 책은 총 12장으로 구성되었다. 1장에서는 교육의 이해, 2장에서는 교육의 역사적 기초, 3장에서는 교육의 철학적 기초, 4장에서는 교육의 사회적 기초, 5장에서는 교육의 심리학적 기초, 6장에서는 생활지도와 상담, 7장에서는 교육과정의 이해, 8장에서는 교수-학습 지도, 9장에서는 교육평가, 10장에서는 교육행정의 이해, 11장에서는 평생교육의 이해, 12장에서는 교사론 등으로 구성하였다. 이 책은 저자들이 분담하여 집필하였다(안병환 1, 4, 10, 12장, 성낙돈 2, 3장, 구광현 7, 9장, 가영희 5, 6, 8, 11장).

이 책은 일반적으로 교육학개론에서 꼭 다루어야 할 핵심이론들을 요점 중심으로 학습자들이 이해하기 쉽도록 저술하고자 노력했기 때문에, 학습자들이나 교육일선에서 학생들을 가르치고 있는 교수자들에게도 유용한 자료가 될 수 있으리라고 기대된다.

끝으로 이 책을 출판하는데 수고해주신 동문사 이중수 사장님과 유재영 상무님, 직원 여러분들께 감사의 마음을 전한다.

2018년 1월

저자 일동

Contents
차 례

Contents
차 례

CHAPTER

교육의 이해 01

- 1. 교육의 개념
- 2. 교육의 형태
- 3. 교육의 이념, 목적, 목표
- 4. 교육의 가능성과 한계성

교육학은 교육과 관련된 문제를 학문적으로 연구하는 활동이며, 이러한 활동은 "교육이란 무엇인가?"라는 질문으로부터 출발하는 것이라고 할 수 있다. 즉, 교육의 개념과 유형, 목적과 목표, 가능성과 한계성 등을 명확히 이해하는 것은 교육학 연구의 기초가 된다.

이 장에서는, 먼저 교육의 개념을 몇 가지 주요 관점에서 정의하여 보고, 교육의 다양한 형태를 살펴본다. 이어 교육의 목적과 목표 및 이념, 교육의 가능성과 한계성을 아울러 살펴본다.

01 교육의 개념

1) 교육의 어원

교육이란 무엇인지를 간단히 말하기란 매우 어려운 일이다. 왜냐하면 교육에 대한 관점이 다양하기 때문이다. 뿐만 아니라 그 의미가 매우 포괄적이기 때문이기도 하다. 그러면 우선 교육의 의미를 알아보기 위해 한자의 '敎育'의 어원적 의미를 살펴보기로 하자.

오늘날 우리가 쓰고 있는 교육이란 단어는 '敎'자와 '育'자의 합성어이다. '敎'자는 '착함을 권장함으로써 그 잘못된 것을 구제하는 것'이라 하고 있다. '敎'자는 孝(효)와 卜(복)으로 나누어진다. '孝'란 '아래서 본받는다'는 뜻이며, '卜'이란 '가볍게 때려서 주의를 준다'는 뜻이다. 따라서 두 자를 합친 '敎'란 윗사람이 가볍게 때려서 주의를 주어 베풀어 주고, 아랫사람은 본받아서 배운다는 뜻이 된다. 이렇게 보면 '敎'란 외부로부터 주어지는 것, 즉 학습자에게 전통적인 문화와 생활습관, 풍습, 습관, 언어활동 등을 가르쳐 주는 교도, 편달적인 성격을 띠고 있는 것이다. 그리고 '敎'는 깨닫다(悟), 가르치다(訓), 이끌다(導), 배우다(學), 닦다(修), 본받다(倣) 등과도 동의어인 것이다.

한편 '育'자는 '어린이로 하여금 가히 선(善)을 행할 수 있도록 기르는 것', '선하지 않은 자로 하여금 가히 선을 행할 수 있도록 하는 것'이라는 뜻이다. 이 후자의 뜻은 '育'자가 '𠫓'(子를 거꾸로 한 글자)자와 '月'(肉)자가 합해서 이루어진 글자로서 잉태된 어린이의 자세를 상형화한 글자이다. 따라서 '育'이란 보호와 육성을 의미한다. 즉, 학습자가 생득적으로 타고난 소질과 성품이 바르고 순조롭게 자라날 수 있도록 보호하고 키우는 것을 의미하게 된다(김영우 등, 1998).

영어의 education도 라틴어의 educare, educo 등에서 유래된 것이다. 이 단어는 밖으로(e)와 이끌다(ducare)의 합성어이다. 즉, 교육이란 인간이 가지고 있는 잠재소질을 계발하여 육성한다는 의미를 지니고 있다.

2) 교육의 정의

교육에 대한 정의는 다양한 관점에서 논의되고 있어 이를 한마디로 말하기란 대단히 어려운 일이다. 피터즈(Richard Stanley Peters)는 '교육이란 도덕적으로 인정할 수 있는 방법을 통해 의도적으로 전달하는 것'이라고 하였고, 칸트(Immanuel Kant)는 교육이란 '인간을 인간답게 형성하는 작용'이며 '인간은 교육을 통해서만 인간이 될 수 있다'고 하였으며, 루소(Jean-Jacques Rousseau)와 케이(Ellen Karolina Sofia Key)는 '교육이란 인간 스스로의 발전을 위한 조성작용'이라고 하였다. 듀이(John Dewey)는 '교육이란 삶이고 성장이며 사회적 과정이자 축적된 경험의 재구성'이라고 하였고, 페스탈로치(Johann Heinrich Pestalozzi)는 교육을 사회개선의 계속적인 수단으로 보고 3H(Head, Heart, Hand)의 조화를 강조하였다.

이처럼 교육에 대한 정의(definition)는 사람마다 보는 관점에 따라 그리고 주관적 강조점에 따라 각기 다를 수 있다. 이렇게 다양할 수 있는 교육의 정의를 어떤 특정의 정의로 제한하는 것은 가능하지 않다. 이러한 맥락에서 교육에 대한 정의는 어떤 구체적인 내용(substance, content)으로 정의하느냐의 문제이기 이전에 어떤 관점이나 방식으로(form, manner) 정의하느냐의 문제일 수 있다. 말하자면 '정의를 어떻게 정의할 것인가?'의 문제, 즉 '정의의 종류(kinds of definition)'의 문제가 선행한다는 것이다(Kermerling, 2011).

교육을 정의하는 방식도 물론 다양하다. 그중 많이 쓰이는 방식을 살펴보면 크게 기능적 정의, 규범적 정의, 조작적 정의 등으로 나누어 볼 수 있다(이형행, 2004).

(1) 기능적 정의

교육의 기능적(機能的, functional) 정의란 교육이 무엇을 위한 수단인가로 규정하려는 입장이다. 예를 들어, '교육은 국가 사회발전을 위한 수단이다, 교육은 경제발전의 수단이다, 교육은 문화계승 및 발전의 수단이다' 등과 같이 교육이 기여해야 한다고 생각되는 대상에 따라 수많은 정의를 내릴 수 있다.

(2) 규범적 정의

교육의 규범적(規範的, normative) 정의는 교육을 그 궁극적 목적과 결부시켜 당위적으로 규정한다. 교육의 궁극적 목적으로서 어떤 가치와 진리를 내세우느냐에 따라 역시 수많은 규범적 또는 목적론적 정의가 가능하다. 이 정의에 의하면 '교육은 민주시민이 갖추어야 할 자질을 함양하는 과정이다', '교육은 인간을 인간답게 형성하는 과정이다'가 대표적인 예이다. 규범적 정의는 교육의 가치실현을 위한 교육 자체의 발전에 더 비중을 두는 입장이다. 따라서 규범적 또는 목적론적 정의는 국가 사회적 차원에서나 개인적 차원에서 모두 인격완성이나 자아실현이라는 내재적 가치의 실현 또는 영원한 진리나 가치를 추구하는 것을 교육의 중요한 목표로 내세우고 있다.

(3) 조작적 정의

교육의 조작적(操作的, operational) 정의란 특정한 의도나 용도에 따라 교육에 내포된 여러 특성이나 요소 중 특정의 것에 주목하여 '교육을 조작 가능한 행위로 개념화'하는 방식을 말한다. 예를 들어, '지능'은 일반적으로 '한 사람이 잠재적으로 가지고 있는 종합적인 인지적 능력'으로 정의되지만, 어떤 임의적 목적에 따라서는 'IQ 테스트의 결과'로 정의될 수 있다. 이처럼 조작적 정의는 기술적(記述的, descriptive) 정의의 한 형태로, 교육과 관련된 제 요소를 확인(관찰) 가능한 행위로 파악하게 함으로써 교육에 대한 평가와 통제를 용이하게 하고자 할 경우에 사용될 수 있다.

'교육은 인간행동의 계획적인 변화'라는 말이 있는데, 이것이 바로 교육을 조작적으로 정의하는 관점을 보여 주는 예라고 할 수 있다. 즉, 이는 다음과 같은 함의를 가지고 있는 것이다(정범모, 1976).

1 인간행동

교육의 대상은 사람이다. 따라서 '교육은 사람을 기른다, 인격을 함양한다, 인격을 만든다'고 한다. 공업의 직접적 관심이 제조업이고, 농업의 직접 관심사가 쌀과 배추 등인 것과 같이, 교육의 직접적 관심은 사람이다. 교육은 그 자체가 발벗고 경제발전에 나서는 것은 아니며, 경제발전의 직접적인 산업활동이고 경제활동이다. 교육은 이러한 활동에 필요한 인간을 만듦으로써 경제발전에 기여하는 관계에 있는 것이다. 가령, 교육은 농작물을 기르는 것이 아니라 농작물을 기를 줄 알고 기르려는 사람을 기르는 것이다. 인간행동은 뛰고, 말하고, 울고 하는 것과 같이 표출적, 외현적 행동만이 아니라 지식, 사고, 가치관, 성격 등의 내면적 행동도 포함된다.

2 변화

이와 같이 교육은 인간행동, 즉 인간의 지식, 태도, 가치관, 성격 등에 관심을 둔다. 그러면 이러한 인간행동을 어떻게 변화시킬 것인가에 대해 생각해 보아야 한다. 변화란 육성, 조성, 함양, 계발, 성숙, 발달, 증대 등을 포함하는 포괄적인 개념으로 사용하였다.

교육은 없던 지식을 갖게 하고, 미숙했던 사고력을 숙달케 하며, 몰랐던 기술을 몸에 붙여주고, 이러했던 관을 저런 관으로 바꾸어 놓으며, 저런 정신을 이런 정신으로 변화시키는 데에 관심이 있다. 교육은 근본적으로 인간의 생성에 관심을 갖는 역동적인 작업인 것이다. 뜻하는 바가 사고력이면 사고력, 창의력이면 창의력을 길러내느냐 못 길러내느냐 하는 아주 현실적인 문제에 기반을 두고 있는 것이다. 한때 인간개조라는 말이 있었다. 교육은 인간조성과 인간개조에 관심을 둔다. 따라서 교육과 교육학에서 변화는 그 중핵적 개념이 된다.

3 계획적

마지막으로 교육의 정의에서 셋째 요인인 계획이라는 개념을 생각해 보기로 하자. 교육은 그냥 인간행동의 변화라기보다는 계획적인 인간행동의 변화를 말한다. 따라서 계획적이라 함은 첫째, 기르고자 하는 또는 길러야 할 인간행동에 관한 명확한 설정과 의식이 있다는 것, 둘째는 그것을 기를 수 있는 '이렇게 이렇게 하면 이것이 길러진다'는 이론과 실증의 뒷받침이 있는 계획과 과정이 있다는 것을 의미한다. 전자는 명확한 교육목적이 있다는 말이며, 후자는 교육(육성)이론 그리고 그것에 터한 교육프로그램 또는 교육과정(教育課程, Curriculum)이 있다는 말이다. 이러한 말에는 교육이란 교육목적하에 교육과정 또는 교육프로그램을 통하여 체계적으로 인간행동을 변화시키는 것임을 알 수 있다.

3) 교육과 교육학

교육학(敎育學, Pedagogics)은 교육의 현상과 행위에 관한 학문적 탐구 과정과 그 과정을 통해 획득된 지식의 체제를 통칭한 말이다.

교육의 이론적 탐구는 역사적으로 오래전부터 있어 왔다고 할 수 있으나, 교육학(Pädagogik)이란 말을 처음으로 사용하여 그 체계화를 시도한 사람은 19세기 독일의 철학자인 헤르바르트(Johann Friedrich Herbart)인 것으로 알려져 있다. 헤르바르트는 교육학을 교육목적론과 교육방법론으로 구별하고, 교육목적론은 윤리학에 기초하고, 교육방법론은 심리학에 기초한다고 하였다. 그러나 현대사회에서 교육은 일종의 사회적 프로그램으로 실시되고 있으며, 거대한 조직체를 이루어 생활의 여러 다른 측면과 유기적으로 관련되어 있으므로 교육학의 기초학문의 영역이 광범위하고 교육의 현상과 행위의 구조와 규모가 다양하다. 기초학문의 방법론적 측면에서 볼 때 교육철학, 교육사, 교육사회학, 교육심리학, 교육행정학, 교육인류학, 교육경제학 등의 영역이 있으며, 교육의 행위 혹은 활동을 구분할 때 교육목적론, 교육과정, 교육평가, 교육측정, 교육상담, 학교경영, 학급경영, 교수법, 교육정책, 장학론 등의 영역이 있다.

위에서 언급된 바와 같이 교육현상을 학문적으로 체계화하려는 최초의 노력은 헤르바르트에 의해 이루어졌다. 그는 교육의 목적을 윤리학에서 찾고, 교육의 방법을 심리학에서 구하였다. 이를 바탕으로 교육의 전과정을 사변적 이론으로 전개하였다. 그는 인간의 품격형성을 궁극적인 교육목적으로 설정하였다. 즉, 어린이에게 윤리적 감각을 일깨워 주는 윤리적 품성도야가 교육의 주된 목적이었다(김영우 등, 1998).

독일을 중심으로 전개된 이런 사변적 교육학에 반기를 든 사람이 사회학자 뒤르켐(Emile Durkheim)이다. 그는 교육현상이 시대와 민족에 따라 다르다는데 착안하여 교육을 하나의 사회적·역사적 사상(事象), 즉 사회적 사실(social facts)로서 간주하고 이러한 교육사실을 가치중립적인 기술·분류를 통하여 교육을 움직이는 법칙을 파악하려 하였다. 그는 이와 같이 객관적·실증적 방법에 의한 교육학을 '교육의 과학'이라 하였다. 이러한 교육학은 교육의 본질, 목적, 방법, 제도, 행정의 원리를 규범적으로 전제한 가운데 이루어지는 종래의 교육학적 방식을 배제하는 것이었다.

뒤르켐이 의도한 '교육현상에 대한 가치중립적인 연구', 즉 교육과학은 이후 여러 학자들에 의해 계승되면서 교육학적 접근방법 간의 차이를 명확히 하는 데 기여하였다. 즉, 교육학적 연구는 그 성격 및 방법론에 따라 몇 가지로 구분될 수 있음을 알게 되었다. 예를 들어, 프리샤이젠–쾰러(M. Frischeisen-Köhler 1921, W. Brezinka 1992:8에서 재인용)는 교육학적 연구를 그 방법론적 특성에 따라 '경험적 교육학(empirical pedagogics)', '비판적 교육학(critical pedagogics)', '사변적 교육학(speculative pedagogics)'으로 나누어 볼 것을 제안하였다.

이런 맥락에서 본다면, 교육학이란 인간의 발전과 관련된 교육의 현상을 다양한 방법으로 연구하여 그 교육현상의 원인 또는 동기와 그것들의 변천과정을 체계적·논리적으로 설명하여, 보다 바람직한 인간을 형성하려는 학문으로 볼 수 있다.

02 교육의 형태

1) 학교교육·평생교육·대안교육

(1) 학교교육

독일어와 영어의 학교개념인 Schule와 School은 '여가', '한가'를 의미하는 그리스어에 어원을 둔 라틴어 schola에서 유래하였다. 고대 그리스의 아테네인들이 추구하던 인간적인 덕은 내적인 깨달음을 통하여 도달될 수 있는 것이었고, 이러한 인간다움을 추구하는 정신적인 생활은 열려 있는 도야의 과정에서 형성되었다. 어원적인 의미에서 학교는 오늘날처럼 지식전달을 위해 조직적이고 체계적인 외부의 형성작용이 이루어지는 곳을 뜻하는 것이 아니라, 철학자들과 학생들이 자유로운 대화를 통하여 시민으로서의 생활을 준비하는 유희적인 공간을 의미한다고 할 수 있다.

학교의 본래적인 의미인 '여가'는 학교교육의 대상이 자유롭고 한가한 시민계층에 한정되어 있었다는 것을 의미하기도 하지만, 사고하는 주체인 개인이 객관적이고 보편적인 생활의 내용을 강요없이 자유롭게 자기의 것으로 소화하고 논쟁하는 변증법적 과정을 통해서 인간성을 실현하는 교육의 과정과도 관계된 것이다. 이러한 관점에서 학교가 의미하는 '여가'는 교육의 본질을 나타내는 말로 이해할 수 있다. 교육을 상호작용으로 이해한다면, 교육적인 것이란 일방적으로 외부의 영향을 통해서 바람직한 방향으로 인도하는 것이 아니라, '여가'가 의미하는 것처럼 외부에서 주어지는 내용에 대한 개인적인 자기이해와 인간의 내면에서 인간적인 것을 발달시키는 것을 목표로 한다고 할 수 있다. 그러므로 교육적 행위가 일어나는 학교는 인간의 삶에서 요구되는 인간적인 미덕들을 무의미하게 암기시키거나 기억하게 하는 장소가 아니라, 스스로의 반성과 숙고를 통해 진정한 자기 이해에 도달할 수 있는 자유로운 공간이어야 한다.

학교는 개인적인 측면과 사회적인 측면이 조화롭게 결합할 수 있는 교육적 공간이 되어야 한다. 이는 학교가 사회화나 사회이동을 위한 지식이나 기술의 전달 기능에 매몰되어서는 안 되며, 마치 놀이와 같이 그 어떤 것에도 구속됨이 없는 순수하게 자유로운 사고와 탐구활동을 보호하고 촉진할 수 있어야 한다는 것을 의미한다. 이렇게 할 때 학교는 개인의 자율적인 사고를 신장시킬 수 있고, 인간이 삶을 보다 건강하고 풍요롭게 살 수 있는 자질과 역량을 배양할 수 있게 된다는 것이다.

학교의 어원이 자유시간이라는 사실은 주목을 요한다. 오늘날 학교는 기존의 사회적 규범을 학습시키고 일과 직업을 수행하는 데 필요한 지식이나 기술을 가르치는 데 전념하는 곳으로 이해되고 있으나, 그 단어의 뜻은 정반대의 뜻을 가지고 있다. 즉, 학교는 욕구충족에 관심을 두지 '않는', 세계에 대한 여러 활동과 태도에 입문되는 장소였으며, 설명이나 상상과 관련된 여러 활동, 즉 그것 자체를 목적으로 하여 추구되기 때문에 '자유로운' 그리고 '일'이 가져다주는 제약과 불안으로부터 해방되어 있는 그러한 활동들에 입문되는 장소였다(유한구, 2004).

이러한 학교교육은 오늘날 형식교육·제도교육의 대표적 형태로써, 오늘날 대부분의 국가는 국가관리하의 공교육체제를 구축하고 의무교육제도를 실시하고 있다. 즉, 국민을 대상으로 보편적인 이념과 목적을 추구하는 동시에 교육의 내용과 운영에 있어서 통일성을 지향하는 학교교육제도를 실시하고 있다.

학교교육은 일정한 제도로써 의도적·계획적·조직적으로 교육을 하기 위한 시설 내지 기관을 발달시켜 왔다. 학교교육의 이런 발달과정을 보면, 동·서양 모두 고등교육을 실시하는 대학이 먼저 생기고 국민교육제도의 발달과 함께 초등교육이 가장 늦게 생겼다. 학교교육은 아동의 발달단계와 특성을 분석하고, 사회현상을 정치·경제·문화·역사적 측면에서 구명하여 사회의 성원이 될 아동들이 쌓아야 할 경험과 지식을 교육목표와 교육내용으로 구성하여 가르치고 있는 사회적 체제의 하나이며, 현대적 교육제도의 핵심이라고 할 수 있다(강갑원 등, 2006).

(2) 평생교육

평생교육이란 미성년에 대하여 학교에서 이루어지는 공교육뿐만 아니라 성인을 대상으로 학교 밖에서 이루어지는 다양한 유형과 성격의 교육을 모두 포괄하여 종합적으로 지칭하는 말이다. 평생교육의 개념은 크게 두 가지의 통합, 즉 수직적 통합과 수평적 통합을 요구한다. 전자는 유아교육·청소년교육·성인교육·노인교육 등과 같이 발달단계에 따른 교육활동을 시간적인 연장선상에서 통합하는 것을 말하고, 후자는 학교교육·가정교육·사회교육 등과 같이 교육이 일어나는 장소에 따라 구분한 교육활동을 공간적으로 상호연계의 맥락에서 통합하는 것을 말한다. 이처럼 교육을 시공간적으로 통합하여 고찰하고자 하는 것은 '교육활동이 일생을 통해 지속되는 학습을 효과적으로 촉진함으로써 개인적 및 사회적 삶의 질향상에 기여'할 수 있도록 하기 위한 것이다.

평생교육(lifelong education)이란 용어는 1960년대에 렝그랑(P. Lengrand)이 처음으로 사용하였다. 그는 개인의 출생에서부터 사망에 이르기까지 교육을 통합적으로 구성하고 운영·지원해야 한다는 관점에서 평생교육의 개념을 제시하였다. 즉, 모든 사람이 전 생애에 걸쳐 일상의 세계에서 스스로의 삶의 질과 공동체의 삶의 조건을 향상시키기 위한 학습을 효과적으로 지속해 나갈 수 있게 학교와 사회가 함께 도와줄 수 있도록 하는 교육의 역할을 주창한 것이다.

렝그랑에 따르면 평생교육은 '모든 국민들에게 평생을 통해서 각자 자신이 가진 다양한 소질을 계속적으로 발전시키고 사회의 발전에 충분히 참여할 수 있게 하는 교육'이다(Lengrand, 1970). 이러한 개념은 이후 여러 학자들에 의해 발전되어(Dave, 1976) '평생교육은 개인과 집단 모두의 생활의 질을 향상시키기 위하여 개인의 전 생애를 통한 개인적, 사회적, 직업적인 생활을 성취시키는 과정'으로 정의되기에 이르렀다. 이러한 개념은 사실상 '학교교육이 교육의 전부'로 여기던 기존의 관념을 넘어선 것이다.

20세기 후반을 거치며 평생교육은 세계적으로 여러 나라에서 미래지향적으로 추진하는 교육의 체계이며 정책이 되었다. 이는 교육과 관련한 기존의 개념과 이념을 넘어서는, 새로운 교육패러다임으로 등장하였다. 이에 주요국에서의 교육은 궁극적으로 평생교육의 이념과 체계를 지향하고 있으며 이를 효과적으로 구현할 수 있는 방안을 강화하고 있다. 평생교육을 활성화하기 위한 정책도 이러한 맥락에서 지속되고 있다. 그 후 1982년에는 사회교육법이 공포되어 평생교육의 중요성이 인식되었으며, 마침내 1998년에 평생교육법이 제정되었고, 2000년 3월에 시행령이 공포되었다. 2007년 말에는 제2조에서 평생교육의 개념이 새롭게 정의되는 등, 일부 조항이 수정·보완되었다.

우리나라에서 교육의 근간은 1949년에 제정·공포된 교육법에 명시되었는데, 이 법이 이후 여러 차례의 개정을 거치며 체계와 내용의 일관성이 부족하고 변화하는 교육여건에 부응하지 못하는 등의 문제점이 논의됨에 따라, 지속성 있는 교육개혁을 법제적으로 뒷받침하기 위하여 1997년에 교육기본법으로 새롭게 제정되었다. 교육기본법은 자유민주주의 교육체제를 지향하는 헌법정신을 구현하여 학교교육과 사회교육을 포괄하는 교육에 관한 기본적인 사항을 규정하여 모든 교육관계법의 기본법으로 제정된 것이다. 이에 종전의 교육법은 교육기본법, 초·중등교육법, 고등교육법, 평생교육의 체계로 전환되면서 그 내용도 일신하게 되었다.

교육기본법 제정에 의해 새롭게 조성된 교육관련 법체계는 특히 평생교육의 위상을 정립했다는 데 큰 의미 있다. 즉, 교육기본법을 기초로 하여 초·중등교육법, 고등교육법, 평생교육법이 제정됨으로써 평생교육은 초·중등교육이나 대학교육 못지않게 대등한 교육 영역으로 간주되게 되었다. 종전까지 평생교육은 학교교육 위주의 법적 체계와 제도 내에서 주변적인 위치에 머물러 있었다. 평생교육법의 등장으로 이제 학교 외 교육도 적극적인 정책적, 제도적 지원의 대상이 될 수 있게 되었다는 점은 의의가 크다고 할 수 있다.

평생교육이란 말은 처음에는 야간과정(evening course)과 유사한, 비교적 과거에 실천되어 오던 것에 새로운 용어를 적용한 것이나 다름없었다. 그 후 점진적으로 그 아이디어가 전문직 훈련에 적용되었으며, 교육활동의 통합적 전망 속에서 인간의 지적, 정서적, 심미적, 사회적 그리고 정치적인 복합적 측면을 포괄하게 되었다. 그러나 지금은 평생교육이란 개념이 개인과 사회의 관점에서 전체 교육과정(entire educational process)을 포함한다. 처음에는 어린이의 교육에 관계되었다. 즉, 어린이들이 추구하는 자신의 삶(life)을 살아갈 수 있도록 돕는 한편, 미래의 성인으로서 다양한 형태의 자율성과 자기

학습을 위해 준비시키는 것이 기본적 사명이었다. 후기의 학습은 성인을 위해서 필요한 여러 가지의 광범위한 교육구조와 문화적 활동을 개발시키는 것이다. 그러므로 평생교육이란 모든 형태의 교육적 행위로서 순환적 관계의 도구이며 표현인 것이다(Faure et al., 1972).

1998년 제정된 평생교육법은 수차례의 개정을 거친 후 2007년 12월에 크게 수정·보완되었는데, 이때 제2조에서 평생교육의 개념이 보다 좁게 정의되었다. 즉, 평생교육이란 '학교의 정규교육과정을 제외한 학력보완교육, 성인 기초·문자해득교육, 직업능력향상교육, 인문교양교육, 문화예술교육, 시민참여교육 등을 포함하는 모든 형태의 조직적인 교육활동'으로 정의하여 종전의 '학교교육을 제외한 모든 형태의 조직적인 교육활동'이라는 정의에 비해 그 포함 범위가 협소해졌다. 이는 평생교육의 범위를 보다 분명하게 함으로써 평생교육 분야에 대한 행·재정적 정책 및 지원을 보다 용이하고 효율적으로 하여야 한다는 취지가 반영되었다고 볼 수 있다. '문자해득(文字解得)' 교육이라는 용어의 등장은 바로 이 점을 말해주는 예이다. 이 교육은 일상생활을 영위하는데 필요한 기초능력이 부족하여 가정·사회 및 직업생활에서 불편을 느끼는 자들을 대상으로 글을 읽을 수 있는 능력, 즉 문해능력을 갖출 수 있도록 하는 조직화된 교육프로그램을 말하는 것이다. 이러한 교육은 일반적으로 '문해(文解)' 교육분야에 속하는 것이다. 그럼에도 개정된 평생교육법에서는 해당 교육에 대한 지원 및 평가를 책무성의 관점에서 보다 체계적으로 관리하여야 한다는 관점에서 문해교육의 개념을 협의적으로 정의한 것이다.

그런데 평생교육의 개념을 이렇게 협의적으로 정의한 것은 통상 '평생교육론'의 맥락에서 전제되는 평생교육의 개념과는 거리가 있는 것이다. 일반적으로 평생교육은 광의로 이해되면 이는 '전 생애에 걸쳐 지속되는 모든 교육을 염두에 두고 아우르는 개념으로, 아동 및 청소년에서부터 성인·노인에 이르기까지 모든 사람들에 대하여 학교 안에서는 물론 바깥에서 이루어지는 모든 형식 또는 비형식의 교육을 포괄'하여 통합적으로 파악하고자 하는 개념이다.

이러한 관점에서 보면 평생교육법상의 평생교육 개념은 상당히 협의적으로(즉, 사실상 종전의 '사회교육' 개념으로) 규정되어 있다. 이러한 상황은 재정적 정책 및 지원의 경계를 명확히 설정해야 할 법리적인 필요성에서 불가피하게 발생한 것이다. 그러나 평생교육의 개념이 법적으로 제한됨으로 해서 결국 보편적·학술적인 평생교육의 개념과는 크게 상치되게 됨으로써 평생교육과 관련하여 이론과 실제에서는 물론, 의사소통과 담론의 측면에서도 상당한 혼란을 야기하게 되었다. 이 점은 계속 쟁점으로 남게 되었다.

이러한 평생교육의 정의 아래 동법 제4조의 평생교육의 이념을 보면 다음과 같다.

① 모든 국민은 평생교육의 기회를 균등하게 보장받는다.
② 평생교육은 학습자의 자유로운 참여와 자발적인 학습을 기초로 이루어져야 한다.
③ 평생교육은 정치적·개인적 편견의 선전을 위한 방편으로 이용되어서는 아니된다.
④ 일정한 평생교육 과정을 이수한 자에게는 그에 상응하는 자격 및 학력인정 등 사회적 대우를 부여하여야 한다.

이상에서 제시된 내용을 토대로 보면, 평생교육이란 학교 정규교육과정을 제외한 모든 형태의 조직적인 교육활동으로써 개인 및 집단의 생활의 질을 향상시키기 위하여 개인적, 사회적 그리고 전문적 발달을 도모하는 과정이라 볼 수 있다. 즉, 평생교육은 인간의 최대한의 발전을 이룩하기 위하여 행하는 조직적 교육활동이다. 흔히 우리가 말하는 학습사회(learning society) 또는 교육적 사회(educative society)라고 하는 것도 이러한 개념과 관련되어 있다.

(3) 대안교육

대안교육(alternative education)은 '70, '80년대에 시도되었던 민중야학이나 공부방 운동 등을 토양으로 하여, '90년대 초에 소모임이나 종교기관 등에서 방과후나 주말프로그램 또는 방학을 이용한 캠프형태로 다양한 시도들이 이루어졌다. 이러한 노력들은 점차 하나의 흐름을 이루어 자연스럽게 교류가 이루어졌고, '90년대 중반을 넘어서면서 다양한 언론매체에서 여전히 획일적인 기존의 학교교육에 대한 대안으로 주목받게 되었다. 아울러 대안교육은 같은 시기에 추진되고 있던 교육개혁정책과 만나면서, 확대일로에 있던 중도탈락 문제의 해결방안으로 채택되었고, 그 결과 1998년에는 특성화고등학교라는 새로운 제도가 출현했다(이종태, 2001).

대안이란 용어는 사전적 정의에 따르면 둘 혹은 셋 이상에서 하나를 선택할 여지를 말한다. 즉, 하나의 안을 대신하는 새로운 안이 대안(代案)이다. 대안학교는 이러한 안을 실천하는 학교로 현재의 학교교육의 문제점을 비판하고, 그 해결책으로 제시한 안을 실천하는 새로운 형태의 학교라 볼 수 있다(이선숙, 2001).

미국의 경우 대안학교는 일차적으로 공립학교교육에 대한 대안형식으로 시작하여 발전하였으며, 영국의 서머힐 학교(Summerhill School), 독일의 발도로프(Waldorf Schulen 또는 Rudolf Steiner Schulen), 미국의 경우 60년대 자유학교(Free School) 등이 이에 속한다.

우리나라의 경우 1998년 2월 초·중등교육법 시행령에 특정분야의 인재양성(직업분야) 또는 체험위주교육(대안학교)을 할 수 있는 특성화고등학교(교육과정운영의 특성화를 위한 특성화중학교)를 둘 수 있도록 규정함으로써 법제화되었다. 대안교육 분야의 경우 현재 성지고등학교, 간디고등학교, 화랑고등학교 등이 있다.

대안교육의 특성을 보면 다음과 같다.

첫째, 아동들이 주체적이며 자율적인 존재, 교사나 부모에게 종속된 것이 아니라 독립된 인격을 지닌 개체로 본다.

둘째, 아동의 인격과 개성을 존중하는 동시에 공동체 가치를 중시한다. 즉, 대안학교는 공동체생활을 통하여 서로 다른 생각을 가진 사람들을 이해하고 이해관계가 갈등을 일으킬 때, 양보와 타협을 통해 분쟁을 해결하는 체험하도록 한다.

셋째, 아동에 대한 관점의 변화는 학습내용과 방법의 변화를 낳는다. 즉, 아동에 대한 신뢰는 무엇을 어떻게 배워야 할 것인지를 아동에게 맡기는 것이 진정한 학습을 가능케 한다고 본다.

넷째, 생명존중사상 또는 생태주의를 기반으로 한다. 즉, 대안교육은 나와 너의 공존적 관계와 되도록 자연 파괴적인 기계나 편리함보다는 인간의 노동과 불편함을 행복으로 느낄 수 있는 태도를 중시한다.

다섯째, 여기에 당연히 뒤따르는 것으로써 노동(또는 노작)을 중시한다. 일과 놀이와 공부가 엄격히 구분되지 않으며, 일상생활에서 필요한 많은 물건들을 자체 노동으로 조달하기도 하는데, 이것은 곧 사회적 협동을 체험하는 과정이기도 하지만, 생태주의적 가치를 구현하는 것이기도 하다.

여섯째, 공통적으로 작은 학교를 지향한다. 이는 교사와 학생, 학생과 학생 간의 친밀한 인간관계를 위한 것이다.

마지막으로, 대개의 대안학교들은 지역사회와 긴밀한 관계를 유지한다. 이는 교육이 삶의 과정과 유리되지 않고 학생들이 폭넓은 경험을 할 수 있으려면 당연하게 요청되는 것이라고 할 수 있다. 학교는 지역사회의 문화적 구심체이며, 지역사회는 학습의 풍부한 자원이 되는 것이다(이종태, 2001).

그러나 한국의 대안교육은 아직 지원과 체계가 부족하고 실험적 성격이 강하기 때문에 한계를 가지고 있다. 이 점은 공교육과의 충돌, 자생력 부족, 운영체제상의 문제 등으로 인해 나타난 한계점이라고 할 수 있다(최양미, 1996).

① 지적 영역의 미흡으로 인한 교육프로그램의 한계: 지적 영역은 교육의 중요한 부분이다. 그러나 현재 대안교육이 추구하는 교육프로그램은 공교육에서 중시되어 온 교과 영역에서 지나치게 벗어나 있다. 간디학교의 경우 이러한 점을 인식하고 국·영·수 등의 교과는 물론이고 철학교육까지 지식교육의 영역에 포함시키고 있다는 것은 지적 영역의 미흡함을 극복하기 위함이다. 또한 대안교육이 지적 영역 외에 신체적·

정신적 영역에 성과를 거두고 있는지도 불분명하기 때문에 그 한계는 자명해지는 것이다.

② 이중적 학습의 한계: 대안교육프로그램(특히 계절형, 방과후 프로그램, 주말프로그램)에서의 경험과 정규학교에서의 경험 사이에는 커다란 차이점이 있다. 이러한 차이로 인해 학생들이 느끼는 혼란함에 대해 교사와 학부모 역시 대책이 미비한 실정이다. 즉, 이원적 교육프로그램으로 인한 혼란함이 주는 부정적인 요소가 한계로 나타나고 있는 것이다.

③ 지역적 한계: 대안학교는 특정 지역을 중심으로 산발적으로 세워졌다. 이로 인해 지역에 따라 프로그램상의 혜택과 교육효과가 다를 수 있으며 지역성에서 벗어나지 못하고 있는 것이다. 이러한 지역적 한계는 대안교육이 공교육보다 더욱 열악한 여건에 머무를 수밖에 없는 가장 큰 이유라고 할 수 있다.

④ 한정적 교육대상의 한계: 대안교육은 그 대상에 있어서도 한정적이다. 대안학교는 대부분 의무교육으로 지정되어 있는 초·중등교육에 집중되어 있기 때문에 일반학교들과 제도적 충돌이 불가피하며, 입시교육을 배제하고 있기 때문에 교육대상이 국한될 수밖에 없는 실정이다.

⑤ 운영상의 한계: 대안학교는 현재 어떤 형태이든 주류에서 벗어나 있는 상황이기 때문에 운영상의 어려움을 겪고 있다. 그중 교사의 확보와 재정적 문제는 심각하다고 할 수 있다. 대부분의 대안학교는 영세하기 때문에 교사들에 대한 처우가 매우 미흡하여 신분보장조차도 어려운 실정이다. 또한 재정문제는 교사확보뿐만 아니라 교육 기자재 및 자료, 교육공간 및 교육환경 등과 밀접한 관련이 있다.

2) 형식적 교육·무형식적 교육·비형식적 교육

교육은 학교 안에서만 이루어지는 것이 아니고, 학교 밖의 다양한 생활세계에서도 이루어진다. 즉, 교육은 일반적으로 일정한 형식에 의해 조직·운영되지만 형식에 구애받지 않는 방식으로 이루어지기도 하고, 일상의 상황에서 자연스럽게 또는 부지불식간에 이루어지기도 한다. 20세기 후반에 들어 이러한 교육의 관점은 강조되었으며 이에 따라 학교교육뿐만 아니라 사회교육, 성인교육, 평생교육이 주목받게 되었다.

이 같은 맥락에서 쿰스(Coombs 1985; Coombs & Ahmed, 1974)는 교육의 유형을 세 가지로 구분하였다. 형식교육 또는 형식적 교육(formal education)은 정규학교에서의 교육과 같이 엄격한 교육의 체계와 방식 속에서 이루어지는 교육을 뜻한다. 즉, 모든 수준의 공·사립학교를 포함한 교육제도 하에서 이루어지는 교육을 의미한다.

무형식교육 또는 무형식적 교육(informal education)은 형식적 교육과 대비되는 것이다. 이는 일정한 격식이나 형식을 갖추지 않은 채 이루어지는 가운데 교육적인 효과를 발휘하는 교육활동을 뜻한다. 즉, 학습자가 어떤 경험을 통하여 무엇인가를 학습하게 되었다고 할 때, 이때의 학습은 예기치 않게 혹은 원래 의도한 바와는 별도로 얻어진 것일 수 있다. 이렇게 우연적 학습 혹은 부수적·부차적으로 이루어진 학습의 경험을 제공할 수 있게 하는 것이 무형식교육이라고 할 수 있다. 말하자면 무형식교육은 개인의 일상생활과정, 즉 친구들과의 우연한 대화를 통해서, TV 시청을 통해서, 잡지를 봄으로써 그리고 기타 여러 방법을 통해서 일어나는 무계획적 경험에 기초하고 우연히 일어나는 학습이라고 할 수 있다.

한편 비형식교육 또는 비형식적 교육(nonformal education)은 형식적 교육과 무형식적 교육을 제외한 여타의 교육양태를 의미한다. 즉, 이는 어떤 식으로든 조직화된 교육활동이긴 하나, 형식적인 체제 바깥에서 일어나는 교육을 뜻한다. 비형식적 교육은 우리나라에서 평생교육의 개념이 도입되던 1980년대 이전 시기에 많이 사용되던 '사회교육(社會敎育)'의 개념과 흡사한 개념이다.

이러한 용어들이 함의하고 있는 개념을 통해 본다면 교육은 다음과 같은 속성을 가지고 있는 것을 발견할 수 있다(김수일, 1995).

첫째, 교수활동의 신중성과 사려성이라는 면에서 형식·비형식교육은 같은 수준이며, 무형식교육은 사전에 구상되지 않는다는 차이점이 있다. 교수 담당자는 형식교육이 교수자에 의해 수행되지만, 비형식교육·무형식교육은 교수자 이외의 인사에 의해서도 교수활동이 이루어진다.

둘째, 교수내용의 구성에 있어서 형식·비형식교육은 구조화되어 있지만 무형식교육은 그렇지 못하다.

셋째, 교수내용의 추출에서 형식교육은 학습자와 직접 관련이 없는 과거와 미래의 사회·문화적 부분도 인용하고 있으나, 비형식교육은 학습자의 상황에 인접된 사회적 학습내용을, 무형식교육은 학습자가 생활하는 사회적 여건에서 당면한 경험만을 내용으로 한다.

넷째, 학습활동은 비형식·무형식교육에 있어서는 학습자가 당면한 현황에 치우칠 수 있으나, 형식교육에 있어서는 학습자의 미래상황에 중점을 둔다.

다섯째, 교수–학습활동을 위한 내용의 선정과 조직에서 형식교육은 매우 지속적이고 영구적인 경향이 있으나, 비형식교육은 때로는 반영구적이며, 무형식교육은 학습자의 인성과 학습집중의 강도에 따라 즉흥적이거나 일시적일 수 있다.

여섯째, 학습내용에 있어 인용될 개념의 참조는 무형식·비형식교육은 구체적일 수 있으나 형식교육은 추상적일 수도 있다.

일곱째, 세 가지 형식의 교육에 관하여 기능적인 정의는 전통적인 교육과정에 의하여 계획된 학습경험을 학습자에게 제공하는 것이 형식교육이며, 전통적인 교육과정 밖에서 계획된 학습경험을 참여자에게 제공하는 것이 비형식교육이다. 또 비형식교육의 정의에서 '계획된'이라는 세 글자를 제외한 부분이 무형식교육의 정의라고 할 수 있다.

03 교육의 이념, 목적, 목표

1) 교육이념

교육이념은 교육활동이 지향해야 할 가치를 함축적으로 표현한 것, 즉 이상적 관념(理想的 觀念)이라 할 수 있다. 교육이념은 교육목적 및 목표의 원천이 된다.

그런데 사실상 '이념'이라는 말 자체가 애매한 것이고(김안중, 1993) 교육이념이란 말도 여러 가지 의미로 사용되고 있다. 교육이념에 해당하는 영어로는 'educational idea', 'educational ideal', 'educational ideology', 'educational policy' 등이 있을 수 있고 이것들의 의미는 다 다른 것인데, 이 중 어느 것이 우리말 교육이념에 일치하는 것인지는 알기 어렵다는 것이다(신득렬, 2004). 이러한 점을 고려한다면 교육이념이란 말이 구체적으로 어떤 함의(含意)를 내포하고 있느냐 하는 것을 파악하는 데에는 구체적 문맥에 대한 고려가 수반되어야 할 것이다.

듀이에 따르면 이념(ideals)은 '어떻게 살아야 하는가에 대한 가설들(hypotheses about how one should live)'이라 할 수 있는 것으로 '우리가 실제 생활의 경험 속에서 시험해 볼 수 있는 그 무엇'이다. 말하자면 이념은 선(善, the good)에 관한 증거를 발견하기 위한 도구'이다(Dewey 1991 & 1932, Anderson 2014에서 재인용).

한편 오천석(1975)은 교육이념을 '교육적 행위 전체를 지휘하는 근본원리', 즉 '교육 지도의 원리'로 규정하였다. 그리고 교육이념은 다음과 같은 조건을 갖추어야 한다고 하였다.

1 포괄성

교육이념은 반드시 대소 개념을 모순 없이 포함하는 총괄적인 것이 되지 않으면 안 된다.

2 보편성

어느 일부분에만 반영, 실천될 수 있는 것이라면 이것은 교육이념으로서는 부적당하다.

3 기본성

모든 교육활동을 정당화하는 근거가 되어야 한다는 것이다.

4 일관성

온갖 교육활동은 이념에 의거한 원리로 운영되기 때문에 그들 사이에 모순이 있을 수 없으며 시간과 장소에 따라 변하지 않는다.

5 지속성

이성작용에 의하여 도달된 교육이념은 설혹 절대성은 없더라도 비교적 장기간 계속된다.

6 긍정성

어느 사상을 막론하고 그것이 확고한 기초에 놓여지고 항구성을 지니려면 부정적인 것보다 긍정적인 것이 바람직하다.

이념은 또한 다양한 단계 또는 수준에서 표현될 수 있다. 예를 들면, '표언명문(表言名文) 수준', '논의 수준', '합의 수준', '토착문화 수준' 등으로 구분하여 살펴볼 수 있다(정범모, 1976).

2) 교육목적

교육목적(教育目的, educational goal)은 첫째, 교육의 여러 가지 조건을 고려하면서 교육을 통해 성취하려고 하는 궁극적인 표적이며, 둘째, 교육목표와 동의어로 사용하는 경우로써 교육을 통해 성취하려는 구체적인 지향점이라 할 수 있다. 그 미래성과 가치성을 보다 강조하는 경우에는 교육의 이상(理想)이라고도 표현된다. 교육에 관한 모든 활동, 조직이라든가 운영은 모두가 무엇인가의 목적을 향해 유도된다. 교육내용·방법은 말할 것도 없고 학교제도·교육행정·교육재정 등도 모두 교육목적을 능률적이며 효율적으로 달성하기 위해서 계획, 실시되는 것이다. 우리는 흔히 교육목적·교육목표라는 용어를 사용하고 있는데 목적의 개념은 목표보다 넓고 포괄적으로 사용된다. 교육목적은 다분히 추상적·개념적인 성격을 띠는 것임에 반하여, 교육목표는 목적을 이루기 위한 구체적인 내용을 이루게 된다. 그러나 어떤 교육목적인가를 불문하고 교육이 추구하는 가치관을 기반으로 성립되는 것이므로 이상적인 인간상으로 구체화되는데, 가치관은 시대나 장소에 따라 또 논자에 따라 달라지게 되므로 교육목적도 다양하게 진술되는 경우가 많다.

3) 교육목표

교육목표(教育目標, objectives of education)는 의도적 교육실제에 있어서 달성하고자 하는 최종적 교육성과이다. 교육목적을 보다 구체화시킨 항목이라고 할 수도 있다. 교육목표 수립에 있어서는 개인중심적 입장·사회중심적 입장·통합적 입장 등 세 가지가 있다. 개인중심적 입장에서는 학생의 능력·필요·흥미를 기초로 하여 아동 각자의 효과적이고 충실한 발달에 중점을 두어 목표를 세우며, 사회중심적 입장에서는 사회에의 적응 및 개조를 교육의 목적으로 보고 이에 합당한 교육의 목표를 수립한다. 통합적 입장에서 사회는 개인 성원에 의해 구성되고 개선되지만 동시에 사회 또한 개인 성원의 성격·

활동방향을 규제한다고 보며, 사회와 개인의 상호작용적 성질을 중시하여 학생의 사회적 자아실현을 강조하고, 사회의 요청과 개인의 필요를 절충하여 보다 높은 차원의 입장에서 교육목표를 구성코자 한다. 교육목표는 인간행동의 분류에 따른 행동적 특징을 교육의 내용과의 관련하에 진술되기도 한다. 블룸 등(Bloom et al., 1956)에 의하면 '행동적 목표'라고 일컬어지는 교육목표는 인지적·정의적·운동기능적 영역으로 분류되고 있다.

4) 우리나라의 교육의 목적

우리나라의 교육기본법 제2조는 "교육은 홍익인간(弘益人間)의 이념 아래 모든 국민으로 하여금 인격을 도야(陶冶)하고 자주적 생활능력과 민주시민으로서 필요한 자질을 갖추게 함으로써 인간다운 삶을 영위하게 하고 민주국가의 발전과 인류공영(人類共榮)의 이상을 실현하는 데에 이바지하게 함을 목적으로 한다"라고 명시하고 있다.

이러한 교육이념을 바탕으로 교육과정이 추구하는 인간상을 살펴보면 다음과 같다(교육부 고시 제2015-74호).

가. 전인적 성장을 바탕으로 자아정체성을 확립하고 자신의 진로와 삶을 개척하는 자주적인 사람

나. 기초 능력의 바탕 위에 다양한 발상과 도전으로 새로운 것을 창출하는 창의적인 사람

다. 문화적 소양과 다원적 가치에 대한 이해를 바탕으로 인류 문화를 향유하고 발전시키는 교양 있는 사람

라. 공동체 의식을 가지고 세계와 소통하는 민주시민으로서 배려와 나눔을 실천하는 더불어 사는 사람

이러한 교육과정이 추구하는 인간상을 구현하기 위하여 다음과 같이 학교급별 교육목표를 둔다.

(1) 초등학교 교육목표

초등학교의 교육은 학생의 일상생활과 학습에 필요한 기본 습관 및 기초 능력을 기르고 바른 인성을 함양하는 데에 중점을 둔다.

가. 자신의 소중함을 알고 건강한 생활 습관을 기르며, 풍부한 학습 경험을 통해 자신의 꿈을 키운다.

나. 학습과 생활에서 문제를 발견하고 해결하는 기초 능력을 기르고, 이를 새롭게 경험할 수 있는 상상력을 키운다.

다. 다양한 문화 활동을 즐기고 자연과 생활 속에서 아름다움과 행복을 느낄 수 있는 심성을 기른다.

라. 규칙과 질서를 지키고 협동정신을 바탕으로 서로 돕고 배려하는 태도를 기른다.

(2) 중학교 교육목표

중학교의 교육은 초등학교 교육의 성과를 바탕으로, 학생의 일상생활과 학습에 필요한 기본 능력을 기르고 바른 인성 및 민주시민의 자질을 함양하는 데에 중점을 둔다.

가. 심신의 조화로운 발달을 바탕으로 자아존중감을 기르고, 다양한 지식과 경험을 통해 적극적으로 삶의 방향과 진로를 탐색한다.

나. 학습과 생활에 필요한 기본 능력 및 문제해결력을 바탕으로, 도전정신과 창의적 사고력을 기른다.

다. 자신을 둘러싼 세계에서 경험한 내용을 토대로 우리나라와 세계의 다양한 문화를 이해하고 공감하는 태도를 기른다.

라. 공동체 의식을 바탕으로 타인을 존중하고 서로 소통하는 민주시민의 자질과 태도를 기른다.

(3) 고등학교 교육목표

고등학교의 교육은 중학교 교육의 성과를 바탕으로, 학생의 적성과 소질에 맞게 진로를 개척하여 세계와 소통하는 민주시민으로서의 자질을 함양하는 데에 중점을 둔다.

가. 성숙한 자아의식과 바른 품성을 갖추고, 자신의 진로에 맞는 지식과 기능을 익히며 평생학습의 기본 능력을 기른다.

나. 다양한 분야의 지식과 경험을 융합하여 창의적으로 문제를 해결하고, 새로운 상황에 능동적으로 대처하는 능력을 기른다.

다. 인문·사회·과학기술 소양과 다양한 문화에 대한 이해를 바탕으로 새로운 문화창출에 기여할 수 있는 자질과 태도를 기른다.

라. 국가공동체에 대한 책임감을 바탕으로 배려와 나눔을 실천하며 세계와 소통하는 민주시민으로서의 자질과 태도를 기른다.

04 교육의 가능성과 한계성

1) 교육의 가능성

칸트(I. Kant)는 사람이란 "교육을 필요로 하는 유일한 존재이다." 루소(J.-J. Rousseau)는 "인간은 자연, 사물, 인간의 3자로부터 교육된다." 라이프니츠(Gottfried Wilhelm Leibniz, 1646~1716)는 "우리에게 교육을 다오, 그러면 반세기 이내에 유럽인의 성격을 일변시켜 놓을 수 있을 것이다." 로크(John Locke)는 "아동은 백시상태로 태어나므로 어떠한 인간도 교육을 통해 만들 수 있다"고 말했다. 즉, 인간의 성품은 백지와 같으나 교육 여하에 따라 선과 악이 결정된다고 보았다. 후천적인 경험에 의해 인간이 형성된다는 것이다. 이러한 주장은 교육만능설(환경만능설)이다.

교육이란 피교육자의 교육가능성을 전제로 성립되는 것이다. 사람은 신체적, 지적, 정서적, 사회적, 도덕적 가능성과 현실성을 동시에 가지고 태어난다. 가능성을 넘어서서 적극적으로 성장하려는 자체 추진력을 지니고 있는 사람은 가소성, 잠재가능성을 풍부하게 지니고 있다. 덧붙이면 그것은 과거의 경험을 기초로 해서 인성과 행위를 변화시키는 힘이다. 인간은 이 무한한 가능성을 조금씩 현실성으로 바꾸어 가면서 인간이 되어 간다. 교육가능성(educability), 가소성(plasticity) 등은 신체나 정신이 보다 완전하게 되어가는 특성 또는 얼마든지 변화될 수 있는 가능성을 의미한다(김수동, 2000).

2) 교육의 한계성

쇼펜하우어(Arthur Schopenhauer, 1788~1860)는 "사람이란 소질이 지배하는 것이며, 미래의 발전도 소질에 의해 결정된다"고 보았으며, 롬브로소(Cesare Lombroso, 1835~1909)는 "범죄자의 골상은 선천적으로 나타나 있으므로 인위적 힘으로 어찌할 수 없다"고 주장하였다. 멘델(Gregor Johann Mendel, 1822~1884)은 "생물의 특질은 염색체 상에 있는 유전형질에 의하여 결정된다"고 주장했다. 이러한 견해가 교육부정설(소질만능설, 유전설)이다.

그러나 유전과 환경은 독립적 요인이 아니고 상대적이고 의존적인 요인이다. 유전적 소질이 실현되기 위해서는 환경을 필요로 하며, 환경도 소질이 어느 정도 전제되어야 할 것이다. 레빈(Kurt Lewin)은 "행동이란 인간과 환경과의 함수관계[B=f(P·E)]"라고 하였다. 인간의 성장과 발달은 환경과의 상호작용에 의해 이루어진다는 것이다. 우드워스(Robert Sessions Woodworth)는 "인간의 발달가능성은 유전과 환경과의 상호작용, 즉 D=f(H·E)에 결정된다"고 주장하였다(김수동, 2000).

이상의 논의를 중심으로 볼 때, 인간발달은 어느 단일 요인에 의해 일어나는 것이 아니라 유전과 환경의 상호복합적 요인에 의해 일어난다는 것을 알 수 있다. 즉, 인간은 누구나 다양한 소질을 가지고 태어날 수 있는데, 이러한 소질은 그 소질을 발휘하도록 하고, 또 발휘할 수 있는 적절한 교육환경이 마련될 때 그 효과를 더 발휘할 수 있는 것이다. 따라서 인간발달은 개인의 타고난 소질과 그것을 적절히 발휘할 수 있도록 하는 환경과의 상호작용으로 이루어진다는 것이다.

CHAPTER

교육의 역사적 기초 02

교육은 각 나라의 사회적·시대적 배경을 바탕으로 전개되어 왔다. 이에 따라 교육의 이념과 목적, 내용과 방법은 다양하게 발전되었다. 각 시대의 특성과 사회의 여건에 따라 교육이 추구하는 이상적인 인간 및 인간 공동체, 이상적인 삶의 조건에 대한 강조점에 차이가 있었기 때문이다. 현대에는 각 나라들이 교육제도에 있어서 일정한 동질성을 띠고 있으나, 각 나라의 역사적·사회적·문화적 성격에 따라 교육제도가 약간씩 다르게 발전하였다.

이 장에서는 교육이 역사적으로 어떻게 변화해 왔는가를 살펴본다. 먼저 동·서양의 교육 전통을 개관하고 이어 한국의 교육사와 서양교육사를 살펴본다.

01 동·서양 교육의 전통

1) 고대 동양의 교육전통

고대 동양사회의 교육은 고대 서양의 그것과 매우 다른 특성을 보이고 있다. 동양의 교육에서는 개인성보다 사회적 안정이 더 중요시되었다(김종서·이영덕, 1990). 그것은 세계 속에 내재해 있는 어떤 절대적 권위와 법칙에 순종함으로써 이루어진다고 믿었기 때문이다. 따라서 창조적 인격의 형성보다는 기존 질서에의 순응 및 동조에 강조점을 두었다. 중국과 인도의 역사를 보면, 수천 년 동안 그들의 생활양식과 습관, 문화내용은 거의 그대로 계승되었는데, 이것을 보더라도 그들의 교육이 개인의 창의력보다는 사회적 질서의 영속과 보전에 더 큰 비중을 두었음을 알 수 있다.

동양문화의 발상지는 중국을 중심으로 한 동부 아시아(한국·일본·베트남 등)의 중국문화권과 인도와 동남아시아(스리랑카·버마·티베트·태국 등)

를 포괄하는 인도문화권으로 나누어진다. 고대 중국과 인도는 동양의 문화를 대표하는데, 중국은 유교로, 인도는 불교로써 인접국가에 큰 영향을 끼쳤다. 고대 한국은 중국 문화권에 속하며 유교의 영향을 많이 받았으나, 중국을 통하여 전래된 불교의 영향도 매우 컸다. 따라서 근대 이전의 한국교육사에 있어서는 유교와 불교가 시대변천에 따라 정도의 차이는 있으나 한국 교육사상(教育思想)의 주류를 형성하고 있다.

고대 중국에서는 하늘(天)이 인간의 모든 길흉화복을 주관하며, 인간 개개인뿐만 아니라 국가의 흥망성쇠까지도 심판하는 것으로 여겼다. 제왕이란 바로 이러한 하늘의 뜻을 잘 받들어 섬김으로써 백성들에게 풍요와 평화를 보장해주고, 또 하늘을 대신하여 백성들이 하늘의 뜻에 따르도록 가르치고 다스리는 사람이었다. 이에 따라 제정일치적(祭政一致的)인 국가관·정치관·교육관이 20세기 초기까지 중국사회를 이끌어왔다.

이러한 관점에서는 하늘의 뜻이 곧 인륜의 도리로써 나타나는 것이었고, 교육의 목표는 인륜을 밝히고 실천하는 일이었다. 이같은 인륜의 대표적인 예로써 오륜(군신유의, 부부유별, 부자유친, 붕우유신, 장유유서)이 있다.

이런 교육목적을 달성하기 위하여 4교(문, 행, 충, 신)와 6예(예, 락, 사, 어, 서, 수) 등의 교과활동이 이루어졌으나, 후대로 갈수록 점차 성현의 말씀과 저술에 대한 학습이 주요 교과목이 되게 되었다. 한대에는 5경(시, 서, 역, 예, 춘추)이 있었는데, 송대에 이르러서는 모두 13경으로 늘어났다. 이후로 명·청대에 이르러서는 4서(대학, 중용, 논어, 맹자)가 가장 기본적인 교과가 되었다. 그리고 관리를 등용하는 과거도 이러한 경서들로써 시험을 보게 하였다.

고대 중국에 있어서 교육의 이상은 한마디로 수기치인(修己治人)이라고 할 수 있다. 이는 하늘의 뜻인 도(道)를 먼저 자신의 마음과 생활에 실현시키고, 나아가서는 그 도로 백성들을 교화시키는 데까지 이르러야 한다는 것이다. 이와 같이 중국의 고대 교육은 인륜의 질서와 명분을 중요시하고 그 보전과 전수를 가장 중요한 목적으로 삼았다. 이에 경서를 주요 교육내용으로 하는 교육과정이 거의 19세기경까지 큰 변화 없이 그대로 이어져 내려

왔다(이찬교 등, 1996).

고대 중국의 교육제도를 보면, 요를 지나 순 시대에 와서 구체적인 교육기관이 만들어지고 학교교육이 제도화되었다. 순 시대에는 수도에 학교를 처음으로 설립하였으며, 교육을 위한 관직으로서 사도의 직을 설치하였다. 하·은 시대에는 수도에 대학과 소학에 해당하는 교육기관을 설치하였으며, 지방에는 향학을 열어 교(校)라고 불렀다. 주 시대에 이르러 학교제도는 크게 발달하게 되는데, 관학과 사학이 있었다. 대학의 입학은 천자, 공경 등 귀족의 자제에게만 허용되었다. 향학은 지방의 소학으로서 지방의 일반관리와 그 이외의 자녀를 교육하였다. 주나라는 전국시대로 접어들면서 관학은 거의 없어지게 되었으며, 귀족이나 왕족들은 그들의 자제들을 교육시키기 위하여 사학을 경영하는 경우가 많았다. 그러한 사학에서 교육을 담당했던 이들 중에 공자와 맹자가 있었으며, 공자에 의해 창시된 유교는 중국과 우리나라를 비롯한 동양사회에 있어서 사회운영의 기본원리가 될 뿐 아니라 교육의 전통적 바탕을 이루게 되었다. 공자나 맹자에 있어서 교육의 기본원리는 '수신제가 치국평천하(修身齊家治國平天下)'에 있었으며, 교육의 목적은 성인이나 군자와 같은 최고 인격자가 되는 데 있었다.

이러한 중국교육의 전통은 우리나라의 교육에도 크게 영향을 미쳤다. 고려시대에 시작되어 조선 말기까지 계속된 서민의 초보적 교육기관이었던 서당에서도 천자문, 동몽선습, 통감, 소학, 4서, 2경, 사기 등을 주요 내용으로 가르쳤다. 우리나라는 일찍부터 중국과의 교류를 활발히 이루어온 나라로서, 우리의 교육은 중국의 교육전통과 매우 유사하다. 우리나라는 고대에 어떤 교육제도나 조직이 있었는지에 대한 기록은 없으며, 학교제도는 삼국시대에 이르러 출현한 것으로 기록되어 있다. 그러나 기록에 나와 있지 않은 시대에도 중국과의 교류가 빈번했던 것으로 보아 학교제도가 삼국시대 이전에도 존재했을 것으로 짐작된다. 기록에 나타난 바에 의하면, 삼국시대에 이르러 국가적 체제가 완비된 가운데 중국의 문화를 흡수하면서 교육제도가 갖추어지게 되었다. 중국에 가장 인접한 고구려는 삼국 중 제일 먼저 교육제도를 갖추었는데, 우리나라 역사상 최초의 고등교육기관인 태학이 소수림왕 2년(372)에 설치되었으며, 최초의 사학교육기관이라 할 수 있는 경당도 있었다. 백제도 오경박사, 의박사, 역박사 등의 박사제도가 있었다. 신라는 통일 전에는 비록 형식적인 학교교육은 없었지만 원광의 세속오계를 교육이념으로 삼아 이루어진 화랑도교육이 있었으며, 통일 후에는 고구려의 태학과 같은 국학이 설치되었다. 국학의 설치목적은 태학과 마찬가지로 유교이념에 입각하여 국가의 관리를 양성함에 있었다.

인도의 교육은 중국과는 또 다른 면에서 특색을 지닌다. 인도의 무더운 기후는 주민들의 신체적 활동에 부적합하였으며, 또한 땅은 비옥하였으므로 큰 수고 없이도 생존해 나갈 수 있었다. 그러나 인구가 증가함에 따라 병과 가난과 기근이 계속되었고, 이민족들의 침입이 빈번하게 되자 현실의 삶은 그들에게 몹시 고통스러운 것으로 여겨지게 되었다. 그들은 이러한 삶의 상황 속에서 신비적이고 운명론적인 철학을 발전시켰고, 이것이 그들의 종교인 브라만교로 나타나게 되었다.

인도인들은 이 세상은 하나의 환상이고 세계정신, 즉 브라만만이 유일한 실체라고 믿었다. 그러나 이러한 종교적·철학적 지식 및 과학적 지식 등은 특권계층인 사제계급, 즉 브라만들에게만 베풀어졌고 절대다수인 대중에게는 허락되지 않았다. 브라만들을 훈련하기 위한 대학에서는 역사, 문법, 시, 법학, 수학, 천문학, 의학 등의 교과가 가르쳐졌고, 운명에 대한 순종, 인내 같은 덕성들을 강조하였다. 이러한 교육은 기존의 사회질서와 제도를 영속화시키는 데 기여하였다.

불교는 바로 이러한 사회적 상황을 배경으로 하면서 형성되었다. 불교는 이 세상을 고통(苦)으로 보고 이러한 고통으로부터의 해탈을 그 수행의 목적으로 삼고 있었으며, 브라만교와는 다른 독자적인 방법으로 해탈을 위한 깨달음을 얻을 수 있는 길을 제시하였다. 더욱이 브라만교가 계급주의적이며 번잡하고 형식주의적이었던 반면, 불교는 만민의 평등과 자비를 주장하였다. 불교는 동양사회에 근본적이고도 지속적인 영향을 미쳤다.

2) 고대 서양의 교육전통

서양문화를 특징짓고 있는 두 가지 문화는 희랍문화와 히브리문화라고 할 수 있다(김종서·이영덕, 1990). 희랍문화는 그리스-로마(Greek-Roman) 문화를 말하며, 히브리문화는 유대-기독교(Judeo-Christian) 문화를 말한다. 히브리문화를 모태로 하여 기독교가 탄생하게 되고, 기독교는 그 자체의 사해동포주의적(四海同胞主義的)인 특성과 히브리인들의 경건한 유일신관(唯一神觀)을 바탕으로 서양의 모든 군주로부터 평민에 이르기까지 그리고 생활의 모든 영역과 사상 및 학예의 모든 영역에 걸쳐 크고도 지속적인 영향을 끼치게 된다. 이에 반하여 인본주의적이고 합리적이며 진취적인 특성을 지녔던 희랍문화는 15~16세기의 르네상스를 통하여 현대 서양문화의 형성에 큰 공헌을 하게 된다.

히브리인들의 독특한 이상과 삶은 앞에서 살펴본 고대 동양의 그것과는 크게 다르다. 고대 히브리인들의 교육은 그들의 사상이 서양에 큰 영향을 주었으며 그 영향은 현대의 서양교육에 깊이 스며들어 있다. 서양의 교육전통이 우리나라를 위시한 세계의 많은 나라들의 현대 학교교육체제에 결정적인 영향을 주었다는 점에서 볼 때, 서양교육 전통의 한 뿌리인 히브리인들의 교육에 대한 이해는 필수적이다. 히브리인들의 역사는 그들의 유일신과의 관계 속에서 전개된다. 그들이 여호와에게 순종하고 그의 뜻대로 행할 때는 그들에게 대단한 능력과 사랑으로 축복하였고, 그들이 여호와에게 순종치 않고 사람들의 생각대로 흘러 죄를 지으면 철저한 징계를 하는 일관된 관점으로 전개되는 것이 구약의 기록이다. 그들의 불순종으로 잃었던 하나님과의 화해를 회복하는 것이 그들의 이상이고, 메시아가 나서 그 화해를 이루어 줄 것을 바라맞이하며, 성스럽게 됨으로써 여호와 하나님의 자녀가 되는 권세를 다시 찾을 수 있다는 것이 그들의 기본적인 신앙체계였다. 이와 같은 신앙체계를 기초로 하여 히브리인들은 그들의 문화적·시민적 의식을 형성하였다.

히브리인들의 교육목적 속에는 외적 권위에 대한 순종을 무엇보다도 강조하였다. 그 순종은 조상이나, 계급이나, 국가에 대해서가 아니라 여호와에 대한 순종이었다는 점에서 독특한 점이 있다. 교육내용은 거의 전적으로 히브리 역사였고, 그 역사 속에서 여호와가 히브리인을 어떻게 다스렸는가를 보여 주는 내용들이었다. 여기에는 문서뿐만 아니라 여호와를 섬기는 실생활 그 자체도 중요한 교육내용이었다. 다른 고대 국가들과는 달리 모든 사람들이 차별 없이 교육받을 것을 강조했고, 특히 자녀들의 교육을 위한 부모의 책임을 매우 강조하였다.

한편, 희랍인들은 일찍부터 도시국가를 발전시켰고, 작은 정치 단위로 격리되어 있었기 때문에 흥미와 생활양식이 다양하였으며 독립심이 강하였고, 민주적 과정을 중요시하였다. 동양에서는 모든 시민이 왕의 노예가 되어 있는 상태에 있었는데 반하여, 희랍에서는 비록 그 시민권이 제한되어 있기는 하였지만, 모든 시민들이 그 사회의 주인으로서 그 사회의 운명에 직접 참여하고 공헌할 수 있었다. 또 이들은 동양과는 달리 새로운 발견과 창의적인 활동을 중요시했고 발전지향적인 사고방식을 환영하였다. 그들은 자유로운 관찰과 검토를 바탕으로 어떠한 다른 문화에서도 찾아볼 수 없는 합리적인 사고의 체계들을 발전시키게 된다. 또한 그들의 문화는 있는 그대로의 인간을 긍정함으로써 인본주의적인 특징을 지니게 된다.

02 한국교육사

1) 삼국시대 이전의 교육

삼국시대(三國時代) 이전의 교육은 다른 어느 나라의 고대사회에서도 볼 수 있듯이 생활, 즉 교육이라고 하는 자연적인 교육이 행해졌다. 선사시대 교육은 무의식적, 비조직적으로 이루어졌고, 생활을 근거로 하는 지식, 채집과 어로, 농경기술, 기술의 습득과 전승, 종족유지와 보호에 따른 전쟁훈련이 그 전부였다. 고대 교육에서 가장 중요시했던 교육은 도덕교육과 정교일치교육, 군사교육이었다. 즉, 고대사회의 교육은 생활수단을 생산하는 데 있었고, 후손들에게 그들의 생활양식을 전달하고 행동양식을 모방하여 삶을 영위하며 천신(天神), 일월신(日月神) 등의 자연신앙을 통한 안전의 유지가 그 전부였던 것이다.

고조선 시대 역시 원시적 교육상태를 크게 벗어나지는 못하였지만 교육사상과 이념의 기초가 되는 정신적인 영역의 기틀이 다져지기 시작하였다. 고조선 시대의 교육은 단군신화를 이해함으로써 밝혀질 수 있다. 널리 인간을 이롭게 한다는 뜻으로 인간의 행복을 위하고 인간생활을 유익하게 하는 인류역사의 숭고한 이상인 '홍익인간(弘益人間)'은 정치적 이념을 실현하기 위한 것이며 교육이념이기도 하였다. 또한 8조의 금법사상은 고조선의 법률로써 사회질서를 유지하기 위한 법제이면서 고유의 관습법인 동시에 만민법적 성격을 띤 일종의 민중교화법이다. 도덕교육인 동시에 사회교화를 위한 현실적 교육실천의 의의를 지니고 있다.

2) 삼국시대 교육

(1) 고구려

삼국시대에 이르러 비로소 의도적인 학교교육이 나타나게 되었다. 삼국사기(三國史記)에 있는 "고구려 소수림왕 2년(372)에 태학을 세워 자제를 교육하다"란 기록은 한국교육사에 있어서 학교교육의 기록 중 가장 오래된 것이다. 「삼국사기」에 의하면 신라는 고구려보다 310년 늦게, 삼국통일 후인 신문왕 2년(682)에 국학(國學)을 세웠다는 기록이 있다.

태학은 소수림왕대의 개혁정책 추진에 활용할 수 있는 국가적 인재양성을 위해 설치된 국립교육기관이었다고 할 수 있다. 태학의 교육내용은 오경(五經: 詩傳, 書傳, 周易, 禮記, 春秋), 삼사(三史: 史記, 漢書, 後漢書), 삼국지(三國志), 진춘추(晋春秋) 등 중국 고대의 경서(經書)와 사서(史書)

를 중요한 교재로 하였다. 태학은 고급관리의 양성을 목적으로 귀족의 자제들을 교육했고, 최초의 관학이며 동시에 최초의 고등교육기관이라는 교육사적인 의의를 갖는다.

이에 반해, 경당은 5세기 장수왕 때 지방에 설립한 최초의 사설(私設)교육기관이었다. 교육목적은 전인양성과 힘, 지혜가 조화된 청년을 양성하는 것이었고, 교육내용은 독서와 활쏘기로 문무의 균형을 중시하였다. 지방 부호, 서민, 평민의 자제들이 입학할 수 있었으며 대중적인 교육기관이었다. 고구려는 한자(漢字)를 사용하고 유학을 장려하였다.

(2) 백제

삼국 가운데 교육정치문화가 가장 발달하였으나 교육에 대한 기록이 매우 부족하다.

백제시대의 관직으로 내신좌평(內臣佐平)·내두좌평(內頭佐平)·내법좌평(內法佐平)·위사좌평(衛士佐平)·조정좌평(朝廷佐平)·병관좌평(兵官佐平) 등 모두 6좌평이 있었다. 자색(紫色) 옷에 은화를 꽂은 관(冠)을 썼으며, 좌평을 의장으로 하여 귀족회의인 정사암 회의가 열렸는데, 여기에서 국가 안팎의 중요한 일을 논의하여 결정했다. 이 6좌평 가운데 내평좌평이 교육을 담당하였다. 그리고 교육을 주로 담담했던 박사(博士)가 있었는데, 오경박사(五經博士: 시, 서, 예, 역, 춘추)와 의박사, 모시박사, 역박사 등이 있었다. 백제의 박사에 대한 기록은 주로 왜에 파견되어 왜인을 교화한 인물들을 전해주고 있으며, 고대 일본 아스카 문화에 가장 큰 영향을 주었다.

(3) 신라

신라에도 박사(博士)와 조교(助教) 제도가 진덕왕 5년(651)에는 정비되어 있었으며, 교육과 학문활동이 활발하게 이루어지고 있었다. 신라인의 학문과 교육에 대한 이러한 열정이 바탕이 되어 진흥왕 6년(545)에 거칠부의 국사편찬이 가능하였다. 신라의 교육기관인 화랑도는 신라시대 청년단체에서 발달하여 24대 진흥왕 때(6세기) 공인을 받아 본격적인 교육기관으로 발달하였다. 신라의 토착신앙과 유·불·선 등이 결합하여 화랑정신인 세속오계의 교육이념으로 발전하였다. 세속오계는 사군이충(事君以忠: 충성으로써 임금을 섬긴다), 사친이효(事親以孝: 효도로써 부모를 섬긴다), 붕우유신(朋友有信: 믿음으로써 벗을 사귄다), 임전무퇴(臨戰無退: 싸움에 임해서는 물러나지 않는다), 살생유택(殺生有擇: 살생을 함부로 하지 않는다)이다. 화랑도는 원화제도를 계승한 자생집단으로 귀족자제와 일반 평민이었고, 교육목적은 문무를 겸비한 전인양성으로 교육내용은 실생활 중심교육으로 무술교육(활쏘기, 검술, 씨름, 수영 등)과 정서도야(노래, 풍류), 심신단련(명산 고적지 순례), 세속오계 등이었다.

그 후 신라가 삼국을 통일하면서 당나라 교육기관을 본받아 신문왕 2년(682)에 국학(國學: 최초의 문묘제례학교)을 설치하였고, 경덕왕(8세기) 때 태학감으로 개칭되었다. 국학은 15~30세의 귀족(경전교육)이나 평민(기술교육)의 자녀를 위한 최고 국립고등교육기관이었다. 교육목적은 유학사상의 보급과 관리를 양성하는 것이었으며, 교육내용은 유학과와 기술과로 구분하였는데, 유학과는 관리 자제를 위한 교육으로 논어, 효경을 필수로 하고 주역, 상서, 모시, 예기, 춘추 등을 공부하였고, 기술과는 서민을 대상으로 한 교육으로 산학, 의학, 천문학 등을 공부하였다.

3) 고려시대 교육

고려사회 전반을 지배한 정신적 사상계는 불교가 지배하고 있었고, 유교는 교육사상의 핵심으로 나타나 있었다. 고려시대의 대표적인 교육기관은 국립으로 중앙에 국자감(國子監)을 비롯하여 학당(學堂)과 10학(學)이 있었으며, 지방에는 향교(鄕校)와 서당이 있었다. 사립으로는 개성에 12공도(公徒)가 있었다. 6대 성종 11년(992)에 관학으로 설립된 국자감은 고려 최고의 국립고등교육기관으로 신분에 따른 차별교육이 이루어졌고, 인재양성과 유학보급을 위한 목적이 있었다. 즉, 국자학, 태학, 사문학 등의 유학부와 율학, 서학, 산학 등의 기술학부를 두어 관료와 기술양성을 위한 교육에 힘썼다. 국자감의 입학자격은 신분에 따라 제한을 받았는데, 국자학은 3품 이상, 태학은 5품 이상, 사문학은 7품 이상의 자제가 입학할 수 있었고, 기술학부에는 8품 이하의 관리나 서민의 자제가 입학할 수 있도록 규정했다.

고려의 역대 왕들은 국자감 교육을 매우 중요시하여 국가적 차원에서 보호 육성하였고, 예종 14년에는 국자감의 재정을 원활히 하기 위하여 국자감에 장학제도인 양현고(養賢庫)를 설치하였다. 국자감은 충렬왕 1년(1275)에 국학으로 개칭되었다가 충선왕(1298)이 즉위하며 성균감으로 개칭하였고, 충선왕(1308)이 즉위하면서 성균관으로 개칭한 후 몇 차례 명칭이 변경되었으나 성균관의 명칭이 조선으로 계승되었다.

고려 전기에는 국자감이 융성하였으나 후기에는 12공도가 융성하였다. 12공도는 지방고등사립학교로 유가의 경전을 주로 가르쳤고, 교육내용은 9경(주역, 상서, 예기, 춘추, 시경, 효경, 논어, 맹자, 주례)과 3사(사기, 한서, 후한서) 등으로 과거시험과 교양을 쌓기 위한 목적으로 교육하였다. 학당은 중등교육기관으로 동서학당을 공양왕 때 5부 학당으로 확대·개편한 5부 학당이 동, 서, 남, 북과 중앙에 있었으며, 국자감에서 교육을 받지 못한 학생들이 주로 유가의 경전을 공부하였다. 10학은 고려 말에 전문교육기관으로 설치되었으며, 공양왕 원년(1389)에 설치된 10학은 예학(禮學), 악학(樂學), 병학(兵學), 율학(律學), 자학(字學: 書學), 의학(醫學), 풍수음양학(風水陰陽學), 이학(吏學) 등이며, 그 밖에 역학(譯學)과 산학(算學)이 있었다. 이 10학의 설치로 성균관(국자감)에서 종래의 율학, 서학, 산학 등의 기술교육은 분리되고, 성균관은 오로지 유학만을 전담하는 교육기관으로 되었다. 지방에는 향교(鄕校)가 설치되어 이를 향학(鄕學) 또는 주현학(州縣學)이라고도 하였다. 향교는 지방의 국립학교로서 유학을 교육하며, 공자의 묘인 문묘(文廟)를 갖춘 중등교육기관이었다. 서당은 일반 서민자녀의 교육을 위한 초등교육기관이었다.

4) 조선시대 교육

조선시대의 교육은 조정에서 주도하는 관학(官學)과 지역의 선비들이 운영하는 사학(私學)으로 나뉘어 있었다. 관학은 한양에서는 대학에 해당하는 성균관(成均館)과 중·고등학교에 해당되는 중학(中學)·동학(東學)·서학(西學)·남학(南學)의 사학(四學)에서 이루어졌고, 지방에서는 조정의 지원을 받는 향교(鄕校)를 통해 이루어졌다. 성균관의 교육은 교화였으며, 주로 사서(대학, 중용, 논어, 맹자), 오경(시, 서, 역, 예, 춘추)과 역사서를 가르쳤다. 교화는 사회에 유교적 예속(禮俗)을 정착시켜 사회의 기강을 세우려는 국가중심의 사회지배 형태로, 이로 인해 실천적인 유교규범을 담고 있는 「소학(小學)」과 유교적 의례가 담겨 있는 「주자가례(朱子家禮)」가 중시되었다. 4학(4부 학당)은 성균관에 예속된 교육기관으로 사서오경과 근사록, 역사서 등을 공부하였다. 향교는 제사와 지방교화를 위해 세워졌고, 소학, 사서오경, 역사서, 여씨향악, 근사록 등을 가르쳤으며 과거시험을 위한 교육기관이기도 하였다.

서원은 지방의 교육을 담당하였을 뿐 아니라 지역사회의 도덕적 교화를 주도하기도 하였다. 서원교육은 중앙관료의 양성과 도학(道學)의 실현, 참된 선비 만들기에 있었다. 서원뿐 아니라 초등학교 과정에 해당하는 서당이 곳곳에 설치되기도 하였다. 서당은 아동들에게 글을 깨우쳐주고 예절바른 몸가짐을 가르쳐주는 기초적인 교육기관이었다.

교육목적은 숭유사상을 고취하고 수신제가치국평천하의 유학이념을 실천하며 관리를 양성하는 데 있었다. 조선의 관리선발제도인 과거시험은 문과(文科), 무과(武科)와 잡과(雜科)로 구분하였다.

조선시대는 유교중심의 교육으로 성리학에 입각한 윤리철학을 교육철학으로 하였고, 후기에는 실학이 교육사상을 주도하였다. 성리학은 교육이념이자 통치이념이 되었고, 그 뒤 5백 년간 이어져 온 관리지배체제의 사상적 뼈대가 되었다. 실학은 실사구시(實事求是)로 학문의 실용성을 추구하였고, 교육의 기회균등, 교육의 자주성 고취, 과거제도의 개혁 등을 주장하였다.

5) 근대 교육

근대란 조선시대 말기인 19세기 중엽 이후로 외국에 문호개방을 하면서 서구문화가 유입되었고, 기독교가 유입되면서 교육에 대한 개혁운동이 불가피하게 되었다. 19세기 말에 진행된 교육의 개혁은 급변하는 시대적 상황에 대응하기 위한 노력의 표현이었다. 한반도 지배권을 차지하려고 투쟁하는 열강의 무력한 희생물이 되어서는 안 된다는 필사적인 국력배양의 요청, 이러한 시대적 요청이 교육의 개혁을 추진하게 만든 원동력이었다.

(1) 개화기 교육

동학혁명과 갑오경장을 거치며 교육을 관장하던 예조와 과거제도가 폐지되고, 신분차별 없이 누구나 교육을 받을 수 있는 계기가 되었다.

조선정부의 교육 근대화를 위한 주체적 노력으로 육영공원이 설립되었는데, 육영공원은 1886년 6월 조선정부가 처음으로 설립한 신식학교로 이후 8년간 지속되다가 폐교되었다. 교육의 근대화의 필요를 가장 절실하게 느낀 것은 개항지의 주민들이었다. 이들은 외국상인들과의 경쟁에서 패배하게 되며 교육의 필요성을 느끼게 되었고, 주민들의 교육에 대한 요구는 원산학사의 설립으로 나타났다. 원산학사는 1883년에 설립되어 조정의 윤허까지 받은 정식학교로 자생적 근대 교육기관이라는 특징을 지닌다. 그 외 민간차원의 근대학교로는 흥화학교(1895), 점진학교(1897), 보성학교(1905), 대성학교와 양정의숙, 오산학교(1907) 등이 설립되었고, 선교사에 의해 설립한 배재학당(1885), 이화학당과 경신학교(1886), 정신여학교(1887) 등이 있었다.

1895년에는 최초의 근대적 교육법규인 「한성사범학교관제」를 비롯하여 10여 개의 교육법규가 제정되었고 국립과 공립의 초등학교들이 설립되었다. 이때부터 정부는 근대적 학교의 설립을 적극적으로 추진하기 시작하였다. 초등학교인 '소학교'의 교사를 양성하기 위한 한성사범학교를 설립하고, '소학교'의 설립을 전국적으로 추진하였다. 소학교를 중앙정부설립의 '관립', 지방정부설립의 '공립' 그리고 '사립'으로 구분하였으나, 이들은 모두 「소학교령」의 규정에 의하여 정부의 감독과 통제를 받는 공교육체계를 이루었다.

(2) 일제 강점기

일제는 1905년에 '을사조약'의 체결을 일방적으로 선포하고 통감부를 설치한 뒤, 조선인들에 의한 민족교육을 탄압할 목적으로 1908년에 「사립학교령」을 공포한다. 관립과 공립학교들도 식민지 지배자들의 장악하에 들어가며, 일제는 민족말살정책으로 우리말과 글을 빼앗고 일본말을 사용하도록 하였으며, 창씨개명을 하도록 하는 우민화정책을 추진하였다.

식민정책은 교육뿐만 아니라 모든 분야에서 이루어졌고 경제적 수탈이 극심하면서 민족독립의식을 고취하고 군사적 투쟁능력을 양성하는 등 교육활동 그 자체를 식민지 지배로부터 독립시켜 민족교육을 계승·발전시키려는 교육투쟁이 일어나게 되었다. 조선총독부의 교육정책에 대한 투쟁과 동시에 지하에서 애국심과 민족교육을 실시하는 방편으로 야학, 위장 서당, 비밀 학습조직 등을 운영하고, 농촌계몽운동을 통하여 민족교육을 이어나갔다.

상해 임시정부는 민족교육을 위해 많은 노력을 하였다. 임시정부는 독립투쟁 과정에서의 교육뿐만 아니라, 독립 후의 교육에 관하여도 이념과 제도를 매우 분명하고 자세하게 제시하였다.

(3) 해방 후 교육

해방 후 미군정을 거쳐 정부를 수립한 대한민국은 학교중심의 국민교육제도를 확대하였다. 일제의 영향으로 왜곡되었던 민족 근대교육은 해방 후 미군정기에 접어들면서 미국식 교육체제가 오늘날 우리 학교교육을 형성하는 근간이 되었다. 1950년 한국전쟁을 계기로 본격적으로 실시된 미국의 교육원조는 전쟁으로 피폐화된 우리의 학교시설 재건 및 교육용품 제공, 미국 교육사절단의 한국 파견과 우리나라 교육자들의 미국 파견 연수 및 미국유학 등으로 미국식 교육철학과 교육체제가 우리나라 교육에 큰 영향을 미치게 되었다.

학교가 아닌 교육기관도 공공 권력기구의 지도와 감독을 받도록 규정하였다. 유치원, 초·중등학교, 대학교, 성인교육기관들도 세밀한 부분까지 정부의 통제를 받게 되었다.

학교에는 정규학교(유치원, 초등, 중등, 고등, 대학교, 대학원)와 학력을 인정하지 않는 학교(공민학교, 고등공민학교, 기술학교, 고등기술학교, 각종학교)로 나누었다.

우리나라는 남과 북으로 분단되고, 남한의 교육목적은 홍익인간의 이념과 자유민주주의 이념에 기초한 건강하고 자주적이며 창의적이고 도덕적인 한국인을 기르는 것이다(전득주 등, 1992). 한편 북한은 공산·사회주의 이념에 충실한 혁명적 인간을 길러내는 교육목적을 지향하게 되었다. 북한 정권 수립 후 북한교육의 핵심내용은 '김일성 주체사상으로서 공산주의 혁명가를 양성하기 위한 사상개조, 계급교양, 당정책 교양, 사회주의 애국주의 교양 등을 내용으로 한다(진유범, 2001).

03 서양교육사

학교가 만들어진 정확한 연대는 알기 어려우나 기원전 수세기부터 학교제도는 발달하기 시작하였다. 동양에서는 기존 사회체제와 전통을 유지·보전하는 일을 철저히 강조하였고, 또 그대로 교육이 이루어졌기 때문에 학교체제에 큰 변화 없이 오래 지속되어 오다가 근세에 이르러 급격한 사회변동을 경험하면서 서양의 교육체제와 통합되기에 이른다. 한편, 서양에서는 중세시대에 이르러 비교적 짜임새 있는 초등·중등·고등 교육기관이 형성되었고, 그들 교육기관에서 부과했던 교과에서 오늘의 교과목의 원형을 볼 수 있다.

1) 고대 그리스의 교육

고대 그리스는 각 종족이 폴리스라는 도시국가를 형성하여 각각 다양한 문화적 독창성을 창조했으며, 문학, 철학, 예술, 과학 등을 발전시켰다. 이 시기는 서양교육의 기초와 유산의 토대가 된 중요한 시기이다. 고대 그리스 교육의 목적은 지혜와 행동이 겸비된 귀족적인 영웅을 양성하는 것으로 명석한 판단력, 통찰력, 현명함과 재치, 웅변술 등의 덕목을 지닌 '오디세우스'적인 지혜와 힘과 용기, 담력과 인내심을 가진 '아킬레스'적인 용기와 조화를 이루는 이상적인 인간상이었다(권영창 등, 2005). 대표적인 고대 그리스의 교육제도로는 스파르타와 아테네의 교육제도를 들고 있다.

(1) 아테네 교육

아테네(Athene)는 기원전 1200년경에 이오니아족이 세운 도시국가였다. 아테네 교육의 기초는 기원전 594년에 제정한 솔론(Solon) 법에 의해 확립되었다. 아테네의 교육은 시민(ephebus)을 자유인으로 기르기 위한 교육, 즉 자유교양교육(liberal education)을 지향하는 것이었다. 즉, 자유인의 자질로서 요구되는 인간과 자연에 대한 폭넓은 지식과 귀족으로서의 품위를 유지하는 데에 기본이 되는 도덕성과 고상한 취미를 계발하여 균형 있는 인격을 형성하는 데 그 목적을 두었다(자유교양교육, liberal education). 교육내용은 체육, 문학, 음악, 미술, 철학 등과 독·서·산(3R's) 등을 중시했으며 신체와 정신이 조화된 인간을 양성하는 것이었다. 아테네 교육은 페르시아 전쟁(기원전 500~497)을 전후하여 초기 아테네 교육과 후기 아테네 교육으로 나눈다. 첫째, 초기 아테네 교육의 목적은 조화로운 인간으로의 자유시민을 양성하는 것으로, 교육내용은 7세까지 가정교육을 하고, 8세~16세까지 초등교육 기간이며, 체조학교와 음악학교에 다녔고, 16세~18세까지 공립체육학교에서 운동경기와 군사훈련을 받고, 20세까지 군복무를 하였으며 20세에 시민권을 받았다. 둘째, 후기 아테네 교육목적은 개인발전을 위한 지식과 기능을 습득하는 것으로 교육내용은 초등교육(8~13세)에서 독·서·산(3R's)과 체육 등을 위주로 한 사설 초등학교교육이 실시되었고, 중등교육(13~16세)에서 기하, 음악, 천문학, 문법, 수사학 등을 가르쳤으며, 고등교육(16세 이상)에서는 고등교육기관인 수사(修辭)학교에서 법률 정치, 경제, 역사, 변증법, 수사학 등을 가르쳤다. 기원전 5세기경 아테네는 많은 전쟁을 거치는 동안 외국인들과의 접촉이 빈번해지고 국제화되어 감에 따라 아테네의 옛 정신이 약화되고 극단의 개인주의로 흐르게 된다. 당시의 이러한 요구는 소피스트(Sophist)들에 의해 대변된다. 소피스트는 원래 지자(智者)를 의미하며, 5세기 후반에 웅변, 수사학, 기타 여러 지식을 전수하던 직업적인 교육자 또는 철학자를 총칭한다. 교육목적은 입신양명에 필요한 지식 및 웅변술을 교수하는 것이고, 최초로 급료를 받은 교사이다.

이때 소크라테스(Socrates), 플라톤(Plato), 아리스토텔레스(Aristotle) 등은 개인주의와 사회적 질서를 조화시키기 위해 힘썼고, 그것을 위한 여러 가지 행동기준이 무엇인가를 탐구하여 제시하려고 노력하였다. 소크라테스는 지덕합일의 도덕적 인간을 양성하는 것을 교육목적으로 하였다. 즉, 지식(참다운 앎)에 바탕을 둔 도덕성으로 문제를 해결하려고 하였으며, 지(知)와 덕(德)을 겸비한 도덕적 인간을 말한다. 교육방법은 무의식적인 무지(無知)에서 의식적인 무지로 이끌어 합리적인 진리에 인도하기 위해 대화법, 문답법, 반어법, 귀납법, 산파술 등을 교육하였으며, 경건과 절제, 자제, 정의 등을 강조하였다. 플라톤은 「국가론」에서 이상국가와 철인통치의 교육관을 보여 주고 있다. 영원불변의 개념인 이데아(idea)를 통해 존재의 근원을 밝히고자 했다. 그의 교육목적은 국가정의를 실현하는 것으로 국가의 통제감독하에 이상국가를 건설하는 것이었다. 교육내용은 20~30세는 신수, 음악, 기하, 천문학을, 30~35세는 가장 우수한 자를 선발하여 철학을 가르치고, 35~50세까지 국가의 정사에 실제경험을 쌓게 한 후, 50세에 철인(哲人)으로서 정치에 참여하여 정치적 지도력을 발휘한다(철인정치). 그는 소수 엘리트교육을 강조하였으며 지혜, 용기, 절제, 정의(四元德)를 갖춘 인간양성과 남녀 교육기회균등을 주장하였으며, 고등교육기관인 '아카데미(Academy)'를 개설하고 각지에서 청년들을 모아 연구와 교육생활에 전념하였다.

아리스토텔레스는 인간의 최고의 기능을 사고와 행위에 있어서의 합리성이라고 규정하고, 모든 개인은 타인과 함께 살아가면서 그의 행위와 사고를 이성에 의해서 안내받도록 교육되어야 한다고 주장하였다. 그는 "사물의 본질은 개개의 사물에 내재한다"는 실재론(질료와 형상)과 현실주의적인 철학적 입장이었다. 그의 교육목적은 중용(中庸)의 덕을 쌓아 행복한 생활을 영위하는 자유인을 양성하는 것이었다. 교육의 단계는 초등교육(신체발육), 중등교육(정서훈련, 습관형성), 고등교육(이성적 훈련)으로 구분하였고, 교육방법은 변증법적, 객관적, 과학적 방법으로 스콜라철학과 초기 실학주의에 영향을 주었다.

(2) 스파르타 교육

스파르타는 기원전 1100년경에 도리아(Doria)족이 세운 도시국가로 스파르타의 정치체제는 '군국주의'이다. 스파르타 사회는 극소수의 귀족과 30배에 달하는 평민과 노예로 구성되어 있었다. 노예들의 잦은 반란이 있었고, 험준한 산악지대에 위치해 있었기 때문에 농토를 확보하기 위해서는 다른 국가들과 끊임없는 전쟁을 치러야 하는 형편이었다. 스파르타는 지배자로서 자신들의 수십 배에 달하는 피지배자들을 억누르고, 외적의 위협으로부터 국가를 보호하며 농토 확보를 위한 전쟁을 끊임없이 수행해야 했다. 따라서 스파르타는 강력한 군국주의 국가체제로써 스파르타의 교육은 강력한 군국주의 국가를 유지하기 위한 애국시민, 즉 전사를 양성하는 것을 일차적인 목적으로 삼았다. 따라서 교육은 강력하고도 혹독한 훈련을 동반할 수밖에 없었을 것이다. 부족의 장로들이 갓 태어난 아이를 면밀히 검사하여 건강하면 키우게 하고, 연약하면 깊은 산골짜기에 버리도록 명하였다. 또한 부모가 자기 마음대로 자식을 기르거나 교육하는 것을 허용하지 않았으며, 7세부터 거의 30세에 이르기까지 엄격한 조직생활을 하도록 요구되었다. 문자교육은 실생활에 필요한 가장 기초적인 것에만 한하였고, 훈련의 대부분은 명령에의 복종, 고통에 대한 인내, 죽음을 불사할 정도의 용맹성, 한겨울에도 가벼운 옷 한 벌로 견딜 만큼 건강한 신체 등을 목표로 했다. 따라서 교육목적은 훈련을 통해 강인한 신체와 용기, 호전적인 시민을 양성하는 것이었다. 교육내용은 신체훈련, 군사훈련, 전투방법과 기술, 리쿠르구스(Lycurgus) 법전, 호머(Homer)의 시와 군대음악, 3R's(reading, writing, arithmetic)이었고, 교육방법은 7~18세에 군사훈련, 18~20세에 전문적인 특수훈련, 20~30세에 실전교육을 받았고, 30세에 시민권을 획득하였다.

2) 로마시대 교육

로마시대는 전기 공화정 시기와 후기 제정시대로 구분할 수 있다. 로마의 교육은 전기 공화정 시대부터 활발하게 이루어졌다. 공화정 초기에는 가정이 교육의 중심이었으나, 공화정 후기에 상업교역이 발달됨에 따라 문자의 지식과 계산술을 가르치는 강의소 형태의 준학교 조직이 나타나게 되었다. 제정시대에 이르러 귀족계급을 대상으로 한 학교교육이 활발하게 이루어지게 되었으며, 제왕들은 학교교육을 적극적으로 보호하고 장려하였다. 제정시대의 초등교육기관으로 문자학교가 있었으며, 중등교육기관으로는 문법학교가 그리고 고등교육기관으로는 수사학교가 있었다. 문자학교에서는 독, 서, 산의 초보적 지식을 가르쳤으며, 문법학교에서는 그리스 문법과 7자유과(문법, 수사학, 논리학, 산술, 기하, 천문, 음악)를 가르쳤으며, 수사학교에서는 수사학을 가장 중시하여 가르쳤다. 이 시대의 주요 학자는 퀸틸리아누스, 키케로, 카토, 세네카 등이 있다.

키케로(Cicero, 기원전 106~43)는 웅변가이자 법률가이기도 하였고, 교육사상가로 국수주의적인 경향과 그리스의 인성론적 철학사상을 조화시켜 그의 교육사를 정립하였다. 그의 교육사상은 그가 저술한 「대웅변론」에서 찾아 볼 수 있다. 그의 교육이념은 인간의 천부적 소질을 완성하며 이성적 존재로서의 덕성을 발휘하도록 하는 데 두었다. 그는 성선설에 입각하여 교육에 의해서 행복한 생활을 누리게 되는 것이 인생의 최고의 목적이며 이것이 바로 덕(virtus)이라고 하였다. 그는 체육을 경시하고 학예, 교양, 웅변술을 교육의 중심으로 하며 인문주의와 자유주의 교육을 중시하였다. 교육의 목적은 국가에 충성할 수 있는 로마시민을 양성하는 데 있었다고 볼 수 있다.

세네카(Seneca, 기원전 3~65)는 진보적인 사상가이며 문장가로 생활중심의 교육과 아동의 개성을 존중해야 한다고 주장하였다. 그는 「도덕서간 집(Epistulea)」에서 도덕주의 교육관을 강조하였고, 엄격하고 진보적 교육방법을 강조하였다.

퀸틸리아누스(Quintilian, 35~95)는 웅변가 양성을 목적으로 하여 「웅변가의 교육」에서 아동중심 교육과 자연성을 강조하였다.

3) 중세시대 교육

중세시대 교육은 로마제국이 멸망하면서 기독교 교회를 중심으로 종교교육이 등장하게 되었다. 중세교육은 기독교 교육과 기사도 교육, 시민교육 등으로 구분할 수 있다.

(1) 기독교 교육

기독교는 유일신관(唯一神觀)을 바탕으로 그 자체의 사해동포주의적(四海同胞主義的)인 특성과 서양의 모든 군주로부터 평민에 이르기까지 그리고 생활의 모든 영역과 사상 및 학예의 모든 영역에 걸쳐 크고도 지속적인 영향을 끼치게 된다. 이 시기의 교육목적은 인간을 순종과 신앙으로 이끌고 기독교적 완전성에로 인도하기 위한 내세교육이었고, 교육사상은 주정주의(도덕적 생활 강조), 내세주의, 신(神) 중심주의, 사해동포주의, 금욕주의였다. 교육에 대한 교회의 관심은 중세 전반에 걸쳐서 잘 나타나고 있다. 교구교회는 교구학교나 음악학교를 마련하여 읽기, 쓰기, 음악 등 초등교육 정도를 행하였는데 빈한한 아이들도 공부할 수 있었다. 또한 교회마다 초신자 학교를 세워 아직 세례(洗禮)를 받지 못한 사람들에게 기독교의 기본적인 교리들을 가르쳤다. 따라서 이 학교에는 남녀노소 누구나 입학할 수 있었으며, 이 학교를 거쳐야 세례를 받고 교회의 정규 구성원이 될 수 있었다. 초등교육 수준의 문답학교(초등교육기관)는 교리문답(教理問答)과 독·서·산(3R's)을 가르쳤고, 고등교육 수준의 고급문답학교에서는 철학, 신학, 수사학, 천문학, 그리스어 등을 가르치고 문답학교의 교사를 양성하였으며, 성직자를 양성하기 위해 신학, 수학, 과학, 성서 그리스 문학 등을 가르친 본산학교(감독학교, 사원학교)가 있었다. 중세의 사상계를 주도하였던 스콜라 철학은 특히 이러한 성당학교를 중심으로 하여 이루어졌다. 이 철학은 보다 넓은 의미로는 스콜라주의(scholasticism)로 불리기도 하는데, 중세에 형성된 그리스도교 중심의 철학으로서 교부(教父)철학이 원천이 되었다.

스콜라철학은 교회의 권위를 인정하고 스콜라(중세시대의 교회나 수도원에 부속되었던 학교)를 중심으로 하여 중세 최대의 철학사상이 되었다. 이 철학은 토마스 아퀴나스(Thomas Aquinas, 1225~1274)가 「신학대전」을 통해 집대성하였기 때문에 토미즘(Thomism)이라고도 하며, 아리스토텔레스의 철학을 활용하여 그리스도교를 신학적으로 뒷받침했다는 데 의의가 있다.

또한 수도사를 양성하기 위해 수도원에서 경영하였던 수도원학교가 있었다. 수도원 교육은 순결, 청빈, 복종을 약속하고 금욕생활을 하는 곳으로 성 베네딕트 수도원 이후 전 유럽에 보급되었다. 일반 아동들의 입학도 허락하였는데, 수도사를 양성하기 위한 내교(內校)와 일반 아동의 교육을 위한 외교(外校)로 구분되어 있었다. 초등과정에서는 독·서·산(3R's) 등의 기본교과를 가르쳤고, 고등과정에서는 이른바 칠자유과(Seven Liberal Arts)라고 불리는 삼학(三學, Trivium. 문법, 수사학, 논리학)과 사과(四科, Quadrivim. 산수, 기하, 천문학, 음악)를 가르쳤는데, 이는 현대 학교 교과목의 원형으로 일컬어지고 있다. 또한 수도원은 그 자체가 하나의 학교로서, 그 안에서의 공동생활을 통해 참다운 기독교의 신앙을 배우고 실천하려고 하였다. 그 외에도 수도원은 도서관, 출판사, 문화센터, 병원, 작업장 등으로서의 역할까지도 하였다. 그 결과 수도원은 기독교 신앙을 위한 교육뿐만 아니라 희랍·로마의 문화를 보존·발전시키며, 당시의 여러 가지 기술들(목공, 철공, 상업, 피혁 등)을 습득하고 발전시키는 데 크게 공헌하였다.

(2) 기사도 교육

기사도(騎士道, Chivalry)란 불어의 말(馬, Cheval)에서 유래된 것으로, 규정된 훈련을 통해서 규정된 서약을 지키는 귀족자제가 기사(Knight)가 되었다.

기사도 교육은 기사를 양성하는 훈련으로 기독교적 도덕성과 게르만족의 무사정신을 결합한 귀족교육이다. 약자에 대한 보호와 여자에 대한 의협심 그리고 매사에 정직할 것을 목적으로 행동의 실천을 중시하였다. 진실한 기사는 신과 왕과 부인에게 봉사와 헌신하는 자였다. 이러한 사람이 되기 위해서는 먼저 교회에 대한 헌신의 표현으로서 신앙의 서약을 하고, 이어 봉건적 군주에 대한 복종의 표현으로서 충성의 서약을 하고, 마지막으로 부인에 대한 정절의 표현으로서 의협의 서약을 하였다.

이러한 서약을 한 기사의 생활신조는 사람들이 가장 높이 우러러 보도록 행동하라는 것이다. 기사도 교육은 육체적, 사회적, 군사적, 종교적 활동력을 기르는데 필요한 신체훈련, 복종과 예절훈련, 군사훈련 그리고 종교교육을 실시하였다.

교육단계는 첫째 단계, 가정교육기(출생~6세)에는 어머니나 시녀에 의해 신앙과 순종을 배웠고, 둘째 단계, 시동기(侍童期, 7~13세)에는 궁정이나 영주의 주택에 보내져 군주나 귀족 및 승려의 시동으로서 예의범절, 노래, 악기, 종교의식, 3R's, 달리기, 씨름, 승마 등의 훈련을 받았다. 셋째 단계, 시종기(侍從期, 14~20세)에는 기사의 종자로서 기사로부터 7예(승마, 수영, 사격, 검술, 수렵, 장기, 작시)를 배웠으며, 넷째 단계, 기사입문기(21세)에는 영주가 신의 이름으로 기사의 명칭을 수여하고 기사의 십계를 부여받았다.

(3) 실업·직업교육

중세 후기 십자군 전쟁을 거치며 유럽에서는 대학교육이 크게 발전하였다. 외부 세계와의 접촉 경험이 확대되면서 상업과 수공업이 발달하고, 도시화가 빠르게 진행되었다. 이에 새롭게 상공업자를 중심으로 하는 신흥 시민계급이 성장하였고, 특히 이들의 교육적 요구를 충족시키기 위한 세속적인 성격의 실용적 교육이 성장하였다. 이 시기의 교육은 직업과 실생활에서 필요한 기술을 가르치는 것을 강조하여, 세속적인 성격의 실무적인 직업교육을 교회(종교교육)로부터 분리시킴으로써 교육의 자주성 발전에 기여하였다.

이 시기의 교육은 상류계급 중심의 인문교육과 일반 시민중심의 실용적 교육으로 이원화되었다. 상류층을 위한 교육기관으로는 대학준비 교육에 치중하는 라틴어학교, 공중학교, 문법학교(grammar school)가 있었고, 일반시민을 위한 교육기관으로는 실용교육과 기초교육에 주력하는 조합학교, 도제학교, 습자학교, 모국어학교 등이 있었다. 조합학교는 중세 자유도시의 상인과 수공업자들의 독점적, 배타적 동업조합인 길드(Gild)의 자제들을 교육시키기 위한 학교로 주로 실업교육이 이루어졌고, 교사가 수도사였기 때문에 종교교육과 교양교육도 이루어졌다. 그리고 도제교육은 비형식적인 직업교육으로 작업현장에서 이루어지는 교육이며, 도제(apprentice)에서 직공을 거쳐 장인(master)이 되도록 하였으며, 실업교육, 종교교육, 교양교육이 함께 이루어졌다. 하류층을 위한 학교로 모국어 학교인 독일어 학교와 독일의 습자학교, 영국의 조합학교가 있었다.

4) 문예부흥기 교육

르네상스(Renaissance), 즉 문예부흥은 중세의 내세적이고 금욕적이었으며 폐쇄적이었던 인간관에서 벗어나 인간의 본성과 현세를 긍정하는 인간중심의 세계관으로 인간 본연의 모습을 되찾자는 각성에서 시작된 학예상의 운동을 말한다. 이 시기의 교육의 특징은 인간중심주의, 합리주의와 이성주의, 현실세계의 존중, 개성의 발견과 존중, 자유주의이다. 이 시기의 교육은 개인적 인문주의, 사회적 인문주의, 언어적 인문주의로 나누어 볼 수 있다.

이탈리아를 중심으로 한 초기의 인문주의 운동은 개인적·심미적·귀족적 경향을 지닌 것으로 성장하게 되는데, 이들은 개인의 폭넓은 교양과 자유의 신장에 주된 관심을 가지고 있었다. 이들은 희랍·로마의 고전을 통하여 교양의 폭을 넓히고 체육, 문화, 예술 등의 활동을 통하여 개성을 발현시킴으로써 전인적인 발달을 가져올 수 있다고 믿었다. 이들의 관심은 주로 중등교육에 주어졌는데, 이러한 인문교과를 가르치기 위하여 라틴 문법학교를 세우게 된다. 이 학교들은 고전 및 문법 중심의 교육을 하였는데 대학의 준비학교적인 성격을 띠었다.

북부 유럽의 인문주의 운동은 이탈리아의 그것과는 다른 성격을 가졌는데, 이는 주로 사회적·도덕적·대중적 경향을 지닌 것이었다. 남부 유럽에서는 개인의 충실하고도 풍요로운 삶에 주된 관심이 있었던 반면에, 북부 유럽에서는 사회 전체의 충실하고도 풍요로운 삶의 실현에 더 관심이 많았다. 따라서 사회의 발전과 인류의 복지에 도움을 줄 수 있다고 믿어지는 교과에 더 강조점을 두게 되는데, 이러한 북부 유럽의 인문주의를 사회적 인문주의라고 부르기도 한다. 북부 유럽의 인문주의 학교들은 고전과 성경문학의 조화를 꾀했으며 그 외에 역사, 지리, 과학 등도 가르쳤다. 그러나 체육·음악·미술 등은 이탈리아의 학교에서만큼 중요시되지는 못했다.

이 시기의 주요 인물은 에라스무스와 라블레가 있다. 에라스무스(Desiderius Erasmus, 1466~1536)는 인문주의와 성서의 조화를 주장하며 올바른 지식과 독립적인 판단을 내릴 수 있는 지성을 가진 인간을 양성하고자 하였다. 그는 아동을 자유인으로 보았고 자연적인 교수방법과 체벌 없는 교육을 강조하였다. 그리고 라블레(François Rabelais, 1483~1553)는 암기위주의 교육을 비판하고 과학, 종교, 도덕, 체육 등이 조화된 교육을 주장하였으며 직관적 관찰학습, 자주적 사고의 필요성, 적절한 교수법과 관용적 훈련법을 강조하였다(강갑원 등, 2006).

언어적 인문주의는 키케로주의(Ciceronianism)로도 지칭되는데, 이는 16세기 초 문예부흥기 말기에 들어서면서 고전의 사상과 내용에 대한 이해보다는 고대 로마의 문장가였던 키케로가 사용한 글귀나 문장을 암송하는 형식에 치우친 일종의 구술주의(口述主義, verbalism)에 경도된, 형식적 인문주의의 경향을 말한다. 이렇게 변질된 인문주의는 17세기 자연과학의 발달과 함께 교육의 실용성을 강조하는 실학주의(realism)에 의해 대체되어 나갔다(서울대학교 교육연구소, 1995).

표 2-1 인문주의의 비교

개인적 인문주의	사회적 인문주의	키케로주의
• 남부 유럽(이탈리아)	• 북부 유럽(네덜란드)	• 언어를 중심으로 한 인문주의
• 귀족적, 이기적 성격	• 대중적, 서민적 성격	• 그리스와 로마의 고전 암기
• 미술, 음악	• 문학	• 15~16세기 중엽까지 유럽 귀족교육의 3세기를 담당

5) 종교개혁기 교육

루터(Martin Luther, 1484~1546)에 의해 시작된 종교개혁(Reformation)에 의해 중세의 교권체제가 무너지면서 이제까지의 기독교 교육의 전통은 종교개혁자들에 의해서 다시 정돈되는데, 이들은 주로 초등보통교육의 성립과 확대에 큰 공헌을 하게 된다. 종교개혁은 중세의 권위적, 타락적인 신앙에서 벗어나 내면적, 성서 중심의 초기 기독교로의 복귀운동이다. 종교개혁자들은 성경을 왜곡해서 해석한 성직자들의 부패를 비판하며, 오직 성서를 통해 올바른 신앙의 가치관을 확립하여 인간을 해방시키기 위해 성서에 대한 해석과 교육을 중시하며, 라틴어 성경을 모국어로 번역하고 모국어 교육을 대중화시키는 데 힘썼다. 종교개혁가들은 종교교육과 함께 가정, 직장, 사회와 국가에서 의무를 잘 감당하기 위한 교육도 하여야 하고, 이를 위해서는 성경, 모국어, 읽기, 쓰기, 음악, 체육, 공예, 가사 등이 포함된 초등교육을 모든 어린이들이 의무적으로 받아야 한다고 주장하였다. 현대의 보통 의무 교육은 사실상 이들로부터 시작된 셈이다.

루터는 가정, 교회, 국가에 사명을 다하는 유용한 인간을 양성하는 것을 교육목적으로 삼고, 「소교리문답서」를 통해 교회와 가정교육의 지침을 만들었으며, 국가가 국민의 교육을 책임져야 한다고 주장하였다.

그리고 칼빈(John Calvin, 1509~1564)은 현실적 삶과 도덕적 실천을 중시하고 직업적 평등, 근검절약, 재산소유 허용 등을 주장하였다.

이러한 주장은 이른바 청부사상(淸富思想)이라고 할 수 있는 것으로, 정직과 검약을 통해 재산을 형성하고 이러한 재산을 이타적으로 사용할 줄도 안다면 부자가 되는 것은 죄악이 되지 않는다는 것이었다. 그리고 일을 함에 있어서 천직(天職) 의식과 직업적 소명(召命) 의식이 중요하다고 하였다. 그는 또 가정, 교회, 학교와 국가가 상호보완적으로 교육을 해야 하며, 교사임용시험과 공교육제도의 필요성을 주장하였다.

6) 실학주의 교육

인문주의적 교육이 한낱 라틴어 학습과 고문의 암기에만 열중하게 되고, 종교교육 또한 교리의 암송에 치우치게 되어 인간의 현실의 삶과의 관련성이 점점 멀어지게 되자, 교육이 삶의 실제에 관여하여야 한다는 반성의 소리가 높아지게 되었다. 이러한 운동은 리얼리즘(realism), 즉 현실주의 혹은 실학주의라고 하는데, 교육의 목표는 실생활에 필요한 교육을 함으로써 유능한 인간을 양성하는 것이었다. 이들은 자연에 대한 지식이 종래의 문예적·종교적 지식을 대신하여 인간의 삶에 실제적이고도 유용한 새로운 기초가 되어야 하며, 그러한 과학적 지식을 탐구함으로써 인류사회는 발전하며 인류의 복지도 향상될 것이라고 믿었다. 베이컨(Francis Bacon, 1561~1626)이 "아는 것이 힘이다"라고 말했을 때의 아는 것이란 바로 자연과학적인 또는 객관적인 지식을 의미하는 것이었다.

자연과학적 지식은 종래의 전통적 지식과는 전혀 다른 형태의 지식활동의 소산이므로 이러한 지적 훈련이 학교에서도 이루어져야 한다고 주장하였다. 이들은 보통사람이라도 잘만 가르치면 진리를 획득할 수 있다고 믿었기 때문에 모든 사람에게 교육을 받을 권리가 있다는 것을 인정하였고, 종래의 편협한 교과목 대신에 백과사전적인 광범위한 교과목을 가르쳐야 한다고 주장하였다. 이들은 고전의 학습도 그 자체의 학습이 목적이 아니라 그 속에 담겨져 있는 과학적·사회적·역사적 지식을 얻는 데 목적이 있다고 하였다.

실학주의 교육은 인문적 실학주의, 사회적 실학주의와 과학적 실학주의로 구분할 수 있다. 첫째, 인문적 실학주의의 교육목적은 실제 생활의 수단으로써 언어와 문자를 습득하는 것이었고 고전어보다 모국어를 중시하였다. 둘째, 사회적 실학주의의 교육목적은 신사(교양 있는 귀족)의 양성이었고 사회생활의 경험을 강조하였으며, 성경, 지리, 역사, 천문학, 여행 등을 가르쳤다. 셋째, 과학적 실학주의의 교육목적은 실용인, 실천인의 양성이었으며 종교개혁 교육의 신 중심의 편협성, 인문주의 교육의 언어의 편협성을 탈피하고자 하고 고전, 라틴어보다는 자연과학과 모국어를 중시하였으며 암기나 암송보다는 관찰과 이해를 중시하고 직관 교수, 실물 교수, 시청각 교육을 강조하였다.

주요 학자는 코메니우스와 로크 등이 있다. 코메니우스(Johann Amos Comenius, 1592~1670)는 초등교육인 모국어 학교에서 3R's, 역사와 지리를, 소년기 라틴어 학교에서 7자유과, 어학, 수학, 물리를 그리고 청년기 대학에서 신학, 법학, 철학 등의 전공과목을 가르쳐야 한다고 하였다. 그는 「범교육론」에서 모든 사람이 균등하게 교육을 받아야 한다고 주장하였으며, 자연의 원리와 질서에 따르는 교수방법으로 실생활에 유용한 것을 간단하고 직관적으로 가르쳐야 한다는 직접적인 사물교육을 통한 실물교수론을 강조하였다. 그리고 로크(John Locke, 1632~1704)는 백지설(Tabula Rasa)을 주장하였다. 즉, 인간은 출생 때 백지와 같다. 따라서 이 백지가 경험(교육, 환경)에 의해 채워질 때 선한 인간과 악한 인간이 된다는 경험, 교육, 환경의 중요성을 강조하였다. 그는 직관을 통한 경험적, 구체적 교수방법을 중시하였고 아동의 흥미와 논리적 과정, 발표와 응용을 강조하였다. 또한 인간은 주요한 정신적 능력을 지닌 존재로 정신적인 능력을 어려운 교과의 학습을 통해서 계발하면 이 능력과 관련된 다른 교과의 학습에 도움이 된다는 형식도야설(形式陶冶說, formal discipline theory)을 강조하였으며, 지, 덕, 체의 전인교육을 주장하였고, 특히 체력의 중요성을 강조하였다.

7) 계몽주의 교육

서양은 18세기에 이르러 정치적, 경제적, 사회적으로 커다란 변화를 겪게 된다. 계몽주의(Enlightement)는 합리적 이성으로 비합리적인 권위와 구습, 무지와 미신을 타파하고 인간의 자유와 존엄성이 강조되었으며, 교육목적은 모든 속박으로부터 이성을 해방시키는 것이었다. 계몽주의 교육의 특징은 이성주의, 주지주의, 합리주의, 자연주의, 실리주의 등을 들 수 있다. 프랑스에서는 일찍부터 계몽사상가들에 의하여 교육개혁론이 대두되었다. 그들은 교육이란 국민 모두의 행복을 위한 것이어야 하며, 어떠한 종파나 특정한 단체를 위한 것이어서는 안 된다고 주장하였다. 1762년에는 드디어 당시 프랑스와 중등교육을 장악하고 있던 예수회를 재판에 의해 프랑스로부터 추방시키고 이에 대치할 새로운 국민교육체제를 계획하게 된다. 자유·평등·박애를 표명했던 프랑스의 혁명정부가 구상하였던 공립무상교육제도 그리고 나폴레옹 시대의 학제를 거쳐 1882년에는 공립, 의무, 무상의 보통교육제도가 확립되기에 이른다.

주요 학자는 루소와 칸트 등이 있다. 루소(Jean-Jacques Rousseau, 1712~1778)는 아동중심의 교육사상가로서 자연, 인간, 사물을 교육의 3요소라고 했으며, 직관주의를 바탕으로 실물주의와 아동 스스로 합자연의 원리를 따르는 교수방법을 강조하였다. 루소는 교육이 어린이들의 자연성을 무시하고 마네킹 취급을 하고 있으며 온실재배식의 교육을 한다고 하여 교육의 인공성을 비판하였다. 루소는 「에밀」의 첫 머리에서 "인간은 조물주의 손에서 나올 때는 선하나 사람의 손에서 악해진다"라고 말하고 있다.

또한 칸트(Immanuel Kant, 1724~1804)는 독일의 계몽주의 사상가로서 「교육학」에서 오직 인간만이 교육에 의해서만 인간이 될 수 있다고 보았다. 그는 교육을 통해 이성의 계발이 가능하다고 보았고, 정신적인 훈련과 연습을 통해 진리를 탐구하고 도덕적인 인격을 형성하는 것이 중요하다고 보았다.

8) 신인문주의 교육

신인문주의(New humanism)란 19세기의 철학적·문학적 낭만주의(Romanticism)와 함께 나타난 교육사상적 체계를 지칭한다. 이것은 18세기의 합리주의적, 주지주의적, 개인주의적인 계몽사상에 대한 반동으로 일어난 사상체계이다. 이성이나 지성으로 해명할 수 없는 인생의 비밀을 감성적이고 심미적인 태도로 탐구하려는 학문적 태도를 강조한 신인문주의는 지·덕을 갖춘 인간을 양성하고자 하였다.

18세기 후반부터 독일을 중심으로 일어난 신인문주의는 경제적, 정치적, 정신적 모든 분야에서 다양하게 표현되는데, 특히 교육분야에서 보다 더 명확하게 나타났다.

신인문주의의 교육적 특징은 인간의 지·정·의 모든 영역에 걸쳐 이루어지는 지속적이고 폭넓은 발달을 지향하며, 인간성 존중, 심미적 가치 지향, 비합리주의 지향이다. 그리스 고전시대의 문학, 사상, 인생관, 세계관을 부활시켜 고전의 참 정신습득을 중시하였고, 그리스 고전의 문학사상의 내용에 중점을 두었으며, 역사주의, 민족주의, 국가주의 등을 강조하였다.

신인문주의는 계발주의, 국가주의, 과학적 실리주로 구분할 수 있다. 계발주의(developmentalism)란 헤르바르트, 페스탈로치, 프뢰벨 등이 발전시킨 교육사상을 특히 심리학적 측면에 중점을 두어 후대 학자들이 명명한 것이다. 국가주의 교육이란 피히테, 푸이에 등이 강조한 교육사상이다. 마지막으로 과학적 실리주의는 특히 스펜서(Herbert Spencer, 1820~1903)에 의해 강조된 교육사상을 일컫는 말이다.

(1) 계발주의 교육

계발주의 교육(Developmentalism education)은 심리학적 교육운동으로 인간발달의 법칙에 합치되도록 교육과정을 개혁하고, 교육을 인간의 선천적 능력을 계발하는 자연적 성장과정으로 보았으며, 아동의 자연스런 발달을 조성할 것을 강조하였다. 활동중심의 교육과정을 원칙으로 아동활동의 원칙에 따라 흥미계발과 창작활동의 존중에 주안점을 두고 교육하였다.

특히 유아기나 아동기의 초기교육의 중요성의 강조, 교육개선에 관심을 집중하였으며, 소크라테스식 교육방법인 산파술에 따른 진리발견의 원리를 근본으로 하고, 루소의 자연주의 교육방법 원리에서 가져왔다. 주요 학자로는 페스탈로치, 헤르바르트, 프뢰벨 등이 있다. 페스탈로치(Johann Heinrich Pestalozzi, 1746~1827)는 인간교육에서 노작의 중요성을 인식하고 3H, 즉 Head(知), Heart(情), Hand(技)가 조화롭게 발달되어야 한다고 강조하였다. 교육내용은 수(數), 형(形), 언(言)으로 분류하고 수는 산수와 수학을, 형은 습자, 도서, 측량을, 언은 읽기, 말하기, 문법 등을 포함한다. 그는 인간교육과 전인교육, 직관교육, 합자연의 교육을 강조한 교육사상가이며 교육실천가였다. 그는 합자연의 원리, 자발성의 원리, 조화의 원리, 사회의 원리, 직관 교수의 원리, 노작의 원리에 의한 교육방법을 강조하였다. 그리고 헤르바르트(Johann Friedrich Herbart, 1776~1841)는 19세기 대표적인 교육철학 사상가로서 교육을 학문적으로 체계화하였고, 철학을 논리학·형이상학·미학의 세 부분으로 나누었으며, 윤리학과 심리학을 기초로 하는 체계적인 교육학을 수립하고 실험학교를 세워 이론을 실천하였다. 그의 교육목적은 강한 도덕적 품성의 형성이다. 즉, 진실하고 신뢰성 있는 도덕적 성격이 인간 최고의 목적이며 교육의 궁극적 목적이라는 것이다. 그는 교육목적을 도덕적 품성의 도야와 도덕적 이념을 의지적으로 구현해 가는 인간도야에 두었다. 프뢰벨(Friedrich Wilhelm August Fröbel, 1782~1852)은 19세기 대표적 아동 교육사상가로 루소, 페스탈로치의 영향을 받아 세계 최초로 유치원을 창설하였으며, 아동의 내적인 신성은 자연물과의 친근함을 통하여 발현된다고 주장하였다. 그는 '교육이란 인간의 본질적 사명완수를 도와주는 활동이며, 아동을 하나의 완전한 인격체로 인정하고 알맞은 교육을 시키는 것이다'라고 하였다.

(2) 국가주의 교육

18세기 이후 제국주의적 국가들의 출현과 자본주의적 경제체제를 형성하며 각 나라들은 새로운 영토의 확장과 식민지 개척에 주력하는 데 대한 위기의식에서 국민들의 결속과 국력의 신장을 위해 국가주의 교육이 요청되었다. 독일의 철학자인 피히테(Johann Gottlieb Fichte, 1762~1814)는 '독일국민에게 고함'이라는 연설을 하여 국민들의 단결을 촉구하였다. 당시 독일국민이 도덕적으로 부패하여 이기심에 지배당하고 있다고 생각한 그는 민족공동체 의식의 개발, 도덕적 심정의 함양, 민족 전체의 유기체 형성의 강화를 촉구하였다. 그는 개인과 국가와의 이상적 상호관계로 통일하려 하였다. 피히테의 연설은 독일에 있어서 국가주의 교육이념을 보편화시키는 계기가 되었다. 그는 1807년 교육국 신설에도 참여하였고, 학교제도의 정비와 발전을 도모하는 등 교육실제에도 적지 않은 영향을 미쳤다.

독일에서 국가주의의 등장과 확산은 인접 국가들에게도 국가주의의 필요성을 자극하면서 각국은 국가주의에 기초하여 국력을 제고하는 데 주력하게 되었고 이를 위해 국가의 교육제도를 근대화와 국민교육을 강화하였다.

프랑스에서는 푸이에(Alfred Jules Émile Fouilleé, 1838~1912)가 「국가적 관점에서의 교육」에서 국가의 지성(national intellect)을 보존하고 증진하는 것을 교육의 목적으로 삼았다. 그리고 이러한 목적을 달성하기 위하여 특히 초등교육과 중등교육에서 어떠한 내용의 교육을 실시하여야 하는가를 제시하였다. 그의 교육관은 플라톤의 교육론에 기초한 것이었다.

국가주의(nationalism)는 모든 가치와 결정이 국가의 보존과 번영에 기초를 두어야 한다는 이념이다. 국가주의는 민족주의라고도 일컬어진다. 교육에 있어서 국가주의란 국가의 공동목표와 전통을 향하여 국민 간에 총화단결을 꾀하고, 경제적 독립과 부를 증진시키며, 외부의 침해로부터 대항하도록 국민을 준비시키는 하나의 수단이다.

국가주의 교육목적은 국민을 외부의 침해와 내적인 분열로부터 보호함으로써 국가의 권위와 영광을 성취하고 애국적 시민과 질서와 법을 잘 지키는 충성스런 시민을 길러내는 것이다. 교육의 특징은 세속화와 국가에서 통제하는 교육제도를 통한 공교육의 실시와 의무교육, 일반교육을 강조하였고, 자국의 역사, 지리, 국어교육을 강조하였으며 시민교육, 체육교육, 직업교육이 강화되었다.

국가주의 교육은 근대의 국민국가와 국민교육제도를 발전시키는 데 크게 기여하였다. 그러나 동시에 이 사상은 국가 간의 국력경쟁의 수단으로 활용되었고, 개인의 권리와 자유보다는 국가의 권위와 통제를 우선시함으로써 전체주의적 통치에 악용되기도 하였다.

국가주의와 관련해서 유의할 점은, 국가주의가 신인문주의에 포섭될 수 있는 개념인가의 여부이다. 신인문주의가 낭만주의에 기초해 있고, 그 대표적인 것이 계발주의라고 볼 때 국가주의는 신인문주의적 특성을 지니고 있다고 보기 어렵다. 신인문주의, 즉 계발주의와 국가주의는 그 강조점 면에서 이질적이며 상충하는 점이 많다고 보아야 할 것이다. 따라서 이 교재에서처럼 국가주의가 신인문주의 경향 내에서 다루어지는 경우, 이는 국가주의가 신인문주의에 포섭된다는 의미에서가 아니라, 신인문주의가 발전하던 당시 다른 한편에서 국가주의가 상당한 영향력을 가지고 전개되었다는 것으로 이해하여야 할 것이다.

(3) 과학적 실리주의 교육

과학적 실리주의는 19세기에 자연과학이 크게 발전함에 따라 과학적 지식을 생활세계에 활용하여, 사회를 발전시킬 수 있는 교육이 되도록 하는 것을 강조한 입장을 가리킨다고 할 수 있다. 즉, 교육은 과학적인 지식을 활용하여 행복한 생활을 추구할 수 있도록 하는 것이 되어야 한다는 것이다.

이러한 생각은 자연과학에서 발전시킨 실증적 연구방법과 다윈(Charles Robert Darwin, 1809~1882)의 진화론으로부터 큰 영향을 받은 것이며, 동시에 과학적 지식을 인간사회의 발전에 유익하게 활용하고자 하는 공리주의(utilitarianism)로부터도 많은 영향을 받은 것이다. 이러한 입장을 대표하는 학자는 스펜서(Herbert Spencer, 1820~1903)이다. 그는 「교육론」에서 생물의 진화론을 기초로 하여 과학의 실증적 연구방법이 사회진화에 어떻게 도움이 될 수 있는가를 제시하였다. 그는 교육의 목적을 개인의 완전한 생활의 실현에 두었고, 교육이 자기보존, 자손의 양육과 교육, 사회적·정치적 관련 유지, 여가선용에 어떻게 도움이 되는가를 논하였다. 교육의 방법으로는 감각적, 경험적 방법을 중시하였다.

그런데 유의할 점은 과학적 실리주의라는 말은 국내에서 교육사와 관련하여 사용되고 있기는 하나, 서양교육사에서 통용되는 용어는 아니라는 것이다. 서양의 교육사를 정통하게 다룬 영어 문헌에서는 이 말에 일치하는 용어를 발견하기 어렵다. 다만, 관련 주제를 다룬 영어 문헌에서 스펜서의 사상을 '과학적 공리주의(scientific utilitarianism)'에 가깝고 이는 또 '공리적 인문주의(utilitarian liberalism)'로 연결된다고 표현하는 사례는 있다(Weinstein, 2017). 스펜서는 '과학과 진화론을 활용한 사회발전'에 주안점을 두었고 이러한 사상에는 '과학주의, 공리주의, 인문주의' 요소를 내포하고 있다. 이러한 점들을 감안한다면, 스펜서의 교육사상의 성격은 '과학·공리적 인문주의'라고 압축적으로 표현할 수도 있을 것이다.

9) 현대교육

20세기 교육은 다양성을 지니고 있기 때문에 교육적 현상과 문제점 역시 복잡하고 다양하므로, 각 나라에서는 교육을 통해서 자국의 문제점을 해결하려 하고 있다. 20세기는 모든 면에서 격변의 시대로서 두 차례에 걸친 세계대전과 이데올로기의 분열 그리고 그 붕괴에서 온 세계판도의 재개편과 더불어 엄청난 규모의 변동과 위기를 겪고 있는 시대이다. 또한 과학기술의 급속한 발전은 상당한 풍요와 인간다운 생활을 확보해 준 반면에 비인간화 현상이 사회의 큰 문제로 대두되었으며, 이를 극복하기 위하여 교육적인 노력이 전개되고 있다. 현재 서양 각국에서 전개되고 있는 개혁학교 및 대안학교 운동도 이러한 노력의 일환이라고 볼 수 있다.

20세기 초 교육개혁운동은 교사중심의 전통적 학교에서는 아동의 인격이나 자발성 그리고 개인적인 특수상황이 고려되지 않았다. 또한 교과내용이 과다하고 수업이 교과서 중심으로 이루어졌으며, 아동의 이해 정도와는 상관없이 기계적인 학습이 강요되었다. 이러한 전통적인 교육에 대한 대안으로 교육개혁운동은 '아동으로부터의 교육'이라는 새로운 교육모델이 제시되었다. 교육은 단순하게 지식을 습득하기보다는 자율적이고 능동적인 행위를 통하여 아동이 자발적으로 생활의 내용을 접하고 받아들이도록 해야 한다고 보았기 때문이다.

교육개혁가인 콩도르세(Marquis de Condorcet, 1743~1794)는 프랑스의 철학자·수학자·정치가·교육학자로서 교육은 국가의 손으로 하며(공교육), 남녀를 구별하지 않고 무상(무상성)으로 국민 일반에게 실시하며 정치적, 종교적 권력을 초월하여 자유, 중립(중립성)이어야 한다고 하였다.

19세기 말에서 20세기 초에 걸쳐 서구에서는 신교육운동(Neue Erziehungsbewegung)이 광범하게 전개되었다. 이러한 운동은 영국의 신학교 운동에서 출발하여 프랑스와 독일의 전원기숙사학교 운동으로 이어졌다. 아울러 독일에서는 노작교육에 중점을 둔 교육개혁 운동도 전개되었다. 이러한 신교육운동은 전개되었고, 이는 이후 미국을 비롯한 여러 나라에 퍼져 각국의 교육개혁, 교육현대화에 크게 기여하였다.

20세기 초의 교육 개혁운동은 '아동으로부터의 교육'이라는 새로운 교육 모델이 제시되었다. 교사중심의 전통적 교육에서는 아동의 인격이나 자발성 그리고 개인적인 특수상황이 고려되지 않았고, 교과내용이 과다하고 수업이 교과서 중심으로 이루어졌으며, 아동의 이해정도와는 상관없이 기계적인 학습이 강요되었다. 당시의 교육개혁 운동은 이러한 전통적인 교육에 대한 대안을 필요로 하였다. 교육은 단순히 지식을 수용하도록 하기 보다는 자율적이고 능동적인 행위를 통하여 아동이 자발적으로 생활의 내용을 접하고 받아들이도록 해야 한다고 보았기 때문이다.

첫째, 독일의 전원기숙학교는 영국의 레디가 1889년에 설립한 신학교(New School)로부터 시작하여 독일의 리츠, 비네켄, 게헤프 등에 의해 다양한 형태의 기숙학교로 퍼져 나갔다.

레디(Cecil Reddie, 1858~1932)가 설립한 새로운 성격과 형태의 학교인 '애버츠호옴 학교(Abbotsholme School)'는 신교육 운동의 출발점이라고도 할 수 있다. 신학교는 새로운 교육, 새로운 학교의 모델로서 영국인은 물론 유럽인의 관심을 받았다. 특히 프랑스의 에드몽 드몰랭(J. Edmond Demolins, 1852~1907)은 레디의 신학교를 방문하고 깊은 감동을 받은 후 이를 본 따 1899년 파리 근교에 프랑스 최초의 신학교인 '에콜 데 로슈(Ecole des Roches)'를 설립하였다.

이 같은 신학교 운동은 이후 독일의 리츠(Hermann Lietz, 1868~1919)의 전원기숙학교 운동, 비네켄(Gustav Wyneken, 1875~1964), 게헤프(Paul Geheeb, 1870~1961), 케르셴슈타이너(Georg Kerschensteiner, 1854~1932) 등의 교육개혁 운동으로 이어졌다.

전원기숙학교는 도시가 아닌 전원에서 지식전달이 아닌 인격형성 교육을 목표로 하여, 전통적인 학교형식이 아닌 교사와 학생이 함께 생활하는 기숙사 형식의 교육을 이상으로 하였다. 리츠가 1898년에 설립한 '전원기숙학교

(Landeserziehungsheim)'는 전원기숙학교 운동의 시발점이 되었다. 리츠는 이 학교를 통해 고전어 학습중심의 교육과 급격한 도시화는 참다운 인간교육으로 인도할 수 없다고 보고 아이들을 자연에 가까운 환경, 즉 전원에서 공부·놀이·노동(생활)을 조화시킬 수 있는 전인교육(Ganzmenscherziehung)을 구현하고자 하였다. 전원기숙학교는 초기에 개인에 의해 설립되었으나 1920년대에 이르러 국립의 전원기숙학교(Bundes Landheim)가 설립되었다. 이로써 전원기숙학교가 교육의 중요한 체계로 발전하였다.

리츠로부터 시작하여 비네켄와 게헤프 그리고 케르션슈타이너 등으로 이어지며 퍼져나간 독일의 전원기숙학교 운동 또는 교육개혁 운동에서 주목할 점은 공통적으로 작업 내지 노작을 학교교육에서 본질적인 것으로 중요시하였다는 것이다. 특히 케르센슈타이너는 페스탈로치의 사상을 계승하고 노작을 통한 인간의 이상을 학교교육에서 실현하여 현대 노작교육사상의 틀을 구축하고자 하였다. 그는 또 존 듀이가 그러했던 것처럼 학교에서의 노작활동을 통하여 인류의 문화적 유산 속에서 파생되는 교육적 가치를 인간의 노동과 결합시킴으로써 노동의 인간화, 교육화, 윤리화를 추구하였다. 이러한 교육이 인간에게 이상적 공동체를 제시해 줄 수 있을 것으로 믿었기 때문이다.

둘째, 미국에서는 존 듀이(John Dewey, 1859~1952)가 진보적 교육을 발전시키기 위한 학교의 전범으로 1896년 시카고 대학에 '듀이 실험학교(Dewey' Laboratory School)'를 설립하여 운영하였다. 듀이의 실험학교는 4~14세까지의 어린이들을 10개 집단으로 나누어 구성한 실험학교에서 가장 어린 집단인 4~6세까지의 어린이들은 준 기초교육 학급으로 형성되었다. 듀이는 이 학급을 유치원이라고 불렀으며, 이 학급의 특성은 기존 유치원의 경향과는 많이 달랐다. 듀이는 프뢰벨(F. W. A. Fröbel)이 부각시켰던 아동기에 대한 존중, 놀이의 본질적 중요성을 인정하였고, 구체적인 방법과 환경구성에 있어서는 보다 자유로운 아동중심의 활동, 생활중심의 활동의 필요성을 지적하였다.

듀이의 실험학교는 1903년까지 계속되었으며, 학급집단은 소수로서 8~10명씩을 각 교사가 담당하였다. 사실상 학급집단이 작다는 것 이외에는 교육과정에 있어서나 교육방법에 있어서나 초등학교와 별로 다를 바가 없었는데, 교사들에게 학교와 지역사회 사이의 장벽을 타파해 가는 방법을 발견할 것과 학습내용으로는 보다 풍부하고 보다 변화가 많은 것을 채택하는 방법을 발견하는 일을 요구하였다.

듀이는 경험을 통한 끝없는 성장과정을 교육이라고 보았기 때문에 아동의 성장과 교육과정이 바로 교육의 목적이 되고 있다.

셋째, 이탈리아에서는 몬테소리(Maria Montessori, 1870~1952)가 어린이의 권리를 존중하고 개성을 발전시킬 수 있는 자유스러운 교육방법을 보급하기 위해 '어린이의 집(Casa dei Bambini)'을 설립하여 이른바 몬테소리법(Montessori method)에 의한 교육을 실시하였다. 어린이의 권리존중을 주장하여 자유스러운 교육과 개성발전 교육을 역설하였다. 교사들의 권위주의적 교육에 강력히 반대하고 어린이의 권리존중을 주장하여 어린이의 신체 및 정신의 발달을 북돋우는 자유스러운 교육과 어린이 하나하나의 활동리듬에 알맞은 개성발전교육을 역설하였다. 이러한 교육방향이 어린이들로 하여금 자율성과 자발성을 배울 수 있도록 하며, 자기개발에 적합한 환경을 만들어 간다는 것이다. 또한 감관(感官)의 훈련이야말로 모든 정신발달의 기초가 된다고 생각하고 갖가지 놀이도구를 고안하여 감관을 훈련시키고자 하였다.

넷째, 영국에서는 닐(Alexander Sutherland Neill, 1883~1973)이 기존의 규격화되고 비인간화되어 가는 학교교육의 단점을 극복하기 위한 대안으로서 '서머힐 학교(Summerhill School)'을 창안, 설립하였다. 서머힐 학교의 특징은 실험적, 초등·중등의 남녀 공학 기숙사형 학교라는 점이다. 닐이 지향하는 교육이론에서는 현재의 요구, 자치, 학급출석의 비강제, 자유, 예술 및 목공 등을 중요시 한다.

닐은 삶의 목적이 행복을 찾는 일, 곧 흥미 있는 일을 찾아내는 것이라고 믿었으며, 교육이란 이러한 삶에 대한 준비과정이라고 생각하였다. 따라서 행복과 자비와 용기를 갖춘 인물의 양성을 교육의 목적으로 삼았다. 서머힐 학교는 자유와 창조적인 활동을 매우 중요시하는 학교로서 자유가 기본방침이라고는 하지만, 그것은 전혀 무조건적인 것은 아니다. 닐에 의하면 자유란 "타인의 자유를 침해하지 않는 한 자신이 하고 싶은 대로 행동하는 것"이라고 하였다. 이를 위해 학생들과 교직원들로 구성된 전교 자치회에서 만든 몇 가지 약속이 있다. 그것은 위험방지를 위한 것과 남의 자유를 침해하지 않기 위한 최소한의 것이다. 따라서 서머힐 학교에서는 남에게 방해가 되지 않는 한 자기가 하고 싶은 일을 마음대로 하고 학과 수업시간에 출석하고 안하고도 강제 받는 법이 없다. 그리고 지적 교육보다 감정을 더욱 중요시하여 품성교육에 더욱 치중하고 있으며, 숙제와 시험도 없으므로 통지표나 석차 같은 것도 없다.

다섯째, 인도에서는 타고르(Rabindranath Tagore, 1861~1941)가 획일적이고 엄격한 학교교육을 극복하기 위한 새로운 성격의 학교를 세워 이를 발전시키고자 하였다. 그는 서벵골주 북서쪽의 '평화의 마을' 산티니케탄(Santiniketan)에 있는 자신의 집에 '우리집 학교'를 열어 자식들을 가르치다 1901년엔 5명의 학생으로 학교를 열었고, 1921년에는 비스바바라티 대학(Visva-Bharati University)을 설립하여 유치원부터 대학까지를 포함하는 타고르 학교를 인도교육의 요람으로 키웠다.

타고르 학교에서는 교실이 없이 자연과의 조화 속에서 삶의 이치를 깨달을 수 있다. 각 교사들은 자신의 나무를 가지고 있으며, 수업시간이 되면 학생들은 나무 아래에서 자리를 깔고 수업을 듣는다. 타고르 학교에는 교재가 없고 자연과 일상, 삶의 과정을 통해 발견한 지식과 깨달음들을 가르친다. 타고르에 따르면 "교사의 사명은 '모든 의미를 밝혀주는 것이 아닌 정신의 문을 두드려주는데 있다."

타고르 학교의 교육과정은 3단계로 이루어진다.

첫 번째는 물리적 경험의 단계이다. 이는 흙을 다지고, 청소를 하며, 창문을 고치고 씨앗을 심으며 공예품을 만드는 일 등에 내포되어 있다.

두 번째는 의문을 품게 되는 단계이다. 이는 '해는 왜 동쪽에서 뜨는가?', '계절은 왜 바뀔까?' 등의 질문을 통한 수업의 과정 속에 내포되어 있다.

세 번째는 깨달음의 단계이다. 이는 '하나를 통해서 모든 것을 알 수 있다'는 말이 의미하듯 우주의 원리에 대한 이해에 도달하게 되는 과정 속에 내포되어 있다.

타고르는 학교는 아이들이 푸른 하늘과 생명이 자라는 대지, 나무와 꽃, 새들의 지저귐을 벗 삼아 자연 속에서 마음껏 뛰어놀면서 우주와 생명의 신비를 체험하며 행복한 삶을 살아가는 방법을 가르쳐 주어야 한다고 생각했다. 그는 아이들이 늘 자연을 가까이 하고 인내심 있고 친절한 교사의 보살핌을 받을 수 있는 교육환경을 가장 중요시하였다. 또한 아이들이 주변 마을의 농부, 도공, 직조공, 상인들의 삶을 가까이에서 보고 생활에 필요한 것을 어떻게 생산해내는지 직접 체험하게 하였다. 그래서 샨티니케탄 바로 인접 마을 슈리니케탄에는 다양한 공예품을 생산해내는 공예단지를 조성했다. 도자기, 염색, 직조, 목공예 등 다양한 공예품 생산에 학생들이 참가하고 판매도 할 수 있도록 하였다. 또한 계절별로 다양한 축제를 열어 아이들이 춤과 노래, 연극, 전시회 등으로 자신의 능력을 마음껏 발휘할 수 있게 한다.

CHAPTER

03 교육의 철학적 기초

교육은 사람이 사람답게 성장할 수 있도록 이끌어주고 바람직한 삶을 실현할 수 있도록 도와주는 활동이다. 그렇다면 사람다운 사람이란 어떠한 것인가? 그리고 바람직한 삶은 어떠한 것이며 진·선·미와 같은 가치와는 어떠한 관계가 있는 것인가? 또한 진리 혹은 참다운 지식이란 어떠한 조건을 가져야 하는 것이며 어떠한 탐구과정을 거쳐 얻어지는 것인가? 교육이 가치로운 삶과 그 이상 실현에 기여할 수 있기 위해서는 이러한 근본적 물음에 대한 탐구에 바탕을 두지 않을 수 없으며 이 같은 탐구를 함에 있어서 요체가 되는 것이 철학이라 할 수 있다.

이 장에서는 먼저 철학의 연구 영역과 철학의 기능을 살펴본다. 이어 현대의 주요 교육철학을 개관한다.

01 철학의 연구 영역

철학은 삶과 관련된 근본적인 문제에 대하여 넓고 깊게 사고하게 한다. “우리는 어떠한 존재이며, 어떻게 행동해야 하는가? 삶의 가치는 어디에 있으며, 바람직한 공동체는 어떠한 조건을 가져야 하는가? 우리가 존재하는 이 세계의 본질은 어떠한 것인가? 우리는 무엇을 알 수 있으며, 우리가 알고 있는 것이 옳다는 것을 어떻게 알 수 있는가?”와 같은 물음은 삶의 과정에서 피할 수 없는 것들이다. 철학(philosophy)은 ‘지혜의 사랑’이라는 그 어원적 의미에서 보는 바와 같이, 바로 이러한 근본적인 물음에 대한 체계적인 사색과 성찰, 탐구를 유도·촉진하는 것으로, 이는 궁극적으로 바람직한 삶의 가치와 방식에 대한 인식의 틀과 내용을 제시함으로써 교육적으로 유용한 준거와 시사점을 제공한다.

넬러(G. F. Kneller)에 의하면 철학은 인간의 모든 생각을 체계화시키려는 욕구, 또 인간의 행동과 생각 전체 영역 속에서 어떤 의미를 찾으려고 하는 욕구에서 움터나온다(유승우 · 이종문, 2006). 이러한 의미에서 보면 우리는 누구나 부지불식간에 소박한 수준에서나마 철학을 하고 있다고도 할 수 있다. 즉, 우리는 살아가면서 '내가 누구인지, 나는 왜 존재하는지, 존재한다는 것은 무엇을 뜻하는지, 어떻게 사는 것이 바르게 사는 것인지, 내가 존재하는 이 세계의 실체는 어떠한 것인지, 궁극적으로 삶에는 어떠한 의미가 있는 것인지'와 같은 질문을 끊임없이 자신에게 던지면서 살고 있기 때문이다.

철학은 '삶'과 '앎'과 '탐구'에 대한 근본적인 문제들을 그 연구대상으로 하고 있다. 철학의 각 영역은 인간의 삶 속에서 부딪히는 여러 물음들에 대한 사색과 탐구로부터 발전되었다. 철학적 탐구의 영역은 전통적으로 존재론 혹은 형이상학, 인식론, 가치론, 논리학 등 네 가지로 구분된다(김종서 · 이영덕, 1990).

1) 존재론

존재론(ontology) 혹은 형이상학(metaphysics)은 존재 그 자체 또는 그것이 지니고 있는 공통적이며 근본적인 속성을 고찰하는 철학 영역이다. 즉 우리를 둘러싼 "이 세계의 실체 또는 본질은 무엇인가? 절대적 실재란 초자연세계에 존재하는가, 아니면 인간의 경험 속에 상대적으로 존재하는가?"라는 물음에 답하려는 노력이다. 존재론은 이 세계 또는 우주의 궁극적인 본질(substance) 혹은 실체(reality)란 무엇인가를 파악하려는 철학적 탐구의 영역이라고 할 수 있다.

존재론은 우리가 살고 있는 이 세계의 진정한 특성이 무엇인가를 밝히려는 것으로 이해할 수 있다. 어떤 점에서 보자면 이 세계에는 변화하지 않고 그대로 있는 것은 하나도 없다. 그러나 또 다른 점에서 보자면 이렇게 변화하는 세계를 가능하게 하는 보다 본질적인 실체가 있을 수 있다. 그렇다면 변화하는 세계 너머에 있는 변화하지 않는 존재 또는 실재는 무엇이며 그것은 어떻게 가능한 것일까? 이러한 물음에 대한 답을 구하고자 하는 것이 존재론의 요체라 할 수 있다.

존재론에는 몇 개의 기본적인 입장이 있다(김종서·이영덕, 1990). 우선, 이 세계의 모습은 무한히 다양하지만 그 실재는 하나라고 보는 입장이 있는데 이를 '일원론(monism)'이라고 한다. 일원론의 입장은 다시 두 가지 입장으로 나누어지는데, 실재가 정신 혹은 영혼이라고 보는 입장을 '관념론(idealism)'이라 하고, 실재가 물질 또는 객관적으로 파악될 수 있는 것으로 보는 입장을 '실재론(realism)'이라고 한다. 한편, 이 세계의 본질이란 끊임없는 변화와 발전 그 자체이며 그 너머에 어떠한 본질이 따로 있는 것이 아니라고 보는 입장이 있을 수 있는데, 실용주의는 바로 이러한 입장을 취하는 철학이다.

2) 인식론

인식론(epistemology)은 진리 또는 지식의 근거와 그 특징을 밝히려는 철학 영역이다. 즉, "무엇이 참인가? 진리와 비진리는 어떻게 구별되는가? 안다는 것과 모른다는 것은 어떻게 구별되는가? 도대체 안다는 말의 의미는 무엇인가? 과연 우리는 참다운 앎에 다다를 수 있는가?"와 같은 물음에 대한 답을 하는 것이 인식론의 큰 과제이다.

인식론에는 다음과 같이 서로 다른 몇 가지 기본적인 입장이 있다(김종서·이영덕, 1990). 먼저, "참다운 앎에 도달할 수 있다"고 보는 입장이 있는데 이를 '독단론(dogmatism)'이라고 한다. 이 입장에서는 자명하고 확실한 지식이야말로 의심할 수 없는 지식이며 이러한 지식을 근거로 하여 연역되거나 발견된 지식들도 의심할 수 없다. 따라서 이 입장에 있는 사람들은 모든 지식이 그 기초로 삼을 수 있는 자명하고 확실한 지식이 무엇인가를 찾으려고 노력하게 된다. 그런데 '참다운 앎에 도달할 수 있다'고 보는 입장 내에서도 "그러면 우리는 어떻게 알게 되는가?"에 대한 대답에 따라 직관론, 합리론, 경험론의 구분이 있다. 절대불변의 확실한 지식은 직관에 의해서 파악되는 것이라는 입장이 '직관론'이고, 인간이 가지고 있는 이성의 추리에 의해 발견된다는 것이 '합리론'이며, 인간의 감각기관을 통해 확인될 수 있는 것만이 절대로 확실한 지식이라는 입장이 '경험론'이다.

다음으로, "참다운 앎에 결코 도달할 수 없다"는 입장이 있는데 이를 '회의론(skepticism)'이라고 한다. 이 입장에서는 자명하고 확실한 지식은 없으며, 지식은 단순히 의견에 불과한 것이다. 회의론자들은 "사람들은 자신들이 모르고 있다는 것을 모르고 있다"라고 주장한다. 그런데 만약 회의론을 받아들이려면 '회의론만은 틀림없다'는 것을 인정하여야 하는데, 그렇게 되면 회의론의 주장에 어긋나게 되기 때문에, 결국 회의론의 주장을 인정할 수는 없게 된다. 따라서 회의론은 자기 스스로를 인정하지 못하고 부정하게 된다. 이 때문에 진정한 의미의 회의론은 성립하기 어렵다.

마지막으로, "알 수 있다. 그러나 그 앎은 불변하고 절대적이며 확실한 것이 아니라 개선 가능하며 상대적이거나 확률적인 것"이라고 보는 입장을 '오류가능성론(fallibilism)'이라고 한다. 이 입장에서는 인간의 지식이란 광석을 발굴해 내듯이 어디엔가 숨겨져 있는 것을 찾아내는 것이 아니라, 이 세계 안에서 이루어지고 있는 현상을 설명하기 위해 인간이 만들어낸 인식의 도구 또는 설명의 도구에 불과한 것이다. 따라서 지식은 인간의 이해와 경험의 범위 또는 설명하고자 하는 현상의 복잡성 여하에 따라 상당한 제한을 받게 되며, 인간의 이해와 경험의 폭이 확대됨에 따라 얼마든지 개선될 가능성을 갖고 있다. 즉, 인간의 이성도 인간의 감각도 다 불확실한 것이며 잘못될 가능성이 있는 것이기 때문에, 각각의 지식은 실제로 해부아 그 결과가 그렇다는 것이 증명되는 한에서 확실한 것이라고 본다. 이는 곧 실험주의를 일컫는 것이며, 바로 실용주의자들이 취하는 입장이다. 그런데 이러한 입장에서는 과연 유용성의 기준을 어디에다 또 얼마만큼 두어야 하느냐 하는 것이 커다란 문제점이 되고 있다.

3) 가치론

가치론(axiology)은 선과 악, 의와 불의, 목적과 수단, 미와 추의 문제와 관련지어 그 기준과 판단의 과정 및 그 대상 등을 밝히려는 철학 영역이다. 즉, "가치란 객관적인가 아니면 주관적인가? 가치는 변하는 것인가 아니면 영원불변의 것인가? 가치의 세계가 있는가?"라는 물음에 대한 대답을 구하는 것이 가치론의 중심 과제이다. 가치론은 보통 윤리학(ethics)과 미학(aesthetics)으로 구분된다. 윤리학은 도덕성의 본질과 도덕적 행동이란 무엇인가를 밝히려는 것이고, 미학은 예술과 인간의 삶과 경험 속에 들어 있는 아름다움의 본질과 그 대상을 밝히려는 것이다.

가치론에는 크게 두 가지의 입장이 있는데, 가치가 객관적으로 존재하는 것이라는 입장이 '객관주의(objectivism)'이고, 가치가 사람에 따라 서로 달라질 수 있다는 입장이 '주관주의(subjectivism)'이다. 객관주의는 다시 '직관론(intuitionism)'과 '합리론(rationalism)'으로 나누어지는데, 객관적 가치가 직관에 의해서 파악된다는 것이 전자의 입장이고, 가치가 객관적 이성의 추리에 의해 밝혀진다는 것이 후자의 입장이다. 한편, 주관주의에는 '자연론(naturalism)'과 '정의론(emotivism)'이 있다. 자연론에 의하면 가치란 인간 및 사회의 본질과는 별도로 존재하는 것이 아니라 인간이 공유하고 있는 삶의 경험과 이상 그리고 필요 및 욕구에 의해서 형성된 것으로, 절대적이거나 불변적인 것이라기보다는 개선 가능하며 제한적인 것이다. 정의론에 의하면 가치란 단순히 좋아하거나 싫어하는 것과 같은 개인의 감정적 표현의 하나에 불과한 것으로, 발견되는 것이 아니라 시험과 시련을 거치면서 형성되어 나가는 것이다.

어떤 가치론의 입장에 서 있느냐 하는 것은 교육과 같은 중요한 가치 관련 문제를 이해하고 해결하는 과정에서 대조적인 접근의 관점을 가져올 수 있다. 예를 들면, 다음과 같은 것들이다(유승우·이종문, 2006). 먼저, 가치가 객관적이라는 입장에서는 개인적인 감정이나 욕구는 전적으로 배제되며,

어떤 것이 참이고 어떤 것이 거짓인지, 어떤 것이 선하고 어떤 것이 악한 것인지 심지어 어떤 것이 아름답고 어떤 것이 추한 것인지조차 객관적으로 판단된다. 반면, 가치가 주관적인 것이라는 입장에서는 어떤 것이 가치 있다는 판단은 상대적인 것이며, 개인적인 감정이나 욕구에 따라 다르게 판단할 수 있다. 아울러, 가치가 절대적이고 영원한 것이라는 입장에서는 절대선의 존재가 인정되는 반면, 가치가 변화한다는 입장에서는 가치란 상대적이고 개인의 사적인 경험으로부터 나오는 것이다. 또한 가치의 세계가 있다고 보는 사람은 물질적인 것을 초월하는 정신적인 가치구조를 높은 위치에 두는 반면, 물질적인 세계의 경험적인 가치를 중요시하는 입장에서는 경험적인 가치가 물질세계의 삶에서 기여하는 역할에 주목한다.

4) 논리학

논리학(logic)은 우리가 어떤 철학적인 결론에 도달하였을 때 그 결론에 도달하기까지의 사고의 과정이 과연 타당한 것이었는가를 검토하는 일련의 규칙과 기준을 밝히려는 철학 영역이다. 말하자면 이는 인간의 지식활동에 관련된 특정한 종류의 원리들을 분석하고 명제화하며 이들을 체계화하는 일을 말한다.

논리학에서 다루어지는 지식 활동의 추구 원리와 방식의 체계는 크게 연역법과 귀납법으로 나누어진다. '연역법(deductive method)'은 보편적인 원리로부터 구체적인 사실에 대한 지식을 이끌어내려는 추리의 과정이고, '귀납법(inductive method)'은 개개의 구체적인 사실들에 대한 관찰을 통하여 어떤 보편적인 법칙이나 원리를 이끌어내려는 추리의 과정이다. 귀납적 지식은 사실적 지식으로, 연역적 지식은 관계적 지식으로 부르기도 한다.

일반적으로 논리적 사유의 기초에는 세 가지 명제 또는 규칙이 전제되어 왔다. 첫째는 '동일률'로서 "참인 명제는 참이다"라는 것이다. 둘째는 '모순율'로서 "어떠한 명제도 참인 동시에 또한 거짓일 수는 없다"는 것이다. 셋째는 '배중률'로서 "어떠한 명제도 참이거나 거짓일 뿐 그 중간치는 없다"라는 것이다. 전통적으로 이 세 가지 명제 또는 규칙은 영원하며 절대적인 법칙으로 간주되었다. 그러나 오늘날에 와서는 이 명제들은 받아들이는 논리적 체계에서만 절대적 법칙이 될 수 있는 것이며, 어떤 논리적 체계에서나 절대적인 것은 아니라고 보고 있다. 말하자면, 어떠한 명제가 절대적 법칙으로 간주될 수 있느냐 없느냐 하는 것은 그 명제가 관련된 논리적 체계가 채택하는 공리들과 추리의 규칙에 따라 상대화하는 것으로 간주되고 있다. 즉, 어떤 명제는 한 논리체계에서 거짓이지만 다른 논리체계에서는 참이 될 수 있다는 것이다.

현대에 이르러 논리학에서는 두 가지 방향에서 변화가 대두되었는데, 이 변화에 크게 영향을 미친 것이 논리적 실증주의와 분석철학이다(김종서·이영덕, 1990). '논리적 실증주의(logical positivism)'의 입장에서는 어떤 주장의 타당성을 논리학에만 의존하는 철학적 탐구방식에 회의적이다. 왜냐하면 어떤 결론에 도달하기까지의 추리과정이 아무리 논리적이라 하더라도 그 결론이 근거로 삼고 있는 전제가 진, 위를 검증할 수 없는 종류의 것이라면, 그 결론도 진인지 위인지 밝혀낼 수가 없으며 따라서 그 결론은 무의미한 주장일 수 있기 때문이다. '분석철학(analytic philosophy)'의 입장은 논리적 실증주의의 약점을 지적하고 있다. 이를 테면 어떠한 진술이 단지 진, 위를 검증하기가 어렵다는 사실만으로 과연 무의미한 것이라고 볼 수만은 없다는 것이다. 따라서 단순히 어떤 문장이 그 진, 위를 검증하기가 어렵다고 해서 무의미한 것으로 단정하기보다는, 하나의 진술이나 개념이 그 인간과 그 사회 및 문화 등의 맥락 안에서 어떠한 의미를 갖는 것인가 하는 것을 밝히고자 해야 한다는 것이다.

02 교육철학의 개념과 역할

철학에서의 연구 성과는 교육에 많은 시사점을 준다. 그러나 철학적 연구 자체가 직접적으로 교육을 위한 철학이 되지는 못한다. 왜냐하면 교육이 가지고 있는 문제의식과 철학이 가지고 있는 문제의식은 그 관심의 대상, 수준 및 범위의 면에서 서로 다를 수 있기 때문이다.

말하자면, 어떤 철학이 교육철학으로서의 적합성을 가지느냐 못 가지느냐의 문제는 별도로 검토되어야 한다는 것이다. 바로 이 때문에 교육철학이라는 학문적 노력이 필요하다. 즉, 철학적 연구 성과들을 교육적 문제에 의의 있는 형태로 바꾸거나, 철학적 방법을 사용하여 교육적 문제해결에 적절하게 적용하려는 노력이 필요한 것이다.

1) 교육철학의 임무와 개념

교육철학은 '삶'과 '앎'과 '탐구' 등에 관한 깊은 이해를 심오한 사고와 정밀한 사유를 통해 교육이 올바른 방향과 내용, 방법을 찾아 나갈 수 있도록 도와준다. 따라서 교육이 성급한 목전의 성과만을 노려 피상적인 기교로 기울어진다거나, 직접적 경험에 사로잡혀 원리적 추구를 하지 않은 채 방향 감각을 잃고 방황하지 않도록 하기 위해서는 교육철학이 필요하다. 예를 들어, 교육에서 계량적 평가와 능률·효율에 대한 강조가 지나치게 되어 의미와 목적에 대한 신념이 흔들릴 때, 교육철학은 가치 기준을 설정해 준다. 교육이 자기 것에 대한 정립이나 체계를 세우지 못하고 모방에 의해서 맹목적인 실천을 행사하고 있을 때에도 교육철학이 요청된다(정찬주, 1989).

교육철학의 임무는 크게 세 가지 측면에서 살펴볼 수 있다. 첫째는 가장 기본적인 것으로 '교육이란 무엇인가?'라는 물음에 답하기 위하여 교육의 본질을 탐구하는 노력이다. 둘째는 첫 번째 물음과 밀접하게 관련되어 있는 것으로, '왜 교육을 하는가?'라는 물음에 답하기 위하여 교육의 목적을 탐구하는 노력이다. 셋째는 '어떻게 가르칠 것인가?'라는 물음에 답하기 위한 것으로, 교육의 방법을 탐구하는 노력이다.

그런데 통상 교육철학이라는 말 속에는 세 가지 수준의 의미가 중첩되어 있다. 첫째는 교육관으로서의 교육철학이다. 이것은 누구나 가질 수 있는 소박한 교육관이나 교육사상 등으로 교육의 전반적인 과정에 대한 포괄적인 이해와 소견을 포함한다. 둘째는 교육목적론으로서의 교육철학이다. 이것은 교육목적의 결정과 진술에 관한 것으로, 기본적으로 가치판단의 문제를 수반한다. 셋째는 교육학적 지식을 교육학적으로 응용하는 것으로의 교육철학이다. 이것은 흔히 교육학적 이론의 체계속에서의 한 영역을 의미한다. 교육철학의 개념이 이렇게 상이할 수 있기 때문에, 교육철학에 대한 통일적 정의를 규정하는 것은 쉽지 않다.

학문적인 관점에서 정의하자면, 일반적으로 교육철학은 철학의 여러 기능을 사용하여 교육현상의 여러 기본문제를 철학적 수준에서 체계적으로 분석·연구하는 학문의 한 분야라고 할 수 있을 것이다. 그러나 보다 구체적으로 살펴보면 교육철학에 대한 정의방식은 학자에 따라 상이하다.

학자들이 교육철학을 정의하는 방식은 크게 두 가지의 관점으로 나누어 볼 수 있다. 그 하나는 '철학적인 관점에서 교육을 바라보는 것'이고, 다른 하나는 '교육학적인 관점에서 철학을 바라보는 것'이다. 전자의 관점을 대표하는 학자는 피닉스(P. H. Phenix)이고, 후자의 관점을 대표하는 학자는 브로디(H. S. Broudy)이다. 피닉스에 의하면 교육철학이란 철학적 방법과 견해를 교육이라고 불리는 분야에 적용하는 것이다. 한편 브로디에 의하면 교육철학은 교육문제를 철학적 수준에서 조직적으로 논의하는 것으로, 그 임무는 실재, 지식, 선, 미와 같은 철학적 기초를 이루는 심층에까지 중요한 교육적 논점을 탐색하는 것이다. 교육철학의 개념에 대한 이러한 상이한 관점들은 상충하는 것으로보다는 상호보완적인 것으로 보아야 할 것이다.

요컨대, 교육철학은 교육현상에 대하여 철학적으로 고찰하는 학문이라고 할 수 있다. 즉, 교육철학이란 교육현상을 체계적으로 고찰하며, 교육학에 쓰이는 언어 및 전제를 다듬어 체계적으로 교육학을 구축하는 방법을 탐구하여 교육활동 또는 교육 작용의 본질을 탐구하는 것으로 정의할 수 있다. 말하자면, 교육철학은 교육의 여러 가지 현상을 전체적·통일적으로 고찰하여 체계를 세우고, 교육에 대한 과학적 연구의 가설을 비판하며, 교육활동 및 그 연구의 방향을 결정하고자 하는 학문이다. 이에 따라 교육철학은 본질에 관한 이해를 가능하게 하고, 상호관련성의 파악을 용이하게 하며, 교육이론에 대한 비판·검토를 적극화하고, 새로운 길의 모색을 활성화하며, 문제 제기의 태도와 능력을 배양하는 등 다양한 측면에서 가치를 제공할 수 있다.

2) 교육철학의 역할과 기능

기본적으로, 교육활동은 의지를 지닌 인간의 목적적 행동이므로 단순히 과학적인 관점에 의해서만 다룰 수는 없다. 과학적 지식은 그것이 아무리 발달된 것이라 하더라도, 본질적으로 삶의 가치와 목적, 방향과 방법을 규율할 수 있는 성격의 것은 아니기 때문이다. 그것은 교육철학에 의하여 그 본질과 목적과 기술이 전체적·통일적으로 고찰되어야만 비로소 교육의 올바른 연구와 실천이 타당하게 될 수 있다.

교육현상에 대한 근본적인 이해를 하려면 세계의 본질과 인간의 본성을 밝혀야 한다. 이러한 맥락에서 교육철학 사상은 그 근저를 이루는 일반 철학 사상과의 관련에서 구체화될 수 있다. 즉, 교육철학은 관념론적 교육철학, 실재론적 교육철학, 실용주의적 교육철학 등 다양한 유형의 교육철학 중 그 어느 한 유형의 철학에 기초한 방식으로 제시될 수 있다. 예를 들어, 진보주의는 그 철학적 기초가 실용주의로서 실용주의적 교육설에 속하고, 본질주의는 그 철학적 기초가 관념론과 실재론을 융합한 것으로서 관념론적·실재론적 교육설에 속한다. 이러한 과정을 통해 특정의 교육철학이 철학적으로 어떠한 입장에 서 있는가를 보다 명료하게 확인할 수 있는 바, 이는 해당 교육철학에 대한 이해와 적용을 보다 충실화하는 데 도움이 된다. 무엇보다도 해당 교육철학의 근거를 보다 깊이 있게 알기 위해서는, 교육철학을 일반 철학 사상과의 풍부하고 다양한 관련 속에서 고찰하는 것은 권장되어야 할 일이다.

사실 교육학 자체가 본래 철학의 한 분야로서 다루어져 왔기 때문에, 교육학과 철학은 전통적으로 밀접한 관련 속에서 발전되어 왔으며, 이에 따라 교육철학은 교육학의 중핵으로 지속적으로 발전해왔다. 물론, 교육에 대한 과학적 연구방법이 발달함에 따라 역사적으로 교육학을 하나의 독립과학으로서의 교육과학으로 확립하려는 운동이 있었고, 이러한 분위기에서 교육철학의 연구가 제한되었던 시기도 있었다. 그러나 현대에 이르러 듀이 등에 의해 교육학에서 교육철학이 차지하여야 할 적절한 위상이 회복되었고, 이에 오늘날 교육학에 있어서 교육의 철학적 연구는 과학적 연구와 함께 필수불가결한 것으로 인식되고 있다.

교육철학은 교육과학과의 대비적 관점에서 볼 때, 다음과 같은 역할을 수행하고 있다(이찬교 등, 1996). 첫째, 교육과학은 존재를 문제 삼아 현실에 있는 그대로의 사태를 기술하고 설명하여 교육현상의 법칙을 찾지만, 교육철학은 교육의 목적 내지 가치를 규명하고 탐구한다. 둘째, 교육과학은 교육에 관한 사실을 결정하고 증명하고자 하지만, 교육철학은 그 사실을 해석, 비판, 평가하여 교육의 목적과 이상을 설정하고자 한다. 셋째, 교육과학은 교육철학이 밝힌 목적 내지 이상을 실현시킬 방법과 수단을 구하고자 하지만, 교육철학은 교육과학을 인도하고자 한다. 넷째, 교육과학은 발견된 교육적 사실에 기초하여 전개되지만, 교육철학은 교육과학의 근본전제를 비판하고 교육사실의 근원을 찾고자 한다.

한편, 교육철학은 하나의 지적 활동방식이라는 관점에서 볼 때, 다음과 같은 기능을 수행하고 있는 것으로 이해되고 있다(이찬교 등, 1996). 첫째는 분석적 기능이다. 이는 언어와 논리의 문제를 다루는 활동으로, 교육이론, 교육적 사고 또는 교육실천에 사용되는 개념, 술어, 명제들의 애매성을 제기하고, 모호성을 감소시켜 그 의미를 명백히 하고, 논리적 모순을 가려내어 참된 진술이나 전제를 밝히는 작용이다. 둘째는 평가적 기능이다. 이는 교육적 합리성 여부를 평가하는 활동으로, 이론이나 주장, 명제, 원리 등을 어떤 기준이나 준거에 의하여 교육적인 합리성 여부를 판단하고 밝히는 것이다. 셋째는 사변적 기능이다. 이는 새로운 제언과 아이디어를 창출하는 것과 관련된 활동으로, 교육이론이나 실천에서 문제해결의 새로운 방향이나 가치를 제언하기 위한 사고과정을 의미하는 것이다. 넷째는 종합적 기능 혹은 통합적 기능이다. 이는 전체를 파악하고자 하는 활동으로, 교육에 관한 이론적 연구나 실천 과정상에 있어 이런 활동들을 전체적으로 통합하여 이해하는 능력을 일컫는다.

요컨대, 교육철학은 교육목적과 내용, 방법과 제도 등에 대해 깊이 있게 성찰할 수 있는 기본적 안목과 관점을 제공하여 줌으로써 교육이 가치있고 타당한 의미와 이론 그리고 실천방식의 토대 위에서 이루어질 수 있게 도와준다. 교육에 있어 철학적 기초가 없다면 이상적인 교육을 수행하는데 어려움을 겪게 될 것이다.

03 전통적 교육철학

철학사에 있어서 가장 큰 두 사상적 조류는 관념론과 실재론이며, 20세기에 들어서는 실용주의도 하나의 조류를 형성하게 된다. 관념론은 플라톤의 철학사상과 기독교적 종교관에 그 기원을 두고 있으며, 실재론은 아리스토텔레스로부터 비롯된 자연주의적 입장에서 유래하고 있다. 한편, 실용주의는 퍼어스(C. S. Peirce), 제임스(W. James), 듀이(J. Dewey) 등 여러 철학자들의 노력과 자연과학의 발달에 힘을 입었다고 할 수 있다. 각 철학사상적 조류는 그에 부합하는 교육적 시사점을 함의하고 있다.

1) 관념론

관념론(idealism)이란 우주의 궁극적인 본질 혹은 실재란 무엇인가를 파악하려는 노력으로 궁극적으로 존재하는 참 실재는 인간 혹은 신의 심의(mind) 속에 있는 관념(idea)뿐이며, 우주는 의지와 질서를 갖고 있다는 이론이다. 관념론의 창시자라고 할 수 있는 사람은 플라톤이다. 플라톤(Plato)에 의하면 참된 실재 궁극적인 실재는 이데아(idea)이며 이것이야말로 영구불변의 진리이다. 즉, 우주의 실재는 마음(정신)으로 세계는 영원불변한 관념과 절대정신이다.

관념론에 의하면 이 세계와 인간은 각각 형상과 신의 그림자에 비유된다. 즉, 변화하는 물질적인 이 세계는 보이지 않고 불변하며 절대적인 관념(idea) 혹은 절대정신의 소산이다. 이 세계와 인류의 역사란 바로 이러한 절대정신의 나타남이며 앞으로의 세계도 역시 그러할 것이다. 따라서 이러한 절대정신에 접근하는 또는 절대정신을 파악하는 일은 중요하며, 이는 계시에 의해 혹은 과거의 위대한 저술 가운데에서 얻어질 수 있다. 인간의 마음은 바로 이러한 절대정신의 그림자로서 자유의지와 창조력과 지적 사고능력을 가지고 있다. 그러므로 인간정신의 자유롭고도 창조적인 활동과 지적인 훈련은 중요하다.

인간은 관념론에서 교육은 정신적 작용이고 윤리적 존재로 취급되어야 하며, 지성(知性)과 심미성을 계발하고 도덕적 판단력을 키워야 한다.

2) 실재론

실재론(realism)에 의하면 이 세계는 인간의 마음으로부터 독립해서 그 자체의 법칙에 의해 존재하며 변화하고 발전한다. 따라서 이 세계를 파악하고 이해하기 위해서는 절대정신에 접근함으로써가 아니라 이 물질세계를 관찰하여 그 법칙을 발견함으로써 가능하게 된다.

실재론은 관념론과 대립되는 학설이다. 실재론이 내포하고 있는 모든 학설을 결합하고 있는 것은 독립의 원리라고 할 수 있다. 이것은 주로 실재와 지식의 문제로서 이 견해가 실재론의 기본적 자세이다. 독립원리란 곧 물질 또는 진리의 독립적 존재를 말하는 것이다. 이 설에 의하면 우주는 사람과는 관계없이 사람과는 독립하여 존재한다는 것이다. 즉, 물리적, 자연적 사물과 현상은 사람의 정신과 독립하여 존재한다는 것이 실재론자의 입장이다. 아리스토텔레스(Aristotle)는 실재론의 창시자로 일컬어지고 있다.

학자에 따라서는 이른바 절대정신이나 인간의 마음도 이러한 물질들의 작용에 의해서 가능한 것이며, 물질세계를 지배하는 법칙들의 지배를 받으면서 움직이는 것에 다름 아닌 것으로 보는 극단적 입장을 취하기도 한다. 보통의 입장에서는 물질과 정신, 이성과 신앙의 이원론이 인정되고 있으며, 인간의 활동은 이 양자의 조화로운 협력에 의해서 고양되어진다.

실재론의 교육의 특징은 첫째, 우주의 이치를 깨닫게 하는 핵심적인 지식과 경건한 마음을 갖추고, 둘째, 학생은 지성을 발휘할 수 있는 자질을 지니고 있는 존재이다. 셋째, 교육내용으로 인문과학과 자연과학 교과목을 중시하였다.

3) 실용주의

실용주의(pragmatism)는 19세기 중엽 미국에서 일어난 철학의 한 형태로서, 그 사상은 그리스 시대부터 시작되어 영국의 공리주의 철학과 경험론 그리고 진화론적 세계관에 이론적 근거를 두고 있다. 19세기 중엽 퍼어스(C. Pierce)에 의해서 시작되고, 20세기 초엽 제임스(W. James)에 의해서 발전되어 듀이에 의해서 완성되었다. 실용주의는 특히 다윈(Charles Robert Darwin, 1809~1882)이 진화론에 의해 많은 영향을 받았다. 실용주의는 처음에는 도구주의, 실험주의라고도 불리었다. 실용주의는 실생활에 효과가 있는 지식을 진리라고 주장한다. 사고나 관념의 진리성은 실험적인 검증을 통해 객관적으로 타당한 것이어야 함을 강조한다.

실용주의는 고정적 불변의 가치, 보편적 합리적인 가치를 부인한다. 즉, 어떤 사고(idea)를 실재로 실험하여 보아서 그것이 당사자에게 만족할 만한 결과를 가져온다면 그 사고야말로 진리며 가치라고 주장한다. 실용주의는 본질적으로 상대적으로 절대적인 선과 악, 정과 사, 진리와 거짓의 개념을 부정하고 진리를 쓸모있는 것, 의미있는 것, 도움이 되는 것으로 규정한다. 실현할 수 없거나 관련이 없어 보이는 개념들은 거짓된 것으로 배척한다.

실용주의에서 교육의 원리는 첫째, 교육의 사회성이다. 교육은 곧 생활이며 사회에 적응시키는 것이다. 둘째, 교육목적의 유연성이다. 개인의 능력, 환경을 고려하여 개방적이고 융통성이 있다. 셋째, 교육의 성장성이다. 교육은 개인의 잠재가능성을 도와준다. 넷째, 교육의 사회개혁성이다. 다섯째, 교육의 경험조정성이다. 개인의 경험을 재구성하여 교육한다.

4) 철학이론의 교육적 함의

관념론, 실재론 및 실용주의 철학이론들은 직접적으로 교육을 그 논의의 대상으로 삼지는 않는다. 그러나 이들 철학이론들은 교육의 중요한 영역인 앎과 삶과 탐구에 대한 근본적인 문제들을 다루고 있다. 따라서 이 철학적인 이론들은 교육에 대한 우리의 사고의 폭과 깊이를 더해줄 수 있다.

관념론자들은 마음과 관념의 능동성을 믿고 있다. 이들에 의하면 인간은 '몸과 마음' 혹은 '몸과 마음과 영혼'으로 이루어져 있는데, 몸은 마음에 비해 열등한 것이므로 마음이 몸을 지배할 수 있어야 인간다운 인간이 될 수 있다. 따라서 교육은 인간이 마음과 영혼을 단련시키고 계발시키며, 여러 가지 가치 있는 관점들을 습득시키도록 노력해야 한다. 또한 인간에게는 자유의지가 있으므로 자율성을 길러주고 인간의 마음에 내재해 있는 무한한 창조력을 계발시켜 주며, 자신의 생각과 행위의 결과에 대하여 책임을 질 수 있는 인격자가 되도록 도와주어야 한다. 이를 위해서는 각 개인이 이성에 따르는 합리적인 사고를 할 수 있어야 하는데, 그러한 이성적인 사고는 위대한 사상가나 철인들의 사상을 배움으로써 얻어지게 된다. 그리고 그들의 사상은 그들의 저술을 통해 나타나므로 위대한 고전들의 학습은 강조되어야 한다.

실재론자들은 물질계나 이 세계는 마음에 종속되어 있는 것이 아니라 마음으로부터 독립되어 있는, 마음과 동등한 또 하나의 실재라고 믿고 있다. 이들에 의하면 이 세계는 자연의 법칙에 따라서 움직이고 있으며, 이 세계 속에서 살고 이 세계를 이해하기 위해서는 그러한 자연의 법칙을 배우고 탐구하여야 한다. 따라서 자연과 사회의 법칙들을 탐구하기 위한 방법으로서 귀납법이 중요하며, 인문적 교과와 인문적 지식보다는 과학적 교과와 과학적 지식이 더 강조되어야 한다.

실용주의자들은 이 세계가 가만히 정지하여 있는 것이 아니라 끊임없이 변화하며 발전하기도 하고 소멸하기도 하는 것이라고 믿고 있다. 이들에 의하면 물질계만이 변화하는 것이 아니라 정신계와 가치까지도 시간과 장소와 환경에 따라 변화하는 것이다. 그런데 지식은 이러한 물질계와 정신계를 대상으로 하는 것이기 때문에, 만약 이들 물질계와 정신계가 끊임없이 변화한다고 하면 절대불변하고 완전한 지식이란 있을 수 없고, 시간과 장소에 따라 그 지식도 변할 수밖에 없게 된다. 따라서 교육에서는 단순히 지식을 가르치고 전달하는 것보다는 지식을 획득하고 적용하며 개선할 수 있는 능력을 길러주는 일이 보다 중요시되어야 한다. 인류의 발전과 진보는 인간의 지식과 경험의 이러한 계속적인 재구성에 의해서 이루어지는 것이다. 따라서 교사의 임무는 학생들의 경험의 폭을 넓혀주고 그들이 그러한 경험을 재구성해 나갈 수 있도록 돕는 데 있다. 그러므로 학습과정에 있어서 학생의 능동적인 역할과 참여가 중요하며 문제해결학습이 장려되어야 한다. 이러한 관점에서는 지식은 그 자체가 목적이 아니라 인간이나 인류가 당면하는 문제들을 해결하기 위한 하나의 도구이다.

04 현대의 교육철학

어떠한 교육적 사상이나 이론이 교육철학으로서의 위상과 조건을 가지느냐에 대해서는 명확한 기준이 설정되어 있는 것은 아니다. 말하자면 교육철학의 범주 안에 구체적으로 어떤 교육철학이 포함될 수 있느냐에 대한 질문에 대해 명확한 답을 제시하기는 어렵다. 현대의 교육철학으로서 다룰 수 있는 교육철학의 범위를 정하는 것은 기본적으로 임의적인 것이며, 따라서 보통은 학문 공동체에서의 일반적 판단에 의거하는 것이라 하겠다.

일반적으로 현대의 교육철학은 주로 서구의 교육철학, 특히 미국의 현대 교육철학을 중심으로 그 틀과 범주를 다루어 왔다. 사실은 이와 같은 접근 자체가 서구문화 중심적 경향에 경도된 결과라 하여야 할 것이다. 이러한 여건에서 한국의 전통적 교육사상을 포함하여 한국에서 발전된 교육이론이나 교육철학은 '공식적인 교육철학'의 체계와 범주 안에서 논의되지 못하였다. 따라서 추후 비서구적 관점과 동양적 관점에서 교육철학의 체계와 내용도 감안하여, 세계적으로 보편적인 설명력과 응용력을 가지는 종합적 교육철학의 구성과 담론이 활성화되어야 할 것이다. 그리고 이러한 과정에서 우리 한국 사회에서의 관점에서 교육적 사상과 이론도 서구에서 발전된 교육철학과 대등한 수준에서 소개, 논의되는 방향으로 위상을 높이는 데 노력을 기울여야 할 것이다.

다음에서는 먼저 미국에서 발전된 대표적 교육철학으로서 진보주의, 본질주의, 항존주의, 재건주의를 개관한다. 이어 유럽에서 발전된 철학으로서 교육적 함의가 큰 실존주의, 분석철학, 비판이론, 포스트모더니즘 등을 고찰한다.

1) 미국의 현대 교육철학

(1) 진보주의 교육철학

진보주의(progressivism)는 1920년대와 1930년대에 걸쳐 아동중심교육과 전인교육을 강조하며 전개된 미국의 대표적인 교육철학으로, 존 듀이(J. Dewey), 파커(F. Parker), 킬패트릭(W. H. Kilpatrick) 등에 의해 대표된다.

진보주의의 배경에는 두 가지 요인이 있는데, 하나는 교육의 자유화운동으로 지식과 책을 중심으로 하는 종래의 전통적 교육에 대한 반항운동이고, 다른 하나는 금세기를 전후하여 출현한 실용주의 내지는 실험주의라는 새 철학이다.

진보주의는 실용주의 철학에 기반을 두고 있다. 실용주의에 따르면 실재는 계속적으로 변화하는 것이고, 지식은 고정적인 것이 될 수 없으며 삶을 보다 낫게 영위하기 위한 도구이다. 따라서 교육은 항상 변화하는 세계 속에서 경험과 지식을 지속적으로 개조하는 데 기여할 수 있는 조력 활동이어야 한다. 이렇게 하기 위해서는 교육이 아동 중심, 생활 중심으로 이끌어야 한다.

역사적으로 실용주의는 칸트의 실천 이성, 쇼펜하우어의 의지의 고양, 다윈의 적자생존 관념, 모든 사물을 그 효용 여하로 측정하는 공리주의의 사상, 영국철학의 경험적·귀납적 전통 그리고 미국적 배경에 그 근거를 둔 것이다. 실용주의는 미국인의 생활과 사회와 역사와 인간성을 여실히 표현하고, 반영하는 미국적인 20세기적 사상이라 할 수 있다. 실용주의라는 말을 처음 사용하고 실용주의의 사상을 처음으로 제창한 이는 퍼어스(C. S. Peirce)였다. 실용주의는 도구주의(instrumentalism) 또는 실험주의(experimentalism)라고도 한다. 가치란 어떤 사고에 실제적 사용 결과를 검토하여 유용한 것이라야 한다는 주장에 기초하기 때문이다. 그러므로 진리와 가치를 변화와 경험 속에서 얻으려고 하였고, 따라서 변화와 경험을 중시하였다.

진보주의에서 교육은 현재의 생활 그 자체를 위한 것이며 미래 생활을 준비하기 위한 것이 아니다. 한편, 현명한 생활이란 경험을 음미하고 재구성하는 것을 의미하기 때문에, 학습은 아동의 흥미에 직접적으로 관련되는 것이어야 한다. 따라서 교육활동에 있어서 어린이들의 생활은 무시되어서는 안 되며 그들의 흥미와 관심의 소재를 파악해야 한다. 그러기 위해서는 학습과정에서 아동의 흥미와 관심이 반영되며 생활 속에서 이루어져야 한다.

진보주의에서 교육이란 늘 새롭게 전개되는 사태에 대비하기 위하여 경험을 조성하는 도구에 지나지 않는다. 또한, 지식이란 사색으로 얻어지는 것이 아니라 능동적 활동을 통해서 얻어지며 행동으로 옮겨져야 한다. 아울러 교사의 역할은 어린이들을 지시하는 입장에 서는 것이 아니라, 그들을 도와주는 입장에 서는 것이다. 더불어 학교는 학생들에게 경쟁하는 장소보다는 오히려 그들의 협동을 장려하는 곳이어야 한다. 종국적으로 민주주의만이 진정한 성장에 필요한 사상의 교류와 인격의 상호작용을 허용한다.

듀이에 의하면 진보주의 교육은 다음과 같이 요약될 수 있다.

첫째, 교육은 생활이고 성장이다. 즉, 교육은 '생활을 위한 준비'인 것이 아니라 '생활 그 자체'인 것이며, 생활 속에서 구현·발전되는 것이다. 또 아동이 하루하루 '성장'해 나감으로써 교육의 과정은 이루어진다. 따라서 교육은 생의 시작에서 생의 종말까지 계속되는 과정이며, 학교내외를 막론하고 어디에서나 이루어지는 것이다.

둘째, 교육은 경험의 계속적인 개조이다. 아동의 매일의 활동은 과거의 경험을 토대로 한 것이다. 따라서 아동의 오늘의 활동은 그의 과거의 경험에 의존하는 것이다. 낡은 경험은 새 경험으로 인하여 재구성되고, 동시에 이것이 다음 경험의 계기가 된다. 이렇게 경험의 개조 및 재편성이야말로 참된 교육이다.

셋째, 교육은 사회적 과정이다. 모든 교육은 개인이 그가 속한 사회에 참여·관여하는 과정에 의해 진행된다. 이러한 과정은 사실상 사람이 태어나면서부터 무의식적으로 시작되어 계속적으로 그의 의식과 능력을 발전·포화시키고, 그의 사상과 관습을 형성·육성하며, 그의 감정과 정서를 자극한다.

넷째, 교육의 목적은 전인교육이다. 교육은 개성을 존중하며 소질의 가능한도 내에서 전 개성을 원만하게 발전시켜 사회생활에 잘 적응할 수 있게 하는 데 그 목적이 있다. 따라서 교육은 지적 훈련에 제한되지 않고 육체적 및 사회적 가치를 포함하는 전인적 교육을 추구해야 하는 것이며, 이러한 전인교육이야말로 진보주의의 궁극적 목적이 되는 것이다.

이 같은 관점에서 볼 때 아동의 성장은 경험의 계속적인 재구성에 의해 이루어진다. 그런데 경험의 계속적인 재구성은 단순히 아동에게 여러 가지 경험을 제공하고 그들의 자발적이며 창조적인 활동에의 참여를 보장하여 주는 것만으로 이루어지는 것이 아니라, 그들이 자신의 활동성과를 스스로의 비평적 사고(思考)의 과정을 통해 검토하고, 이러한 검토를 통해 이때까지 자신이 소유하고 있던 생각을 재구성하여 새롭고 보다 효과적인 개념을 형성함으로써 가능하게 된다. 듀이는 아동의 이러한 사고과정을 반성적 사고(reflective thinking)라고 하였다.

듀이가 강조하는 것은 교사의 역할이다. 진보주의의 관점에서 볼 때 학생은 자신의 연령에 맞는 학습환경에서 경험을 재구성해 나가야 하는 존재이다. 즉, 학생의 흥미나 욕구가 그의 학습내용을 결정해야 한다. 따라서 교사는 학생 스스로 자신의 발달단계와 능력 수준에 맞는 학습계획을 세우고 학습을 진행하도록 도와주는 것이 바람직하다. 즉, 교사의 역할은 지시하는 일이 아니라 조언해 주는 일이 되어야 한다. 교과내용을 주입하지 말고 문제해결을 통한 학습이 되도록 하는 교수법 – 이를 테면, 프로젝트 교수법 – 이 필요한 이유가 여기에 있다.

요컨대, 진보주의는 종래의 교사중심적이고 교과중심적인 교육에서 벗어나 아동중심적이고 생활중심적인 교육으로 전환할 것을 주장하였다. 이는 기본적으로 루소 이래의 낭만적 아동관과 자연주의 교육철학을 계승하는 동시에 미국인에게 독특한 실용주의 철학을 채용한 것이다. 진보주의에 의하면 교육은 성장이며, 경험의 계속적인 재구성이다. 그리고 아동은 성인의 세계와는 다른 아동 나름대로의 고유한 세계를 가지고 있다. 그러므로 아동의 진정한 성장이란 아동의 생활과 세계를 포기한 채 성인들의 생활과 미래의 생활을 준비함으로써가 아니라, 삶의 각 단계에서 아동의 생활을 훌륭하고 만족스럽게 살아나가게 함으로써 이루어진다. 따라서 교육자는 아동의 특성과 그들의 욕구·필요 및 그들이 가지고 있는 흥미와 생활상의 문제점들을 파악하고, 그 결과에 기초하여 아동의 자연스러운 성장을 도울 수 있는 교육과정을 마련하여야 한다.

(2) 본질주의 교육철학

본질주의(essentialism)는 1930년대 미국에서 진보주의에 대한 도전 운동으로, 문화유산과 체계적 지식의 전달에 중점을 두고 전개된 교육철학이다. 본질주의 교육철학의 발전에는 직접적으로는 진보주의에 불만을 품은 교육자들의 문제 제기가 영향을 미쳤고, 간접적으로는 전통적인 실재론의 철학이 영향을 미쳤다.

본질주의는 진보주의 교육이 지나치게 아동중심, 생활중심의 교육으로 나아간다고 비판하며, 사회적 전통의 유지와 사회적 훈련의 필요성을 강조하려는 입장에서 시작되어 점차 그 세력을 확대하였다. 그리하여 1936년 미국교육 향상을 위한 본질주의자 위원회가 조직됨으로써 강력한 교육운동으로 발전하게 되었다. 대표적인 본질주의자로서는 배글리(W. C. Bagley), 데미아쉬케비치(M. Demiashkevich), 혼(H. H. Horne), 울리히(R. Ulich) 등을 들 수 있다. 배글리를 중심으로 이들은 '미국교육 향상을 위한 본질주의 강령'을 선포하고, 이를 교육행정과 장학에 게재하였다.

본질주의라는 말은 데미아쉬케비치가 처음 사용하였는데, 그 사상적 근원은 플라톤으로부터 에라스무스 혹은 그 이후의 철학자들에 이르기까지 다양하게 발견될 수 있다. 에라스무스의 뒤를 잇는 교육자로는 코메니우스가 있으며, 17~18세기의 인물로는 존 로크와 페스탈로치, 프뢰벨 등이 있다. 그러나 심층적으로 고찰하면 본질주의는 특정의 철학적 전통과 직접 연결되었다기보다는 다양한 철학적 배경을 복합적으로 가지고 있는 것으로 이해되고 있다.

본질주의 교육철학은 교육의 주요 측면과 관련하여 다음과 같은 관점에 기초해 있다.

첫째, 교육의 본질은 인류의 전통과 문화유산을 소중히 여기며, 조직적인 학교교육을 통해 문화의 본질적인 요소들을 다음 세대에 전달하는 데 있다. 그러므로 교육의 목적은 모든 사람에게 가치 있고, 시대를 초월해 보존되어 온 축적된 지식을 통해 문화 및 역사 유산을 전달하는 것이다.

둘째, 교육과정은 교과서 중심이어야 하며, 교육과정의 핵심은 소정의 교과를 철저하게 이수하게 하는 것이다. 교과내용은 초등 수준에서는 읽기, 쓰기, 셈하기의 기본적인 기능들을, 중등 수준에서는 역사, 과학, 수학, 문학, 언어, 예술 등 교양적인 것들을 포함하여야 한다. 이런 교과들은 매우 유용한 것들이므로, 학교는 정당한 권위를 가지고 이런 교과들을 잘 가르쳐야 한다.

셋째, 교육의 주도권은 교사에게 있어야 한다. 교사의 역할은 성인의 세계와 학생의 세계를 중개하는 데 있으며, 이런 중개자로서 전문적 준비를 갖춘 교사는 학생들의 성장을 훌륭하게 지도할 수 있다. 또한 교사는 교과내용에 대한 권위를 가지고 있어야 하며, 학생을 가르치는 방법에도 정통해야 한다. 그리고 학생들은 본질적인 교과들을 학습하기 위해 고된 훈련과 노력을 기울여야 한다.

넷째, 학교는 전통적인 학문적 훈련방법으로 학생을 가르쳐야 한다. 그 이유는 학생이 배워야 할 교과나 지식은 본질적인 개념들이며, 이런 개념들은 전통적인 학문적 훈련방법으로 가르쳐야 하기 때문이다. 교수법은 지식과 기능을 가르치기에 적합한 논증방법이 좋다.

본질주의 교육철학은 진보주의 교육이 지나치게 아동중심주의를 강조한 나머지 사회적 훈련, 사회적 전통을 경시하는 경향을 비판하고 시정하려는 데서 출발한 이래 계속적으로 발전하였다. 특히 1957년 10월 구소련이 스푸트니크 인공위성을 발사한 것을 계기로 본질주의자들의 진보교육에 대한 비판은 더욱 거세졌고, 이는 이후 학문중심 교육과정이 탄생하는 데 크게 기여하였다.

한편, 본질주의자들은 진보주의에 비판적이기는 하였으나 다분히 동정적이었고, 따라서 진보주의를 거부하기보다는 그 약점을 보완하려는 방향으로 노력을 한 것으로 평가되고 있다.

요컨대, 본질주의는 진보주의와 대조적이다. 진보주의에 따르면 변화와 발전은 중요하며, 따라서 과거의 문화적 유산이란 보존되어야 할 것이라기보다는 극복되어야 할 것이다. 그러나 본질주의에 따르면 '변화되어야 할 것'과 '변화되어서는 안 될 가치로운 것'은 구분되어야 하며, 교육이란 바로 후자를 아동들에게 습득시킴으로써 그로 하여금 개인적으로나 사회적으로 성숙하고 유용한 사람이 되도록 하는 것이어야 한다. 궁극적으로 '가치로운 것'이란 인류가 여러 세대에 걸쳐 실험하고 입증한 결과로서 우리에게 남겨진 문화적 전통 속에 존재하는 것이다. 교육의 일차적 목적은 과거의 문화적 유산 중에서 가장 본질적인 것들을 다음 세대에 전달하여 주는 것이다. 그런데 아동은 어디까지나 미성숙자이므로 무엇이 가치롭고 무엇이 무가치한 것인지를 구별할 능력이 부족하다. 그러므로 교육의 주도권은 역시 교사에게 있어야 한다. 교육에 있어서 아동의 흥미와 자발성은 충분히 존중되어야 하겠지만, 인내와 노력, 통제와 훈련 또한 가치로운 것이기 때문이다.

(3) 항존주의 교육철학

항존주의(perennialism)는 1930~1940년에 걸쳐 절대성·영원성의 추구에 주안점을 두고 전개된 교육철학이다. 항존주의자들은 진보주의 교육에 대한 본질주의자들의 공격이 철저하지 못함에 불만을 품고, 본질주의자들보다 더 적극적으로 진보주의를 반대하기 위하여, 진보주의 교육이론의 근거인 실용주의 철학 자체를 전적으로 거부하였다. 대표적인 항존주의자로는 허친스(R. M. Hutchins)와 애들러(M. J. Adler)가 있다.

항존주의자들은 현대의 위기를 거론하고, 이 위기는 인간 자신의 신념을 상실하는 데서 오는 것이라고 주장하였다. 이들에 의하면 현대의 거대한 문명

앞에 인간이 자주 기계화되어 마침내는 인간 본연의 자세마저 침범당하고 있다. 이에 이들은 물질주의, 과학숭배주의, 현실주의, 기계주의에 정면으로 대결한다. 이들은 뚜렷한 목표, 강력한 정신력, 비타협성, 정확한 자기확신, 절대로의 접근, 불변자에의 신앙 등의 경향을 가지고 있다. 이들이 지향하는 인간상은 보편적 인간이다. 항존주의는 플라톤이나 아리스토텔레스 그리고 중세의 토마스 아퀴나스의 철학을 비롯하여 그리스 시대로부터 시작하여 현대에 이르기까지 면면히 계승되어 온 사상적 경향에서 출발하였다.

허친스와 애들러와 같은 항존주의자들은 고대 그리스의 자유인문교육을 그 이상으로 삼고 있다. 자유로운 지성의 계발은 그러한 지성과의 만남을 통하여, 다시 말하면 오랜 세월을 거치는 동안 위대한 지성을 담고 있는 것으로 평가되어 온 명저들을 학습함으로써만 가능하다고 믿는다. 이러한 취지에서 이들은 고전 가운데서 가장 가치롭다고 인정되는 100여권을 선정하여 대저서 또는 고전 명저(Great Books)라 이름 짓고, 이들 고전을 통해 지성교육의 실천을 시도하였다. 이러한 명저 가운데에는 플라톤, 아리스토텔레스, 어거스틴, 토마스 아퀴나스, 코페르니쿠스, 갈릴레오, 에라스무스, 세익스피어 등의 저술도 포함되어 있다.

항존주의자들에 의하면 일시적이고 변화하는 가치를 추구하는 물질만능주의, 과학숭배주의, 활동중심주의 등은 인간의 상실과 현대문명의 위기를 초래시키고 있다. 따라서 교육의 목적은 사회에 적응하고 인간욕구를 충족시키기 위한 것이 아니라 참다운 인간상을 회복하기 위한 것이며, 이러한 교육목적의 실현은 인간의 자유로운 지성의 개발과 도야에 의해서만 가능하다. 이러한 맥락에서 항존주의의 대표자인 허친스(R. M. Hutchins)는 『민주사회에서의 교육의 갈등』이라는 서서에서 "인간다운 인간의 모습은 모든 시대와 모든 사회에 있어 같은 것이다. 그것은 인간의 본질에서 비롯되기 때문이다. 교육의 목적도 모든 시대와 모든 사회에 동일한 것이어야 한다. 왜냐하면 교육이란 인간을 인간답게 향상시키려는 것이기 때문"이라고 주장하였다.

항존주의에 따르면 인간의 본질이란 항상적인 것이며 그 가운데서도 지력 또는 지성이야말로 가장 중요한 특징이다. 따라서 참다운 자유인, 참다운 사회인을 길러낼 수 있기 위해서는, 지성을 불완전하고 상대적이며 늘 가변적인 사회적 요구나 환경적 구속에 억압시키기보다는 그것을 해방시키고 계발시켜야만 한다. 이 같은 지성은 편협한 합리성을 훨씬 뛰어넘는 것으로 상당히 포괄적인 의미이다. 즉, 지성이란 윤리적, 심미적인 측면까지도 포함한 인간사의 전 영역에 걸쳐 발휘될 수 있는 능력이다. 교사란 바로 모든 아동들에게 내재해 있는 지성적 능력을 자극시키고 고양시키는 역할을 해야 할 사람들이다. 항존주의 교육원리는 다음과 같다.

첫째, 인간의 본성은 동일하기 때문에 교육은 누구에게나 동일해야 한다.

둘째, 교육의 임무는 영원불멸의 진리에 인간을 적응시키는 것이다.

셋째, 학생들은 기본적인 교과를 철저히 이수하여 진리의 영원성을 이해해야 한다.

넷째, 영원불변한 진리는 고전 속에서 발견할 수 있다.

요컨대, 항존주의는 진보주의, 실용주의를 매우 적극적으로 배격하는 입장에 있다. 이 때문에 항존주의자들은 보수적 입장을 취하면서도, 같은 보수적 입장에 있는 본질주의에 대해서도 반대하고 있다. 이를테면, 본질주의자들이 자연과학이나 사회과학 교과들을 중요하게 여기는 데 반하여, 항존주의자들은 자유인문 교과를 중시한다. 이 때문에 항존주의는 고전적 인문주의라고 불리기도 한다. 그러나 항존주의는 모든 인간을 고전의 수준에 맞추려고 하는 엘리트주의와 영원불변의 진리를 고전에서만 찾으며, 지나치게 과거에 집착한다는 비판을 받기도 한다.

(4) 재건주의 교육철학

재건주의(reconstructionism)는 1950년을 전후하여 사회적 자아실현에 중점을 두고 전개된 교육철학이다. 재건주의는 흔히 문화재건주의라고도 한다. 재건주의는 진보주의를 계승하면서도 보다 급진적인 경향을 가진 교육철학이라고 할 수 있다. 재건주의자들은 진보주의의 아동중심적인 교육관과 점진적

· 진화적 사회발전이론에 불만을 가지고 교육은 보다 사회중심적이며 미래지향적이어야 하며, 사회발전은 혁신적 과정을 거쳐야 한다고 주장한다.

재건주의의 선구자라고 할 수 있는 카운츠(G. S. Counts)는 1932년 진보주의교육협회의 전국대회에서의 연설을 통해 학교는 이 사회의 가치와 이상 실현에 주도적 역할을 하여야 한다고 제안하였다. 재건주의 교육철학의 대표자로서는 브라멜드(T. Brameld)를 들 수 있는데, 그는 『재건주의 교육철학을 지향하여』라는 저서를 통해 재건주의 교육철학의 체계화를 시도하였다.

재건주의에서 교육의 목표는 사회적 자아실현이다. 이러한 목표를 달성하기 위해서는 교육내용의 측면에서 교재의 내용 선택이 사회적 자아실현을 할 수 있게 이루어져야 한다. 이에 문화적 현실, 문화적 재건을 위한 여러 가지 제안, 목표추구를 위한 여러 가지 관심사 등이 포함된다. 한편, 학습 방법의 측면에서는 교사의 설득이 강조되며, 학생의 학습방법은 직접 또는 간접경험, 자유로운 의사소통, 참여, 활동, 집단적 동력 등이 강조된다.

재건주의에서 특히 주목해야 할 주장은 다음과 같다.

첫째, 새로운 사회는 민주적인 사회가 되어야 한다. 인간은 사회적인 존재이므로 인간의 자기실현이나 참다운 자유는 타인과의 협동을 통해서 오게 되며, 경쟁보다는 사회적 협력 속에서 창의적 자기표현을 자극하는 개방적 분위기가 필요하다. 따라서 토론에 의한 충분한 의사소통과 집단지성(集團知性)은 매우 중요하다.

둘째, 교육은 새로운 사회질서를 창조해야 한다. 즉, 교육은 인류의 장래에 대한 절실하고도 의욕적인 가능성을 제시하는 일과 실제적이고도 포괄적인 사회적 구상·이론들을 논의하고 발전시키도록 노력해야 한다.

셋째, 교육목표는 사회적 자기실현이다. 재건주의가 지향하는 미래의 사회는 민주적 세계문화이며, 교육은 이러한 문화가 정치, 경제, 종교 등의 모든 면에서 재건될 수 있도록 노력하여야 하는데, 이것은 사회적 자기실현을 통해서 가능하다. 사회적 자기실현은 사회중심적이며 자아중심적인 인간경험을 의미하는 것이다. 이것은 개인만의 요구가 아니라 개인과 사회 양자의 요구를 최대한으로 만족시키는 것이다.

넷째, 교육의 목적과 수단은 현재 문화적 위기를 극복할 수 있도록 개조해야 한다. 요컨대, 재건주의 교육철학은 현대의 위기에 대한 경종을 울리는 한편, 미래사회를 민주주의 사회로 건설해야 한다는 주장을 통해 교육의 기능과 역할 및 한계에 대한 새로운 시각을 보여주는 데 공헌하였다.

재건주의 비판점은 다음과 같다. 첫째, 민주적인 방식에 지나친 기대를 갖고 있다. 가치관이 다른 복잡한 문제를 다수의 합의에 의하여 해결하는 것에는 한계가 있을 수 있다는 것이다. 둘째, 교육은 실제로 사회기능의 일부에 지나지 않는데, 교육의 힘을 과대평가하는 경향이 있다는 것이다.

2) 유럽의 교육철학

(1) 실존주의 철학

실존주의 철학(existentialism)은 종래의 철학들이 관찰자의 입장에서 진·선·미의 의미를 객관적으로 검토하고 논의하였던 반면에, 주관적 입장에서 희로애락과 고통, 불안을 겪으며 살고 있는 인간의 모습을 있는 그대로 이해하고 파악하려고 노력하였다는 점에서 철학사적으로 독특성을 지닌다. 실존주의는 2차 세계대전 이후 유럽에서 형성된 철학 사조(思潮)인데, 이에 앞서 이미 19세기에 키르케고르나 니체, 도스토옙스키 등의 작품에서도 이러한 실존주의적 경향을 찾아볼 수 있다.

실존주의자들에 의하면 실존(existence)은 본질(essence)에 선행한다. 이 말이 뜻하는 바는 인간은 운명이나 혹은 환경에 의해 만들어지는 것이 아니라 자기 자신의 선택과 결단에 의해 만들어지는 것이며, 어느 누구도 그 일을 대신 해줄 수는 없다는 것이다. 다시 말하면, 선하게 되느냐 악하게 되느냐, 천국을 건설하느냐 지옥을 건설하느냐 하는 것도 전적으로 자기 자신의 자유로운 선택에 의한 것이며, 따라서 자기 자신 이외에는 어느 누구도 거기에 대하여 책임을 질 수 없다는 것이다. "인간은 자유롭도록 정죄받았다"는 사르트르(J. P. Sartre)의 말은 바로 이같이 '홀로 던져진' 인간의 처지와 독존감을 상징하고 있다(김종서·이영덕, 1990).

인간은 자신이 '홀로 있음'을 깨닫게 될 때 깊은 고독감에 빠지게 된다. 이러한 고독감을 극복하기 위해서는 우선 자신의 삶에 대하여 책임을 질 수 있는 능력과 의지를 갖추어야 하며, 또한 대화와 참여와 만남을 통해 서로를 격려해 주어야 한다. 이러한 관점에서는 단순히 지식을 전달하는 것으로써의 교육은 무의미하다. 교육은 학생 각자가 자신의 독존(獨存)을 깨달을 수 있도록, 또 그것을 잘 감당할 수 있도록 도와주는 것이어야 하며, 따라서 교사는 지성적이기보다 학생들의 심적 갈등과 어려움을 깊이 공감하고, 그들을 도울 수 있는 정열을 소유한 사람이어야 된다(김종서·이영덕, 1990).

요컨대, 실존주의 교육철학은 인간의 본질을 규격화된 것으로 보려는 과학주의적 사고방식을 배척하고, 행동하는 주체적 인간의 모습을 부각시키고, 그리하여 현대사회의 비인간화 현상 속에서 상실되어가는 자유인의 모습을 회복하고자 하였다. 더 나아가 이 철학은 제도적 교육의 경직성과 구속성을 비판하고 창조적이며, 자유로운 인간의 형성을 위한 교육의 역할을 강조하였다. 실존주의 교육철학은 지적인 교육보다는 도덕교육 분야에 그리고 교과주의적 교육방법보다는 인간주의적 교육방법에 보다 많은 시사점을 주고 있다.

실존주의 교육원리는 다음과 같다.

첫째, 교육에서 대화, 만남, 참여를 중시한다.

둘째, 교사는 학생의 개성을 존중하여야 한다.

셋째, 도덕교육과 전인교육을 강조한다.

넷째, 교사는 책임지는 태도를 기르도록 교육시켜야 한다.

실존주의는 개인과 환경을 소홀히 함으로써 연속성을 경시했으며, 현실적으로 비연속성의 교육의 한계가 있다는 비판이 있다.

(2) 분석철학

분석철학(analytic philosophy)이란 과학과 일상적 언어의 여러 개념이나 명제를 분석하고, 그 의미를 밝히는데 목적을 두는 철학이다. 분석철학은 1923년 '비엔나 서클'이 주창하여 발표한 '논리적 실증주의(logical positivism)'를 기초로 하여 발전한 철학적 입장 또는 방법론이다. 논리적 실증주의 철학에 있어서 중심이 되는 생각은 검증의 원리로써, '경험을 통하여 증명될 수 없는 명제는 무의미한 것이기 때문에 진리는 과학적 방법에 의하여 실증되거나 논리적 방법에 의하여 명료화되어야 한다'는 것이다. 이 같은 실증주의의 바탕에는 '실재에 대한 지식은 자연과학을 통하여서는 얻을 수 있다'는 사고가 있으며, 이는 애초 영국의 버트런드 러셀(Bertrand A. W. Russell)과 비트겐슈타인(L. Wittgenstein)에 크게 영향받은 것이다.

현대 분석철학에서는 '논리적 경험론'과 '언어분석론'의 두 갈래의 학설이 있다. 먼저, 논리적 경험론은 어떤 명제의 진실성은 경험과 논리를 통하여 실증되어야 한다는 생각으로 에이어(A. J. Ayer) 등에 의하여 정립되었으며, 라일(G. Ryle), 네이글(E. Nagel), 호스퍼어스(J. Hospers) 등에 의하여 계승되었다. 논리적 경험론은 이제까지의 철학의 순이론적 방법에 반기를 들고 실제 경험에 의하여 논리적으로 증명하는 일이 철학의 임무라는 입장을 취한다. 그러므로 종래의 독단적, 타계적(他界的), 초자연적, 감상적 관심을 버리고, 철학적 논의를 논리적 경험론에 국한하자는 입장이다(손영민 등, 1998).

다음, 언어분석론은 철학의 임무를 주로 언어와 문장과 표현의 의미를 명확히 하는 데 강조점을 두고 있다. 언어분석론에 의하면 철학의 목적은 새로운 지식을 생산하는 데 있는 것이 아니라 학문이나 일상생활에서 사용하는 언어의 참된 의미를 밝히고 논리적 관계를 정리 분석함으로써 우리의 사고를 정확한 기초 위에 세우는 데 있다. 즉, 철학은 '있는 것(what is)'이나 '있어야 할 것(what should be)'에 대한 것보다 '말해진 것(what is said)'에 유일한 관심을 가져야 한다는 것이다(손영민 등, 1998). 언어분석자들이 관심을 갖는 것은 언어의 사용에 나타난 언어의 의미이다. 이것은 단순히 언어의 습관적 사용, 즉 여러 사람이 사용하는 방법을 뜻하는 것이 아니고 그들이 사용하는 방법 속에 내재하는 의미를 분석하는 것이다.

분석철학은 전통적인 철학과 같이 우주와 인생에 대한 체계적인 내용으로서의 철학이 아니라, 하나의 방법으로써의 철학이다. 또한 분석철학은 전통적인 사변적 철학방법을 배제하고, 과학적 방법과 언어의 의미·논리를 명백히 할 것을 요구하고 있다. 다시 말하면, '가치'나 '궁극적인 의미'에 대한 문제는 철학의 대상이 될 수 없으며, 오직 우리가 사용하는 언어의 개념을 명료하게 분석하고 그 논리적 관계를 밝힘으로써 개념적, 논리적 혼란에 의해 빚어지는 문제들을 해결하는 일만이 철학의 과제가 된다. 동시에 이와 같이 언어의 개념이나 논리를 분석하는 일은 근본적으로 가치를 개입시키지 않은 채 가치중립적으로 이루어져야 한다.

분석철학의 의의는 다음과 같다.

첫째, 교육학을 과학화하였다. 즉, 교육학을 학문적으로 체계화하는데 기여하였다.

둘째, 교육학의 연구대상을 명확히 하는 데 기여하였다.

셋째, 교육학의 개념 및 전제·원리들을 논증하고 명확히 하였다.

넷째, 새로운 차원의 학문적 방법론을 제공해주었다. 즉, 교육철학에 분석적 방법을 제공해 주었다.

한편, 1970년대 이후 분석철학은 비판에 직면하였다. 언어의 의미나 논리의 규칙은 절대적인 것으로서 주어져 있는 것이 아니라 인간에 의해 만들어지는 게임의 규칙과 같은 것이라는 비판이다. 다시 말해, 언어의 의미나 논리의 규칙은 언어를 사용하는 사람들의 사회적, 시대적, 문화적 상황에 따라 달라질 수밖에 없으며, 따라서 언어의 의미분석 작업은 결코 가치중립적일 수가 없다는 것이다. 그리고 종합적 기능이 없는 철학적 분석은 맹목적이고 무책임하다. 이러한 비판적 분위기에서 분석적 교육철학은 1970년대 후반 이후 급격하게 그 영향력이 감소하기 시작하였다.

요컨대, 분석적 교육철학은 실천학으로서의 교육철학의 성격을 지니지는 못하였으나, 교육적 논의에 있어서 사용되는 개념들을 명료하게 분석하고 그 논리적 타당성을 검토함으로써 이론적 혼란을 해결하고자 한 점에서는 크게 기여하였다고 할 수 있다.

(3) 비판이론

비판이론(critical theory)에 기초한 교육철학 혹은 비판적 교육철학은 1970년대 후반 이후 분석적 교육철학의 퇴조와 함께 대두된 것으로, 프랑크푸르크학파의 비판이론의 영향하에서 형성되었다. 비판이론은 헤겔(G. W. Hegel)과 마르크스(K. Marx) 등의 독일철학에 그 뿌리를 두고 있다.

비판이론은 인간이 의식이나 지식이 사회적, 경제적, 정치적 제약 하에서 형성된다는 인식에 기초하고 있다. 이 때문에 비판이론의 기본입장은 인간의 자유로운 의식의 형성을 억압하고 왜곡시키는 사회적, 경제적, 정치적 제약요인들을 분석 비판하는 데 주어지고 있다. 그리고 그러한 분석과 비판을 통하여 비판이론은 불필요한 사회적 억압이나 지배로부터 벗어난 자유롭고 합리적인 인간과 사회의 형성을 위한 방안을 제시한다.

비판이론은 인간과 사회의 해방을 학문연구의 목적으로 삼고 있다. 이러한 까닭에 비판이론은 인간과 사회의 관계를 설명하는 일종의 사회이론이기는 하지만, 철학, 사회학, 정치학, 경제학 그리고 심리학 등의 여러 학문분야를 융합한 종합적이면서도 규범적인 사회과학으로서의 성격을 띠고 있다.

비판이론의 관점에서는 지식획득을 포함한 인간의 모든 인식행위는 인간이 갖고 있는 욕구와 동기, 관심과 선입견, 신념과 가치판단이 작용한 결과임을 피할 수 없다. 다시 말해, 지식·인식의 과정과 결과는 가치부하적인 것이다. 그러므로 학문의 과정이나 그 결과도 역시 가치부하적이며, 결코 가치중립적일 수 없다. 따라서 이러한 관점에서 볼 때 학문을 올바르게 하는 태도는 가능하지도 않은 가치중립성을 가장하려 하지 말고, 자신이 어떤 신념·가치를 지향하며 학문을 하는가를 밝히고, 그러한 신념·가치의 지향성이 과연 정당한 것인가에 대한 비판적 평가를 게을리하지 않는 데 있다(이찬교 등, 1996).

비판이론적 교육철학의 관점에서 볼 때, 교육은 사회적, 경제적, 정치적 제약과 억압구조 하에서 이루어진다. 다시 말하면, 교육은 억압적이고 왜곡된 의사소통의 과정을 통하여 그릇된 신념과 지식, 즉 이데올로기들을 후세대에 전달함으로써 불합리한 사회구조를 재생산해 나가는 사회기구로서의 역할을 수행하고 있다.

1970년대 이후 비판이론 또는 비판이론적 교육철학은 교육학적 연구에 널리 활용되었다. 프레리(P. Freire), 애플(M. W. Apple), 지로(H. A. Giroux) 등은 이러한 방향에서 적극적으로 노력한 학자들이다. 이들에 힘입어 이른바 비판적 교육이론 또는 비판적 교육학(critical pedagogy)이라고도 부르는 교육학의 영역이 개척되었다.

비판적 교육이론 또는 비판적 교육학은 아직 하나의 독립적인 종합적 교육철학으로서의 체계와 위상으로 인정되고 있지는 못하고 있는 것이 현실이다. 그렇기는 하지만 이는 일부 학자들에게는 분석적 교육철학 이후 교육철학의 유망한 대안으로 기대되고 있는 것도 사실이다(이찬교 등, 1996).

요컨대, 비판이론적 교육철학은 인간해방을 위한 교육의 실현이라는 목적과 가치를 명백히 전제하고서, 그에 입각하여 교육현실이나 이론을 비판적으로 검토하고자 하는 입장에 있다. 그러므로 어떤 교육현실이나 이론이 있을 때 그것이 어떠한 신념과 가치관하에서 그리고 어떤 숨은 동기와 관심하에서 이루어지고 있는 것인가를 분석하고, 그것이 인간의 자유로운 의식의 성장을 어떻게 왜곡시키는가를 비판하려 한다. 이러한 점으로 인해 비판이론적 교육철학은 규범적이고 평가적인 성격을 강하게 지니게 되며, 교육의 개선과 실천을 위한 실천학으로서의 성격을 두드러지게 갖는다.

(4) 포스트모더니즘

포스트모더니즘(postmodernism)은 20세기 후반의 사회를 특징짓는 요소를 '근대성(modernity)에 반(反)하는 것'으로 파악하고자 하는 철학적 또는 사상적 운동을 말한다. 이러한 운동은 16~17세기 과학혁명의 시기에서부터 20세기 중반에 이르기까지 서양에서 지배적인 위치에 있었던 철학적 전제 및 이에 포섭된 가치를 거부하면서 시작되었다. 이러한 운동은 현대사회의 과학적·기술적 지식이 빈곤, 전쟁, 환경 파괴 등 인류가 직면하고 있는 문제를 해결하지 못한다는 인식이 확산되면서 발전되었다.

포스트모더니스트들은 다음과 같이 18세기 계몽주의 이래 당연시되어 왔던 '일반적인 철학적 관점들(general philosophical viewpoints)'에 대하여 단적으로 반대하는 입장에 있다(Duignan, 2017).

첫째는 '인간 존재-즉 인간의 마음, 사회, 사회적 실천, 탐구의 방법 등의 제반 인간적 요소-와 독립적으로 객관적인 자연적 실재(objective natural reality)가 존재한다'는 관점에 대해서이다. 포스트모더니스트들에 따르면 이러한 견해는 순진한 것(naive realism)이다. 객관적 실체 또는 실재라는 것은 개념적 구성물(conceptual construct)로서 과학적 행위와 언어의 도구일 뿐이라는 것이다. 그리고 이는 자연과학이나 사회과학에 있어서는 물론 역사학에 있어서도 마찬가지라는 것이다.

둘째, '과학이나 역사학에서의 기술과 설명의 객관적 진위 여부는 궁극적으로 가려질 수 있다'는 관점에 대해서이다. 포스트모더니스트들에 따르면 객관적인 자연적 실재란 존재할 수 없기 때문에, 과학이나 역사학에서의 진술이 참인가 거짓인가를 궁극적으로 판단하는 것은 가능하지 않다. 다시 말해 진리(truth)란 애초부터 존재하지 않는다는 것이다.

셋째, '이성과 논리, 과학과 기술 등을 활용하여 인간과 사회가 좀 더 바람직하게 변화될 수 있다'는 관점에 대해서이다. 포스트모더니스트들은 이러한 계몽주의적 신념(Enlightenment faith)을 따르지 않는다. 오히려 이들은 과학과 기술에 대한 잘못된 이해와 추구가 대량학살과 인류의 위기를 가져오게 했다고 주장한다. 더 나아가 과학과 기술, 더 나아가 이성과 논리가 악용되면서, 파괴와 압제의 수단이 되었다고 비판한다.

넷째, '이성과 논리는 보편적으로 타당하며 따라서 이성과 논리가 유도하는 법칙은 어떤 사람들에게나 어떤 지식영역에서나 보편타당하다'는 관점에 대해서이다. 포스트모더니스트들은 이성과 논리 역시 개념적 구성물이기 때문에 이것들이 사용되는 지적 전통에서만 타당할 수 있을 뿐이라고 주장한다.

다섯째, '인간 본성(human nature)은 존재하며 이는 사회적 힘에 의해 학습되거나 배양되기보다는 생득적으로 가지는 능력, 적성, 기질 등으로 구성된다'는 관점에 대해서이다. 포스트모더니스트들에 따르면 거의 모든 혹은 거의 모든, 인간 심리는 완전히 사회적으로 결정된다.

여섯째, '언어는 외부 세계의 실체를 표상한다'는 관점에 대해서이다. 포스트모더니스트들에 따르면 언어는 단순히 '자연을 반영하는 거울(mirror of nature)'이 아니다. 언어는 의미론적으로 볼 때 자기포함적(self-contained) 혹은 자기참고적(self-referential)인 것이어서, 어떤 단어의 의미는 정적인(static) 것이 아니다. 즉, 어떤 단어의 의미는 다른 단어들의 의미가 어떤 것이냐와의 관련 속에서 일련의 대비와 차이를 통해서 파악될 수 있는 것이다. 그러므로 의미란 다른 의미들과의 관계에서 생성되는 것이므로 끊임없는 자기참고와 담론(discourse)을 통해서 검토되는 과정을 거치며 재구성될 뿐이다.

일곱째, '인간은 자연적 실체에 대하여 지식을 획득할 수가 있으며, 이러한 지식은 궁극적으로 확실성을 담보할 수 있는 증거나 원칙에 기초하여 정당화할 수 있다'는 관점에 대해서이다. 포스트모더니스트들은 이러한 철학적 정초주의(philosophical foundationalism)를 거부한다. 철학적 정초주의는 17세기 철학자 데카르트(René Descartes)로부터 발원한 것이라고 할 수 있다. '생각한다, 고로 존재한다'는 말은 경험적, 과학적 지식을 확실성의 기초 위에 놓고자 했던 그의 입장을 대변하는 것이었다.

여덟째, '학문 영역별로 자연적 세계 혹은 사회적 시계의 여러 측면을 설명하는 일반이론(general theories)을 구성하는 것은 원칙적으로 가능하다'는 관점에 대해서이다. 예를 들어, 인간역사에 대한 일반이론은 가능하며, 이러한 일반이론을 구성하는 것이 과학적, 역사적 연구의 목표가 되어야 한다는 것이다. 포스트모더니스트들에 따르면 이러한 관점은 잘못된 계몽주의적 사고의 연장에서 나온 헛된 꿈에 다름 아니다. 이러한 사고 방식을 레비나스(E. Lévinas)는 전체주의적 사고체계(totalizing systems of thought)라는 말로, 료타르(J.-F. Lyotard)는 거대담론(metadiscourse) 혹은 거대서사(grand metanarratives)라는 말로 지칭하며 비판하였다. 전체주의적 사고체계나 거대서사는 그것들이 오류라는 점에서뿐만 아니라, 그것들이 여타의 관점이나 담론을 억압하고 한정하며, 무력화시키게 된다는 점에서 해악이라는 것이다.

포스트모더니스트들의 주장을 종합해 보면 이들이 형이상학적, 인식론적 또는 윤리학적으로 상대주의의 입장을 취하고 있음을 알 수 있다. 포스트모더니스트들은 실체 또는 실재가 객관적임을 부정한다. 말하자면 객관적으로 진위 여부를 가릴 수 있는 '실재에 대한 진술'이 존재할 수 없다는 것이고, 따라서 '객관적 지식(objective knowledge)'은 가능하지 않다는 것이다. 즉, 어떠한 것을 확실성 있게 안다는 것은 불가능하다. 객관적이고 절대적인 도덕적 가치가 있다는 것도 따를 수 없다. 실재, 지식, 가치는 담론에 의해서 형성되어지는 것일 뿐이다.

포스트모더니스트들에 따르면 근대과학에서 사용하는 입증 기준은 이성과 논리를 앞세운 '계몽주의 합리성(Enlightenment rationality)'에 입각한 것이다. 그러나 이러한 계몽주의 합리성의 객관적, 절대적 진리성은 인정되기 어렵다. 따라서 근대과학의 담론이 그 내부에서 적용되는 입증 기준에서 본다면 타당할지 모르지만 그러한 기준이 아닌 다른 기준에서 본다면, 대안적 관점과 지식보다 반드시 더 진리에 가까운 것이라고만 할 수는 없다.

계몽주의자들은 인간과 사회가 이성에 의해 무한히 발전할 수 있는 가능성, 즉 '진보성'에 대하여 낙관적으로 믿었으며, 이것이 근대사상의 기초를 이루게 되었다(이진우, 1993). 그들은 자연세계 뿐만 아니라 인간의 사회와 문화까지도 관통하는 보편적인 법칙, 이른바 절대적인 진리를 상정하였고, 이성의 힘으로 그 보편 법칙을 알아냄으로써 자연과 사회, 인간의 역사를 통제하고 변혁할 수 있다고 생각했다. 이러한 사고의 연장선상에서 진보에 대한 낙관적 믿음이 출현하였고, 자연과 인간, 사회에 대한 거대이론들이 개발되었고, 과학과 합리주의가 서구문명의 핵심적 도구가 되었다. 이러한 도구를 활용하며 서구는 문명의 중심부 역할을 자임하며, 여타의 모든 사회가 '근대성'을 향해 나아가야만 하는 것으로 규정해 나갔다. 이로써 근대(modern)라는 말은 기술적으로 앞서 있고, 물질적으로 부유하며, 사회적·종교적 권위로부터 벗어나 자유로우며, 인간 사회가 전반적으로 합리화된다는 것을 의미하게 되었다(윤평중, 1990).

그러나 인간 이성의 절대적 위치와 그것을 기반으로 했던 세계 진보라는 이상이 더 이상 확신할 수 없게 됨에 따라, 근대성의 한계가 드러나게 되었다. 세계의 다양한 문명을 서구화하려는 시도가 정당성을 인정받기 어려웠을 뿐 아니라, 서구 문명 자체가 쇠퇴하는 등 복합적 상황이 도래하였다. 료타르(Lyotard, 1984)가 지적한 바와 같이, 근대성의 개념에 기초한 지식과 담론이 거의 모든 면에서 도전받게 된 것이다. 즉, 근대성의 개념에 기초한 지식과 담론은 더 이상 인류 진보를 위한 보편타당한 세계관과 지식이 되지 못하게 되었다는 것이다.

예를 들어, 포스트모더니즘은 20세기 전반에 이르기까지 사회와 문화 전반에 걸쳐 지배적인 지위를 향유해 온 근대적 합리성 위주의 세계관을 넘어서려는 데 기본적인 의의가 있다. 서구의 합리주의가 어디까지 정당화될 수 있는가에 대하여 성찰하는 계기를 제공하고 있다. 하나의 논리가 어떻게 반대논리를 억압해왔는지, 이성이 어떻게 감성보다 우월 시 되었는지, 지식과 권력은 어떻게 동반되어 있는지 등을 고찰하는 것은 이러한 맥락에서 의미가 있다. 이러한 성찰을 통해 합리주의의 독단이 가져올 수 있는 문제를 인식할 수 있어야 한다.

포스트모더니즘은 계몽주의가 말하는 보편적 이성을 거부하고 주체의 탈중심화 전략 아래 우연성, 다양성, 지역성, 차이성, 구체성, 타자성을 강조한다. 포스트모던 사고가 지향하는 세계는 지금까지 비이성적인 것, 열등한 것, 비합리적인 것 그리고 비서구적인 것으로 간주되던 것들로부터 새롭고 적극적인 해석을 도출하고자 한다.

그렇다면 포스트모더니즘이 권장하는 삶의 방식과 윤리는 어떠한 것이 될 것인가? 포스트모더니즘에 따르면 우리가 경험하고 있는 실재, 즉 현실 세계는 상대적인 세계이며 불확실한 세계이다. 이러한 실재성의 개념에서는 차이에 대한 세심한 고려, 불일치와 불투명성ㆍ애매성에 대한 관용, 혼돈과 가변성에 대한 인내가 요구된다. 그리고 여백과 행간, 틈새와 뒷장으로 밀려난 주변부들에 대한 관심이 요청된다(한림학사, 2007). 그리고 이러한 맥락에서는 거대담론에 기초한 윤리, 즉 부동의 토대 위에 서 있는 법칙 윤리나 기준의 정당화에 급급한 목적윤리가 거부된다. 윤리는 이제 현대적 삶의 구체적 조건 안에서 개인의 생존 전략으로서 모색될 성격의 것이다.

큰 틀에서 볼 때 포스트모더니즘은 교육과의 관련에서 어떠한 의미를 가지는 것인가? 이와 관련하여 김규수(2000)는 다음과 같은 관점을 제안하고 있다.

첫째, 교육이 이성중심과 진보교의로부터 벗어나야 한다. 오늘날 교육의 원형은 이성에 의한 보편타당한 지식의 획득이 가능하고, 이러한 지식을 활용하여 인간과 사회의 진보가 가능하다고 믿었던 근대적 사상에 기초해 있다. 이러한 모형에서 교육은 지식 전달을 위한 체제에 의존하였다. 그리고 이러한 체제에서 지식은 일방적으로 선정되고, 전달되었다. 그러나 오늘날 포스트모던 사회에서 지식은 더 이상 보편적 타당성을 가질 수 없다. 또한 교육이 사회를 개선하거나 사회의 위기를 해결하기도 어렵다. 근대성의 거대서사에 의해 시작된 공교육은 오늘날의 탈중심화, 정보화된 사회의 조건에는 맞지 않는다.

둘째, 교육에서 포스트모던 지식을 교육내용으로서 다루어야 한다. 지금까지 교육에서 다루어진 지식은 지식의 체계성과 객관성을 특징으로 하는 근대사상에 기반을 둔 것이다. 포스트모더니즘의 관점에서, 이러한 지식의 보편타당성은 인정될 수 없다. 따라서 오늘날 교육에서는 지식을 거대서사나 보편 논리 위주로 다루기보다는 다양한 차원과 존재방식에 잠재되어 있는 지식과 생각을 활용해야 한다. 근대적 교육은 지식을 전달하여 '의견을 합일'시키는 데 강조점이 있었다. 이에 대조적으로 포스트모던 교육은 다양한 지식의 존재를 통해 '의견이 불일치할 수 있음'을 알게 하는 데 주안점을 두어야 할 것이다.

셋째, 정전(正典)의 다수성을 인정하고 탈정전화를 지향해야 한다. 이는 '어떤 하나의 정전'에 의한 독점을 거부하는 것이고, 나아가 모든 권위적인 것을 거부하는 것을 의미한다. 여기서 정전이란 '스스로를 정당화하는 기제를 가지고 있는 근대적 전제들'로서 여타의 이설을 용납하지 않는 보편적 진리와 규범을 함축하고 있는 매체를 가리킨다. 학교교육의 맥락에서는 '표준화된 지식으로 구성된 핵심적 교육과정'과 같은 것이 이에 해당한다. 포스트모더니스트들에 따르면 불변의 진리를 담고 있다고 여겨지는 핵심교과들은 하나의 거대서사로 현대문명을 신화화(神話化)하는 정전에 다름 아니다. 즉, 이 교과들은 사회질서를 통제하기 위한 것이며, 이 속에는 종족차별, 성차별, 계층차별 등이 은폐되어 있다는 것이다.

이러한 관점에서 볼 때 오늘날의 교육은 큰 변화를 요구하고 있다. 그러나 이러한 변화가 용이한 것은 아니다. 교육은 근대적 전통에 근거를 두고 있기 때문이다. 어셔(Usher 1994, 김규수 2000에서 재인용)가 지적한 바와 같이 현대교육의 이론과 실천은 근대성의 담론에 기초하고 있기 때문에 포스트모던의 메시지에 저항적이다. 역사적으로 교육은 비판적 이성의 계몽주의적 이상들, 개인의 자유, 진보 등의 구체화되고 사실화된 근대성의 거대이야기를 매개로 하여 이루어졌다. 그렇기에 주체, 담론, 욕망, 무의식을 강조하는 포스트모더니즘은 모순적으로 보인다.

그렇다면 교육에서 포스트모더니즘은 수용될 수 없는 것인가? 이 문제에 대한 답은 쉽지 않을 것이다. 현재로서는 포스트모더니즘이 교육에 제공할 수 있는 다음과 같은 시사점(박경민, 1997)에 주목해 볼 필요가 있을 것이다.

첫째, 교육은 학생들에게 보다 개방적이고 허용적이며 비판적인 사고를 할 수 있도록 도와야 한다. 학교는 특정의 가치나 순수 객관적인 지식의 전수에 집착하기보다는 비판적 논의와 대화를 통해 지식을 새롭게 재구성하고 창조해 가도록 격려해야 한다. 학생들이 배우는 지식과 신념체계는 절대적이거나 고정적인 것으로 간주되어서는 안 될 것이다.

둘째, 교육은 학생들로 하여금 능동적이며 주체적인 존재로서 스스로 지식과 신념 그리고 가치체계를 창조해 나가야 한다는 점을 깨닫게 해야 한다. 교육은 지식의 문제뿐만 아니라, 가치의 문제를 중요하게 다루어야 하며, 어떤 의미에서는 가치의 문제를 보다 중요하게 다루어야 한다. 근대적 교육의 전개과정에서 객관성추구를 핵심으로 하는 실증주의적 사고는 큰 영향력을 발휘했고, 이에 가치문제는 주관적이고 상대적인 것으로 도외시되어 그에 대한 논의나 검토가 학문 세계에서 크게 위축되었다. 이에 교육의 세계에서도 가치의 문제가 소홀하게 다루어졌다. 그러나 교육은 가치문제를 다루는 것을 본질로 한다. 교육은 인간의 삶을 바람직하게 이끌려고 하는 가치사업이며, 인간의 모든 행위와 삶의 과정이 근본적으로 가치선택과 판단의 과정이기 때문이다.

셋째, 교육은 전통에 대한 올바른 인식과 그에 대한 비판능력 및 전통의 재창조 능력을 길러주어야 한다. 전통은 사회를 통해 획득된 모든 신념과 가치, 언어와 개념, 지식과 경험의 총체이다. 이러한 전통은 우리가 삶을 영위하는 기반이 되는 것이지만, 그렇다고 거부될 수 없는 그 무엇이 아니라 더 나은 것으로 재창조될 수 있는 성격의 것이다. 따라서 전통의 재창조에 능동적이고 비판적으로 참여할 수 있는 사람을 육성하여야 한다.

넷째, 교육은 인본주의를 바탕으로 열린사회를 지향하면서 민주적 가치를 실현하여야 한다. 포스트모더니즘은 부정의 철학이 아니며, 자유와 평등과 민주주의적 정신을 기본 가정으로 하는 철학이다. 포스트모더니즘

운동은 문화를 고급과 저급으로 구분하고, 기득권층이 그들의 지위를 영속화하려는 사회체제와 교육체제에 대하여 반발하는 데서 출발하였다. 지금까지 학교는 자유와 평등, 민주주의를 가르치면서도 실제로는 획일성과 차별성, 비민주적 사고방식을 재생산해 왔다. 어떤 의미에서 학교는 학생들에게 속박과 불평등을 강요하고, 비민주적인 곳이었다. 포스트모더니즘은 학교가 학생들로 하여금 진정한 자유와 평등, 민주주의를 체험하고 배울 수 있도록 조건과 풍토, 행태를 바꿔 밝고 희망적인 교육의 장소가 될 수 있어야 할 것이다.

다섯째, 교육은 창의력을 신장하여야 한다. 포스트모더니즘은 끝없는 변화를 모색하며, 새로운 것에 대한 문을 활짝 열어놓고 있다. 모든 것을 수용할 준비가 되어 있다는 것이다. 창의적 인간은 자존의식을 회복하고, 긍정적 자아관을 지닌다. 창의적 인간이야말로 진정한 자유인이다. 따라서 학교는 학생들의 창의력을 기르는데 역점을 두어야 한다. 그리하여 학생들로 하여금 역사의 주인공으로서 문화와 전통을 재발견、재창조하고, 새로운 가치관과 스스로 행복 삶을 창조할 줄 아는 능력을 기를 수 있도록 도와야 한다.

CHAPTER 04

교육의 사회적 기초

- 1. 교육사회학의 이해
- 2. 교육사회학이론
- 3. 사회화와 교육
- 4. 교육의 사회적 기능

교육은 바람직한 인간형성을 돕기 위한 활동이며, 이러한 활동은 개인적인 동시에 사회적인 성격의 것이다. 즉, 교육은 본질적으로 사회적 필요와 요구에 의해서 조성·촉진되며 동시에 사회적 요인과 여건에 의해서 통제·관리되기도 한다. 따라서 교육의 사회적 성격과 목적, 역할과 기능을 이해하는 것은 교육학연구에서 필수불가결한 것이다.

이 장에서는 먼저 교육사회학의 성격, 개념 그리고 발달과정을 살펴본다. 이어서 교육사회학이론을 구조기능주의, 갈등이론 그리고 신교육사회학을 중심으로 개관한다. 마지막으로 사회화와 교육 및 교육의 사회적 기능을 논의한다.

01 교육사회학의 이해

1) 교육사회학의 성격

어느 하나의 관점에서만 인간행동을 이해하기란 결코 쉬운 일이 아니다. 따라서 인간을 보다 잘 이해하기 위해서는 다양한 학문적 관점에서의 연구가 필요하다. 이러한 인간을 연구대상으로 하는 교육 역시 어느 하나의 단일 차원에서 연구될 수 없는 복합적 현상이다. 따라서 교육사회학은 교육에 대해 사회학적 관점에서 접근하려는 것이다.

우선 '교육사회학'이란 명칭에서 암시하는 바를 간단히 생각해 보기로 하자. 이 명칭을 보면 '교육'과 '사회'로 나눌 수 있다. 이들 용어에서 암시되어 있듯이 교육과 사회는 어떤 관계가 있는가? 다시 말하면, 교육은 사회에 어떤 영향을 미치며, 또한 사회는 교육에 어떤 영향을 미치는가를 생각하게 한다.

다음으로는 교육학과 사회학의 관계이다. 흔히 학문과 학문과의 사이에 두 이름을 겹쳐 붙인 학문 영역이 있다. 가령 물리학과 화학 사이에 물리화학이 있고, 사회학과 심리학 사이에 사회심리학이 있는 것과 같다. 이는 두

학문을 합쳤다고 보기보다는 한 학문을 다른 학문의 관점에서 보려는 관심과 그 영역에 다른 학문에서 발전된 개념, 법칙, 이론 및 모형을 적용해 보려는 관심에서 나타난다고 볼 수 있다(정범모, 1976). 이러한 관점에서 본다면 교육사회학은 교육에 대한 사회학적 접근을 통해서 교육에 대한 이해의 폭을 넓혀보자는 것으로 볼 수 있다.

이러한 접근방법은 교육에 대한 심리학적 접근 내지는 개인적 측면의 접근과는 달리 사회적 혹은 구조적 측면에서 접근해 보려는 것이다. 다시 말하면, 사회학은 대체로 사회 속의 집단에 강조점을 두고 있기 때문에, 개인에 초점을 두어 인간의 행동을 연구하는 심리학과는 달리 집단의 구조와 기능을 분석하는 데 관심을 두고 있다. 즉, 사회학자들은 집단의 기원과 구성 및 이들의 상호관련성 등의 제요인이 인간행동에 어떻게 관련되고 또 어떻게 작용하는가를 고찰한다(정우현 역, 1980).

이상에서 살펴본 내용을 기초로 교육사회학의 개념을 알아보기로 하자.

교육사회학은 사회학의 과학적 연구방법에 의하여 교육현상을 연구하는 학문이다(Parelius & Parelius, 1978). 또한 교육사회학은 교육의 기능 및 현상을 사회학적으로 파악하려는 학문이다. 교육사회학은 교육현상을 이해하려고 하며, 유동적인 교육현상에 동원되는 집단, 집단 간의 이해관계, 집단체제의 영향력, 교육과정, 교사와 학생과의 관계와 기능을 이론적, 경험적으로 파악하는 학문이다. 그리고 교육학의 한 분과학문으로서 교육사회학이 연구해야 할 기본적인 과제는 다양한 사회구조 속에서 교육이 존재하는 양상을 발견하는 것이다(한준상, 1982; 한준상 등, 1996).

한편, 김신일(2000)은 교육이란 무엇인가 하는 것이 교육학의 기본적 질문이듯이, 교육사회학은 교육의 사회성에 초점을 맞추어 교육이란 무엇인가라는 질문에 답을 얻으려는 지적인 활동이라고 주장한다. 즉, 사회현상으로서의 교육을 기술·설명·이해하는 활동이라는 것이다.

교육사회학은 사회학에서 발견된 지식, 원리, 연구방법 등을 통하여 교육현상 분석이나 교육의 과정을 이해하려는 학문으로 볼 수 있다. 다시 말하면, 교육사회학은 교육에 대한 사회학적 연구이다. 사회학이 인간의 상호작용과 그것이 인간행동에 미치는 영향에 관하여 과학적으로 연구하는 학문이라면, 교육사회학은 교육현상의 사회적 측면을 과학적인 방법으로 연구하는 학문이다. 즉, 교육사회학은 교육과 인간, 집단, 조직 및 문화 등과의 상호관련성을 연구한다.

이처럼 교육자들이 교육사회학을 더 이해할수록 다양한 문화적 배경을 가진 학생지도 방법에 도움을 얻게 될 뿐만 아니라, 다양한 문화의 이해를 통해 균형감각을 가질 수 있다. 그리고 교육정책을 평가할 수 있는 안목을 기름으로써 바람직한 교육여론형성자로서뿐만 아니라 교육정책입안자로서 적극 참여하게 한다.

따라서 교사들이 교육사회학을 더 연구해야 할 필요성이 제기된다. 교육사회학 연구의 필요성을 더 구체적으로 살펴보면 다음과 같다(정우현 역, 1980).

① 오늘날 교사들은 그 어느 때보다도 개념의 도구와 사회적 기술을 갖추고 있어야 한다. 왜냐하면 교사는 다양한 사회계층과 각기 다른 환경을 가진 가정의 학생들을 대하고 가르쳐야 하기 때문이다.

② 학교나 지역사회 또는 학생을 이해하는데 있어서는 교육심리학, 교육철학 또는 교육사 등의 단독 연구보다는 교육사회학적 이해를 함으로써 이들에 대한 보다 총괄적인 개념을 가져다 주어야 한다.

③ 교육사회학은 과학적 지식과 연구의 방법 및 기술을 가지고 집단행동을 다루고 있는 주요 과목의 하나이다.

④ 교육사회학은 교육자의 교수행위와 태도에 있어서 편견을 피하도록 하는 데 도움을 준다. 왜냐하면 교육사회학은 다양한 문화를 이해하는데 초점을 두기 때문이다.

⑤ 정책수립에 관여하는 교육자들은 교육사회학연구를 통해서 교육에 영향을 주고 있는 사회적 압력과 사회체제에 영향을 주는 방법에 대한 지식을 얻을 수 있다. 지역사회 내의 어떤 집단성원들의 행위와 태도에 대한 지식은 학교체제를 통하여 사회에로 이행되는 사회변동의 과

정을 원활히 이끄는 데 도움을 준다.

⑥ 모든 교육자들은 교육사회학연구를 통해서 수행되고 있는 각각 다른 역할에 대하여 보다 나은 견해를 얻을 수 있다.

⑦ 교육사회학은 교육심리학 및 교육철학과 더불어 교육자에게 어떤 집단에는 적용이 가능하고 또 어떤 집단에는 적용이 가능하지 않다는 정책적 판단의 준거를 마련하여 준다. 정책수립에 있어서 교육사회학은 학교와 지역사회가 성취하려는 목적과 목표를 판단하는 데 도움이 된다. 또한 이 분야는 학교프로그램의 결과로 생기는 사회적 행위를 결정하는 데 도움을 준다. 교육심리학은 개인의 학습적 능력을 판단하는데 도움을 주지만, 교육사회학은 어떤 교육적 프로그램에 포함되는 집단행동의 목표를 결정하는데 도움을 준다.

2) 교육사회학의 발달과정

대체로 교육사회학은 1883년 워드(Lester Frank Ward, 1841~1913)의 「역동적 사회학(Dynamic Sociology)」에서 비롯되었다고 보고 있다. 여기서 교육이란 인간진보와 사회변화의 주요 원천으로서의 교육의 중요성을 강조하였다. 그리고 1899년 듀이(J. Dewey)의 「학교와 사회(The School and Society)」가 출간됨으로써 교육사회학발달의 활력소가 되었다. 그러나 많은 사람들은 뒤르켐(E. Durkheim)을 교육사회학의 창시자라고 말하기도 한다. 그는 교육의 기능을 사회적인 것으로 간주하면서 교육은 사회학과 밀접한 관련을 맺고 있다고 주장하였다. 이러한 관점에서 교육이란 아동을 사회화(社會化, socialization)시키는 것이며 미성숙한 개인적 존재를 사회적 존재로 변화시키는 것이라 하였다. 그의 주요 저서로는 「교육과 사회(Education and Society)」와 「도덕교육(Moral Education)」 등이다. 이러한 과정을 거친 교육사회학은 1907년 미국의 대학에서 수잘로(Henry Suzzallo, 1875~1933)에 의해 강좌가 개설됨으로써 더 한층 발전하게 되었다.

한국에서 교육사회학 강좌가 처음으로 개설된 것은 1952년 9월 서울대학교 사범대학이었으며, 이때는 선택과목의 하나로 개설되었다가 1954년에는 서울대학교 사범대학 모든 학생들이 수강해야 하는 필수과목으로 지정되었다. 1955년에는 중등학교 교사자격취득을 위한 교직과정의 한 과목으로 포함되었으며, 이후 많은 대학들이 교육사회학 강좌를 개설하였다(김신일, 2000).

그러나 1970년대에 접어들어 정부가 추진하고 있던 새마을운동에 보조를 맞추기 위해 교직과정의 필수과목으로 교육사회학을 빼고 학교와 지역사회라는 강좌를 신설하였다. 그러다가 1985년에 교직과정이 개편되면서 학교와 지역사회 강좌는 폐지되고 교육사회학이 다시 자리를 잡게 되어 오늘에 이르고 있다.

3) 교육사회학의 연구 영역

한 학문의 연구 영역을 간단히 제시한다는 것은 대단히 어려운 일이다. 왜냐하면 과거에는 어느 학문이라 하면 대체로 고유의 영역 속에서 접근되고 연구되어 왔으나, 최근의 경향은 한 현상에 대하여 다학문적 접근(interdisciplinary approach)이 활발히 이루어지고 있기 때문이다.

교육사회학은 다음과 같은 문제를 주 연구대상으로 하고 있다(Ballantine, 1997).

첫째, 교육조직의 물리적 시설 및 프로그램이 교사와 학생 및 가르친 교과영역 사이의 학습과 의사소통과 같은 변인들에게 어떻게 영향을 미치는가?

둘째, 다양한 유형과 능력 차이가 있는 학생들을 가르치는 데 있어서, 상이한 교수기법과 학습양식 그리고 학급조직이 얼마나 효과적인가?

셋째, 지역사회가 학교에 미치는 영향은 무엇이며, 이러한 영향은 학교에서의 의사결정, 특히 청소년의 사회화에 어떤 영향을 미치는가?

넷째, 교사들의 전문화는 학교체제에 어떤 영향을 미치는가?

다섯째, 기회균등 및 통합과 같은 문제들이 학교에 어떻게 영향을 미치는가? 소수민족의 학생들이 통합된 학교에서 학습을 더 잘할 수 있는가?

여섯째, 어떤 학생들은 유용한 고용기회를 위해 과잉교육을 받고 있는가?

일곱째, 교육은 잠정적인 수입에 어떻게 영향을 미치는가?

그렇다면 실제로 이루어진 교육사회학적 연구에서는 어떠한 주제가 중요시되고 있는가? 2000년대 이르기까지 한국, 미국 그리고 일본의 교육사회학에서 가장 많이 다루어진 개념을 조사하여 정리한 결과를 예시하면 표 4-1과 같다. 이 결과를 보면 세 나라에서 공통적으로 다루어지고 있는 주제가 많다는 것을 알 수 있다. 그러나 연구의 강조점에 있어서는 차이도 있다는 점을 발견할 수 있다. 한국에서는 학교를 지역사회와 가정, 문화 등과 연결시킨 연구와 교육과 사회계층 및 사회변동의 관계에 대한 연구 관심이 높다. 한편 미국과 일본에서는 사회계급이나 인종문제 및 성차별문제에 대한 연구와 교육제도와 사회계층이동 및 사회적 지위에 관한 연구가 주목을 끌고 있다.

표 4-1 교육사회학에서 많이 연구되는 개념

한 국	미국 및 일본
1. 지역사회의 학교	1. 사회계급
2. 문화	2. 교사론
3. 가정	3. 인종문제
4. 지역사회	4. 학교의 사회적 성격
5. 사회계층	5. 문화
6. 동배집단	6. 교육환경
7. 학교조직	7. 성차별주의
8. 교육의 사회적 성격	8. 교육제도
9. 사회변동	9. 사회계층 이동
10. 사회화	10. 사회적 지위
11. 교육개혁	11. 사회변동
12. 사회교육	12. 능력별 집단
13. 교육사회학의 성격	13. 역할
14. 교육사회학의 연구방법	14. 학급의 사회적 성격
15. 학교의 사회적 과정	15. 문화실조 아동

(계속)

한 국	미국 및 일본
16. 교사론	16. 교육의 사회적 목적
17. 정치와 교육	17. 사회통제
18. 경제와 교육	18. 사회구조
19. 대중매체	19. 교육사회학의 연구방법
20. 사회통제	20. 교사-학생관계
21. 사회정의와 교육	21. 교육정책
22. 기능론과 갈등론	22. 지역사회학교
	23. 교사-행정가 관계
	24. 교육개혁
	25. 문화적 다원주의

출처: 차경수 등(2001). 교육사회학의 이해. 경기: 양서원.

02 교육사회학이론

교육사회학의 여러 이론들 중 크게 구조기능주의 이론, 갈등주의 이론 그리고 신교육사회학을 중심으로 살펴보기로 한다.

1) 구조기능주의

구조기능주의(structural-functionalism)이론은 기능주의, 합의이론 그리고 균형이론 등으로 부르기도 하는데, 1940년대 사회학적 분석의 일부로 등장하였다. 1950년대에 절정을 이루어 이 기간 동안에 이 이론은 대부분 사회학자들의 표준적인 이론이었고, 다른 이론들의 도전도 거의 받지 않았다. 그러나 1960년대에 들어 기능주의는 심각한 도전을 받게 되었고, 점차 그 적합성에 심각한 의문이 제기되었다.

구조기능이론은 사회의 본질을 상호의존적인 관계 또는 부분의 집합으로 구성된 체제로 본다. 사회를 생물학적 유기체에 비유하여 상호의존적인 여러 기관이나 부분이 전체의 생존과 존립에 공헌하고 있는 관계로 보고 있다. 따라서 한 사회를 구조와 기능이라는 측면에서 분석하고 이해하려고 하며, 그 지속과 번영을 위하여 질서, 균형, 안정을 추구하며, 더 나아가 사회 구성원 또는 그들 간의 합의와 통합을 이룬다는 것이다.

구조기능주의의 특징을 핵심 용어를 중심으로 살펴보면 다음과 같다(Parelius & Parelius, 1978).

첫째, 구조(structure)와 기능(function)이다. 기능주의자들은 사회란 많은 부분들로 구성되어 있는 것으로 간주한다. 이러한 부분들은 그 사회의 구조를 이룬다. 이러한 부분들은 어느 정도 불일치한 면이 있으나 전체의 생존에 공헌한다는 입장을 취한다. 사회의 생존욕구가 그 사회의 제도, 규범 및 사회적 역할에 의해 어떻게 충족되는가를 보여주는 데 관심이 있다.

둘째, 통합(integration)이다. 기능주의자들은 사회의 다양한 부분들은 서로 통합된다는 것을 강조한다. 사회의 한 부분에서 일어나는 변화는 모든 다른 부분에 영향을 미치게 될 것이다. 그러나 이러한 부분들이 바로 상호의존적으로 되지는 않지만 그들은 조정되고 보완된다. 그들은 다른 것들과 거의 반대되거나 갈등적인 위치에 있는 것이 아니라 각 부분은 대체로 사회뿐만 아니라 다른 것들의 활동을 지원한다.

셋째, 안정(stability)이다. 어떠한 사회도 완전히 정적인 사회는 없다. 기능주의자들은 적어도 어떠한 사회변화는 불가피하다는 점을 인정한다. 그럼에도 불구하고 기능주의자들은 급진적이고 갑작스런 변화를 강요하는 것이라기보다는 상대적으로 사회가 안정을 유지하도록 한다는 점을 강조한다.

넷째, 합의(consensus)이다. 기능주의자들은 중요한 지각, 감정, 가치 및 신념에 대한 일치를 강조한다. 물론 사회는 합의의 성격과 정도에 따라 다양하다. 거대한 현대 산업사회에서보다는 소규모 민속사회에서의 합의가 더 쉬울 것이다. 이러한 합의는 사회화를 통해서 이루어지며 현대사회에 있어서 사회화의 기능은 주로 가정과 학교에 의해서 수행된다.

기능론자들은 어느 사회에서나 불평등은 보편적 현상이고 이 같은 불평등은 능력 있는 인재들이 높은 지위를 성취하도록 동기부여를 하게 된다. 즉, 선발, 차등적 보수, 명예, 지위 등에 의해 동기부여가 되므로 사회의 존속·유지에 필요하다고 본다.

그러면 기능주의적 관점은 학교교육에 어떤 시사점을 주고 있는지 학교교육에 대한 견해를 살펴보면 다음과 같다.

뒤르켐(E. Durkheim)은 교육을 사회의 하위체계로 파악하고, 학교교육의 핵심은 보편적 가치를 가르치는 도덕교육이라고 보았다. 사회가 분화됨에 따라 개인이 속하는 특수환경에 요구되는 특성의 함양이 불가피하나, 이러한 전문화된 교육이 증가할수록 사회 전체의 동질성 유지를 위한 보편교육이 필수적이라는 것이다.

파슨스(T. Parsons)는 대체로 교육에 있어서 강조하는 것은 학생 개인의 성적이고, 이러한 성적을 기준 삼아 사회적 선발이 이루어지는 것으로 보며 성적은 두 가지 내용으로 구성되어 있다고 주장했다. 하나는 인지적 학습으로 지식과 기술 등의 학습을 말한다. 다른 하나는 도덕적 학습으로 교사에 대한 존경심, 급우들과의 협동, 질서 지키기 등의 학습을 의미한다.

현대사회에서는 개인의 적성과 능력에 알맞은 다양한 교육기회를 제공하는 것이 교육기회 균등화의 합리적 방법이며 교육자원의 효율성을 증대시키는 제도이다.

이상의 기능주의자들이 주장하는 학교교육에 대한 특징을 제시하면 다음과 같다(송병순 등, 2002).

첫째, 교육의 목적을 공민성 계발에 둔다.

둘째, 학교에서의 학생선발은 재능 있는 사람을 분류, 선발하는 합리적 방법이다.

셋째, 교육내용에 대하여 교육내용 구성의 과학성과 객관성 및 조직성을 강조하며, 교육내용, 교육평가, 교육목표의 보편성 및 학업성취도의 측정을 강조한다.

넷째, 교육결과의 분배에 대하여 학업성취 정도에 따른 직업분배(능력주의 원칙) 및 학교졸업장이 노동시장의 신용장이라는 입장이다.

다섯째, 학교사회에 대하여 중앙집권적 교육체제는 의무교육의 연장과 교육기회의 확대에 기여하며 현행 학교는 민주사회의 가치에 적합하다. 뿐만 아니라 학교의 관료주의 체계는 교사의 평가, 선발, 승진의 보편적 기준을 제시하며, 학교의 위계적 관료주의적 조직이 중시하는 권위는 학생들로 하여금 객관적이고 합리적인 권위관계를 학습하게 한다. 기능주의자들이 교육과정의 보편성을 강조하는 것은 교육기회 균등화의 이념을 교육과정에 반영시키려는 노력이라고 볼 수 있다.

그러나 기능주의적 교육과정은 여러 집단의 교육을 둘러싼 갈등의 가능성을 언급하지 않음으로써 교육과정의 공정성 확보과정에 대한 의문을 남기고 있다. 또한 학교교육에 대한 투입-산출을 중시한 나머지 결과의 측정에만 초점을 둔다는 비판을 받고 있다.

2) 갈등이론

기능주의자들이 기능적 통합, 중핵가치 및 사회안정에 초점을 맞추고 있는데 비해, 갈등론자들은 갈등, 변화 및 강압에 초점을 두고 있다. 갈등론자들은 학교교육이 인간성 상실, 인간 소외, 인간의 비인간화, 사회불평등의 재생산과 사회정의의 부재라고 비판하며, 사회는 경쟁하고 투쟁하며 상반된 의견의 불일치, 적대적 관계로 발전한다고 본다. 또한 인간의 사회적 관계는 조화와 질서를 이루고 통합과 균형을 이루기도 하지만 분열과 대립의 관계, 적대적 관계로 발전한다고 본다.

갈등이론(conflict theory)의 특징을 보면 다음과 같다.

첫째, 갈등(conflict)이다. 사회제도와 집단은 보통 다른 사람들과 상충된 목적으로 활동한다. 권력집단의 이해관계는 지배를 받는 사람들의 이해관계와 첨예하게 대립된다. 따라서 갈등은 각 집단이 지배를 위해 투쟁함으로써 보편적이 된다. 이러한 갈등은 가끔 조용히 일어나기도 하지만 종종 공개적으로 일어나기도 한다.

둘째, 변화(change)이다. 집단들 간의 끊임없는 권력투쟁은 끊임없는 변화를 가져온다.

셋째, 강압(coercion)이다. 투쟁과 변화가 일어나는 동안에 어떠한 특정 집단이 권력을 충분히 강화하려 할 때는 항상 일시적인 안정과 사회질서기간을 유지하려 한다. 이러한 강압은 단지 힘만을 사용하여 강압하려는 것이 아니다. 지배집단은 선전과 교화와 같은 방법을 사용하기도 한다(Parelius & Parelius, 1978).

이종각(1996)은 갈등론의 특징을 다음과 같이 제시하고 있다.

① 모든 사회는 변화지향적이다.

② 모든 사회는 불일치와 갈등이 일어나고 있다.

③ 사회변화는 급진적이고 비약적으로 진행된다(급진적, 개혁주의적).

④ 사회의 각 집단은 경쟁적이며, 대립적인 관계를 가지고 있다.

⑤ 일반적으로 사회가 선호하는 가치는 지배집단과 관련을 맺고 있다.

⑥ 사회의 각 기관들은 지배집단의 이익에 봉사한다.

⑦ 상호갈등의 원인은 재화의 희소성과 불평등한 분배에 기인한다(평등 분배를 위한 재구조화 강조).

갈등이론적 관점은 사회나 교육을 규정하는 방법에 있어서 기능주의와는 근본적으로 입장을 달리한다. 갈등이론에 의하면 학교는 지배층의 문화를 전수하여 교육을 통한 평등사회의 실현보다도 불평등을 영속화시킬 수 있다는 것이다. 따라서 학교의 주요 활동은 교실 안에서와 교실 바깥에서 모두 특정한 지위문화(status culture)를 가르치고 있다는 것이다.

보울스와 진티스(Bowles & Gintis, 1976)는 자본주의 생산관계를 학교를 통하여 재생산하고 있다는 점을 대응원리(correspondence theory)로서 설명하고 있다. 이 원리는 위계적인 노동의 분화에 대응하는 학교의 위계적인 사회관계는 교장과 교사, 교사와 학생 사이에 이르는 학교 구성원들 사이의 수직적인 권위체계에 반영되어 있다는 것이다.

교육에 대한 갈등론적 관점을 간단히 제시하면 다음과 같다(송병순 등, 2002).

첫째, 교육의 목표를 인간성 회복에 두고 있다.

둘째, 학생선발에 대해서 기능주의의 능력주의적 원칙은 이론적 허구이며, 인간능력을 객관적으로 측정할 수 있는 과학적 도구의 미비와 현행 학생선발 도구의 내용에는 문화적, 계층 간의 편협성이 존재한다.

셋째, 학교체제에 대해서 학교체제의 관료화는 민주적 가치실현에 부적합하며 학교 조직의 관료화는 인종, 계급 그리고 성별에 근거한 불평등을 영속화하고 있다. 또 중앙 집권적이며 획일적 학교체제의 운영은 인간을 수동적 존재로 만들고 있다. 따라서 학교에서의 지시·명령구조는 구성원들의 창의성을 저해할 우려가 있다.

넷째, 교육과정에 대해서 학교에서 제공되는 교육내용에는 특정 계층의 문화내용으로 구성되었으며, 학교지식이 때로는 학습자, 교사, 학부모, 정책당국자 사이의 갈등을 유발시키기도 하고, 사회적으로 제도화된 지식을 주입시키는 현행 주지주의의 교육은 평등화 실현에 위배된다.

다섯째, 잠재적 교육과정에 대해서 관료주의적 위계로 인하여 인간을 수동적인 존재로 취급하고 있으며, 상벌체계에 의한 통제는 복종심을 형성하며 권위주의적 억압은 유순한 성격을 형성시킨다.

여섯째, 학교교육 결과에 대해서 사회계층에 따라 교육적 성취가 다르게 나타남으로써, 불평등의 재생산과 자본주의 생산양식에 필요한 기술적, 지적 기능의 재생산 그리고 경제적 불평등이 정당화된다는 것이다.

3) 신교육사회학

(1) 신교육사회학의 태동

1970년대에 들어서면서 교육에 대한 종래의 교육사회학적 논의가 투입-산출에 전적으로 의존되어 있음을 지적하고, 교육의 핵심인 교육의 내적 과정에 대해 소홀히 한 점을 비판하는 입장에서 새로운 교육사회학적 관심이 대두되기에 이르렀다. 1950년대와 1960년대 영국 사회학의 연구는 사회평등 구현을 위한 수단으로써 학교교육이 교육내부에 문제가 있다고 보고, 복선학제를 단선제로 전환하고 중등교육의 의무교육화, 불우계층 자녀에게 의복과 학용품 등을 지급하는 등 교육기회를 확대하였다. 그러나 계층에 의한 불평등이 지속되어 연구한 결과 교육불평등은 교육제도상의 문제가 아니라 전체사회의 구조적 불평등이 교육에 반영된다는 것을 밝히며, 이런 현상을 극복하고자 새로운 교육사회학이 등장하였다. 전통적 교육사회학(Old Sociology of Education)은 거시적 관점에서 사회불평등과 교육불평등을 사회발전과 교육발전을 위한 정당성과 합리성을 강조한다. 따라서 사회구조 내의 질서와 갈등, 인정과 대립을 중심과제로 삼는데 반하여, 신교육사회학(New Sociology of Education)은 교육과정에 관심을 갖고 학교교육의 내적 과정에 대한 현상학적·해석학적 접근을 두는 과정적이고 관계적인 개인·미시적 관점이다. 따라서 신교육사회학은 교사와 학생, 교사와 교사, 교사와 학부모 및 지역사회인사와의 관계를 중시한다.

학교에서 다루어지는 교육내용으로서의 지식을 사회학적으로 접근한 것은 1970년대 초부터이다. 이는 교육사회학이 지식사회학을 지향하고 있다는 새로운 방향이 제시되면서 시작된 것이다.

전통적 사회학은 구조기능주의적이고 갈등론적이지만 신교육사회학은 지식사회적이다. 신교육사회학은 지식을 한 사회의 시대상 및 사회상과 관련지어 논의하는 지식사회학적 관점에서 출발한 것이다. 지식사회학이란 지식과 존재의 관계를 분석하려는 것이다. 지식이란 어떠한 사고양식을 대표하는 집단과 계층의 성격을 통해서 이해해야 하며, 끊임없이 변화하는 특정 역사적 순간의 구조적 상황과 관련하여 해석해야 한다(Mannheim, 1936).

신교육사회학의 출발점은 지식에 대한 관점, 특히 학교지식(school knowledge)에 관한 것이다. 학교지식은 역사적·사회적으로 결정된다. 학교에서의 지식에 대한 신교육사회학적 태도는 주로 효과적인 전달에 대한 것이 아니라 관련 지식이 어떻게 구성되는가 하는 것이며, 어떤 상황에서 그것이 재생산되는가이다. 따라서 여기서 강조하는 것은 교육과 사회이동 등과 같은 전통적 교육사회학의 주요 관심사가 아니라, 교육체제에 의해서 사회와 지식에 관한 어떤 관점이 전달되며 이것은 광범한 맥락에서 어떻게 전달되는가 하는 것이다(Englund, 1986).

이현청(1994)은 신교육사회학의 특징을 다음과 같이 제시하고 있다.

첫째, 종래의 교육사회학의 입장이 사회구조 내의 질서와 갈등을 중심과제로 삼아온 데 반해, 신교육사회학은 교육과정에 대한 관심을 중요시함으로써 학교교육의 내적 과정에 대한 현상학적인 접근과 해석학적인 관심을 수용하고 있다.

둘째, 종래의 교육사회학이 사회현상에 대한 객관적 이해를 해온 데 반해, 신교육사회학은 주관적 이해와 내부적 요인을 강조한다.

셋째, 신교육사회학은 지식사회학적인 관점에 따라 지식, 특히 학교지식의 사회적 조직에 관심을 갖는다.

넷째, 인간의 교육이 이루어지고 있는 교실장면이나 학교생활에서의 상호작용을 중요시하여, 교사와 학생, 교사와 교사 그리고 교사와 학부모 및 지역사회의 제 요인들 간에 이루어지는 상호관련성과 영향에 관심을 갖는다.

다섯째, 방법론에 있어서는 질적 방법을 활용한다. 즉 신교육사회학자들은 과학적 실증주의를 배격하고 해석학적 방법론을 중시한다. 따라서 사회학적 방법과 사회심리학적 방법을 토대로 하여 상징적 상호작용주의 및 현상학의 방법론 등을 활용하는 특성을 갖는다.

(2) 교육과정사회학

신교육사회학은 특정 문화를 누가, 왜 선택하여 학교에서 가르치게 하는가에 연구의 초점을 두고 있다. 따라서 학교에서 다루어지는 교육내용으로서의 지식에 관한 논의는 자연히 교육과정문제에 귀결된다. 왜냐하면 본질적으로 한 사회의 문화로부터 선택된 것이 넓은 의미의 교육과정(Lawton,

1975)이기 때문이다. 따라서 우리의 생활방식이나 지식, 태도 및 가치 중에서 중요하다고 생각되는 것이 교육을 통해 세대 전수된다고 볼 수 있다. 교육과정사회학의 주요 연구의 관심은 교육과정에 대한 사회적 통제와 교육과정을 통한 문화재생산의 실제를 밝히고자 하는 것이다.

이와 같은 관점은 영(M. D. Young)의 연구를 근간으로 하고 있다. 영은 오랫동안 교육사회학을 지배해 왔던 사회계층과 교육기회에 관한 초기 연구를 비판하였다. 왜냐하면 이런 종류의 연구는 학교에서 무엇을 가르치고 있는가에 대해서는 문제시하지 않고 단편적인 행정적 개혁 및 교육과정 개혁을 위한 여러 압력요인들에 대해 단지 모호한 정당성만을 제공하였기 때문이다(Young, 1971 & 1972). 영에 따르면 지식은 고정적이고 불변하는 것이 아니라 사회구조에 의해 교육내용이 선정되고 조직되는 사회적 구성물(social construct)이다. 그리고 지식은 사회적 계층을 반영하는 산물이고 교육과정은 상류층에게 유리한 것이다. 이에 따라 상류층의 학생들이 높은 성적을 획득할 가능성이 높게 된다.

기능주의자들은 교육과정에 있어서 지식의 선정과 조직은 합의된 사회적 가치나 목표에 합당하다고 주장한다. 그러나 학교에서 현존하는 범주들은 절대적인 것이 아니라 그 범주들을 특정의 제도적 배경 속에서 구조화된 실재로 보아야 한다는 것이다(Bernbaum, 1977). 이러한 입장을 취하는 학자들은 교육과정이 정당화되는 방법과 교육과정 결정에 영향을 미치는 여러 집단에 관심을 갖는다. 모든 인간의 집단들은 필요하고 바람직하다고 생각되는 지식을 선정한다. 따라서 교육과정은 시대적 상황과 사회적 상황에 따라 매우 다르며 학교도 예외가 아니라는 것이다(Eggleston, 1977). 이러한 입장에서는 교육과정이란 지식의 실체가 아니라 인간집단의 집합표상(collective representation)이라 볼 수 있다.

새로운 교육과정의 사회학에 의하면, 학교가 특정한 사회계층의 현실적 이해관계를 지식으로 변형시켜 가르치고 있다고 보고, 학교가 가르치는 지식을 이데올로기라고 하였다. 지식을 정태적 실체가 아니라 지식의 주체로부터 독립하여 사회적으로 구성된 것이다. 지식의 형식은 특정한 시대에 사회역사석으로 구성되었기 때문에 지식은 계급이해와 특정 이익집단과 관계되며, 교육과정이 특정 계급학생에게 적합한 편향성에 기초함으로써 노동자 계층의 학생에게 불리하다는 것이다. 인간의 능력과 지식은 사회적 산물이며 교육의 성공과 실패 역시 사회적 소산의 결과이다(최정웅·양경숙, 2004). 즉, 교육내용(지식)에서 지식의 가치는 사회적으로 위계화되어 있고, 교과내용에 특정 지배집단의 이해관계가 반영되어 있으므로 교육의 평등화 실현에 위배된다. 새로운 교육과정 양식은 비판적이고 문화적 다원주의(cultural pluralism)에 대한 올바른 인식이 요구되며, 전통적 교육과정의 가치중립성에 대한 이데올로기적 허위성을 벗겨야 하며, 교육과정은 지배와 통제, 효율성의 가치보다 인간성을 풍요롭게 하는 실존적이어야 한다는 것이다.

애플과 애뇬(Apple, 1979; Anyon, 1979 & 1980) 등의 연구에 의하면, 사회과 교과서에서 개관적인 지식으로 간주된 것이 실제로 종종 연구 중인 주제에 일방적이고 이론적으로 왜곡된 관점을 나타내고 있다고 지적되었다(Giroux, 1981).

이 이론은 종래의 아동의 학습문제와 학교교육 문제의 근원을 학습자의 가정에서 찾아왔던 기존 연구들의 오류를 지적하고 있다. 따라서 교육과정에 특정 집단의 이해관계가 반영되어 있으므로, 교육과정을 사회적으로 분석하여야 한다고 주장한다. 이러한 접근방법을 이른바 교육과정사회학이라고 한다.

03 사회화와 교육

1) 사회화의 개념

인간은 끊임없이 타인과의 상호작용을 통하여 자신이 속한 집단에서 적절한 행동과 승인되는 가치를 학습하게 된다. 이와 같이 사회에서 필요로 하는 것을 배움으로써 한 사회의 일원으로서 성장해 나가게 되는 것이다. 다시 말하면, 인간은 출생 시에는 무기력한 자연적 존재로 세상에 태어나지만 점차 성장해 가면서 그 사회의 구성원들과 상호작용을 통해 새로운 지식, 기술, 태도, 규범 그리고 가치 등을 학습함으로써 사회적·문화적 존재로 성장·발달해 간다. 이와 같이 개인이 한 사회의 구성원으로서 갖추어야 할 것을 배워나가는 과정을 사회화과정이라 한다.

사회화(socialization)의 개념은 학문적 입장에 따라 다르게 논의되고 있다. 따라서 각 학문에 따른 사회화의 정의를 살펴보기로 하자(Borgatta & Borgatta, 1992).

인류학자들은 사회화를 주로 한 세대로부터 다음 세대로 문화를 전달하는 것으로 간주하는 경향이 있다. 즉, 사회화를 문화전계(enculturation)라 부른다. 심리학자들은 문화전달보다는 다양한 인간발달 측면을 더 강조하였다. 사회화에 관해서 심리학 내에서도 매우 다양한 입장이 있으나, 대체로 인지발달, 행동유형의 학습, 성격형성, 아동양육 등의 의미로 사용하기도 한다.

사회학에서는 사회화에 대한 두 가지 측면이 있다.

첫째는 사회화란 사회적 역할을 학습하는 것이다. 이 관점에서는 개인들은 자신이 속해 있는 집단의 적절한 역할과 지위를 학습함으로써 사회의 구성원으로 통합된다. 두 번째 관점은 사회화를 주로 자아개념 형성으로 보는 것이다. 친밀하고 호혜적인 상호작용의 맥락에서 자아 및 정체성의 발달은 사회화의 핵심으로 생각된다. 이러한 관점의 사회화는 상징적 상호작용 관점과 밀접하게 관련되어 있다.

이처럼 사회화에 대해서 다양한 입장이 있지만, 대체로 공통적인 것은 특정한 사회에 소속되어 있는 개인이 사회적 학습 또는 사회적 상호작용을 통해서 그 사회에의 적응 또는 그 사회의 성숙된 성원이 되어 가는 과정을 뜻하고 있다. 즉, 한 사회나 집단의 효과적인 구성원이 되는데 필요한 지식, 기술, 태도 그리고 규범 등을 획득하는 과정으로 볼 수 있다. 특히 뒤르켐(E. Durkheim)은 사회화란 문화를 내면화시키는 과정이며, 학교교육의 주요 기능은 젊은 세대를 사회화시키는 것이라고 하였다. 파슨스(T. Parsons)는 사회화란 사회체제가 균형을 유지하도록 하는 주요 메커니즘이라는 것이다. 따라서 사회화란 개인이 자기가 생활하고 있는 사회집단의 태도, 규범 및 가치 등의 문화를 학습하여 내면화하고, 자신의 독특한 자아를 형성해 가는 과정으로 볼 수 있다(Horton & Hunt, 1980).

그러면 교육과 사회화의 관계를 어떻게 볼 것인가 하는 문제가 제기된다. 학교의 모든 활동 속에는 사회화 차원과 교육적 차원이 있다. 여기서는 사회화보다는 교육이 더 넓은 개념이라는 입장을 취하고자 한다. 왜냐하면 사회화가 특정 집단의 문화에 치중함으로써 다른 집단의 사회화와 배타적 관계를 가지는데 비해서 교육은 보다 넓은 세상을 편견 없이 보도록 함으로써 다른 집단의 교육과 많은 원리를 공유할 수 있기 때문이다. 예컨대, 많은 사회가 아직까지 남성과 여성을 차별하는 방식의 사회화를 답습하고 있지만, 그것은 평등한 성문화의 정착을 위해서 바람직하지 않은 관행이다(조용환, 1997).

개인은 일생 동안 하나 이상의 문화 또는 부분문화를 배우게 되며 또 다른 사회의 일원이 되어간다. 사회화의 목표를 완전히 성취하기란 결코 쉬운 일이 아닐 것이다. 그러나 사회구성원 모두가 보다 나은 사회공동체 형성을 위해 노력해야 할 것이다.

2) 사회화의 담당기관

인간이 태어나서 사회적 존재로 성장·발달해 가는 과정에서 사회적 학습을 하는데 직·간접으로 영향을 주는 매개체들을 사회화 기관 또는 사회화 담당자(socializing agents)라고 한다. 사회화 담당자나 기관은 다양하지만 여기서는 가정, 학교, 또래집단, 매스미디어 등을 중심으로 간략히 살펴보기로 한다.

(1) 가정

인간이 태어나서 제일 먼저 접하는 곳이 가정이다. 가정에 있어서도 부모가 첫 번째의 사회화 담당자가 되는 것이다. 아동들은 부모를 중심으로 하여 한 사람으로서의 자신과 자신이 속한 집단으로서의 가족을 이해할 기회를 갖게 된다. 다시 말하면, 아동들은 가족집단을 통해서 자신의 정체감은 물론이고 사회구성원으로서의 행동양식을 배우게 될 것이다.

가정환경의 중요성을 지적한 한 연구결과를 살펴보기로 하자(Mussen et al., 1990). 공격적인 환경에서 성장한 어린이의 전체적인 자아개념은 가족들과의 관계에 의해 큰 영향을 받는다. 자존심의 검사에서 높은 점수를 받은 남아의 어머니는 어린이에 대해 수용적이고 지지적이며 애정과 관심이 많다. 이러한 어머니는 일관된 규칙을 제시하고 어린이의 행동을 변화시키는데 벌보다 보상을 사용한다.

엄격하고 처벌적이거나 대단히 제한적인 사회화방법(지나치게 높은 행동규준의 부과, 어린이의 행동과 성취에 대한 부정적인 평가, 일관성 없는 처리)은 어린이에게 심한 불안을 야기시킨다. 이때 어린이는 고통스러운 불안감을 방어하기 위하여 억압, 부정, 합리화, 도피, 퇴행 등의 방어기제를 발달시킨다. 부모의 행동에 대한 관찰과 부모와의 동일시가 정직, 관용, 친절, 이타심, 타인의 권리와 복지에 대한 관심 등의 친사회적 행동의 습득에 가장 중요한 역할을 한다.

이러한 측면에서 보면 초기 사회화과정이 어떻게 이루어지느냐 하는 것은 한 어린이의 성인생활에도 지대한 영향을 미치기 때문에 대단히 중요하다. 왜냐하면 어른들을 통하여 승인된 가치와 적절한 행동을 배울 수 있기 때문에, 이러한 것을 어떻게 배우느냐에 따라 학교 또는 사회생활에도 영향을 미칠 수 있기 때문이다. 즉, 아동은 가족을 통해 언어, 습관, 태도, 가치관 등을 일생을 통해 배우게 된다. 특히 어린이가 가정에서 사회화되는 방법은 대체로 모방에 의한 것이다. 따라서 그 모방의 대상이 되는 부모나 형제·자매의 언어와 행동 등은 자녀들에게 많은 영향을 미치므로 신중을 기해야 할 것이다.

그러나 오늘날 핵가족화로 말미암아 가정에서의 역할모델이 부족하게 되어 자녀들에게 풍부한 경험을 시키지 못하는 취약성도 있다. 뿐만 아니라

맞벌이 부부의 수가 증가함으로써 자녀-부모와의 상호작용 기회가 점점 줄어들고, 자녀양육을 가정 바깥에 의존하는 경향이 점점 증대하고 있으므로 이에 대한 대책이 필요하다.

(2) 또래집단

어린이들이 점점 성장하게 됨에 따라 대체로 부모나 형제 등의 가족중심적인 상호작용에서 벗어나 비슷한 나이 또래의 친구들과 상호작용하게 된다. 어린이들은 이와 같은 또래집단(peer group)을 통해서 다른 가족과의 문화적 차이를 발견하게 되고, 동등한 관계를 유지하면서 동료관계를 경험하게 된다.

또래집단은 일반적으로 가정과는 달리 또래들과의 관계가 수평적이며 자유롭게 의사소통이 이루어지고 있다. 뿐만 아니라 그들이 공유하고 있는 경험도 비슷하기 때문에 이 집단 속에서는 상당히 안정감을 느끼게 된다. 이러한 분위기 속에서 어린이들은 자신들의 생각을 거리낌 없이 말하고, 하고 싶은 것과 하기 싫은 행동을 상당히 자유롭게 선택을 하게 된다. 이러한 과정을 통하여 어린이들은 아직은 부족하지만 해야 할 것과 하지 말아야 할 것 등을 배우며, 자신이 어떻게 해야 다른 사람들에게 수용될 수 있는가 하는 방법을 배우게 된다.

또래집단의 기능에 대해 브라운(F. J. Brown, 1960)은 ① 사회적 적응(Social adjustment), ② 대립(opposition), ③ 협동(cooperation) 등을 들고 있으며, 해비거스트와 뉴가튼(R. J. Havighurst & B. L. Neugarten, 1957)은 문화의 습득, 사회적 이동, 새로운 사회적 역할 조성, 기타의 기능 등을 제시하였다.

① 문화의 습득(teaching the culture): 또래집단은 자기들이 갖는 하위문화가 있고, 이 하위문화는 성인사회를 반영하며, 성인사회에서 얻어진 가치를 강화해준다. 아동들은 또래집단을 통해 성인들의 일반화된 도덕적 기준, 협동성, 정직성, 책임감을 배운다.

② 사회이동의 습득(teaching mobility): 또래집단은 서로 다른 사회계층의 생활방식을 보강하거나 사회적 이동을 가르치는 데도 작용한다.

③ 새로운 사회적 역할 조성(providing new social roles): 또래집단은 광범위한 문화를 전달하는 이외에 아동들에게 새로운 행동을 배우게 될 사회조직, 사회제도를 마련하고, 새로운 사회적 역할을 수행할 기회를 마련해 준다.

④ 기타의 기능(other function): 또래집단은 또 다른 기능을 갖기도 한다. 성인으로부터 아동을 돕는데, 집단이 아동을 도와줌에 있어서 또래집단 내의 아동들은 자기의 행동에 귀감이 될 새로운 본보기를 찾는다. 그 아동들은 사람을 모방할 수 있고 동일시할 수 있다.

이상에서 간단히 살펴본 또래집단은 어린이들에게 민주적 태도, 사회적 역할학습, 집단에의 소속감으로 인한 자아정체감 그리고 독립심 등을 기를 수 있는 기능을 수행하게 된다. 특히 오늘날 따돌림 그리고 비행청소년 문제 등은 상당부분 바로 이 또래집단과 관련하여 이해해야 할 것이다.

(3) 학교

어린이들이 가정을 벗어나면서 가족 이외의 가장 많은 접촉을 하는 또 하나가 학교일 것이다. 가정생활과 또래집단을 통하여 집단의 규칙 등 기본 행동양식을 습득한 아동들은 학교라는 새로운 조직사회에 적응하게 된다. 이것은 가정과 또래집단의 비형식적인 생활에서 이제는 학교라는 집단 속에서 형식적 기대와 규범을 통한 조직적 생활을 익히게 되는 것이다.

학교는 가정이나 또래집단에 비하여 더 계획적이고 체계적인 사회화 기관이다. 학생들은 학교교육을 통하여 일반적인 태도, 가치, 기능을 습득할 뿐만 아니라 학급 동료들과의 비공식적 상호작용이나 교사 또는 상급생들과의 관계를 통하여 사회적 역할을 배움으로써 사회화되는 것이다. 이는 가정에서의 수직적 관계, 또래들과의 수평적 관계라는 한정된 범위에서 벗어나 동료, 교사, 상급생 등 바로 성인사회에서 필요한 것을 모두 배우는 종합적인 예견적 사회화(anticipatory socialization) 기관이다. 다시 말하면 미래 성인으로서 수행해야 될 사회적 역할을 미리 학습하는 기관으로서 중요한 의미를 갖는다.

일반적으로 교사는 가정 밖에서 대하게 되는 첫 번째의 성인으로서 어린이의 생활에 중요한 역할을 하고, 또 부모의 대리자 역할을 하는 경우가 많다. 교사의 아동에 대한 사회화의 역할을 보기로 하자.

학교에서의 교사는 부모의 대리자 역할을 한다고 해도 틀린 말이 아닐 것이다. 따라서 교사의 모든 것이 대단히 중요하다. 우리들의 과거 학교경험을 되살려 보자. 선생님의 말씨, 표정, 동작 그리고 글씨까지도 모방하려는 성향이 강했다. 유치원에서부터 시작하여 학교는 가정 밖 생활의 중심이 되어 매일 깨어 있는 시간의 약 반을 차지한다. 어린이는 교사의 교수방법, 사용하게 되는 교과서에 따라 학습할 뿐만 아니라 일반적인 적응, 성격, 자존심에까지 상당한 영향을 받는다. 권위주의적인 교사보다는 융통성이 많고 민주적인 교사 밑에 자라는 어린이는 독립심이 많고, 학급활동에 적극적으로 참여하고 자기감정을 보다 자유롭게 표현하며 어떤 일이든지 자발적으로 나서기를 좋아한다. 이와 같이 교사는 사회화 모델로서 뿐만 아니라 행동수정자로서 중요한 역할을 수행하게 된다(Mussen et al., 1990).

뒤르켐(E. Durkheim)은 교육의 주요 기능을 젊은 세대를 사회화시킴으로써 이기주의를 극복하게 하고 사회의 생산적인 구성원이 되도록 하는 것이라 보았다. 학교교육이 집단생활에서 요구되는 기본적인 동질성을 학생들에게 가르침으로써 사회통합을 유지할 수 있는 중요한 사회화 기관이라고 하였다. 그는 교육을 사회화와 동일시하였다.

(4) 매스미디어

현대사회에서 매스미디어의 중요성은 더 이상 설명할 필요가 없을 정도로 우리 생활에 필수적인 요소가 되었다. 매스미디어는 생활전반에 영향을 미치므로 사회적 책임도 크다고 볼 수 있다. 매스미디어에는 여러 가지가 포함되겠지만, 여기서는 주로 TV를 중심으로 살펴보기로 한다.

포스트먼(N. Postman, 1985)은 학교와 TV는 청소년의 마음과 성격에 영향을 미치고 있는 특별히 구성된 정보체계로서 두 가지 모두가 교육과정이라고 한다. 그런데 TV가 학교보다도 더 강력한 교육과정이라는 것이다. 더욱이 비록 학교와 TV 모두 교육과정을 대표할지라도 TV가 주의집중이나 참여를 강요하는 심리사회적 수단을 사용하는 반면에, 학교는 참여를 강요하기 위하여 법의 힘에 호소해야만 한다는 것이다. 포스트먼은 TV의 교육과정은 주의집중적, 비처벌적, 비위계적, 영상중심적, 직접적인 만족 등의 특징을 가지고 있는데, 이러한 것의 대부분은 오늘날 공립학교의 특성과는 반대되는 것이라고 한다. 또한 TV는 시청자로 하여금 수동적이게 하고 비활동적이게 하며, 폭력성과 광고에 대한 과다노출 등을 들어 비판을 받기도 한다(Scotter et al., 1991).

TV는 아동 및 청소년들이 쉽게 접할 수 있기 때문에 그들의 행동에 많은 영향을 미치게 될 것이다. 특히 아동기나 청소년기는 감수성이 예민하기 때문에 더 많은 영향을 받을 수 있다. 어떤 학자는 어린이들이 TV 앞에서 보내는 시간이 많기 때문에 TV를 제2의 학교체계라고 주장하기도 한다. 그러나 TV는 주로 흥미위주로 구성되지만, 학교의 교육과정은 도덕성 발달과 추상적 사고기술과 같은 목적을 수행해야 한다. 더욱이 TV 시청은 시청자의 노력과 기술을 거의 요구하지 않기 때문에 자칫하면 생각하거나 문제해결을 하지 않는 등의 나쁜 습관을 가질 수 있다(Ornstein & Levine, 1981).

TV에서 어떤 내용이 방영되고 어린이가 어떤 행동을 모방하느냐에 따라 친사회적 행동을 나타내주는 긍정적 효과를 낼 수도 있고, 공격적 행동을 촉진시키는 부정적인 효과를 낼 수도 있다. 많은 연구결과에 의하면 어린이와 청소년이 TV의 폭력적인 프로그램을 보고 언어적으로나 신체적으로 높은 수준의 공격적 행동을 보이면 공격적인 태도가 증가한다고 한다. 마찬가지로 TV는 사회적으로 바람직한 행동을 촉진시킬 수 있는 역량도 가지고 있다. 협조적이고 동정적이며 가진 것을 나누고 남의 감정을 이해하는 내용을 담은 프로그램을 본 어린이는 행동상 긍정적이요 지속적인 변화를 나타내어, 협조적이고 동정적이요 온정적인 태도가 증가하며, 일을 할 때 인내심을 가지며 공격적 성향을 덜 나타낸다. 간단히 말해서, TV의 영향은 깊고 지속적인 것이라고 말할 수 있다(Mussen et al., 1990). 따라서 TV의 교육적 기능은 강화하고 역기능적 측면은 보완되어야 할 것이다.

04 교육의 사회적 기능

1) 문화전달의 기능

학교의 주요 기능 중의 하나는 아마 문화전달 기능일 것이다. 문화란 인간이 습득한 지식, 신념, 태도 및 규범 등으로 이루어진 복합적 총체이다. 이러한 문화는 학교교육을 통하여 한 세대에서 다음 세대로 전달되고 있다.

그러나 실제로 학교에서 무엇을 가르치고 있느냐에 대해서는 관점에 따라 서로 입장을 달리할 수 있다. 기능주의자들은 학교를 성인세계에서 성공적으로 수행하는데 필요한 문화를 전달하는 곳으로 간주한다. 학교는 따뜻하고, 보호적이며, 수용적인 가정의 환경으로부터 작업세계의 경쟁적이고 과업지향적인 환경으로 이동하는 데 도움을 준다. 어린이들은 동일한 규칙이 모든 사람들에게 적용된다는 것을 배운다. 이러한 방법으로 학교는 청소년들을 사회에 대비하도록 하는 결정적인 기능을 수행하는 곳으로 간주된다. 그러나 갈등론자들은 이러한 규범과 가치 등의 문화전달을 개인들의 요구라기보다는 자본주의 사회의 요구로 작용한다고 보고 있다(Ballantine, 1997).

이상과 같이 앞 세대인 교사가 다음 세대인 학생들에게 문화유산을 내면화시킴으로써 문화를 재생산시키는 교육의 문화전달 기능은 한 사회를 보존·유지시키는 데 중요하다. 그리고 교육이 현대사회의 변화에 적절히 대처하고 새로운 문화를 생산하는 문화창조의 기능을 조화롭게 수행해 나갈 수 있는 노력이 필요하다.

박용헌 등(1980)은 문화와 교육과의 관계를 다음과 같이 설명하고 있다.

첫째, 교육의 기능은 문화전달이다. 한 사회가 공공적으로 마련한 교육은 제도화된 학교교육이든 학교 외 교육이든 간에 그 사회의 새 성원을 길러내는 기능을 갖는다. 이러한 기능은 그 본질에 있어서 그 사회의 성원이 공유하기를 기대하는 문화를 전달하는 일인 것이다. 이렇게 볼 때 사회나 교육기관의 입장에서는 문화를 전달하는 기능이며 학습자의 입장에서는 문화를 획득하는 기능인 셈이다.

둘째, 문화는 한 사회의 교육목표와 내용을 추출하는 자원이다. 교육의 목표도 그 사회가 지향하는 문화가치관에서 도출된다. 어떤 사회, 어떤 인간을 지향하느냐 하는 것을 그 사회의 문화가 결정한다고 보면, 문화는 교육목표를 추출하는 자원인 것이다.

셋째, 교육적 과정은 사회·문화적 과정이다. 교육적 과정은 인간의 사회적 상호작용에 의하여 이루어지는 사회적 학습과정이다. 이 사회적 학습과정을 이끌어 나가는 규칙이나 거기에 부여하는 의미는 그 사회의 문화에 따라 결정된다. 문화인류학적 입장에 따르면 교육적 과정은 문화전개 과정이다. 이렇게 볼 때 교육현상을 올바르게 이해하고 명확히 규정하며 적절한 해결방안을 구안하여 실천하려면 이러한 교육의 문화의존적인 특성에 대한 이해와 그 사회문화적 맥락에 대한 깊은 고려가 있어야 할 것이다.

2) 사회통합의 기능

교육의 사회적 기능 중의 또 다른 하나는 사회통합(social integration) 기능이다. 학교교육을 통하여 사람은 시간과 규율을 지키고 순종성, 근면성과 같은 생활습관을 기르며 사회가 요구하는 중핵 가치, 규범, 태도 등을 습득함으로써 훌륭한 시민으로 그 사회에 참여하게 된다. 이와 같이 사회는 교육을 통하여 안정과 질서를 이루게 된다. 특히 국가가 의무교육을 통하여 국민들의 지적 수준과 문화수준을 향상시킴으로써 새로운 국가목표를 일반화시키고 나아가 수준 높은 국민 형성(nation building)을 꾀하는 것은 그 좋은 예에 해당한다(석태종, 1996).

가령 미국은 많은 소수민족들로 구성된 나라이다. 따라서 시민들은 학교가 많은 사회문제들을 해결해 주기를 기대하였고, 또한 이주자들을 동화(assmilation)하여 미국화시키는 소위 용광로(melting pot)로서의 역할을 해주길 기대하였다. 이렇게 함으로써 새로운 이주자들이 미국사회에서 생산적 역할을 준비하고 공동체 의식을 갖게 하여 문화적 다원주의를 극복케 하도록 하는 것이었다(Ballantine, 1997).

이와 같이 학생들은 학교생활을 통하여 학교생활뿐만 아니라 사회구성원으로서 갖추어야 할 여러 가지 태도나 가치관을 배움으로써 한 사회의 구성원으로 자리잡게 된다. 다시 말하면, 학교는 자라나는 세대를 사회화시킴으로써 사회구성원들을 하나가 되도록 하는 이른바 사회통합기능을 수행하고 있다.

3) 사회구성원의 선발 및 분류기능

이 기능은 학교교육의 사회적 기능 중 가장 현실적인 기능이라 할 수 있다. 학교교육은 각 개인의 발달뿐만 아니라 현실적으로 그들의 직업적 역할을 수행하도록 하는 기능을 담당하고 있다. 학교는 일정한 기준에 의하여 학생들을 선발한 다음, 일정한 기간 동안 가르쳐서 사회구성원들이 그 사회에 적응할 수 있도록 준비시키는 역할을 수행한다. 사람이 살아가는데 필요한 기술과 지식 등을 가르침으로써 사회의 구성원으로 자리 잡게 하는 것이다. 즉, 선발된 인력을 교육시킴으로써 사회가 필요로 하는 각 위치에 인력을 할당·배분하는 것이다.

이러한 것은 개인적으로 보면 하나의 사회이동(social mobility)이 된다.

인간이면 누구나 사회적 상승이동을 하고 싶어 할 것이다. 우리나라의 경우 특히, 고등교육 정도가 사회계층 이동에 상당한 영향을 미치는 것으로 인식되고 있기 때문에 어느 나라보다도 고등교육에 대한 열망이 강하다. 그 결과 과외문제 등으로 인하여 사교육비의 과다지출은 이제 개인적 걱정거리 차원을 넘어서 사회문제로 대두되기에 이르렀다. 그런데 오늘날 대학을 마쳤다고 해서 모두가 원하는 직업을 갖는 것도 아니다. 따라서 학생의 선발 기준문제, 입시제도, 인력수급문제 등 다각적인 연구가 요청되고 있다.

우리 사회에서 개인의 직업적 지위는 어떻게 획득되고 있는가에 대한 한 연구를 보기로 하자.

우리의 경우에 학력성취의 결과는 첫 직업의 획득 단계에서 집중적으로 나타나고, 이후 직업경력의 전개에서는 학력의 결과보다는 첫 직업의 영향이 더욱 강력하게 반영되는 구조를 띠어왔다. 과장해서 표현하면 미국에서 개인의 직업지위 획득은 일생에 걸친 긴 여정이라 할 수 있고, 한국에서는 첫 직업의 획득 단계에서 모든 것이 결정되어 개인의 일생의 직업여정이 첫 단계에서 사실상 정해지는 구조라 할 수 있다. 전반적으로 볼 때 미국에서는 자녀의 직업지위 획득에 있어서 부친의 직업지위가 직접적, 간접적으로 상당한 영향을 미치고 있음을 알 수 있다. 상대적으로 우리나라의 경우 부친의 자녀에 관한 영향은 부친의 직업을 통해서라기보다는 부친의 교육을 통해서 작용하는 것으로 보인다. 즉, 미국과 비교해보면 우리나라에서는 자녀의 지위획득이나 지위의 세대 간 전이에 있어서 교육의 중요성이 상대적으로 강하게 작용하였음을 알 수 있다(김영화, 2000).

4) 사회변화 및 혁신기능

교육이 사회안정과 현상유지기능도 수행하고 있지만 사회변화기능도 수행하고 있다. 특히 오늘날과 같이 급변하는 사회에서는 교육을 통한 문화전달기능뿐만 아니라 문화생산 및 창조기능이 강화되어야 할 것이다. 이러한 점에서 학교는 문화생산을 통하여 문화전파 또는 문화확산(cultural diffusion) 기능을 수행하고 있다. 이러한 것은 대학뿐만 아니라 초·중등학교에서도 수행하고 있는데, 새로운 정보뿐만 아니라 사회변화를 촉진시킬 수 있는 세계를 바라볼 수 있는 방식, 태도 그리고 가치 등을 전파하고 있다.

근대화이론가들에 의하면 사람들은 근대화된 제도에 참여하지 않고서는 근대적이 될 수 없다고 하며, 그것 중의 하나가 교육(학교)과 산업(공장)이다. 즉, 학교는 효과적으로 근대화하는 중요한 제도라는 것이다. 근대화에 관한 초기 연구는 상당부분 인켈스(Inkeles, 1983; Inkeles & Smiths, 1974)의 정의와 측정에 기초하고 있다. 그는 처음으로 근대인(modern man)의 개념을 조작화하려고 시도하였다. 그에 따르면 근대화된 사람은 다음과 같은 특징이 있다(Saha, 1997).

① 새로운 경험에 대한 개방성
② 사회변화를 위한 준비성
③ 다양한 태도와 의견에 대한 인식과 자기 자신의 관점을 유지하려는 성향
④ 의견형성에 있어서 사실지향적임
⑤ 과거보다는 현재와 미래지향적임
⑥ 개인적 효능감의 소유
⑦ 장기계획지향적임
⑧ 사회제도와 개인에 대한 신뢰
⑨ 공학적 기술에 높은 가치부여
⑩ 타인의 인격존중
⑪ 생산과 산업의 기초가 되는 논리에 대한 이해

제2차 세계대전 이후 일본의 발달은 교육이 산업화와 경제·사회적 발전을 가속화시키는데 기여하는 요인으로서 의도적으로 활용된 대표적인 예라고 일반적으로 간주되었다. 일본에 있어서의 학교교육은 최초부터 경제성장

에 필수적인 것으로 간주되었다. 교육이 경제발전에 직접적으로 공헌할 수 있다는 신념은 서구사회 전체에 아주 광범하게 보급되어서 제2차 세계대전 후에 교육은 이미 개발된 국가들이 탈공업화 단계로 도약하는 데는 물론, 저개발국가들이 산업화로 도약하기 위하여 가장 중요하고 사실상의 필수적인 원동력으로 간주될 정도였다(윤정일 등 역, 1986).

교육이 사회변화 및 개혁의 중요한 기관 중의 하나라는 것은 이론의 여지가 없다. 그러나 이를 위해서는 교육에 대한 사회구성원들의 의식구조도 변화되어야 한다. 다시 말하면 학교에 대해 기대만 할 것이 아니라 학교에 대한 관심도 보여야 한다. 특히 교육의 변화를 위해서는 사회구성원의 의식구조뿐만 아니라 사회환경의 변화도 중요하다.

CHAPTER

교육의 심리학적 기초 05

교육은 바람직한 인간을 형성하기 위한 노력이며, 이는 결국 개인의 특성을 바람직하게 발전시켜 나갈 수 있도록 효과적으로 돕는 것이다.

우리가 훌륭한 교육을 실현하려고 하여도 "바람직한 인간특성은 어떻게 길러질 수 있는 것인가?"를 과학적으로 알고 있지 않으면 그 목적을 달성할 수 없다. 따라서 효과적인 교육을 하기 위해서는 "사람이란 어떤 심리적 특성을 지닌 존재인가, 사람의 행동의 원리에는 어떤 특성이 있는가?"를 알아야 한다. 따라서 교육의 심리학적 기초는 교육학 연구에서 매우 중요하다.

이 장에서는 교육심리학적 이해의 기초가 되는 관점과 이론을 개관한다. 먼저, 교육심리학의 개념과 학문적 성격, 연구영역과 발달과정을 소개하고, 인간발달과 교육의 관계를 살펴본다. 이어 주요 발달이론을 대표적 학자들의 학설을 중심으로 알아본다. 마지막으로, 인간특성을 이해하는데 도움이 되는 지능이론, 창의성 이론, 동기이론 등에 대하여 살펴보고자 한다.

01 교육심리학의 이해

1) 교육심리학의 개념

교육이 무엇인가에 대해서는 입장에 따라 다양한 정의가 내려져 왔다. 일반적으로 교육을 '인간행동의 계획적 변화'(정범모, 1968)라고 본다. 즉, 교육(敎育)은 의도적인 계획에 의해 인간행동의 변화를 바람직한 방향으로 유도하는 활동이라고 그 개념을 정의할 수 있다.

교육심리학이란 교육학과 심리학의 통합학문이다. 교육학(Educational Science)이란 '교육에 관한 사실을 연구의 대상으로 하여 그 원리와 방법을 탐구하는 학문'이다. 그리고 심리학(Psychology)이란 '인간의 행동과 정신적 과정을 과학적으로 연구하는 학문'이라고 할 수 있다.

심리학의 과학적 연구내용은 1879년 독일의 심리학자 분트(Wilhelm Maximilian Wundt, 1832~1920)에 의해 과학적 심리학이 시작된 이래 인간의 의식에서 출발하여 무의식, 외현적 행동, 정신적 과정 등으로 확대되어 왔다. 또한 연구방법에 있어서는 초기에는 내성법이나 임상분석 등 다분히 주관적인 방법으로 시작하였으나, 전반적으로는 객관적이고 수량화할 수 있는 방법들이 과학적 방법으로 강조되었다.

이렇게 볼 때 교육학과 심리학은 인간행동을 과학적 방법으로 연구하고자 한다는 점에서 중요한 공통점을 지니고 있다. 그러나 심리학은 교육학과 비교할 때 학문적 목적과 관심에 있어서 몇 가지 중요한 차이점을 아울러 지니고 있다.

이성진(1996)은 그 차이점을 다음과 같은 네 가지로 정리하고 있다.

첫째, 심리학의 목적은 인간행동에 대한 보편적인 원리와 법칙을 확립하는 것인데 반해, 교육학은 학습자 개개인의 특성을 변화시키는 데 그 목적이 있다.

둘째, 보편적 원리를 확립하고자 하는 심리학은 방법론적으로 정밀성과 경제성을 중요시하며 일관성만 있다면 세심한 변화라도 중요하게 고려한다. 그러나 교육학은 다소 정밀성과 경제성이 부족하다고 하더라도 학습자의 행동에 의미 있는 변화를 일으키는 변인에 관심을 갖는다.

셋째, 특수한 변인을 제외하면 심리학은 가치중립적이며 기술적인 반면, 교육학은 가치지향적이며 처방적이다.

넷째, 심리학은 통제된 실험실에서 원리나 법칙들이 확립되는 반면, 교육학의 원리나 법칙들은 예측불가능한 교실 상황에서 일어나는 과정을 기초로 한다. 이러한 이유로 인해 일반심리학 연구에서 얻어진 결과들을 교육에 단순히 직접적으로 적용한다는 것은 일정한 제한이 있을 수 있다.

위에서 살펴본 바와 같이 학문적 배경으로 볼 때 교육심리학은 교육현상을 대상으로 하는 교육학과 인간행동을 과학적으로 이해하고자 하는 심리학의 이론들을 접목시켜 이루어진 학문이라고 할 수 있다. 즉, 교육심리학이란 교육의 과정에서 일어나는 여러 문제를 심리학적 측면에서 연구하여 원리를 정립하고 방법을 제시함으로써 교육의 효과를 극대화하려는 응용심리학 또는 교육학의 한 분야인 것이다.

2) 교육심리학의 학문적 성격

교육심리학의 연구대상은 곧 교육의 심리학적 현상이다. 교육의 심리학적 현상이란 교육의 심리학적 측면에 관련된 변인(variables)과 이들 변인들 간의 관계(relationship)를 말한다. 따라서 교육의 심리학적 현상을 연구한다는 말은 교육의 심리학적 측면에 관련된 변인과 이들 변인들 간의 관계를 연구한다는 뜻이다. 교육심리학에서 중요하게 취급되는 변인에는 학생의 인지적 특성, 정의적 특성, 발달특성, 학습특성, 교사의 수업특성, 상담특성, 평가특성 등이 포함된다. 교육심리학은 이 모든 속성들을 연구대상으로 한다.

교육심리학의 주된 목적은 교육자 특히 교사들이 교육현장에서 당면하는 문제의 해결을 돕는 것이다. 교육심리학은 교육의 문제해결에 직접적으로 도움을 주는 경우도 있으나 대부분의 경우 문제해결을 위한 근거를 제공해준다. 교육심리학은 학습과정에 중요한 아이디어를 제공해 주며, 상담, 교육과정개발, 교육행정 및 기타 교육활동에도 영향을 준다. 그러나 교육심리학은 교수–학습 과정(teaching-learning process)에 최대의 관심을 둔다. 교사는 수업목표를 설정하는 과정에서 학생들의 주요 특성에 관한 정보를 활용한다. 이때 교사의 과제는 학생들의 인지적, 정의적, 신체적 특성을 그들의 발달수준, 강점과 약점, 개인차 등의 측면에서 이해하는 것이다. 교육심리학은 학생의 심리학적 특성의 본질과 특성들의 발달현상 및 개인차 등에 관한 정보를 제공함으로써 교사가 자신의 교육활동에 관한 정확한 판단을 할 수 있도록 도와준다.

그리고 교육심리학의 학문적 목적으로 볼 때, 학문분야에 따라 비록 연구의 대상이나 방법은 다를지라도 과학을 표방하고 추구하는 모든 학문은 주어진 현상, 즉 사상(事象)에 관련된 변인들과 그들 간의 관계를 기술(describe), 설명(explain), 예측(predict) 그리고 통제(control)하는 것을 목적으로 한다. 따라서 교육심리학의 학문적 목적은 교육의 심리학적 현상을 기술, 설명, 예측, 통제하는 데 있다.

3) 교육심리학의 연구 영역

교육심리학의 주요 연구 영역을 발달 영역, 개인차 영역, 학습 영역, 수업(교수-학습) 영역, 생활지도 및 상담 영역, 교육평가 영역으로 구성하고 있음을 알 수 있다(안영진, 2001).

첫째, 발달 영역: 교육이란 교육자가 피교육자로 하여금 인간으로서의 바람직한 성장과 발달을 완성시키는 것이라는 점에서 발달은 인간형성의 과정이라고도 할 수 있다. 그러므로 교육심리학은 유아기, 아동기, 청소년기는 물론 대상에 따라서는 성인기, 노인기에 이르는 인간의 발달과정에 대한 이론과 실제 및 단계 등을 다루는 영역이 필요하다.

둘째, 개인차 영역: 같은 연령 혹은 같은 학년의 학생들이라도 학생들은 서로 간의 공통점 못지않게 크고 작은 개인차를 지니고 있다. 따라서 발달의 보편성에 대한 이해뿐만 아니라 그 과정에서의 개인차라는 특수성에 대한 이해가 필요하다. 따라서 교육심리학에서는 개인차 변인들에 대한 심층적인 연구가 이루어질 필요가 있다.

셋째, 학습 영역: 가치관의 변화든 행동의 변화든 교육은 바람직한 방향으로 이루어지는 인간행동의 변화를 추구한다. 이 변화를 위한 의도적 노력, 즉 교육의 핵심을 이루는 활동은 교수-학습이며, 이것은 인간 학습의 심리학적 기제와 과정에 관한 지식을 토대로 계획되고 실천된다. 발달과 개인차 등 학습자에 대한 이해가 이루어졌다 해도 학습이 발생하는 기제를 이해하지 못한다면 효과적인 교육이 이루어지기 어렵다.

넷째, 교수-학습 영역: 가르치고 배우는 일은 교육에서 가장 중요한 일이라고 할 수 있다. 교사들의 교수방법은 학생들의 학습과 생활에 많은 영향을 미치게 된다. 따라서 다양한 교수계획, 교수목표, 교수방법 등의 탐구를 통한 효과적인 교수법에 대한 이해가 필요하다.

다섯째, 생활지도 및 상담 영역: 교육이란 교실에서의 정규 수업활동을 통해서만 이루어지는 것이 아니다. 오늘날 급변하는 사회 속에서 아동과 청년으로 하여금 현명하게 대응하고, 현실적으로 당면하는 여러 문제를 적절히 해결해 나가도록 하며, 동시에 자기실현과 자기주도성이 이루어지도록 도울 수 있는 생활지도와 상담에 관한 이론과 기법에 대한 연구와 이해가 필요하다.

여섯째, 교육평가 영역: 교육이 의도하고 있는 목표를 어느 정도 달성했느냐를 측정하고 평가하는 문제는 어떤 형태로든지 평가활동을 내포하고 있다. 이러한 면에서 교육효과 또는 학습효과의 측정과 평가, 즉 교육평가에 관련된 기술적인 이론과 실제를 다루는 영역이 필요하다.

4) 교육심리학의 발달

19세기 전반기에 감각기관에 대한 연구와 두개골의 형태를 근거로 인간의 특성을 분석하는 골상학이 이 시기에 나타났으며, 인간의 뇌에 정신이 존재한다는 주장은 인간행동에 대한 새로운 시각을 제시하였다. 또한 반사행동에 관한 연구는 무의식에 대한 논의를 전개하는데 기초를 제공하였다. 20세기에 들어서면서 미국 심리학자들을 중심으로 교육심리학이 독립된 학문으로서 체제를 갖추기 시작하였다. 20세기 전반기에는 행동주의를 바탕으로 학습이론의 형성을 들 수 있고, 20세기 후반기에는 수업설계의 발전, 교수과정에 대한 연구, 인지이론의 발전 등을 들 수 있다. 교육심리학은 1950년대까지 주도적인 영향력을 행사했던 행동주의적 접근에서 벗어나 인지심리학적 측면에서 많은 연구들이 진행되고 있다.

1960년대 이후 인지심리학의 발달은 '정보처리적 접근' 혹은 '인지과정적 접근'을 통해 다양한 연구들을 연결하는 고리역할을 해왔다. 교육심리

연구자들과 심리학자들은 인간의 '마음'이 놀라운 계산능력(computable ability)과 발산적 능력(emergent ability)을 가지고 있다는 사실을 확인하게 되었으며, 이러한 인지심리학의 영향은 교육심리학의 연구 패러다임을 근본적으로 바꾸어 놓았다고 할 수 있다.

교육심리학의 이론과 연구는 인간의 행동에 대한 이해를 바탕으로 교육의 목적달성을 위해 다양한 연구들이 이루어지고 있다. 이성진(1996)은 교육심리학이 응용분야만의 학문이기보다 교육현장의 심리학적 현상을 과학적으로 연구하는 기초학문으로 공인받기 위해서는, 교육심리학자들의 연구과제 및 영역의 독자성과 전문성의 교육 효과에 대한 기여도가 중요한 변수가 된다고 지적하였고, 임규혁(2004)은 교육심리학은 학습자, 학습, 교수, 생활지도 및 상담, 평가 등 교육과 관련된 광범위한 영역을 이해하고 이론체계를 확립하며, 효과적으로 적용하기 위하여 다양한 노력을 기울이고 있다고 하였다.

02 인간발달과 교육

1) 인간발달의 의미

어원적으로 볼 때 발달(development)은 잠재하고 있는 본질(가능성)이 점차 그 모습을 나타내면서 변화하는 현상을 의미한다. 여기서 변화란 신체와 운동기능, 지적 사고능력, 성격 등 인간의 모든 양적인 증대는 물론, 구조와 기능의 질적인 변화인 성숙도 포함하고 있으며, 또한 증가나 향상과 같은 긍정적인 변화와 함께 감소와 쇠퇴라는 부정적인 변화도 포함하고 있다(김태련·장휘숙, 1994). 따라서 성장과 성숙 역시 발달이란 용어와 함께 사용되고 있다.

헐록(E. B. Hurlock, 1978)은 "성장은 크기의 증대를 의미하고, 일정한 시기가 되면 멈추게 된다. 그러나 발달은 질서정연하고 일관성 있는 형태의 진보적인 변화의 연속으로 전 생애를 통해 일어나는 계속적인 변화"라고 그 차이를 구분하였다.

버크(L. Berk, 1994)는 인간이 전 생애에 걸쳐 경험하는 모든 변화를 이해하려는 심리학의 한 분야가 발달심리학이라고 정의하였다. 발달심리학의 학문 영역 내에는 아동발달, 청소년발달, 성인발달, 인간발달, 생애발달 등 다양하게 구분되고 있다. 아동발달(child development)은 태아에서 사춘기까지의 인간성장의 모든 면을 이해하려는 연구분야이고, 인간발달(human development)은 인간이 전 생애에 걸쳐 경험하는 모든 변화를 이해하려는 연구분야라고 정의하였으며, 어윈과 사이먼즈(D. B. Irwin & J. A. Simons, 1994)는 생애발달(lifespan development)을 인간이 탄생에서부터 죽을 때까지 일어나는 변화에 대한 연구라고 정의하였다.

2) 인간발달의 원리

(1) 발달의 상호작용성

인간의 발달은 유전(성숙)과 환경(학습)의 상호작용의 산물이다. 성숙이란 성장의 결과로 나타나는 변화를 지칭하는 것이며, 학습은 주로 후천적인 경험의 결과로 나타나는 변화를 의미한다. 따라서 유전인자가 우수하더라도 양육환경이 나쁘거나 좋은 양육환경이 제공된다 하더라도 유전인자가 열등하다면 발달은 제한받게 된다.

(2) 발달의 연속성

발달은 연속적이고 점진적인 과정으로 어느 한 종류의 발달이 완성되려면 준비가 필요하며, 또 완성된 발달은 다음 단계 발달의 기초가 된다. 따라서 발달은 일정한 순서에 의해 진행된 기존의 발달에 새로운 내용이 누적되면서 새로운 형태의 발달이 이루어지는 것이다.

(3) 발달의 순차성

발달에는 일정한 방향과 순서가 있다. 일반적으로 발달이 진행되는 순서 또는 방향에는 다음과 같은 네 가지 기본원리가 있다.

첫째, 두미(頭尾)의 방향으로 위에서 아래로 진행하기 때문에 머리가 먼저 발달하고, 사지가 발달하며, 또한 팔이 먼저 발달하고, 손과 손가락은 나중에 발달한다.

둘째, 근원(近遠)의 방향 또는 중추에서부터 말초로 진행하며, 그 예로 신경계통의 발달을 보면 대뇌가 먼저 발달하고, 점차로 말초신경이 발달하게 되는 것이다.

셋째, 전체운동에서 부분운동으로 또는 전신운동에서 특수운동으로 발달한다. 즉, 운동과 함께 큰 근육에서 작은 근육으로 발달하면서 전체운동에서 분화된 미세운동으로 발달하게 된다.

넷째, 구조의 변화가 기능의 변화보다 먼저 이루어진다. 즉, 신체적인 발달이 먼저 준비되고 완성된 후에야 기능적으로 발달하게 된다. 예를 들면, 신체적 감각기관인 청각이나 시각이 먼저 정상적으로 발달되어야만 언어 및 사고 등의 인지발달과 사회성 발달이 정상적으로 이루어질 수 있는 것이다.

(4) 발달의 분화·통합성

인간의 발달은 초기에는 기관이나 기능의 미분화가 점차 부분적이고 특수적인 기관이나 기능으로 분화되게 되고, 또다시 통합되는 과정을 거친다. 즉, 분화된 부분은 조직화되고 통합된다. 예를 들면, 아동이 숟가락으로 밥을 먹는 경우 눈, 손, 입 등의 기능이 통합된 결과로, 여러 능력의 통합과 조화를 통한 협응의 과정인 것이다.

(5) 발달의 개인차

인간의 발달은 일반적으로 유사한 순서에 의해 발달하지만 개인차가 있기 때문에 발달속도에는 차이가 있다. 즉, 다른 아동에 비해 성숙이 빠른 아동이 있는가 하면, 또 어떤 부분의 발달은 다른 부분보다 더 빨리 성숙하는 경우도 있다.

(6) 발달의 상호연관성

인간의 모든 기능은 통합된 전체로 신체적인 기능은 심리적·사회적 기능과 연관되어 있으며 서로 상호작용한다. 그리고 어떤 특성이 성숙하면 다른 특성이 성숙하는 단계에 영향을 미친다. 따라서 발달의 각 영역은 서로 영향을 주고받는 상호연관성이 있다. 즉, 아동의 신체발달은 운동·인지·감각능력 등의 발달과 연관되어 있고, 또한 지적 발달은 정서와 사회성·인성 발달에도 영향을 미치게 된다.

03 발달이론

1) 해비거스트의 발달과업

해비거스트(Robert James Havighurst, 1900~1991)는 연령별 발달과업 모형을 제시하고 있는데, 발달과업이란 개인의 욕구와 사회의 요구와의 가교적(架橋的)인 역할을 하는 것으로써, 개인이 일생의 어떤 시기에 성취해야 할 과업을 의미한다. 만일 그것을 성공적으로 성취하면 장차 과업수행에 행복과 성공을 가져다주지만, 실패하면 자신의 불행, 사회의 무시, 과업수행에 대한 곤란을 겪게 된다. 이러한 발달과업은 연령의 증가에 따라 자연히 성취되는 것이 아니고 신체적·정신적 성장과 함께 사회적인 요구(예: 역할 기대)와 개체의 의도적인 노력의 상호작용에 의하여 달성되는 것이다.

해비거스트에 의하면 발달과업은 계열성을 지니고 있으며, 다음 단계의 시작은 이전 단계의 발달과업을 완수한 이후에야 가능하다(Havighurst, 1953 & 1972). 그리고 어떤 한 단계의 완성에는 반드시 절대적인 시간의 한계점이 있으며, 만일 절대 시간 내에 완결하지 못한 과업은 영원히 성취불가능한 채로 남아 있을 수도 있다. 그런데 그의 발달과업론은 서구사회의 중간계층 집단을 모델로 한 것으로서 특수집단에 대한 발달과업이라는 한계점을 가지고 있으며, 그가 제시하고 있는 연령에 따른 발달과업처럼 현대사회 내에서의 인간생활이 그렇게 질서정연하게 순서대로 되는 것은 아니라는 비판을 받고 있다.

해비거스트의 발달단계에 따른 발달과업은 다음과 같다.

① 유아기(1~6세): 걷기 등 신체적인 운동기능 습득, 대소변 가리기, 언어 습득, 부모나 형제, 타인과의 정서관계를 형성한다.

② 아동기(6~12세): 일상생활에 필요한 신체적 기술의 습득, 또래집단과의 교제, 유희와 게임, 읽기·쓰기·셈하기의 기본 기술 습득, 적절한 성역할 습득, 일상생활에 필요한 개념의 발달, 양심·도덕·가치척도의 발달, 사회집단과 제도에 대한 태도발달 등이다.

③ 청소년기(12~18세)

- 동성 혹은 이성 친구와 새롭고 성숙한 관계를 형성한다.
- 사회적으로 적절한 성역할을 학습한다.
- 부모 및 기타 성인들로부터 정서적으로 독립한다.
- 직업을 선택하고 준비한다.
- 시민으로서 필요한 지적 기술과 개념을 발달시킨다.
- 사회적으로 책임 있는 행동을 한다.
- 행동의 지침이 되는 가치 및 윤리체계를 습득한다.

④ 성인 초기

- 가정생활 관리를 학습한다.
- 자녀의 출산 및 양육을 한다.

- 직업생활을 영위한다.
- 사회집단에 참여하고 대인관계를 한다.
- 시민으로서의 역할수행을 한다.

⑤ 중년기

- 시민적 태도를 갖는다.
- 가정생활 및 경제생활을 관리·유지한다.
- 여가활동에 적극적으로 참여한다.
- 신체적 변화를 인정하고 건강관리에 힘쓴다.

⑥ 노년기

- 쇠퇴하는 체력을 관리한다.
- 은퇴에 대한 준비를 한다.
- 친구들과 친밀한 관계를 맺는다.
- 배우자의 사망에 대한 적응.
- 사회적·가정적 의무감에의 재적응.

2) 피아제의 인지발달이론

인지(cognition)란 인간의 지적 또는 정신적 사고과정이다. 여기에는 주위 자극이나 사물 또는 사상(思想)에 대한 지각, 기억, 개념형성, 사고(思考), 문제해결의 과정 등이 포함된다.

인간의 인지발달에 대한 체계화는 피아제(Jean Piaget, 1896~1980)에 의해서 이루어졌다. 그는 인간의 지식(인지)이 어떻게 생기는가라는 인식론에 관심을 가졌기 때문에 그의 이론을 발생학적 인식론 또는 발달적 인식론이라고 부른다. 피아제는 초기 연구에서 사회적 행동과 생물학적 행동은 물리적 환경의 요구에 적응하는 행동이라고 믿게 되었다. 그는 이러한 행동들이 어떤 특정한 방식으로 환경을 조직하려는 유기체의 시도이며, 이러한 시도를 통해 환경에 쉽게 적응하는 것이라고 믿었다. 이런 적응과 조직의 원리는 그의 인지발달이론의 기초가 되었다(Piaget, 1952).

이러한 적응과정은 동화(assimilation)와 조절(accommodation)의 평형화(equilibration)가 이루어지는 과정이다. 인간의 인지발달은 이런 동화와 조절에 의한 인지적 평형화를 이루어 달성될 수 있는데, 이는 새로운 인지구조(도식, schema)를 조직해가는 원천이 된다.

도식이란 한 개인이 환경을 지적으로 조직하여 그 환경에 성공적으로 적응할 수 있도록 해주는 인지구조를 가리킨다. 즉, 인간으로 하여금 행동 및 사고를 조직하게 하고 환경에 적응하게 하는 인지구조이다. 동화(assimilation)란 새로운 정보나 사물을 인지할 때 기존의 인지구조에 맞추어 적용시키려는 것이고, 조절(accommodation)이란 새로운 정보나 사물을 인식하기 위해 기존의 인지구조를 수정하는 것이다. 그리고 평형화(equilibration)란 동화와 조절의 균형을 유지하는 것이다.

예를 들면, 아장아장 걸어다니는 아기는 집에서 키우는 개만 보면 "멍멍" 하고 소리친다. 이 아기가 가지고 있는 개에 대한 스키마는 개 모습, 개가 만드는 "멍멍"과 같은 소리 등으로 구성되어 있다. 이 아기가 길에서 송아지를 보았을 때 다리가 4개이고, 긴 귀가 달려 있고, 털이 나 있다는 점에서 집에서 기르는 개와 매우 유사하게 보인다. 그 아기가 송아지를 이미 인지구조에 가지고 있는 개에 대한 경험군으로 분류한 후 기존의 인지구조에 있던 개로 인식하는 것을 동화라고 하고, 송아지는 개가 아니라고 기존의 인지구조를 수정하는 것을 조절이라고 한다.

지능은 평형을 유지하도록 동기유발되어 움직인다. 그러나 실제로 이 두 기능은 비평형 상태에 있게 된다. 평형화에 이르지 못한 상태, 즉 비평형화 상태는 인지적 갈등이 일어난 상태이다. 이것은 개인의 경험이 기대와 일치되지 않을 때 일어난다. 예를 들어, 마술사의 눈속임을 생각해 보자. 관객의 한 사람으로서 비어 있던 모자에서 토끼가 나오고 꽁꽁 묶어서 트렁크에 넣어둔 사람이 사라지는 장면을 목격하고는 놀라는 자신을 발견할 것이다. 이런 놀람은 인지적 갈등 혹은 비평형화 상태가 일어나고 있다는 증거이다.

놀람에 덧붙여서 그 속임수가 어떻게 된 것인지 상황을 종합하여 해결하려고 하는 행동은 인지적 균형상태, 즉 평형화 상태로 돌아가려는 우리의 자발적 노력의 결과이다. 피아제는 아동을 동기화시키는 가장 효과적인 방법 중 하나가 인지적 비평형화 상태(cognitive disequilibrium), 즉 예상을 깨고 일어나는 어떤 상황을 통해 인지적 갈등상태를 만드는 것이라고 생각했다(구광현 등, 2006).

(1) 발달단계

피아제의 인지발달단계는 연속적이다. 이것은 발달이 한 단계에서 갑자기 다음 단계로 도약하는 것이 아니라 서서히 계속적으로 발달하는 것을 의미한다. 즉, 모든 아동의 인지발달은 네 단계를 같은 순서로 통과하면서 발달하고 어느 단계도 건너뛰지 않는다. 또한 아동 개개인에 따라서는 각 단계를 통과하는 속도가 어느 정도 다를 수 있다. 각 개인이 처해 있는 환경이 인지발달을 촉진시키기도 하고 방해하기도 한다고 피아제는 가정하고 있다.

1 감각운동기(0~2세)

피아제는 인지발달의 가장 초기 단계를 감각운동기(sensori-motor stage)로 명명했다. 감각운동기에서 아동은 시각이나 청각 등의 조절감각과 운동능력에 초점을 둔다. 이 시기는 6개의 하위단계로 구분된다. 유아는 처음에 반사활동만 하다가 2개월이 되면 빨기반사를 거쳐 직접적인 사물에 대한 분화를 하게 되며, 4~8개월에는 보기와 만지기의 협응이 처음 시작된다. 1년이 되면 사물의 영구성과 주위에 있는 사물이 사건을 일으킬 수 있다는 의식이 발달하기 시작하고, 2년이 되기 전에 지적 행동이 생기며, 2세가 되면 사물을 내적으로 표현할 수 있게 된다. 이 시기의 특징은 대상영속성이다. 대상영속성(對象永續性)이란 사물이 눈에 보이지 않더라도 계속 존재한다는 것을 알고 있다는 현상이다.

2 전조작기(2~7세)

이 시기는 논리적 능력을 획득하지 못한 단계로 언어의 발달과 직관적 행동에 초점을 맞추며, 전 개념적 사고기(2~4세)와 직관적 사고기(4~7세)로 나눈다. 전 개념적 사고기에는 언어발달 속도가 빠르며 사고가 자기중심적이고 비사회적이며, 직관적 사고기에는 사회적인 발달이 되고 사고는 자기중심적이며 분류에 대한 제한된 능력지각의 특징이 있다.

전조작기 아동의 특징은 사고의 상징적 기능, 자기중심성, 중심화, 물활론적 사고, 비가역성, 가변적 추론 등이다.

아동의 사고는 표상적이며 상징적이다. 상징적 기능(symbolic function)은 전조작기 동안 일어나는 대표적인 발달로 대상과 사건을 표상하는 능력 혹은 상징적 기능의 사용능력 발달이다. 감각운동기가 끝날 때쯤 되면 아동들은 '~인 척하는' 상징놀이를 한다. 2~7세 사이에 언어가 발달함에 따라 정신능력이 완전히 발현된다. 그리하여 아동들은 상상력을 통해 새로운 방식으로 생각하고 놀게 된다. 2세 아동들은 접시 위에 컵을 놓고 마시는 흉내를 내는 반면, 4세 아동들은 컵과 접시를 다른 용도로 가정하여 상징적인 놀이를 하게 된다(Lowe, 1975). 6~7세 정도가 되면 상징놀이 속의 물건들은 그 아동의 마음에만 존재하게 된다.

자기중심성(egocentrism)이란 자기 자신을 다른 사람의 입장에 놓고 생각하거나 다른 사람의 관점에서 생각하지 못하는 것이다. 예를 들어, 아동은 자기가 좋아하는 장난감을 다른 사람들도 좋아할 것으로 생각한다.

중심화(centration)란 한 가지 관점으로 사물을 판단하고 분류하는 것으로, 예를 들면 4~5세의 아동 앞에 물건을 두 줄로 늘어놓았는데 한 줄에는 9개의 물건을 다른 한 줄에는 7개의 물건을 놓았다. 그리고 9개의 줄보다 7개가 놓인 줄을 더 길게 늘어놓았다면, 이때 전조작기의 아동들은 개수와는 상관없이 9개가 아닌 7개의 긴 것을 선택한다.

물활론적 사고(animism)란 무생물체도 살아 있어 각자의 의지에 따라 움직인다고 믿는 것이다. 예를 들면, 아동은 인형을 아기라고 생각한다.

비가역성(inability to reverse operations)이란 사고가 한쪽 방향으로만 진행되는 것으로 사고를 거꾸로 하지 못하는 특징을 지닌다. 예를 들면, 진흙으로 자동차 모형을 만들었을 경우 자동차가 부서지면 진흙 덩어리가 된다는 것을 이해하지 못하며, 1 + 1 = 2라는 사실을 배우지만 2 − 1 = 1이라는 것은 이해하지 못하는 등 수, 양, 부피 등의 차원에서 보존개념이 형성되지 못한다.

가변적 추론(transductive reasoning)이란 아동이 연역적으로나 귀납적으로 추론하지 못함을 말한다. 피아제는 자신의 딸이 어느 날 오후에 낮잠을 자지 못한 후, "내가 낮잠을 안 자서 오후가 아니야"라는 식으로 가변적 추론을 함을 발견하였다.

3 구체적 조작기(7~11세)

구체적 조작기의 아동은 구체적인 문제를 해결할 수 있는 논리적 사고를 한다. 이 발달단계에서 아동의 논리는 직접적인 경험보다는 인지적 활동에 의해 정해진다. 구체적 조작기의 주요 특징은 탈중심화, 가역성, 보존개념의 형성, 분류화, 서열화 등이다.

탈중심화(decentering)란 자기중심성에서 벗어나 타인의 관점에서 자신과 다를 수 있다는 것을 이해하고 여러 가지를 고려하여 상황을 판단하는 것이다. 아동은 그들의 구체적인 경험과는 독립적으로 무언가를 상상할 수 있을 뿐만 아니라, 구체적인 문제에 대한 논리적 해결을 끌어내기 위해 경험한 지각적 특징을 이용할 줄 안다.

가역성(reversibility)이란 사고를 다양하게 하는 것으로 이 시기의 아동은 1 + 1 = 2라는 사실과 2 − 1 = 1이라는 것, 진흙 덩어리로 만들어진 자동차 모형이 다시 진흙 덩어리로 돌아간다는 사실을 이해하게 되며, 분류와 서열화 등의 논리적 사고능력을 갖추게 된다.

보존개념(conservation)의 형성이란 사물의 양적인 측면에서 무엇이 그 사물에 첨가되지 않거나 없어지지 않는다면 그 양은 변하지 않는다는 조작적 측면이다. 6세가 되면 수 보존개념을 획득하고 7~8세가 되면 면적과 질량 보존개념을, 11~12세가 되면 부피 보존개념을 획득한다.

분류화(classification)란 사물이나 사건을 분류할 수 있는 것이다. 7세 이전의 아동들은 대부분 한 가지 차원에 따라 사물을 분류한다. 즉, 아동들은 색이나 모양에 따라 분류한다. 그러므로 아동들에게 검은색과 흰색, 동그라미와 사각형이나 삼각형을 주면, 아동들은 검은색과 흰색의 두 집단으로 분류할 것이다. 아동에게 20개의 갈색 나무 구슬과 2개의 흰색 나무 구슬을 제시한다. 모든 구슬은 나무이고 20개는 갈색, 2개는 흰색이라는 사실을 서로 확인하고는 아동에게 "나무 구슬이 많니? 갈색 구슬이 많니?"하고 묻는다(Piaget, 1952). 8세 정도가 되어야 이 질문에 올바른 대답을 할 수 있다. 왜냐하면 그 연령의 아동들은 분류하는 데 있어서 공통점 뿐 아니라 차이점을 인식하고 범주와 하위 범주 사이의 관계에 관해 추론할 수 있기 때문이다.

서열화(seriation)란 크기나 부피, 무게 혹은 다른 측면들의 점진적인 증가나 감소에 따라 어떤 요소를 일렬로 배열하는 능력이다. 즉, 크기, 무게, 부피, 밝기 등을 차례로 나열한다.

4 형식적 조작기(11세~)

형식적 조작기에는 모든 종류의 문제해결에 유용한 추론능력과 논리력이 발달한다. 비록 문제해결의 결과가 이전 단계에서 보았던 것과 비슷하다 하더라도 문제해결 접근방식은 매우 다르다.

인헬더와 피아제(Inhelder & Piaget, 1958)가 행한 한 실험에서 아동들은 양팔저울이 균형 잡히도록 물건을 올려놓도록 하였다. 구체적 조작기 초기의 아동들은 양쪽 팔에 같은 양의 무게를 올려놓으면 된다고 생각하였다. 그러나 그 시기의 아동들은 저울의 중심으로부터 떨어져 있는 거리가 중요한 요소라는 사실을 이해하지 못했다. 10세 정도의 아동들은 지렛대의 중심에서 멀어질수록 힘이 더 강해진다는 것을 발견하였다. 그러나 구체적 조작기의 아동들은 이것을 여러 번의 시도와 실수를 통해 알아내었다. 13~14세가 되어야 비로소 무게와 지렛목의 근접성이 반비례한다는 법칙을 이해하였다. 형식적 조작기의 특징은 조합적 사고, 연역적 추론이다.

조합적 사고(combinational thinking)란 체계적 탐색을 통하여 모든 조합을 해볼 수 있는 능력을 말하고, 연역적 추론(deductive reasoning)이란 일반성에서 구체성으로 이끌어내는 것이다. 3단 논법을 포함하는 이 형태의 추론이 연역적 추론이다. 즉, '만일 ~이면 ~이다'라는 사고가 가능해진다.

〈표 5-1〉 **피아제의 인지발달단계**

감각운동기 (0~2세)	• 시각이나 청각 등의 조절감각과 운동능력에 초점 • 대상영속성 획득
전조작기 (2~7세)	• 언어의 출현: 언어발달 • 자기중심성: 다른 사람의 관점을 생각지 못함 • 물활론적 사고: 사물이 모두 살아 있다고 생각함 • 중심화: 한 가지 방식으로만 대상을 봄 • 비가역성: 사고가 한쪽 방향으로만 진행되는 것
구체적 조작기 (7~11세)	• 탈중심화: 자기중심성에서 벗어나 타인의 관점에서 자신과 다를 수 있다는 것을 안다. • 상대적 비교 가능: 관계성 고려, 관계 개념, 크고 작은 것을 비교 • 보존개념: 형태나 순서를 바꿔도 변화하지 않는 것으로 인식 (수나 양, 길이, 면적, 부피 등에서 보존개념 획득) • 분류화: 사물이나 사건을 분류할 수 있는 것 • 서열화 능력: 크기나 부피, 무게 혹은 다른 측면들의 점진적인 증가나 감소에 따라 어떤 요소를 일렬로 배열하는 능력 • 가역적 사고: 사고를 다양하게 하는 것
형식적 조작기 (11~15세 이상)	• 조합적 사고: 문제해결 시 가능한 해결책을 논리적으로 궁리해 보는 것 • 연역적 사고: 만일 ~이면 ~이다.

3) 비고츠키의 인지발달이론

러시아의 심리학자 비고츠키(Vygotsky, 1896~1934)는 인지발달의 근원을 사회적 상호작용에 두고 타인의 중재를 통해 타인의 인지기능이나 기술이 아동에게 점차 내면화된다고 보았다. 또한 인간의 고등정신기능은 원래 집단적 행동의 형태로써, 다른 사람과의 협력을 통한 개인 간 정신기능에서 출발하여 점차 자신의 내적 기능이 발달되는 개인 내 정신기능으로 변화된다고 보았다.

비고츠키는 아동들이 자신의 주위에 있는 타인들로부터 배우는 것에 주목하였고, 그런 사회적인 관계 속에서 개념, 사실, 태도, 기술 등의 발달이 된다고 보았기 때문에 사회적인 환경과 문화를 중요하다고 보았다. 즉, 사회와 문화적인 영향력을 중요시하였다. 비고츠키는 아동들이 세상을 보는 관점을 이해하기 위해서 교사는 가정 혹은 보호자의 문화에 대해 먼저 이해해야 한다고 믿었다. 문화적 지식에는 상호작용할 때 사용하는 언어, 공유하는 신념, 상호작용방법 등이 포함된다. 피아제는 단계를 거치면서 인지적 발달이 개개의 아동들에게 발생한다고 믿는 반면, 비고츠키는 피아제가 말하는 단계들을 모든 아동들이 반드시 거치는 것은 아니라고 지적하였다(Rogoff & Chavajay, 1995). 비고츠키는 아동들이 세상과 격리된 배우로서가 아니라, 그들의 문화에 의해서 제공된 행동과 사고의 방식을 이용하여 배운다고 믿었고(Kozulin & Presseisen, 1995), 아동이 타인과의 상호작용을 통하여 문화적으로 중요시되는 과제를 성취한다는 사실을 강조한다.

비고츠키 이론의 가장 기본적인 특징은 언어 및 사고발달의 개인적 패턴을 언어가 조형되고 사용되는 사회–역사적 맥락에 관련지어 분석한다는 것이다(John-Steiner, 1990). 아동이 사회의 보다 성숙한 구성원들과 상호작용하는데 필수적인 요소는 언어습득으로 아동발달에 중요한 변인이다. 비고츠키는 언어가 문화화(enculturation) 과정 및 개인화(individuation) 과정에 있어서 핵심적 역할을 한다고 주장한다. 즉, 아동은 언어를 통해 자신을 돌보는 사람들의 지식과 태도를 내면화하며, 언어는 아동에게 개인 자신에 대한 개념을 발견하는 수단을 제공한다는 것이다.

(1) 사고와 언어

사고와 언어에 있어서 피아제와 비고츠키의 견해가 다르다. 피아제는 전조작기 아동의 언어가 자기중심성인 특징이 있다고 말한다. 자기중심적 언어는 자기중심적 사고를 나타내며 성장하면서 점차 감소된다고 보았다. 그러나 비고츠키는 자기중심적 언어는 단순하게 자기만의 생각을 표현하는 것이 아니라 문제해결을 위한 사고(思考)의 도구라고 생각하였다. 즉, 독립적으로 발생하기 시작한 사고(thought)와 언어(speech)는 일정 시간이 지난 후에 서로 연합되고, 이러한 연합은 아동이 발달해 가는 과정에서 변화하고 성장한다(Vygotsky, 1962). 2세 정도에 사고와 언어가 결합되기 시작하고, 언어는 지적이고 합리적이 되며, 언어의 상징적 기능을 발견하게 되는 것도 이 시기이다. 사고와 언어의 결합은 아동의 단어에 대한 호기심과 어휘력의 빠른 습득 등으로 나타난다.

아동이 스스로의 탐구를 통해 무엇인가를 발견하는 것과 보호자의 잘 조절된 반응을 통해 그 발견한 바에 대해 의사소통을 하고 그것을 확인하는 것 사이의 연결은 스스로의 탐구를 통해 성취한 사고와 사회적 상호작용을 통해 성취한 언어 간에 최초의 연합을 이루도록 해준다. 따라서 아동들은 감각을 통해 발견한 세계와 그들의 주변에서 그들을 길러주고 반응을 제공해주는 사람들의 언어를 통해 친숙해진 세계 간에 일련의 조화와 일치를 경험한다. 이와 같은 언어와 사고 간의 또 언어적 학습방법과 비언어적 학습방법 간의 결합은 아동들이 그들의 보호자와 함께 하는 구체적이고 반복적인 활동 또는 담화의 내용을 통해 발달한다(Nelson et al., 1978). 이러한 활동들은 사회적 맥락뿐만 아니라 가정적 맥락에 의해서도 영향을 받는데, 특히 출생 순서, 성 사회화, 문화적 배경 등이 언어습득에 영향을 미치는 주요 변인들로 간주되고 있다. 언어습득에 있어서 이러한 변인들의 차이는 아동들이 대인 간의 상호작용의 결과를 그들의 개인적인 지식의 구조로 내면화 하는데 있어서 종종 여러 가지 방식으로 나타나게 된다. 개인적으로 획득한 지식과 사회적으로 성취한 지식 간의 적절한 결합은 만족스럽고 지속적이며 사회적으로 축적되고 개인적으로 성취된 지적 능력의 기반을 제공해 준다.

(2) 근접발달 영역

비고츠키의 이론에서 주목할 만한 또 하나의 특징은 근접발달 영역(ZPD: the zone of proximal development)이라는 개념이다. 근접발달 영역이란 "독자적인 문제해결에 의해 결정된 아동의 실제의 발달수준과 성인이나 또래 등 보다 유능한 타인의 지도하의 문제해결에 의해 결정된 잠재적 발달수준 간의 간격"(Vygotsky, 1978)으로 정의되는데, 이를 도식화하면 그림 5-1과 같다.

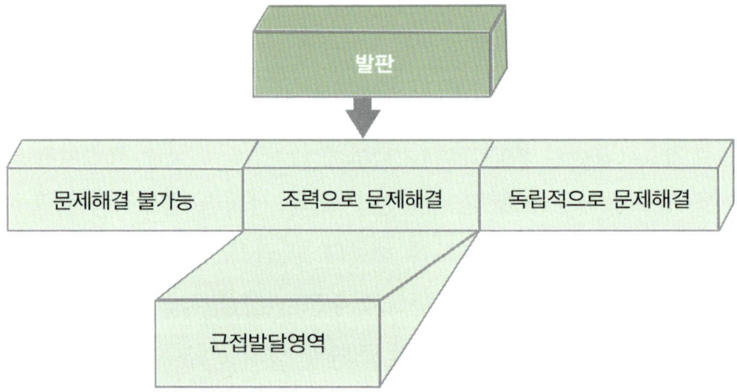

출처: Eggen & Kauchak, 1992.
그림 5-1 **근접발달 영역과 발판**

근접발달 영역 내에서 어떤 문제해결에 직면해 있는 아동들에게는 문제를 해결할 수 있는 단서를 제공하거나, 세부사항과 단계를 기억할 수 있도록 조력하고 꾸준히 시도하도록 격려하는 도움이 필요한데, 이러한 조력을 부르너(J. S. Bruner) 등은 건설현장에서 공사인부를 도와주는 비계에 비유하여 비계설정 또는 발판제공(scaffolding)이라고 하였다.

파노프스키(Panofsky, 1987 & 1989)는 초기의 문자해득능력(literacy)의 발달에 대한 한 연구에서 근접발달의 영역의 개념을 다음과 같이 기술하였다.

영역(zone)이란 한 아동이 성인이나 또래의 도움을 받지 않고 독자적으로 성취할 수 있는 과제와 능력이 있는 타인의 도움에 의존해야만 성취할 수 있는 과제 간의 차이를 표시하는 것이다. 성인의 역할은 아동의 활동을 중재(mediate)하는 것이다. 즉, 성인은 아동의 주의를 사로잡고 통제하며 특정 개념에 관련되는 환경적 요소들을 추상화하여 제공한다. 성인은 아동의 근접발달의 영역범위 내에서 활동함으로써, 그 지식을 아동의 수준에 맞게 조절하고 도움을 제공하는 것을 통해 아동이 혼자서 성취할 수 있는 것 이상의 보다 진전된 방법을 사용할 수 있게끔 해준다. 이와 같은 상호작용에서 공유적인 또는 개인 내적인 과정들은 아동에게 서서히 내면화되어 그 아동의 인지과정을 유도하게 되고, 궁극적으로는 근접발달의 영역을 변화시키게 된다.

피아제와 비고츠키의 관점비교

피아제와 비고츠키는 모두 아동을 적극적인 유기체로 보았다는 점에서는 유사하지만, 인지발달에 관한 견해에는 상당한 차이가 있다. 피아제는 아동이 혼자서 세계에 대해 폭넓은 이해를 구성하는 작은 과학자라고 설명하는 반면, 비고츠키는 아동이 타인과의 관계에서 영향을 받으며 성장하는 사회적 존재임을 강조한다. 그에 따르면, 인간의 정신은 독립적인 활동이 아닌 사회학습의 결과이며, 일상에서의 문제해결은 성인이나 혹은 보다 뛰어난 또래로부터 영향을 받는다. 이처럼 사회의 보다 성숙한 구성원과 상호작용하는 동안 자신의 문화에 적합한 인지과정이 아동에게 전이된다. 따라서 비고츠키는 상호작용에 필수적인 요소인 언어의 습득을 아동의 인지발달에 가장 중요한 변인으로 간주한다.

① 환경에 대하여 피아제는 물리적 환경에 주로 관심을 가지는데 반해, 비고츠키는 역사적, 문화적 환경에 주로 관심을 가진다.
② 피아제는 논리적 구조의 형성은 개인 내(intrapersonal) 과정, 즉 평형과정에 기초한다고 보는 반면에, 비고츠키는 처음에 대인적(interpersonal)에서 시작하여 그 다음 개인 내 과정을 거쳐 다시 대인적 과정에 기초한다고 본다.
③ 발달적 진화관에 있어 피아제는 발달은 보편적으로 불변적 계열이라고 함으로써 비교적 결정론적인 발달관을 갖고 있는데 반해, 비고츠키는 단계란 사회적 조건과 유기체의 구조 간의 역동적 산물이기 때문에 변화가 가능하다고 본다.
④ 피아제는 발달의 개인차에 별로 관심이 없는데 비해, 비고츠키는 아동발달에 어떠한 개인차가 있다고 본다.
⑤ 피아제는 발달을 등심원의 확대와 같이 나타나는 포섭적 팽창이라고 보는데 반해, 비고츠키는 나선적 팽창이라고 본다.

4) 프로이트의 성격발달이론

정신분석학의 창시자인 프로이트(Sigmund Freud, 1856~1939)는 인간의 정신세계가 의식과 무의식으로 구성되었다고 보고, 그는 특히 무의식에 관심을 가졌다. 그는 성격구조를 원욕(id), 자아(ego) 및 초자아(superego)로 나누어 설명하고 있다.

원욕(id)은 쾌락을 따르는 본능적이고 원초적 충동으로 생물학적인 충동과 욕구를 의미한다. 원욕은 즉각적인 긴장감소를 추구하게 되므로 현실성이나 도덕성을 전혀 고려하지 않고 자기만족만을 추구하게 된다. 따라서 원욕의 이러한 경향성을 '쾌락원리(pleasure principle)'라고 부른다. 프로이트는 원욕의 충동은 주로 성적 본능과 공격적 본능이라고 보았다.

자아(ego)는 본능의 충동을 억제하고 합리적인 방법으로 쾌락을 얻으려고 한다. 자아는 원욕과 초자아를 모두 부분적으로 만족시키는 타협점을 찾으려고 한다. 따라서 자아는 '현실원리(reality principle)'에 의해서 작용하는데, 현실원리란 적절한 대상이나 환경조건이 나타날 때까지 원욕에서 비롯된 긴장의 발산을 지연시킬 수 있는 능력을 말한다.

초자아(superego)는 도덕, 가치관 등 습득된 윤리적 가치를 포함하는 데 일반적으로 양심이라는 말로 표현할 수 있다. 프로이트에 의하면 초자아는 어린이가 부모의 명령이나 금지 등을 내면화함으로써 발달한다. 초자아는 자기통제의 형태로 부모의 통제를 내면화한 것으로 완벽을 지향한다. 초자아는 본능의 충동을 억제하고 자아의 현실적인 목표 대신 이상적인 목표를 갖고 완전성을 위해 정진한다. 따라서 초자아는 이상적, 양심적, 도덕적이며 '도덕원리(morality principle)'라고 한다. 프로이트는 원욕과 초자아는 언제나 끊임없는 살능상태에 있으며 자아는 이것을 조정하려고 한다고 가정한다.

이 세 가지 성격구조를 형성하고 움직이게 하는 것이 성적 에너지인 리비도(libido)이다.

(1) 성격발달단계

1 구강기(oral stage, 0~1세)

쾌감의 중심이 입이나 입술에 있고, 입에서 얻는 쾌락의 주요 원천은 젖을 빨거나, 삼키기, 음식을 뱉어 내기, 치아가 나면 물어뜯거나 씹기 등이다. 또한 어머니에게 의존하여 안정과 위협을 경험한다. 이 시기에 어머니의 적절한 양육과 보살핌에 의해 안정을 얻지만 적절한 보살핌을 받지 못하거나 너무 과잉충족되면 성격적 결함이 나타난다. 즉, 구강적 욕구가 과잉되면 낙천적이고 타인에게 의존적인 수동적 성격을 띠게 되고, 너무 결핍되면 공격적 성격이 되어 과음, 과식, 지나친 흡연, 손가락 깨물기, 남을 비꼬기, 논쟁적이 된다.

2 항문기(anal stage, 2~3세)

쾌감의 중심이 항문이다. 이 시기에 배뇨, 배변의 방법과 쾌감의 지연을 배운다. 이러한 습득과정에서 반항적 자기주장이나 검약, 완고 등의 성격특성이 형성된다. 유아는 배변훈련을 통해서 생후 처음으로 본능적 충동이 외부로부터 통제받는 경험을 하게 된다. 이때 배변훈련방법은 아동의 성격형성에 많은 영향을 미치게 된다. 이때 너무 엄격한 배변훈련은 고집이 세고 인색하거나 결벽증적인 항문기 강박적 성격이 형성될 수 있으므로 관대하고 민주적인 배변훈련이 필요하다.

3 남근기(phallic stage, 3~5세)

리비도가 항문에서 성기로 이동한다. 이 시기에 성기에의 관심, 성별의 자각, 동성(同性)의 부모에 관한 적대감이 생긴다. 후반에는 동성의 부모에 대한 동일시 현상이 일어나고 성역할을 배운다.

남아는 어머니를 사랑하고 아버지에 대해 적대감과 경쟁심을 갖게 되는 오이디푸스 콤플렉스(Oedipus complex)를 갖게 된다. 이때 남아는 어머니에 대한 자신의 애정을 아버지가 용서하지 않고 자신의 성기를 없앨 거라는 거세불안(castration anxiety)을 느낀다. 반면에 여아는 아버지를 사랑하고 어머니에 대해 적대감과 경쟁심을 갖게 되는 엘렉트라 콤플렉스(Electra complex)를 갖게 되며, 남아의 남근을 부러워하는 남근선망(penisenvy)을 경험한다. 이 시기에 남아와 여아는 오이디푸스 콤플렉스와 엘렉트라 콤플렉스를 극복하기 위해 부모에 대한 동일시를 통해 초자아를 발달시킨다. 이 시기의 고착현상은 야심적, 과장적, 경박하고 방종한 성격이 형성된다.

4 잠복기(latent stage, 6~11세)

이 시기에는 리비도가 잠재되고 놀이와 지적 호기심이 많아지며 동성의 또래관계가 긴밀하게 된다. 이 시기의 아동은 성적 충동이 침체되어 평온함을 유지하며 놀이를 통해서 여러 가지 사회적 기술을 습득하며 지적 탐색이 활발하다.

5 생식기(genital stage, 11세 이후)

리비도가 성적 대상인 이성에게 향하게 되며, 급속한 성적 성숙에 의하여 이성에 대한 성애(性愛) 욕구가 본격화되게 된다. 이성에게 성적으로 흥미를 느끼며 성숙한 방법으로 사랑을 하는 시기로, 이 단계에 이르기까지 순조롭게 발달한 사람은 이타적이고 성숙한 성격을 지니게 된다.

프로이트는 개인이 각각의 발달단계에서 어떠한 경험을 하느냐의 여부가 개인의 성격형성에 중요한 영향을 미치게 되며, 각 단계별로 아동이 추구하는 욕구에 충분한 만족을 얻지 못하거나 지나치게 몰두할 경우 고착(fixation) 현상을 일으켜 다음 단계로의 순조로운 발달에 문제를 겪게 된다고 보았다. 이와 관련하여 프로이트는 특히 출생 이후 약 5세까지의 초기 경험의 중요성을 강조하였다.

5) 에릭슨의 심리사회적 발달이론

에릭슨(Erik Homburger Erikson, 1902~1994)은 심리사회발달 이론가로 자신의 정체성 확립에 있어서 타인과 관계의 중요성을 강조하였으며, 개인의 성격이 사회심리발달과정에 있어서 타인과의 상호작용과 관계성이 변화하면서 발달해가는 것을 연구하였다. 에릭슨은 인간발달의 전생애이론을 제시한 최초의 학자이다. 에릭슨은 프로이트 이론의 발달단계를 확장시켜서 노년기까지 발달한다고 보고 유아 및 아동기의 발달(신뢰감 대 불신, 자율성 대 수치감과 의심, 자발성 대 죄의식, 근면성 대 열등감), 청소년기의 발달(정체성과 역할 혼미), 성인기의 발달(친밀감 대 소외, 생산성 대 자기침체, 자아통합 대 절망감)의 여덟 단계의 발달단계로 구분하였다(Erikson, 1950).

(1) 신뢰감 대 불신감 : 희망(0~1세까지)

영아는 자신의 모든 것을 타인에게 의존하며 최초의 양육자에 의해 따뜻한 보살핌을 받고 울 때 적절히 돌봐주었는지에 따라 신뢰감과 불신감이 형성된다. 이 시기에 타인에게 의존하며 유아에게 지속적인 사랑, 관심, 일관성과 통일성 있는 경험이 신뢰감을 형성하고, 부적절하고 일관성이 없으며 부정적인 보살핌에 의해 불신감이 형성된다. 그리고 부모나 양육자의 충분한 사랑을 받고 신뢰감을 형성시킬 때 희망을 갖게 된다. 부모가 아기에게 미소를 지어주고 따뜻한 애정을 주며 보살펴 주는 양육태도로 기본적 신뢰감이 형성될 수 있도록 노력해야 한다. 이때 형성된 신뢰감은 세상을 살아가면서 어려움에 부닥쳤을 때 극복할 수 있는 희망을 주지만, 불신감이 형성되었을 경우 성격에 영향을 주어 사회생활에서 대인관계에 부정적인 영향을 주게 된다.

(2) 자율성 대 수치감, 의심 : 의지력(1~3세까지)

이 시기는 목표지향적 행동과 언어소통이 시작되고, 사회적 양심에 대한 선택을 하려고 한다. 아동 스스로 자신의 일을 하거나 자율적으로 활동하기를 원한다. 음식 먹기, 대소변 가리기, 물건을 잡기, 옷 입기 등의 행동을 스스로 하고자 한다. 이 시기는 자기 스스로의 일을 수행하는 시기로 칭찬, 신뢰, 용기에 의해 자율성을 형성하고 과잉조절(과보호)이나 자기조절 상실(적절한 도움 결핍)은 수치심이나 의심이 생긴다. 그리고 자아존중적인 자기조절감은 자유의지의 확신감을 갖게 한다. 따라서 부모는 아동이 스스로 하고자 시도하는 행동에 대해 칭찬이나 격려를 해주는 것이 중요하다.

(3) 주도성 대 죄책감: 목적(4~5세까지)

에릭슨은 아동의 자율성이 성장해 감에 따라 새로운 일에 도전하고 싶어 하는데, 이것이 주도성 발달이라 하였다. 아동이 주도적으로 어떤 목적이나 일을 나름대로 계획하고 결정하려는 솔선성과 책임감이 발달하게 된다. 이 기간 동안에 아동은 그들의 세계에 대해 많은 질문을 요구하기 시작한다. 그리고 언제나 호기심을 가지고 '왜'와 '무엇' 등을 꼬치꼬치 캐묻는다. 이 시기는 아동의 자율성이 증가되고 왕성한 지적 호기심이 있으며, 도전적인 충동을 갖게 되는데, 아동이 새로운 과업과 기술을 익히고 활동의 자유와 부모의 인정을 받으면 주도성이 생기고, 활동을 제한하고 질문에 대해 억압적 태도를 취하면 죄의식을 갖는다. 그리고 새로운 목표를 찾는 시기로 주도성으로부터 개인의 목표지향성이 발달된다.

(4) 근면성 대 열등감: 능력(6~11세까지)

이 단계의 주요한 심리적 과제는 경쟁심이나 근면성의 발달이다. 이전 단계의 아동은 우선 새로운 것을 해보려고 한다. 초등학교 시기가 되면 무엇인가를 시도하는 것뿐만 아니라 성공하고 싶어하며, 생산적인 일을 함으로써 인정을 받고 싶어한다.

에릭슨은 모든 일에 실패했다고 느끼며 근면성이 없이 초등학교를 졸업하는 아동들이 있을 것에 대해 우려하였다. 여기서 '모든 것'이란 학문적 성취에 국한된 것이 아니라, 취미, 스포츠 활동, 교사와의 긍정적 관계, 친구와의 우정에 관한 것까지도 포함하는 것이다. 긍정적인 또래관계 발달의 중요성을 밝히는 최근 연구가 있다. 동료에게 거부당하는 것은 초등학교부터 고등학교까지 계속되는 경향이 있고, 이후 학문적 어려움뿐 아니라 삶의 적응까지도 어려움을 겪게 한다(Kupersmidt et al., 1990). 사회적 기술훈련이나 사회문제해결에 대한 관심은 학생이 우정을 형성하고 사회적 기술을 발달시키는 능력을 개발하는 데 도움을 준다(Compas, 1987). 목표를 추구하고, 일의 성취에 대해 칭찬을 해주면 근면성을 형성하지만, 활동을 제한하고 일의 결과에 대하여 비판만 하면 열등감이 생긴다. 그리고 알고 싶고 배우고 싶은 것에 대한 만족감이 있을 때 유능감(능력)이 생긴다.

(5) 정체성 대 역할 혼미 : 충성심(12~18세까지)

이 시기는 육체적, 지적, 감성의 변화를 경험하고 자신의 존재에 대해 탐색한다. 이 단계에서는 진정한 자신의 정체성에 대한 의문을 갖게 된다. 청소년은 '내가 누구인가?'라는 질문을 해결하기 위해 투쟁한다. 청소년은 자신의 개성을 발견하고 명확히 하고 싶어 한다. 그들은 자주 존경하는 타인의 태도와 행동을 모방한다. 청소년기의 학생은 그들이 숭배하는 매체의 인물을 따라 외모와 행동을 흉내내고 싶어 한다. '내가 누구인가?'에 대한 문제는 단순히 '내가 누구인가'보다는 '나는 무엇이 될 것인가'라는 문제를 고민할 때 더욱 심각할 수 있다. 탐색활동을 통해서 자신의 욕구와 능력, 신념, 성역할, 직업적 계획 등 모든 측면에 대한 선택을 하게 되는데, 자신의 장·단점을 파악하고 그것을 어떻게 다루어야 할지를 결정하며 주위로부터 인정을 받으면 정체감이 확립되지만, 성역할과 직업선택에서 안정성을 확립하지 못하면 역할혼미가 생긴다. 그리고 충성심이란 어떤 특정한 이데올로기적인 견해에 충실하는 것을 말한다. 청소년기에 정체감 확립에 실패하면 자기회의, 역할갈등, 역할혼미에 빠져 만성범죄나 정신병리학적 성격의 불균형을 초래하기도 한다.

(6) 친밀감 대 고립감 : 사랑(18~35세까지)

이 시기는 사회에 참여하고 자유와 책임을 가지고 스스로의 삶을 영위하는(직업선택, 결혼) 시기이다. 성인의 심리사회적 발달이 이동하여 타인과의 관계에서 친밀감이나 소외를 발견한다. 정체감이 획득되면 친밀감을 형성하고 다른 사람을 돌볼 수 있다고 한다. 친밀감은 성적 친밀감, 진실한 우정, 안정적인 사랑, 지속적인 결혼생활과 같은 긍정적 친밀감과 소외와 외로움과 같은 부정적 친밀감이 나타날 수 있다. 즉, 결혼생활과 직장생활의 성공적인 적응으로 친밀감을 형성하지만 친밀감을 발달시키지 못하면 고립감을 키우게 되고, 타인과의 인간관계나 공동체 형성을 피하려는 경향이 생기게 되어 결혼이나 직장생활 등에서 적응이 잘되지 못해서 이혼이나 고립감을 느끼게 된다. 그리고 타인들과의 친밀감이 형성될 때 사랑을 할 수 있다.

(7) 생산성 대 침체성 : 배려(35~65세까지)

이 시기는 자녀를 양육하고 다음 세대를 교육시켜 사회적 전통을 전수시키고 가치관을 전달한다. 에릭슨은 중년의 사람은 과도한 자기에 대한 관심보다는 다음 세대를 돌보는 데 관심을 두는 것이 심리적으로 건전하다고 하였다. 생산성은 직업이나 전문적인 측면에서 사회에 공헌하는 생산적인 창조성을 의미하며, 사회와 가정에 필요한 사람이 되고자 하는 것을 의미한다. 자기침체는 이러한 활동에서 실패하게 되는 경우 자기중심적이며, 과도한 자기편견을 갖게 된다. 개인이 다음 세대에 대한 복지와 더 나은 사회를 만드는데 기여했다고 생각했을 때 생산성을 형성하고, 자신이 다음 세대에 대한 복지와 더 나은 사회를 만드는데 기여하지 못했다고 생각될 때 침체감을 형성한다. 그리고 생산성이 형성되었을 때 타인을 배려할 수 있다.

(8) 자아통합 대 절망: 지혜(65세 이상)

이 단계에서의 발달과업은 자아통합의 성취와 절망감이다. 에릭슨은 인생의 승리와 비극을 조절하여 선택하는 사람은 자신의 인생에 대해 만족감을 가지고 기꺼이 받아들인다고 하였다. 그 반대로 놓쳐버린 기회, 나이, 실패로 절망에 빠져드는 사람도 있다. 이 단계에서는 과거의 모든 인생경험을 융합하고 통합하여 긍정적으로 생각하느냐 아니면 괴롭고 힘든 부정적인 것으로 생각하느냐에 관한 것이다. 이전의 7단계 위기에 대한 건강한 해결은 인생의 마지막에 통합감을 성취하기 위한 필수조건이다. 자신의 삶에 후회가 없으며 열심히 살았고 가치가 있었다고 생각할 때 자아통합이 되며, 은퇴 후 신체적이나 경제적인 무력감을 느끼고 자신의 삶에 대한 후회를 할 때 절망감을 형성한다. 그리고 통정성을 형성했을 때 지혜를 갖는다.

에릭슨의 이론은 부모나 교사 등의 성인들이 '성장하고 있는 개인'을 어떻게 다루어야 하는지에 대해서 특히 의미 있는 시사점을 제공해 주는데, 이를 몇 가지로 정리해 보면 다음과 같다. 첫째, 부모들은 자녀들에게 이 세상은 평온하고 안전한 곳이라는 느낌을 전해 주는 것이 중요하다. 그리하여 어린이들이 기본 신뢰감을 형성하도록 도와주어야 한다. 둘째, 인간의 성격이란 주로 내적으로 타고난 시간표에 따라 단계적으로 발달해 가는 것이기 때문에 어린이가 웃을 때 같이 웃어 주고, 어린이가 걸으려 할 때 그들이 걸을 수 있는 환경을 제공해 주어야 한다. 셋째, "만약 우리가 아동으로 하여금 스스로 살아가도록 그대로 내버려 둔다면 성장에 대한 계획은 거기에 있다"(Erikson, 1959)는 말에서와 같이, 교육은 성인의 관점에서가 아니라 아동의 관점에서 계획되어야 한다(김언주·구광현, 1998).

6) 콜버그의 도덕성 발달이론

콜버그(Lawrence Kohlberg, 1927~1987)는 아동의 인지구조 변화에 따라 도덕적 사고가 단계적 이동을 한다고 생각한다. 그러나 콜버그는 인간의 인지단계가 도덕적 문제에 대하여 추론하기 위한 필수조건이기는 하지만, 도덕적 사고의 다음 단계로 올라갔다는 것을 보증하는 것은 아니라고 믿는다.

콜버그는 도덕성 발달단계를 6단계로 나누며 다시 3수준으로 나눈다. 그는 1~2단계를 전관습 수준(pre-conventional level), 3~4단계를 관습 수준(conventional level) 그리고 5~6단계를 후관습 수준(post-conventional level)으로 분류하고 있다.

도덕성 발달에 관한 콜버그의 이론은 아동과 성인의 도덕적 딜레마나 가설적 상황에서의 반응으로부터 도출되었다. 그는 같은 상황에서 사람들이 어떻게 행동하고 왜 그렇게 하는지를 묻고 있다. 가설적 상황의 단면을 보여주는 좋은 예가 아내가 암으로 죽어가고 있는 하인츠(Heinz)의 경우이다. 하인츠는 아내를 치료할 약이 있다는 것을 알고 있지만 살 능력이 없다. 하인츠의 딜레마는 아내를 살리는 약을 훔칠 것인가 아니면 훔치면 안 되는가에 대한 갈등이다. 콜버그는 연구과정에서 이런 상황에서 사람들이 서로 매우 다르게 반응하는 것을 발견했다. 이런 다양한 응답에 기초하여 콜버그는 도덕성 발달단계를 구분하여 제시하였는데(Kohlberg, 1984) 그 개요는 표 5-2와 같다.

(1) 수준Ⅰ: 전관습 수준 도덕성

전관습 수준(pre-conventional level)의 도덕적 사고발달은 인간이 경험하는 행동의 결과에 집중되는 특징이 있다. 이 수준의 도덕성은 행동 원인의 선악보다는 행동의 결과에 의해 결정된다. 이 수준은 벌과 복종, 욕구충족을 위한 수단의 2개 단계로 구성된다.

표 5-2 콜버그의 도덕성 발달단계

수준과 단계	설명
수준 I: 전관습 수준 단계 1: 벌과 복종 단계 2: 욕구 충족	• 자기중심적 윤리. 보통 10세 정도까지의 아동에 해당. 규칙이 타인에 의해 주어진다는 것을 완전히 이해하지 못하므로 전관습 수준이라고 부름. • 행위의 결과로 선악을 결정함. • '그 안에는 나를 위한 무엇이 있을까?'의 윤리. 인간의 이익에 대한 관점에서 규칙에 대한 복종이나 도움을 주고받는 것을 판단함.
수준 II: 관습 수준 단계 3: 대인관계 조화 단계 4: 법과 질서	• 타인에 의한 윤리. 10~12세 아동에 해당. 사회관습과 규칙을 지키려 함. • '착한 어린이'라 불리기도 함. 기쁜 일, 남을 돕는 것, 타인이 동의하는 것에 기초하여 윤리를 결정함. • 요구에 따르는 윤리. 의무를 다하고 법을 지켜 사회를 유지하는 것을 선으로 여김.
수준 III: 후관습 수준 단계 5: 사회 계약 단계 6: 보편적 원리	• 원리에 의한 윤리. 20세 이전에는 거의 찾아볼 수 없으며, 소수만 도달하게 됨. • 사회규칙이 기초한 원리를 중시함. 규칙은 정의와 공동선의 원리에 기초하여 사회 구성원들의 동의를 얻은 것임. • 정의와 평등의 추상적 원리에 의해 개인 양심으로 결정되는 윤리. 삶에서 거의 만나보기 어려움.

자료: Kohlberg(1984).

- 1단계, 벌과 복종에 의한 도덕성: 이 단계에서 아동은 행위의 결과가 칭찬인가 벌인가 혹은 행위를 강요하는 사람이 누구인가가 선악을 판별하는 주요 근거가 된다. 따라서 아동들에게는 벌을 피하기 위해서 준칙에 복종하는 단계이다.
  (예: 하인츠가 약을 훔치면 잘못이라고 하는 단계로 약을 훔치지 않으면 바른 것이다).
- 2단계, 욕구충족의 수단으로서의 도덕성: 이 단계에서 개인은 여전히 도덕적 결정을 할 때 행위의 결과에 의해 좌우되지만 상호관계에도 염두를 둔다. 아동이 상과 보상을 받기 위해서 준칙에 합치하는 행위를 하는 단계이다.
  (예: 하인츠가 약사에게 부탁하는 약속증서를 남긴다면 약을 훔치는 것이 옳다고 이야기할 수도 있고, 아내가 아프지 않아야 마음이 편하기 때문에 약을 훔치는 것이 옳다고 생각할 수도 있다).

(2) 수준 Ⅱ: 관습 수준 도덕성

관습 수준에서의 아동은 타인에 대한 판단을 할 때 '관심'이나 '고려'가 증가한다. 개인이 타인의 동의, 가족 신뢰, 법 지키기, 사회적 요구 같은 사회적 요소를 고려하여 결정을 내리려 한다. 관습 수준(conventional level)의 개인은 사회의 관습이나 규칙을 내면화한다. 이 수준의 도덕적 사고는 대인관계의 조화, 법과 질서라는 2개의 단계로 구성된다.

- **3단계, 대인관계의 조화를 위한 도덕성:** 이 단계는 내가 다른 사람을 기쁘게 하고 도와주는 행위가 도덕적으로 올바른 행위로 여긴다. 대인관계 조화의 핵심은 타인, 즉 가족, 동료, 교사로부터 신뢰와 인정을 받는 것이다. 이 단계는 타인의 승인을 구하고 비난을 피하기 위해 준칙에 합치하는 행위를 한다.

  (예: 하인츠가 약을 훔치면 약사를 화나게 하므로 안 된다고 말할 수도 있고, 죽어가는 아내가 찬성하였기 때문에 약을 훔치는 것은 옳았다고 생각할 수도 있다).

- **4단계, 법과 질서 수준으로서의 도덕성:** 발달이 계속됨에 따라 타인의 관점으로부터 점점 성문화된 사회적 규칙과 법을 따르는 것이 일반화된다. 이 단계에서는 성문화된 법과 일치 여부에 따라 도덕적 결정을 하게 된다.

  (예: 하인츠가 약을 훔치는 것은 법을 어기는 것이므로 잘못되었다고 말할 수 있다).

성인의 약 80%가 도덕적 쟁점에 직면할 때 수준 Ⅱ에 기초하여 판단하는 것으로 추정되고 있다.

(3) 수준 Ⅲ: 후관습 수준 도덕성

이 수준에서 개인은 구체적 규칙을 따르는 것을 넘어서 규칙의 뒤에 숨은 원리에 초점을 두기 시작한다. 콜버그의 세 번째 수준까지 도달한 사람은 상대적으로 적다. 만일 있다고 해도 20대 초반까지는 이런 관점을 가지지 못한다. 이 수준은 사회계약, 보편적 원리의 2가지 단계로 구성된다.

- **5단계, 사회계약 정신으로서의 도덕성**: 이 단계에서는 정의와 공동선의 원리에 기초하여 서로 동의하는 규칙을 개념화시킨다. 즉, 규칙은 성문화된 법이기 때문에 도덕적인 것이 아니라, 계약에 의해 의무를 규정하고 타인의 권리를 침해하지 않으며, 공공복리를 증진하기 위한 공정한 입장을 취하는 단계이다. 따라서 수준 Ⅱ에서는 의견을 결정하는 기초로 구체적 법률을 고집하지만, 수준 Ⅲ에서는 구체적 법률보다는 삶, 자유, 개인의 존엄과 같은 원리에 기초하여 판단하는 것이다.

  (예: 하인츠의 도둑질이라는 위법행위가 아내의 삶에 대한 권리를 지키는 것이라고 생각할 수 있으나 하인츠가 약사의 삶을 방해하고, 그의 존엄을 잃게 되는 점에서는 틀린 행위라고 말할 수도 있을 것이다).
- **6단계, 보편적 도덕원리에 의한 확신으로서의 도덕성**: 인간은 사회법칙을 넘어서는 보편적, 추상적 원리의 도덕성을 발휘한다. 인간 가치의 존엄성과 자책감을 피하기 위한 행위로서 자신의 양심에 의한 행위를 하는 단계이다. 콜버그는 이 단계의 사람들은 거의 없다고 보았기 때문에, 주로 5단계에 중점을 두고 연구하였다.

콜버그의 단계이론은 여러 측면에서 비판을 받아왔다. 그 비판은 주로 단계가 서로 현실적으로 분리되거나 순서적이거나 일관성 있게만 보이지는 않는다는 점, 도덕적 추론의 높은 단계에 이르기 전까지는 사회적 인습과 진정한 도덕적 쟁점을 구별하지 않는다는 점, 도덕적 추론에서 5단계와 6단계는 서구적이고 개인주의를 강조하는 남성적 가치로 편파되어 있다는 점 등이다. 특히 연구자들은 훈련받은 철학자들 외에는 자연스럽게 또는 쉽게 6단계에 도달하는 추론을 하는 사람이 거의 없다는 점을 지적하였다.

04 인간특성의 이해

1) 지능

지능(intelligence)은 인간의 인지적 특성과 능력을 나타내는 대표적인 구성개념으로 지적 능력 중에서 가장 기본이 되는 정신능력이다. 그리고 이러한 능력을 일정한 검사를 통해 측정하여 수치로 표시한 것이 지능지수(IQ: Intelligence Quotient)이다.

전통적으로 지능은 '아이디어, 상징, 관계, 개념, 원리 등과 같은 추상을 다루는 능력(Terman, 1916)' 또는 '목적적으로 행동하고 합리적으로 사고하며, 환경을 효과적으로 다루는 개인의 종합적 능력(Wechsler, 1944)'으로 정의되어 왔다. 지금까지 내려진 정의를 정리하면 4가지 유목으로 나누어 볼 수 있다(황정규 등, 2003). 첫째, 새로운 환경에 적응하는 능력을 강조하는 정의, 둘째, 학습하는 능력을 강조하는 정의, 셋째, 추상적 사고를 수행하는 능력을 강조하는 정의, 넷째, 여러 가지 능력의 혼합을 지능이라고 정의하는 것으로 나누어진다.

(1) 지능이론

1 스피어만의 2요인설

스피어만(Spearman, 1923)은 지능을 지적인 요인으로 보고 일반적인 능력을 나타내는 일반요인(general factor: g요인)과 특수한 기능을 나타내는 특수요인(special factor: s요인)의 2요인으로 구성되었다고 보았다. 일반요인은 정도의 차이는 있으나, 모든 개인이 공통으로 갖고 있는 능력이고 특수요인은 특정 분야에 대한 능력이다.

스피어만은 자신이 제안한 일반요인의 본질에 대해 두 가지로 설명하고 있다.

첫째, 일반요인의 개인차는 각 개인이 지적 과제수행에 사용할 수 있는 정신에너지의 개인차와 관련해서 이해해야 한다는 것이며, 둘째, 일반요인의 개인차는 경험의 포착, 관계의 유출, 상관인의 유출 등과 같은 세 가지의 '질적인 인지원리'를 사용하는 능력의 차와 관련해서 이해되어야 한다는 것이다.

2 써스톤의 군집요인설

써스톤(Thurstone, 1938)은 다요인 분석의 이론을 개발하고 그것을 적용하여 언어이해 요인, 공간요인, 수리요인, 지각요인, 언어유창성요인, 기억요인, 추리요인의 7개 '기본정신능력(PMA: primary mental abilities)'을 확인하였다.

3 길포드의 지능구조모형

길포드(Guilford, 1959)는 다요인의 관점에서 써스톤의 이론을 확대시켜서 3차원의 지능구조모형(SI: structure of intelligence model)을 제안하였다. 그는 길포드의 지능구조모형(SI)은 주어진 정보의 내용(content)을 어떻게 조작(operation)하여 어느 수준까지 산출(product)하느냐의 3차원으로 구조화된다. 이 모형에서 지능은 그림 5-2에서와 같이 5개의 내용차원, 6개의 조작차원, 6개의 산출차원을 구성하는 요소들이 상호조합[내용(5) × 조작(6) × 산출(6)]하여 얻어지는 180개의 상이한 하위정신능력으로 구성된다. 그에 따르면 지능은 우리가 사고하는 것(내용)과 정신적 조작(사고의 과정) 그리고 이러한 조작에 의한 결과이다. 길포드는 이들 180개의 하위정신능력 중 지금까지 일부만이 밝혀졌으며, 나머지는 앞으로 계속 밝혀져야 할 과제라고 하였다.

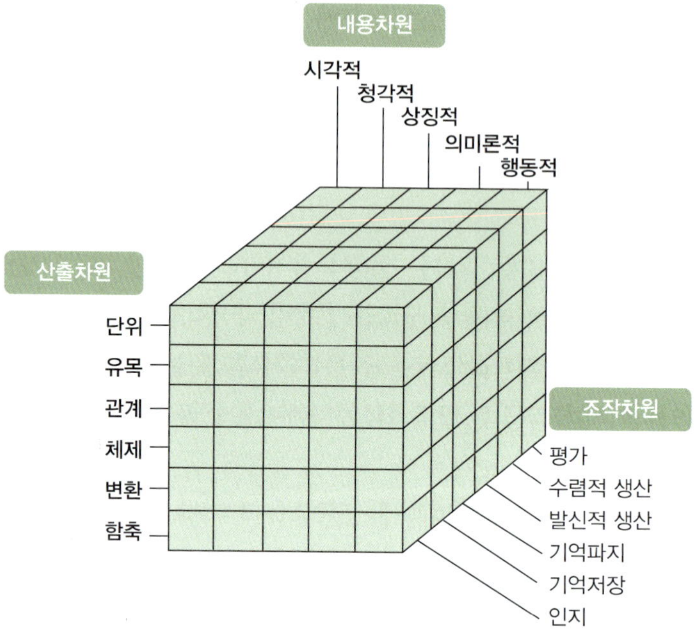

그림 5-2 길포드의 지능구조모형

4 카텔과 혼의 유동적 지능과 결정적 지능

카텔(Cattell, 1963)과 그의 제자 혼(Horn, 1965)은 지능에 관련된 모든 경험적 연구들을 보다 발전된 복잡한 방법을 활용한 요인분석을 통해 일반지능(general intelligence)을 '유동성 지능(fluid intelligence, GF)'과 결정성 지능(crystallized intelligence, GC)'로 구분하였다. 이렇게 구분된 개념은 이후 새로운 지능이론으로 발전하였다(Horn & Cattell, 1966 & 1967; Horn, 1998). 유동성 지능은 개인이 속한 문화내용이나 체계적 학습활동과는 관계없이 선천적 유전에 의해 결정된 지능으로 뇌신경의 성숙에 의해 발달하고 뇌세포의 감소와 손상에 의해 감퇴되며, 주로 수리능력, 추리력, 기억력, 공간능력 등이 이에 속한다. 결정성 지능은 가정환경, 교육정도, 직업, 후천적 경험, 문화 등의 영향을 받아 습득되는 것으로 언어이해력, 일반상식, 문제해결력 등이 이에 속한다. 유동성 지능은 14세경에 정점에 도달하였다가 20세가 지나면서 감소하기 시작하지만 결정성 지능은 성인기 동안에도 계속해서 증가한다. 즉, 결정성 지능의 감퇴는 유동성 지능의 감퇴보다 속도가 느렸고 사회계층이 높을수록, 취업상태에 있을수록, 그리고 과업의 전문성이 높을수록 그 정도가 낮은 것으로 나타났다. 전통적 지능이론에서는 성인들은 지능이 감퇴되기 때문에 새로운 학습이 곤란하므로 교육은 어려서 받아야 된다고 주장하였으나, 카텔의 이론은 교육을 평생에 걸쳐 계속적으로 학습해야 함을 강조하고 있다.

5 가드너의 다중지능이론

가드너(Gardner, 1983 & 1993)는 지능을 한 문화권 또는 여러 문화권에서 가치 있게 인정되는 문제를 해결하고 결과를 창조해 내는 능력이라고 정의하였다. 그는 주관적인 요인분석(subjective factor analysis) 방법을 통해 인간의 지능은 서로 독립적이며 상이한 여러 상징체계로 구성된다는 다중지능(multiple intelligence, MI)을 주장하며 7개의 독립적인 지능을 제시하였다. 언어(linguistic) 지능, 논리·수학(logical-mathematical) 지능, 공간(spatial) 지능, 신체·운동(bodily-kinesthetic) 지능, 음악(musical) 지능, 대인관계(interpersonal) 지능, 내성(intrapersonal) 지능이 그것이다.

다중지능이론의 특징은 인간의 지적 능력의 다양성을 전제한다는 것과 대인관계 지능을 특색으로 들 수 있다. 또한 내성 지능에서 보이는 감정, 정서, 예민성, 아량, 인내심 등 사람에 대한 관심의 정도 등도 지능에 포함시킬 수 있다는 점도 특색이다.

6 스턴버그의 삼위일체 지능이론

스턴버그(Sternberg, 1985 & 1986)는 기존의 이론들이 지능의 근원을 오로지 개인, 행동 그리고 상황 가운데 일부로부터만 찾으려 했기 때문에 불완전할 수밖에 없다고 가정하고, 보다 완전한 지능이론이 되기 위해서는 이 세 가지를 모두 고려하여야 한다고 주장하며 삼위일체이론을 제안하였다. 이 이론은 상황 지능이론, 경험 지능이론, 요소 지능이론 등 세 가지 요소로 구성되었다. 첫째, 상황 지능이론은 특정한 사회문화적 상황에서 지적인 것으로 여겨지는 행동들의 내용을 명시한 이론으로 어떤 행동이 '누구에게, 어느 곳에서'(상황) 지적(知的)인가를 밝히려는 것이고, 둘째, 경험 지능이론은 지능과 지적 과제에 대한 경험의 양자 간의 관계를 명시한 이론으로 행동이 '언제'(경험) 지적인가를 알아내려는 것이며, 셋째, 요소 지능이론은 모든 지적 행동에 기저하고 있는 정신과정과 전략을 명시한 이론으로 '어떻게'(과정요소) 지적인 행동이 발생되는가를 알아내려는 것이다.

스턴버그에 의하면 요소적 지능은 메타요소, 수행요소, 지식습득요소의 세 부분으로 구성된다. 메타요소는 문제를 확인하여, 계획하고, 목적을 세우고, 실행을 조정하는 과정이고, 수행요소는 과제를 수행하고 완성하는 것을 말하며, 지식습득요소는 새로운 학습이 일어나는 과정을 포함한다. 즉, 과제를 연구하고 아이디어를 통합하는 과정이다.

지능의 다른 중요한 요소는 목적을 이루는데 환경을 활용하는 방법이다. 환경에 적응하고, 그것을 변화시키고, 선택하는데 필요한 지능을 가리킨다. 이렇게 환경에 적응, 선택, 변화의 과정을 상황적 지능으로 본다. 기말 과제를 쓸 때를 생각해 보자. 학생은 교수의 과제에 대한 기대에 부응하려 한다. 교수의 요구에 적합하도록 자신의 생각을 재구성하고, 만약 교수가 원하는 것이 무엇인지 확신하지 못할 때는 그 교수의 강좌에서 좋은 점수를 받았던 동료에게 물어볼 것이다. 이에 따라 학생의 환경이 변화를 일으킨다. 이 학생이 그 교수의 과제를 쓸 수 없다면, 그 수업을 포기하는 쪽으로 환경을 선택해 버릴 것이다(구광현 등, 2006). 또한 경험적 지능에서 지능적 행동이란 새로운 경험에 효과적으로 대처하고, 문제를 효과적으로 해결하는 능력이라 본다. 지능에 대한 이러한 견해는 학생들에게 과거의 경험과 관련된 많은 새로운 경험을 하도록 해야 함을 의미한다.

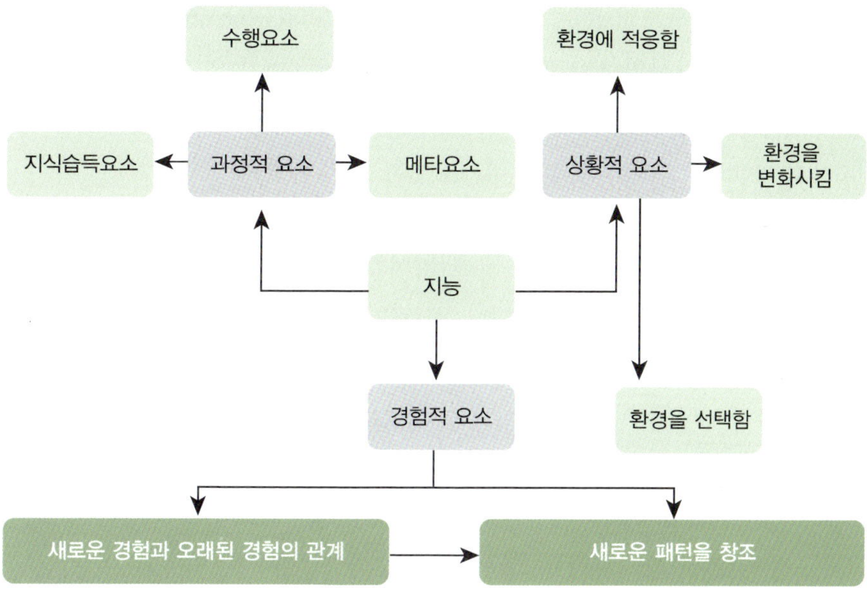

자료: Sternberg(1985).

그림 5-3 스턴버그의 삼위일체 지능이론

2) 정서지능

(1) 정서지능의 정의

정서지능(Emotional Intelligence)이란 '자신의 감정을 이해하고 타인의 감정을 공감하며, 그 감정들을 통제하는 능력'이다(Salovey & Mayer, 1990). 즉, 자신과 타인의 정서를 평가하고 표현할 줄 아는 능력, 자신과 타인의 정서를 효과적으로 조절할 줄 아는 능력 그리고 자신의 삶을 계획하고 성취하기 위해서 그런 정서를 이용하여 활용할 줄 아는 능력이다. 정서지능은 감성지능이라고도 한다.

골먼(Goleman, 1996)에 따르면 정서지능이란 충동자제 능력, 동기부여 능력, 타인과의 감정공유 능력, 인간관계 능력 등을 말한다. 정서지능이 높은 사람은 자기 자신의 감정상태를 정확히 인식하며 그 기분에 대한 자신의 생각도 안다. 말하자면 IQ가 무엇을 어떻게 아느냐(what to know and how to know)라는 지식의 문제에 관한 것이라면, EQ는 무엇을 어떻게 느끼느냐(what to feel and how to feel) 그리고 어떻게 그 감정을 조절하느냐(how to control the feelings)라는 정서의 문제에 관한 것이다.

정서지능은 인지적 역량중심의 지능이론을 보완하기 위하여 도입되었다. 정서지능의 개념을 대중화하는 것에 기여한 골먼은 '사회적 성공에는 인지적 지능 못지않게 사회적 지능이나 정서적 지능이 큰 영향을 미친다'는 것을 실제생활을 통해 경험하고, 이러한 사실을 설명할 수 있는 이론을 발전시키는 과정에서 정서지능의 개념을 활용하였다. 골먼은 원래 정서지능을 'EI(Emotional Intelligence)'로 표현하였으나, 이후 뉴욕타임지에서 'IQ'와 'EQ'를 대비시켜 표기하면서 EI보다 EQ가 많이 쓰이게 되었다. 그러나 EQ는 정서지능이라기보다는 정서지능지수의 의미이다. 지능과 지능지수가 다르듯이 정서지능과 정서지능지수는 구별되어야 한다. 그럼에도 일상적으로 양자가 많이 혼동되고 있음은 유의해야 한다.

또한 엄밀히 말하면 정서지능지수를 뜻할 때에도 EQ보다는 EIQ로 쓰는 것이 논리적으로 타당할 것이다. 왜냐하면 지능지수를 IQ(Intellligence Quotient)라고 한다면 정서지능지수는 EIQ(Emotional Intelligence Quotient)라고 하는 것이 타당할 것이기 때문이다. 이미 EQ라는 용어가 통용된다 하더라도 정확한 용법은 아니라고 해야 할 것이다.

(2) 정서지능의 구성요소

샐로비와 메이어(Salovey & Mayer, 1990)는 정서지능의 구성요소로 정서의 평가와 표현, 정서의 조절, 정서지능의 활용 등으로 보았다. 즉, 첫째, 자신의 정서를 언어나 비언어적으로 평가하고 표현하는 능력, 둘째, 타인의 정서를 비언어적으로 평가하고 표현하는 능력, 셋째, 감정이입하는 능력, 넷째, 자신과 타인의 정서를 조절하는 능력이다.

골먼 등(Goleman et al., 2002)은 정서지능을 자기인식(self-awareness), 자

기조절(self-management), 자기동기화(self-motivating), 감정이입(empathy), 사회적 기술 (social skill) 등 다섯 가지 구성요소로 규정하고 있다.

- 첫째, 자기인식: 자신이 느끼는 감정을 재빨리 인식하고 알아차리는 능력
- 둘째, 자기조절: 인식된 자신의 감정을 적절하게 처리하고 변화시킬 수 있는 능력
- 셋째, 자기동기화: 어려움을 참아내어 자신의 성취를 위해 노력할 수 있는 능력
- 넷째, 감정이입: 타인이 느끼는 감정을 자신의 것처럼 느끼고 타인의 감정을 읽어내는 능력
- 다섯째, 사회적 기술: 인식한 타인의 감정에 적절하게 대처할 수 있는 능력

(3) 정서지능과 교육

대부분의 연구자들은 정서지능은 유전으로 타고나기도 하지만 후천적 학습에 의해 얼마든지 좋은 방향으로 계발이 가능하다고 보고 있다.

정서지능을 향상하기 위한 교육방법들은 감정의 인식, 표현, 조절 그리고 체험 활용의 가장 중요한 원리로 삼고 있다.

정서지능을 향상하기 위한 가장 기본적인 방법은 동기부여를 통해 감정을 조절하는 것이다. 예를 들어, 어린이들 앞에 놓은 과자를 지금 당장 먹을 경우는 하나밖에 먹지 못하지만, 10분 정도 기다리면 두 개를 먹을 수 있도록 하는 방법이 있을 수 있다. 또한 동화나 소설, 영화 속의 사람들 중 관심이 가는 인물과 주인공의 정서처리 능력과 방법에 대해 조사·분석하고 표현하게 해볼 수 있다.

한편 교육을 통해 정서지능을 가르친다는 데 대해서는 비판적 관점이 없지 않다. 이러한 교육이 개인을 특정한 표준에 맞추어 규격화하는 결과를 초래할 수 있다고 보기 때문이다.

IQ와 EQ로 본 4가지 교육모델

김형태(2003)는 IQ와 EQ에 대해 얼마나 비중을 두느냐에 따라 교육은 다음과 같이 네 가지 모델로 구분할 수 있다고 하였다.

① IQ 모델

IQ를 강조하는 IQ 위주의 교육이다. 이러한 교육에서는 수리지식 및 논리를 강조하기 때문에 머리는 발달되지만, 가슴으로 느끼는 능력, 즉 EQ가 취약해지기 때문에 차가운 사람, 도덕 및 윤리성이 낮은 사람이 되기 쉽다.

② IQ-EQ 모델

먼저 IQ 교육을 하고, EQ 교육은 이후에 하는 것이다. 이러한 교육은 IQ 위주의 교육보다는 낫지만, 나이가 든 후의 EQ 교육은 효과가 적으므로 바람직하지 않다.

③ EQ 모델

EQ를 강조하는 EQ 위주의 교육이다. 이러한 교육에서는 타인을 위해 살고자 하는 감정을 풍부하게 할 수 있으나, 이성적인 논리는 약하게 되어 쉽게 인정에 이끌리게 되고, 준법정신이 약해질 수 있다.

④ EQ-IQ 모델

EQ 교육을 먼저 하고, IQ 교육은 이후에 하는 것이다. 이러한 교육은 IQ 위주의 교육보다는 낫지만, 나이가 든 후의 EQ 교육은 효과가 적으므로 바람직하지 않다.

위에서 본 교육모델과 관련하여 유의할 점이 있다. 이 모델에서 'IQ, EQ'라고 하는 것은 '지능지수, 정서지능지수'를 뜻하는 것이라기보다는 '지능, 정서지능'을 뜻하는 것으로 봐야 할 것이다. 교육은 '지수'를 향상시키기 위한 것이 아니라 '능력'을 향상시키려는 것이기 때문에, IQ, EQ를 광의로 이해하는 것이 타당할 것이다.

3) 창의력

(1) 창의력의 정의

창의력(creativity)이란 "무엇인가 특이하고 새로우며 독특한 것을 만들어 내는 능력이다"라고 정의한다. 길포드(Guilford, 1959)는 창의성을 새롭고 신기한 것을 낳는 힘이라고 정의하였고, 테일러(J. W. Taylor, 1961)는 생산적 사고와 창조적 사고를 표현하는 복잡한 심리적 과정으로써, 인내성과 성취, 변화, 개선을 구하는 태도 그리고 아주 큰 소신을 낳게 하는 정열 같은 것이라고 하였다. 한편, 윤종건(1996)은 창의력을 기존의 요소들로부터 적어도 자기 자신에게는 새롭고 유용한 결합을 이루어 내는 능력이라고 정의하였다. 이처럼 창의성은 다양하게 설명되고 있기 때문에 한 가지로 정의하기에는 어려움이 있다.

(2) 창의력의 구성요인

길포드(Guilford, 1967)는 인간의 기본적 정신특성을 기술하는 과정에서 사고의 형태를 수렴적 사고(convergent thinking)와 확산적 사고(또는 발산적 사고, divergent thinking)로 구분하였다. 수렴적 사고란 사고과정을 통해서 도출되어야 할 해답이나 정답이 이미 결정되어 있는 사고능력을 말하고, 확산적 사고란 도출되어야 할 해답이나 정답이 있는 것이 아니라 가능한 한 새롭고 다양하며 독창적인 사고를 하는 능력을 말한다.

길포드는 창의력을 구성하는 사고의 요인으로 유창성, 융통성, 독창성을 들고 있다. 이영덕과 정원식(1989)은 창의력 속에 지적 능력뿐만 아니라 성격적 특성까지도 포함시켜, 창의력은 유창성, 융통성, 독창성, 정교성, 조직성, 지각적 개방성, 성격적 요인 등의 7가지 요인으로 구성된다고 주장하였다.

① 유창성(fluency): 이 요인은 주어진 자극에 대하여 제한된 시간 내에 얼마나 많은 양의 반응을 보일 수 있는가 하는 능력의 변인이다. 반응의 질(質)이 문제가 아니라 반응의 양이 중요하다.

② 융통성(flexibility): 한 가지 문제에 대하여 접근하는 방법이 얼마나 다양한가 하는 사고능력이다. 주어진 문제를 한 가지 방법에 집착하지 않고 여러 가지 접근방법에 의해 해결하는 것은 그만큼 융통성이 있다는 것을 의미한다.

③ 독창성(originality): 사고의 결과로서 나타나는 반응의 '색다름'을 의미한다. 기존 지식의 통합이나 재구성이 아니라 새롭고 흔히 볼 수 없는

반응의 도출을 의미한다.

④ 정교성(elaboration): 주어진 문제를 세분화하여 전개시키거나 문제에 포함된 의미를 명확히 파악하고 결함을 보완할 수 있는 능력을 뜻한다.

⑤ 조직성(organization): 복잡한 문제를 보다 간결하게 하며, 새로운 의미를 부여하고 사물·사상 간의 구조적·기능적 관련성을 고려하여 서로 관련지을 수 있는 능력을 말한다.

⑥ 지각적 개방성(perceptional openness): 문제에 대하여 민감하게 사실대로의 지각을 할 수 있는 능력을 말한다. 특히 관련성이 없는 자극에 의하여 혼돈되거나 장애를 받지 않고 독립적인 지각을 할 수 있는 능력, 이른바 장독립적 지각(field independent perception)을 의미한다.

⑦ 성격적 요인(personality factor): 창의적 성격특성을 의미하는 것으로 비판에 대한 개방적 성격, 독립적 판단태도, 전통과 인습에 얽매이지 않는 사고, 현대지식에 대한 회의적 태도 등으로 이루어진다.

(3) 창의력 개발

지능과 마찬가지로 창의력은 비교적 변경시키기 어려우며 시간적, 공간적으로 매우 일관성 있는 인지적 특성으로 취급되는 경향이 있다. 그러나 환경을 적절히 조직하여 제공하면 창의적 행동에 의미 있는 영향을 줄 수 있다(Maier, 1933; Maltzman, 1960; Bransford & Stein, 1984).

일반적으로 창의력은 교육이나 훈련에 의해 개발될 수 있다고 여겨지고 있다. 창의력 개발방법의 예로는 크로포드(Robert P. Crawford)의 속성열거(attribute listing), 오스번(Alex Osborn)의 브레인스토밍(brain storming), 고든(William J. J. Gordon)의 발견적 해결(synectics), 코빙턴(Martin V. Covington)의 생산적 사고 프로그램(productive thinking program)과 루빈스타인(Moshe F. Rubinstein)의 패턴문제 해결코스(patterns problem solving course) 등이 있다.

크로포드(Crawford, 1954 & 1964)의 속성열거 프로그램에서는 '대상물의 주요 속성을 열거하기', '속성을 변경시킬 수 있는 방법을 열거하기', '한 대상물의 속성을 다른 대상물의 속성변경에 이용하기' 등을 훈련시킨다.

오스번(Osborn, 1940 & 1963)의 브레인스토밍 프로그램에서는 집단토의를 통해 창의적 아이디어를 산출하도록 훈련한다. 브레인스토밍이란 뇌(brain)에 폭풍(storm)을 일으킨다는 뜻으로, 어떤 구체적인 문제에 대한 해결방안을 생각할 때, 비판이나 판단을 일단 중지하고 질을 고려함이 없이 머리 속에 떠오르는 대로 아이디어를 내게 하는 방법이다. 오스번이 제시한 브레인스토밍의 기법에는 다음과 같은 것이 있다.

① 판단보류의 원리(비판금지): 참여자들에게 '지연판단의 원리'를 지시한다. 즉, 브레인스토밍이 끝날 때까지 비판적 코멘트는 하지 않도록 한다.

② 다양성의 원리(질보다 양): 참여자들에게 아이디어의 질에 구애됨이 없이 가능한 한 많은 아이디어를 생각해 내도록 권장한다.

③ 독창성의 원리: 참여자들이 세련되지는 않았더라도 색다른 아이디어를 산출해내도록 자극한다.

④ 결합의 원리(조합과 개선): 참여자들에게 브레인스토밍 중에 제시된 아이디어에 새로운 그 무엇을 첨가하도록 자극한다.

셋째, 고든(Gordon, 1961 & 1973)의 발견적 문제해결 프로그램에서는 분명히 아무런 관련이 없는 요소들을 함께 결합시키는 훈련을 제공한다. 즉, 이 프로그램은 유추를 통해 문제를 창의적으로 풀도록 가르치는 것이다.

넷째, 코빙턴(Covington et al., 1974)의 생산적 사고프로그램은 초등학교 5, 6학년 학생들이 불일치를 인지하는 방법과 가설을 세우는 방법 등을 프로그램 학습화한 것이다. 이 프로그램은 학생들이 학습하는 과정에서 학자, 형사 또는 과학자와 같이 생각할 수 있도록 16개의 만화식 책자로 구성되어 있다.

다섯째, 루빈스타인(Rubinstein, 1975)의 패턴문제 해결코스는 미국의 여러 대학에서 가르쳐온 정규과목이다. 이 코스의 전반부는 문제를 세 개의 다이어그램이나 흐름표(flow chart)로 표현하는 방법, 이론의 수학적 표현방법, 확률이용법과 같은 문제해결 도구에 관하여 기술되어 있다. 후반부에는 물리학이나 공학 분야에 발췌된 특수문제의 해결의 예가 제시되었다.

4) 동기

(1) 동기의 개념

동기(motivation)란 인간의 행동을 일으키게 하는 근원적인 힘으로 행동을 목표로 이끌어가는 에너지이다. 즉, 개인의 행동방향을 결정하는 경향이나 태세를 말한다. 동기는 행동을 조직하고 활기 있게 하는 힘이며, 사람을 움직이게 한다. 동기란 움직인다는 의미의 라틴어 'movere'에서 유래되었으며, 인간의 행동을 일으키는 근원적인 힘으로 이해되고 있다. 그러나 동기의 개념은 학자들에 따라 약간의 차이를 보이고 있는데, 앳킨슨(Atkinson, 1950 & 1958)은 '행위의 방향과 강도 및 지속에 대한 직접적인 영향'이라고 했고, 영(Young, 1961)은 '인간과 동물의 행위를 결정짓는 요인'이라고 했으며, 임규혁(2004)은 '인간행동 과정에서 행동의 활발성을 증감시키고 행동의 방향을 정해 주는 심리적 요인으로써 개체의 행동을 특정한 목표로 이끄는 내적 충동상태'라고 하였다. 동기에는 개인차가 크게 작용하며 생리적인 면, 심리적인 면, 감정적인 면을 갖고 상호작용적으로 유발된다고 할 수 있다.

(2) 동기의 종류

1 일차적 동기와 이차적 동기

동기는 일차적 동기와 이차적 동기로 구분된다. 일차적 동기(primary motivation)는 기본적, 생득적 동기로서 유기체가 생체를 유지하는데 필요한 동기이다. 즉, 식욕, 목마름, 수면, 성욕, 배설 등이다.

이차적 동기(secondary motivation)는 후천적 학습 및 경험으로써의 동기로 경쟁, 우월, 독립, 상벌, 소속감, 권력, 성취, 야망, 사회적 인정, 자아실현 등이다. 이차적 동기는 환경적 요인이나 상황요인에 따라 학습한 동기, 특히 대인관계 속에서 형성하는 것들이 이에 속한다. 대표적인 일차적 동기의 예는 '성(性) 동기'와 '공격성'이고, 이차적 동기의 예는 '권력동기'와 '성취동기'이다. 권력동기는 타인으로부터 인정을 받고 집단 속에서 지위를 확보하고자 하는 욕구를 의미하고, 성취동기는 훌륭한 일을 이루고자 하는 내적인 의욕으로 도전적이고 어려운 과제를 성취함으로써 만족을 얻으려는 의욕 또는 성취하고자 하는 욕구를 의미한다.

2 내재적 동기와 외재적 동기

내재적 동기(intrinsic motivation)란 동기에 대한 설명을 흥미, 욕구, 호기심 등의 내적이고 개인적 요인에 의존하여 유발되는 동기로, 학습자가 외적 요인들과는 관계없이 능동적으로 학습에 참여할 때 형성된다. 따라서 내재적 동기에서는 학습자의 활동 그 자체가 보상으로 작용하기 때문에 자발적으로 학습활동에 몰입하고 학습과제 자체나 그것이 가져다 주는 성취감을 즐긴다. 따라서 교사의 동기유발이나 흥미를 제고하기 위한 노력을 거의 필요로 하지 않는다.

외재적 동기(extrinsic motivation)란 동기에 대한 설명을 외적이고 환경적 요인에 의존하여 설명하는 이론이다. 즉, 자기자신이 목적을 향해 움직이는 것이 바로 성적, 처벌, 보상, 사회적 압력 등에서 그 의미를 찾는 경향이다. 따라서 외재적 동기는 학습자의 내면적인 면에 긍정적인 영향을 줄 수도 있으나, 대체로 학습자 내부의 동기를 감소시키거나 학습자에게 낮은 자기인식과 편협한 초점을 향상시킬 수 있다는 점에서 비판을 받을 수도 있다(Eggen & Kauchak, 1992). 외재적 동기는 학습자가 주로 보상을 받기 위해서, 교사의 관심을 사기 위해서 그리고 책망이나 벌을 피해서 활동하는 것으로 과제 자체에 관심이 있다기보다 활동한 결과로써 얻을 수 있는 것에 더 많은 관심이 있다고 본다.

따라서 학습상황에서 내재적 동기가 외재적 동기보다 더 효과적이지만 교사는 상황, 과제의 성격, 학습자의 특성에 따라서 그에 알맞은 동기유발을 시켜야 한다. 교사는 외재적 동기가 적절한 수준에 이르렀다고 판단되면 내재적 동기를 격려하고 촉진하는 것이 바람직하다(Brophy, 1988; Gaedke & Shaughnessy, 2003).

(3) 성취동기

성취동기(achievement motivation)란 '도전적이고 어려운 과제를 성공적으로 수행하려는 욕구'를 말한다. 성취동기는 머레이(Murray, 1938)에 의해 처음 제시되었고, 이후 앳킨슨(Atkinson, 1950 & 1953)과 맥클랜드(McClelland et al., 1953; McClelland, 1985)에 의해 체계화되었다. 성취동기와 관련하여 머레이는 정의적인 측면을 강조하고 맥클랜드와 앳킨슨은 기대·가치라는 인지적인 측면을 강조하였다.

성취동기가 높은 사람의 행동특성은 다음과 같다(McClelland, 1985).

① 과업지향형(task-oriented)

능률적 수행이나 도전적으로 자기 능력을 시험하는 데 흥미를 느낀다.

② 모험성(adventuresome)

문제해결이 극히 어려워서 성공확률이 낮은 경우에는 도전하지 않으며, 과제난이도가 중간 수준인 경우에 선택하는 경향이 있다.

③ 성취가능성에 대한 자신감(self-confidence)

자신이 하는 활동의 성취가능성을 긍정적으로 믿는다.

④ 정력적, 혁신적 활동(energetic, revolutional activity)

새로운 문제해결을 요구하는 상황에서 성취동기가 잘 유발된다.

⑤ 책임감(responsibility)

지시나 명령에 의하지 않고 행동의 결과를 자신의 책임으로 본다.

⑥ 행동결과에 대한 지식의 중요시(knowledge of the result)

과제수행을 위해서 자신이 쏟은 노력이 성공을 가져왔는지 아닌지를 알려는 경향이 크다.

⑦ 미래지향형(future-orientation)

과거의 경험이나 현재 시점의 평가보다 미래상황을 예견한다.

성취동기와 학업성취도와의 관계

성취동기 이론에서는 학생들의 동기를 '성공추구(성취) 동기(Motive to achieve success, Ms)'와 '실패회피 동기(Motive to avoid failure, Maf)'로 나누어 설명하고 있다.

Ms가 높은 학생들은 Maf가 높은 학생들보다 중간 정도의 난이도 과목에 접근하려는 경향이 두드러진다. 이들은 지나치게 비현실적인 어려운 과제에 도전하지 않는다. 그리고 적절한 학습동기를 형성함으로써 학교학습 수행능력을 높일 수 있게 된다. 한편, Maf가 높은 학생들은 과목에 대한 실패를 감수하면서도 어려운 과목을 선택하는 경향이 있다. 이는 자신의 실패를 과목의 난이도에 귀인시키려는 것인데, 실제적인 학업성취에는 도움을 주지 못한다.

이처럼 성취동기가 높으면 적절한 목적을 설정하게 되고 학습과제 수행에서의 어려움을 극복할 수 있으나, 성취동기가 낮거나 실패회피 동기가 높으면 자신의 능력에 비해 지나치게 높거나 낮은 목표를 갖게 되고 수행에 심혈을 기울이지 않는 결과를 나타낸다. 그리고 학생들의 실패회피 동기는 발달단계에 따라 상이한 양상을 보이기도 한다. 저학년 학생들은 과제의 난이도에 관계없이 가까이에 접해 있는 과업에 몰두하는 매우 과업지향적인 모습을 보이는 반면, 고학년으로 갈수록 실패회피 경향이 증가한다(Stipek, 1984).

일반적으로 성취욕구가 높은 학생들은 도전적인 과제물, 높은 기준, 명백한 피드백, 재도전의 기회 등에 동기화되는 경향이 있으며, 실패회피가 높은 욕구를 가진 학생들은 성공을 위한 여러 강화, 자유로운 평가, 실패로 인한 당황으로부터의 방어 등에 동기화된다. 따라서 교사들은 학생들에게 적절한 난이도의 과제를 배분시켜 학생들의 성공경험과 실패경험을 조절함으로써 성취동기를 향상시키고 유지시킬 수 있다.

(4) 귀인이론

귀인이론(attribution theory)이란 "성공이나 실패에 대해 자신의 행동에 대한 원인을 귀속시키려는 경향성이다." 성공이나 실패의 원인을 자신의 능력이나 노력 등의 내적 원인으로 생각하는 경우와 우연한 결과나 운 등의 외적 원인으로 생각하는 경우에 행동의 차이를 가져온다. 웨이너(Weiner, 1974)에 따르면 학생들은 그들의 성공이나 실패의 원인을 능력(ability), 노력(effort), 학습과제의 난이도(task difficulty), 운(luck) 등에서 찾는데, 이 각 원인에는 세 가지 차원(원인의 소재, 안정성, 통제가능성)이 관련되어 있다.

① 원인의 소재(locus of causality): 성공이나 실패의 원인이 개인의 내부에 있는가 혹은 외부에 있는가에 따라 원인의 소재가 달라진다. 성공과 실패의 원인을 능력이나 노력으로 귀인하는 내적 원인과 운이나 과업의 난이도 등으로 귀인시키는 외적 원인으로 구분한다.

② 안정성(stability): 성공과 실패의 원인이 항상 같은가 아니면 변화하는가에 따른 '귀인을 변화시킬 수 있는 가능성의 정도'로 안정적 귀인과 불안정적 귀인으로 구분한다.

③ 통제가능성(controllability): 성공과 실패의 원인을 통제할 수 있는가 없는가이다.

웨이너는 귀인(歸因)에 관련된 이 세 가지 차원이 동기에 중요한 시사점을 준다고 지적한다. 첫째, 통제의 위치는 자존심과 연관이 있다. 만약 성공이나 실패가 내적 요인에 귀인된다면 성공은 자부심을 증진시키고 이에 따라 동기를 높이겠지만, 실패는 자존심을 감소시킬 것이다. 둘째, 안정성의 차원은 미래에 대한 기대와 관련이 있다. 만약 학생이 자신의 성공(혹은 실패)의 원인을 과목의 난이도와 같은 안정된 요인들에 돌린다면 이후에도 그 과목에 대한 안정적인 결과를 기대할 것이다. 그러나 만약 어느 학생이 그날의 운과 같은 불안정한 요인들에 귀인한다면 차후 시행에서 안정적인 미래예측을 하기 어려울 것이다. 셋째, 통제가능성의 차원은 분노와 우울과 관련이 있다. 만약 개인의 실패가 통제 불가능한 내부적 요인에 귀인된다면 그는 우울하거나 좌절되겠지만, 실패가 통제 가능한 외부적 요인에 돌려진다면 이는 그 대상에 대한 분노로 연결될 것이다.

대표적인 귀인 4가지를 표 5-3과 같이 나타낼 수 있다.

표 5-3 귀인과 각 차원과의 관계

귀인요소	원인의 소재	안정성	통제가능성
능력	내적	안정적	통제불가
노력	내적	불안정적	통제가능
운	외적	불안정적	통제불가
난이도	외적	안정적	통제불가

귀인이론은 학교학습에서의 성공과 실패에 대하여 그 원인을 무엇이라고 지각하느냐에 따라 후속되는 학업적 노력, 정의적 경험, 미래 학습에서의 성공과 실패에 대한 기대 등이 달라진다는 것과 학생이 성취결과에 대한 원인지각 내용을 알면 미래의 학업성취도를 증진시킬 수 있다는 것을 알 수 있다는 것이다. 동일한 행동이나 결과에 대한 다른 귀인이 다른 감정상태를 유발하며, 미래 행동의 방향을 결정한다. 따라서 학습자가 성취결과에 대한 원인을 무엇이라고 지각하고 있는지를 알면 그의 미래의 학업성취도를 예언할 수 있고, 나아가서는 학습자의 인과적 귀인을 바람직한 요인으로 변경시키면 미래의 학업성취도를 증진시킬 수 있다.

(5) 자아효능감

반두라(Bandura, 1986)는 자아효능감(self-efficacy)이란 '어떤 과제를 성공적으로 조직하고 실행하는 자신의 능력을 지각하는 특성'이라고 정의한다. 자기효능감이란 개인이 수행을 위해 요구되는 행위를 조직하고 실행해

나가는 자신의 능력에 대한 판단이다. 즉, 나는 잘할 수 있다는 믿음 혹은 기대와 같은 것이다. 반두라는 자기효능감은 어떤 사람이 무엇을 하려고 선택할 것인가, 그 과제에 얼마나 많은 노력을 투자할 것인가, 얼마나 오랫동안 그 과제에 매달릴 것인가, 그 과제와 관련하여 얼마나 많은 감정적 스트레스를 경험할 것인가 등에 영향을 미친다고 주장하였다. 자아효능감은 우리가 도달하려는 목표의 지속성에 영향을 주며, 목표수립을 통해서도 동기에 영향을 미친다. 효능감을 지니고 있는 학생은 과업에 직접적으로 집중하지만, 그렇지 않은 학생들은 스스로 무력감을 느끼게 되어 과제를 회피하려 한다(Schunk, 1990). 만약 주어진 영역에서 높은 자아효능감을 갖는다면 그는 높은 목표를 설정한 것이고 어려움에 직면했을 때도 끈기를 보일 것이다. 그러나 자아효능감이 낮은 수준이라면 문제에 직면할 때 그 과제를 회피하거나 쉽게 포기할 것이다(Bandura, 1993). 자아효능감이라는 동기는 자아개념과도 부분적으로 관련이 있을 뿐 아니라 교사와 학생이 학습장면에서 상호작용하는 경험의 질에 따라 발달한다. 따라서 교사는 학생들이 느끼는 자아효능감은 스스로에게 긍정적인 감정을 경험하도록 보다 상위의 과제에 도전하도록 열정을 갖게 한다는 사실을 상기하여야 한다. 또한 자아효능감은 단순히 학생들에게만 영향을 미치는 것이 아니라 교사의 수행에도 영향을 준다. 자신의 능력에 신뢰감을 느끼고 있는 교사와 그렇지 않은 교사가 학생들의 학업성취에 상이한 영향을 미친다는 연구결과(Dembo & Gibson, 1985)는 실제 학급에서 보다 바람직한 수행을 유도하는 교사의 태도를 강조한다.

자아효능감 증진방법에 대해 살펴보면 다음과 같다.

첫째, 다양한 상황에서 성공적인 성취경험을 할 수 있어야 한다.

둘째, 남이 성공을 거두는 것을 보여 줌으로써 자신의 효능감을 높일 수 있다.

셋째, 언어적인 설득으로 학생들의 효능감을 증진시킬 수 있다. 학생들의 노력에 대한 긍정적인 평가를 해주고, 과거의 성공경험을 일깨워 주며, 다양한 기술들을 제공함으로써 학생들의 자기효능감을 증진시킬 수 있다.

넷째, 정서적인 흥분을 긍정적으로 해석하고 대처할 수 있는 기술을 제공해야 한다. 긴장이나 불안에 대처하는 기술을 훈련시키는 것이 중요하다.

학습동기 유발방법

학습동기란 어떤 학습목표를 향해서 학습하게 하는 모든 심리적인 상태로서, 학습활동 전개에 있어 학습의욕을 일으키게 하는 유기체 내의 내적인 힘을 말한다. 적절한 학습동기는 학습을 적극적으로 수행할 수 있도록 하여 만족스런 결과를 가져오게 한다. 학습동기 유발의 일반적 원리는 다음과 같다.

첫째, 일상생활에서 이미 경험한 내용과 학습내용을 관련시킨다.

둘째, 학습자의 흥미와 관심을 학습내용과 관련시킨다.

셋째, 성공감과 필요성 등을 체험케 하여 학습의욕을 고취시킨다.

넷째, 학습목표를 정확히 알린다.

다섯째, 학습자료, 수업매체 등에 대한 학습선호도나 준비 등에 대한 개인차에 따라 학습과제를 제시한다.

한편, 학습동기 유발방법은 내적인 것과 외적인 것으로 구분할 수 있다.

내적 동기유발이란 학습의 장에서 동기의 목표를 학습자 내부에 두어 학습자체에 의해 동기가 유발되는 방법이다. 즉, 학습자의 요구, 흥미, 태도, 목적 등에 의해 동기가 유발된다. 구체적인 방법은 다음과 같다.

① 학습자가 학습문제에 대해 호기심을 갖도록 한다.
② 성취감의 경험을 늘려주고 실패의 경험을 줄여준다.
③ 지식과 기능, 인격 등에 감명을 줄 수 있는 모델을 정하여 동일시하도록 유도한다.
④ 학습목표를 분명히 알게 한다.
⑤ 학습결과에 대한 지식을 제공한다.

외적 동기유발이란 학습의 장에서 학습의 동기가 외부에서 도입되어 동기가 유발되는 방법이다. 즉, 점수나 칭찬, 상벌 등에 의해 이루어지는 동기이다. 구체적인 방법은 다음과 같다.

① 상과 벌을 적절히 사용한다. 상은 학습자의 목표추구행동을 더욱 촉진시키는 역할을 하여 학습행동을 유발하는 강화의 기능을 한다. 상은 선물이나 돈과 같은 물질적인 것보다 격려와 칭찬, 인정과 같이 정신적으로 보상감을 줄 수 있는 내용의 것이 보다 효과적이다. 정신적인 보상이 더 지속적인 효과를 갖기 때문이다.

② 학습과정에서 학습자들 간에 경쟁도 하고 협동도 하면서 자극을 받도록 한다. 이때 경쟁은 적절한 수준에서 이루어지도록 해야 한다. 과열된 경쟁은 학습동기에 부정적으로 작용하기 쉽다. 협동은 목표에 공동으로 도달하기 위한 행동과정으로 학습효과를 높일 수 있다.

CHAPTER

생활지도와 상담 06

- 1. 생활지도
- 2. 상담

교육은 바람직한 인간형성을 위한 조력작용이다. 그런데 이러한 조력작용은 인간의 전인적 발달을 촉진하는 방향과 방법으로 이루어지는 것이 바람직하다. 즉, 교육은 전인적(全人的) 성장을 지향해야 하며, 따라서 인지적 발달뿐만 아니라 정의적, 신체적 발달에 적절한 관심을 기울여야 한다. 이에 단순히 정해진 교과내용에 대한 교수–학습의 측면에만 교육적 관심을 집중하는 것은 바람직한 것이 아니며, 보다 폭넓은 관점에서 아동·학생의 삶의 세계와 문제를 이해하여 보다 적절한 교육적 조치와 도움을 줄 수 있도록 노력하는 것이 중요하다. 바로 이러한 점에서 생활지도와 상담의 중요성이 있다.

이 장에서는 먼저 생활지도의 개념과 기본원리, 목적과 영역 그리고 생활지도에 수반되는 활동(서비스)의 내용과 방법을 알아본다. 이어 상담의 개념과 이론 및 기법을 개관한다.

01 생활지도

1) 생활지도의 개념

생활지도(guidance)란 학생의 일상생활에서 해결하여야 할 여러 가지 문제, 즉 교육적·가정적·사회적·직업적·신체적·정서적 문제를 자력으로 해결할 수 있도록 도와주며 지도하기 위한 조직적 봉사활동이다. 생활지도는 교육과정, 학습지도와 독립된 영역이나 기능이라기보다는 상호 밀접한 관련을 갖고 있는 일련의 교육활동이라고 보아 통합적 부분이라 할 수 있다.

생활지도란 용어는 영어의 'guidance'를 번역한 것으로 안내하다(guide), 이끌다(lead), 지도하다(direct) 등의 의미를 갖는다. 일반적으로 생활지도의 개념은 지도, 지시, 안내, 관리, 조종 등의 의미를 지니고 있으며 어떤 노력을 기울여 학생들을 지도하거나 안내해주는 사람을 생활지도 담당자라고 한다(Shertzer & Stone, 1981).

2) 생활지도의 기본원리

생활지도가 궁극적으로는 아동이 개인의 문제를 스스로 발견하여 해결하며 사회생활에 적응해 나갈 수 있도록 도와주는 과정이라면, 아동이 한 인간으로서의 자아실현을 위한 가능성에 대한 깊은 신념을 가지고 임해야 한다. 이러한 입장에서 생활지도의 효과적인 수행을 위해 일반적으로 통용할 수 있는 원리를 제시하면 다음과 같다.

첫째, 생활지도의 대상은 모든 학생이다. 문제를 가진 특수 학생만이 아니라 정상적인 학생 전체를 그 대상으로 한다.

둘째, 생활지도는 인간의 존엄성을 인정하고 존중한다. 개인의 존엄성에 대한 믿음을 바탕으로 해야 하며 독특한 개성을 계발할 수 있도록 한다.

셋째, 생활지도는 자율성을 강조한다. 어떤 문제를 해결하는 것은 본인 스스로 문제의 핵심을 파악하고 가능한 방안을 탐색하여 최종적인 결정을 내리는 것이 자율적인 능력과 태도를 강조하는 것이다.

넷째, 생활지도는 전인적인 발달에 초점을 둔다. 개인의 지적·정의적·신체적·사회적 발달 등을 포함한 전인적 발달을 할 수 있도록 조력한다.

다섯째, 생활지도는 치료보다는 예방에 역점을 둔다. 학생들의 문제행동이 일어나기 전에 개인의 성장과 발달을 촉진하여 문제발생을 예방하도록 해야 한다.

여섯째, 자아실현의 원리이다. 생활지도의 궁극적인 목적이 모든 개인의 자아실현을 이루게 하는 것이다. 자아실현(self-actualization)은 인간 동기의 주격으로, 자아실현 욕구는 자기가 가진 잠재가능성을 모두 실현함으로써 보다 유능한 사람이 되고자 하는 욕구이다.

3) 생활지도의 목적

생활지도는 학생이 당면한 여러 가지 문제를 스스로 해결하고 환경에 적응하도록 도와주는 것을 목적으로 한다.

첫째, 자기자신을 정확히 이해하도록 돕는다.

둘째, 자기자신의 노력으로 자기 능력과 흥미, 기타 여러 가지 자질을 발견하고 최대한으로 발전시키도록 돕는다.

셋째, 수시로 당면하는 자신의 문제를 정확하게 파악하고 자력으로 해결할 수 있도록 도와준다.

넷째, 다양하고 복잡한 생활환경 속에서 스스로 현명하게 선택하고 적응할 수 있게 돕는다.

다섯째, 앞으로 보다 건전하게 성장하고 적응할 수 있는 영구적인 기초를 구축하도록 돕는다.

여섯째, 신체적·지적·정서적·사회적으로 잘 조화되고 통합된 인생을 즐길 수 있도록 돕는다.

일곱째, 국가와 사회에 공헌할 수 있도록 돕는다.

4) 생활지도의 영역

생활지도의 영역은 교육지도, 진로지도, 성격지도, 사회성지도, 건강지도, 여가지도, 성에 관한 지도 등을 들 수 있다.

1 교육지도

학교생활에 적응하는데 도움을 주는 오리엔테이션, 교육정보의 제공, 전공과목, 상급학교, 특별활동의 선택 등을 위한 상담, 학습습관, 학습방법의 지도, 졸업 후의 추수지도(追隨指導) 등과 학습부진아·우수아 지도 등이다.

2 진로지도

장래 진로에 대해 탐색해 보고 준비를 할 수 있도록 도와주는 지도이다. 즉, 진학지도, 직업정보의 제공, 직업준비교육, 직업상담, 취업알선, 졸업 후의 추수지도 등이다.

3 성격지도

개인이 원만한 성격으로 발달할 수 있도록 개인적 습관, 태도, 생활목표, 계획, 그 밖의 개인적 성격문제, 정서불안, 적응문제 등에 관한 지도이며, 심리적 장애의 진단과 해석, 치료 및 정서교육 등을 실시한다.

4 사회성지도

사회의 미풍, 양속, 관례에 대한 적응을 돕고 동료와의 바람직한 인간관계를 발달시키는 일 등에 관한 지도이다.

5 건강지도

신체적·정신적 건강의 습관, 태도 등에 대한 지도로 신체 결함의 치료, 영양실조, 운동부족, 위생관념 등의 질병에 대한 이해와 예방, 음주, 흡연, 약물복용에 대한 지도이다.

6 여가지도

여가를 보다 적절하게 이용해야 되겠다는 자각과 적당한 여가활동의 선택, 여가활동의 숙련을 위한 지도 등이다.

7 성(性)에 관한 지도

성교육, 양성평등교육, 성폭력·성희롱 예방 등에 관한 지도이다.

5) 생활지도의 활동

(1) 학생조사 활동(inventory service)

생활지도의 기초적인 단계로서 학생들을 개별적으로 이해하는 데 필요한 기초적인 자료를 조사, 수집하는 활동이다. 조사활동의 영역으로는 가정환경, 성적, 특별활동, 교외활동, 지능, 적성, 흥미, 성격, 장래의 희망 등이 조사활동의 영역이 된다. 학생의 정보수집을 위해 이용되는 심리검사는 표준화 검사와 비표준화 검사로 구분한다. 표준화 검사에는 지능, 적성, 학력, 흥미, 성격검사 등이 있고, 비표준화 검사에는 관찰법, 질문지법, 면접법, 투사법, 누가기록, 사회성 측정법, 자서전법 등이 있다.

(2) 정보활동(information service)

학생들을 둘러싸고 있는 여러 가지 환경과 문제해결에 관련된 정보를 제공해 주는 활동으로 교육정보, 직업정보, 개인적·사회적 등의 영역이 된다.

1 교육정보

교육의 과정에 관계되는 모든 정보를 말한다. 신입생 오리엔테이션(orientation)에서 학교, 학과, 교과, 이수학점, 장학금, 도서관 이용 등의 정보 등을 제공하는 것도 교육정보이다.

2 직업정보

직업에 관한 정보와 직업세계의 분석 및 각종 직업에 필요한 자질 및 장래성 등 직업과 관련된 일체의 정보를 의미한다.

3 인성적·사회적 정보

개인의 인성적 적응과 사회적 적응을 하는 데 도움이 되는 일체의 정보를 포함한다.

정보의 제공은 정보제공실, 정보제공자, 학교신문, 뉴스레터, 게시판 등을 통한 정보제공, 각종 집회활동, 홈룸(home room), 특별활동, 각종 오리엔테이션을 통한 정보제공 등의 방법이 있다.

(3) 상담활동(counseling service)

생활지도의 중핵적 활동으로 지도조언을 담당하는 상담자(counselor)와 지도조언을 받는 피상담자(내담자, counselee)와의 문제해결을 위한 역동적 활동으로 지시적 상담, 비지시적 상담과 절충적 상담 등이 있다.

(4) 정치활동(定置活動, placement service)

학생의 능력, 적성, 흥미 등에 맞는 환경에 위치시키는 활동으로써 직장의 선택, 학과의 선택, 특별활동이나 홈룸(home room) 또는 클럽활동의 부서배치, 상급학교나 특정한 학교에 입학하는 등의 다음 단계로 옮겨가는 데 적성에 맞도록 조력을 하는 활동이다. 교과선택, 출석, 생활지도, 과외활동, 지역사회운동 등과도 관련시켜 생각할 수 있다. 정치활동은 학생에 관한 충분한 자료와 정보를 토대로 학생이 스스로 희망하는 분야를 선택할 수 있도록 조력하는 데 주안점이 있다.

(5) 추수활동(follow up service)

지도를 받은 학생이 어느 정도 건전하게 적응하고, 개선되었는가를 알아보고, 그 결과를 환류(feedback)시켜 새로운 생활지도 계획의 자료로 삼기 위해 추수활동을 한다. 여기에는 재학생, 퇴학생, 졸업생 등이 포함이 된다. 추수활동은 전화, 면접, 관찰, 질문지, 방문지도 등을 통해서 이루어져야 한다. 추수활동의 결과는 반드시 새로운 생활지도 계획에 반영되어야 한다.

02 상담

1) 상담의 개념

상담(counseling)이란 도움을 필요로 하는 내담자(counslee)와 전문적 훈련을 받은 상담자(counselor)와의 대면적 관계에서 수용적이고 구조화된 관계를 형성하고 내담자 자신과 환경에 대해 의미 있는 이해를 증진함으로써 내담자의 자기이해, 의사결정 및 문제해결이 이루어지도록 상담자가 전문적으로 도와주는 과정이라 할 수 있다. 윌리암슨(E. G. Williamson, 1950)은 "상담이란 훈련과 기술, 신용으로서 상담자와 내담자의 적응문제를 해결하는 면 대면의 관계"라고 정의하고 있다. 밀러(M. J. Miller, 1987 & 1988)는 "카운슬링이란 가정과 학교와 사회에 최대한으로 적응할 수 있도록 자기이해와 필요한 자기지도를 할 수 있도록 개인을 돕는 과정"이라고 한다. 이와 같이 상담은 단순한 대화라는 입장을 포함하여 목적이 반드시 개입되어야 하고, 문제해결과 자기통찰의 기회를 갖는 데 의미가 있다. 그러므로 상담은 교육적, 직업적, 인성적, 사회적 문제를 갖고 있는 개인에게 전문적인 입장에서 훈련과 소양을 갖춘 전문가에 의해 개인 대 개인, 개인 대 집단의 관계 속에서 계획적 전문적으로 도와주는 임상적인 봉사과정 및 활동이라고 말할 수 있다.

2) 상담이론

(1) 특성요인 상담

특성요인 상담은 특성요인 이론(trait and factor theory)에 따른 상담을 말하며 주로 교육과 직업문제에 있어서의 적응을 강조하는 직업상담에서 발전해 온 것으로서 개인의 전체적인 발달을 목표로 삼고 있는 상담방법이다. 이 상담방법은 윌리엄슨(Williamson, 1939 & 1950; Williamson & Biggs, 1979)을 중심으로 발전되어 왔다.

특성요인 상담에서 상담자는 진단을 하기 위해서 현재 해야 할 것을 지시할 뿐만 아니라 정보의 제공, 지시, 암시, 비판, 충고, 설득, 훈계 등의 기술을 일방적으로 사용하여 지시적 상담이라고 하며, 내담자의 심리적 특성과 성공적 행동의 요인에 비중을 두기 때문에 특성요인 상담, 상담자 중심의 상담이 이루어지므로 상담자 중심상담 그리고 논리적·지적인 도구를 사용하는 방법으로 상담을 하므로 이성적·지시적 상담이라고도 한다.

특성요인 상담은 내담자에게 합리적인 정보를 제공하여 장래계획이나 진로선택을 하는데 현명한 결정을 내릴 수 있도록 하는데 초점을 둔다. 특성요인 상담에서는 내담자의 정서적 이해보다 문제의 객관적 이해에 중점을 두고 상담자가 내담자에게 정보를 제공하고 학습기술과 사회적응 기술을 알려 주는 것을 중요하게 간주한다.

1 상담목표

첫째, 문제해결의 지적 과정을 중시하고 있으며, 상담자의 적극적인 지시나 정보제공을 해준다.

둘째, 내담자가 인격의 모든 면에서 최적의 방향으로 성장하도록 돕는 것이다.

2 상담과정

특성요인 상담과정의 의의는 상담자가 상담 중에 내담자로 하여금 적극적으로 협력할 수 있도록 하여, 그의 문제를 찾아내고 진단하며 치료하는 것이다. 상담자는 문제해결에서 대부분의 책임을 지며 그 책임이 상담자의 노력의 초점이 된다. 특성요인 상담과정에 대하여 윌리암슨과 달리(Williamson & Darley, 1937)는 다음의 6단계를 들고 있다.

① 분석(analysis): 학생을 이해하는 데 필요한 자료를 여러 가지 도구와 기술로 모은다.

② 종합(synthesis): 모집된 자료를 체계 있게 정리하고 조작하여 학생의

적응의 문제를 정리한다.

③ 진단(diagnosis): 학생의 문제의 특징이나 원인에 관한 결론을 이끌어 낸다.

④ 예진(prognosis): 학생의 문제가 앞으로 어떻게 발전되어 나갈 것인가를 미리 예언한다.

⑤ 상담(counseling): 상담자와 학생이 바람직한 적응을 위하여 취하는 수단이다.

⑥ 추후지도(follow-up service): 상담 결과의 계속적 확인, 평가의 단계이다.

이러한 단계는 경우에 따라 순서가 바뀔 수도 있는 것이다.

(2) 정신분석 상담

프로이트(S. Freud, 1949 & 1955)의 정신분석의 체계는 성격발달의 모형이고 인간본질에 대한 철학이며 심리치료의 방법이다. 프로이트는 심리학에 새로운 전망을 부여하고 새로운 지평을 개척하였다.

인간의 본성에 대한 프로이트의 관점은 결정론적이다. 프로이트에 의하면 인간행동은 생후 5년간의 비합리적인 힘, 무의식적인 동기, 생물적이고 본능적인 동기 그리고 심리·성적인 사건에 의해 결정된다고 한다. 프로이트는 아동의 어린 시절의 경험이 중요하다고 본다. 즉, 인간의 문제는 인생 초기의 경험으로 인해 생기며 어린 시절의 해결되지 못한 문제가 일생을 통해서 영향을 미친다고 본다. 본능(instincts)은 프로이트적 접근에서 중심개념으로, 생의 본능(life instincts, Eros)과 죽음의 본능(death instincts, Thanatos)으로 구분된다. 또한 리비도(libido)는 성적 에너지를 언급할 때 사용했는데, 동기의 근원으로 보았다.

정신분석적 접근에서는 불안은 중요한 요소이다. 불안은 본능과 자아, 초자아 간의 갈등으로 인해 생기며 불안으로 인해 스트레스를 겪게 된다. 결국 인간은 자아가 합리적이고 직접적인 방법으로 불안을 제어할 수 없을 때 자아는 비현실적인 방법, 즉 방어기제에 의존하게 된다.

방어기제

① 억압: 위협적이고 고통스런 생각을 지각하지 않으려는 방어수단(예: 기억상실)
② 반동형성: 위협적인 충동을 반대 감정으로 표현한다(예: 미운 사람에게 공손함)
③ 투사: 자신의 결함이나 실패를 다른 사람 탓으로 돌리는 것(예: 실력 없는 목수가 연장 탓한다)
④ 합리화: 자신의 실수나 결점을 그럴듯한 변명으로 표현하는 것(예: 다른 애들이 부정행위를 하기 때문에 나도 어쩔 수 없어)
⑤ 치환(전치): 위협적인 대상을 안전한 대상으로 바꿈(예: 종로에서 뺨 맞고 한강 가서 눈을 흘긴다)
⑥ 보상: 자신의 결함을 메꾸거나 체면을 유지하려는 무의식적인 노력(예: 빈 수레가 더 요란하다, 없는 놈이 있는 체한다)
⑦ 승화: 성적 에너지를 사회적인 승인이나 존경받는 대리적 행동으로 표출(예: 공격적인 사람이 권투선수가 됨)

1 상담목표

내담자로 하여금 무의식적 갈등을 의식화시켜서 개인의 성격구조를 수정하고, 초기경험을 재결정하여 억압된 갈등을 훈습시키며 행동의 동기를 각성·통찰할 수 있도록 돕는 것이다. 무의식에 근거하고 있는 내담자의 문제행동에 대한 각성과 통찰을 도와서 건설적인 성격으로 변화시킴으로써 잘 적응하는 개인으로서 성장과 발달을 돕는 데 있다. 즉, 가능한 한 내담자의 내부갈등을 해결하도록 도와주어 정신건강을 되찾도록 도와주는 것이다.

정신분석 상담은 개인의 본능이나 초자아의 기능을 조절하고 자아의 기능을 강화하여 성격구주의 조화로운 발달을 가져오게 하고, 개인이 본능과 초자아 간의 발달과정상의 압력에서 생긴 불안심리로 인한 불합리한 방어기제에 대한 올바른 이해를 하여 해결을 할 수 있도록 도와준다.

2 상담기법

주요 기법은 자유연상법, 꿈의 해석, 저항과 전이의 분석 등이다. 이것들은 내담자가 그의 무의식적 갈등을 자각하도록 돕는 기법이다. 즉, 내담자의 자각을 증진시키고 행동에 대한 지적 통찰을 얻게 하며 증상의 의미를 이해하려는 목적을 갖고 있다. 치료과정은 내담자로 하여금 자유롭게 회상하고 연상되는 대로 이야기하거나 꿈의 분석 등을 통하여 대화에서 정화(catharsis)로, 정화에서 통찰로, 통찰을 통해 그의 무의식 세계를 의식화하여 성격의 변화로 이끄는 지적·정서적인 이해를 하도록 한다.

- **자유연상법**: 내담자가 일상생활에서의 생각이나 상념, 어리석고 사소하며 비논리적이라 하더라도 마음에 떠오르는 것이면 무엇이든지 다 말하도록 하는 것이 자유연상법(free association)이다. 자유연상법은 무의식적 소망, 환상, 동기 등을 해방시키는 데 사용된다. 자유연상 중에 상담자는 내담자의 무의식 속에 억압된 정보들을 확인하고 그 정보들을 내담자에게 해석해주어 의식하지 못했던 잠재된 역동성을 이용하여 통찰을 증진시킬 수 있다.
- **해석**: 자유연상, 저항, 꿈 등에서 나타난 내담자의 행동의 의미를 상담자가 지적하고 설명하며 때로는 가르치기도 한다. 해석(interpretation)의 기능은 자아를 새로운 정보에 동화시켜서 더 깊은 무의식의 정보들을 밝히는 과정을 촉진하는 것이다.
- **꿈의 분석**: 꿈은 잠재적 내용과 표현적 내용의 두 차원이 있다고 본다. 잠재적 내용은 억압된 갈등으로 위장되고 상징적이며 숨겨진 무의식적 동기들로 구성되는데, 그것들은 매우 고통스럽고 위협적이므로 잠재적 내용을 구성하는 무의식적 성욕이나 공격적인 충동들이 꿈으로 변형되어 나타난다. 상담자는 꿈의 분석(dream analysis)을 통해 꿈의 표현적 내용들에 나타난 상징들을 분석하여 잠재적 내용들을 밝혀야 한다.

- 저항: 프로이트는 저항을 참을 수 없는 불안에 대항해서 자아를 방어하려는 무의식적인 역동성으로 보았다. 따라서 저항(resistance)은 내담자가 무의식적 욕구를 표출하는 것을 방해하기 때문에 상담자는 그것을 지적해야 하고 때로는 저항에 직면해야 한다. 상담자가 저항을 해석하는 목적은 내담자가 저항에 대한 원인을 자각하고 그것들을 처리하도록 돕는 데 있다.
- 전이의 분석: 전이(transference)는 내담자가 중요한 타인과의 해결되지 못한 사건으로 인해 자신의 현재 상황을 왜곡시키고 상담자를 중요한 타인으로 인식하여 상담자에게 반응하는 것이다. 상담자와의 관계에서 내담자는 다시 그의 부모나 중요한 타인에게 느꼈던 거부감과 적대감을 재경험하게 된다. 전이의 분석은 내담자로 하여금 과거의 경향이 현재에 어떻게 작용하는지를 통찰하게 해준다. 즉, 내담자가 현재까지도 고착되어 그의 정서적 성숙을 방해하는 과거의 갈등을 통찰할 기회를 준다.

(3) 인간중심 상담

로저스(C. Rogers, 1942 & 1951)는 개인상담에서 지시적이고 정신분석적 상담에 대한 비판을 하며 비지시적 상담을 제안하였다. 인간중심 상담은 내담자 중심상담, 비지시적 상담이라고도 하며, 인간은 누구나 적당한 환경이 주어지면 스스로 성장할 수 있어 자아실현할 수 있는 능력이 있다는 가정을 전제로 하고 있는 상담이론이다. 그러므로 내담자의 성장가능성과 자아실현 능력은 내담자 스스로 문제를 이해하고 문제를 해결할 수 있다고 본다. 인간은 긍정적 자아개념을 지니고 있으며, 사회적 발달지향적이며, 현실적이기 때문에 부적응 행동이 일어나면 인간은 자기 자신을 향상시키고 유지하는데 도움이 되는 양식으로 자신의 잠재능력을 발전시키는 생득적인 경향이 있다.

1 상담목표

내담자가 개방, 자기신뢰, 발전의지, 자발성 등으로 나아갈 수 있도록 돕는다. 인간중심 상담의 궁극적 목적은 충분히 기능하는 인간(a fully functioning person)이 되도록 돕는 것이라 할 수 있다. 여기서 기능을 충분히 발휘하는 사람의 특징으로 경험에의 개방성(openness to experience), 실존적 삶(existential living), 유기체적인 신뢰감(organismic trusting), 경험적 자유(experiential freedom), 창조성(creativity) 등을 들 수 있다.

2 상담과정

인간중심 상담에서는 상담자와 내담자의 관계가 매우 중요하다. 상담자의 자질은 진실성, 따뜻함, 정확한 공감성, 존경, 허용성을 포함하여 내담자와의 대화의 태도를 강조한다. 상담자는 내담자의 자아실현 능력을 신뢰하며 내담자의 느낌이나 표현을 이해하고 수용하여 내담자 스스로 통찰할 수 있도록 내담자를 인격적으로 존중하는 관계이다. 상담자는 온정적인 인간관계를 통해서 내담자에게 제시해야 할 조건은 내담자의 실제 경험과 가치조건에 의해 지각된 경험 사이의 괴리를 내담자가 스스로 인지하고, 있는 그대로를 수용하며 경험하도록 하는 허용적인 분위기를 조성한다.

인간중심 상담에서는 기법을 중시하지 않고 치료자의 태도를 강조한다. 기본 기법은 적극적 경청, 감정의 반영, 명료화 등이다. 인간중심 상담에서 상담자가 갖추어야 할 태도는 진실성, 무조건적인 긍정적 관심, 공감적 이해이다.

- **진실성**: 로저스는 상담자의 태도로써 진실성 또는 일치성의 조건을 중시하고 있다. 진실성(genuineness)이란 상담면접 동안에 상담자의 유기적 경험의 모든 면들이 자유롭게 각성될 수 있어서 그의 자아 개념이 이 경험들과 일치하는 상태로 설명될 수 있기 때문이다.

- **무조건적인 긍정적 존중**: 상담관계에서 상담자가 내담자를 구별하거나 비교·선택하는 과정으로 평가·판단하지 않고 내담자의 모든 면을 있는 그대로 받아들여 소중히 여기고 존중하는 상담자의 태도를 무조건적인 긍정적 존중(unconditioned positive regard)이라고 말한다.
- **공감적 이해**: 상담과정에서 상호작용하는 동안 내담자의 경험과 감정, 상담의 과정 순간에서 내담자를 민감하고 정확하게 이해하는 노력을 말한다. 즉, 상담자는 내담자의 입장이 되어 내담자가 지닌 감정, 고민, 가치, 갈등 등을 가지고 그가 처해 있는 여러 상황에서 보며 감정이입(empathy)을 하는 것이다.

(4) 행동주의 상담

행동주의 상담의 접근은 인간의 행동을 설명하기 위해 전통적으로 사용해 왔던 내적 동기, 욕구, 충동과 같은 개념들을 거부하고 겉으로 표출된 행동, 그 자체를 중요시하는 데서 출발한다. 학습이론에 기초를 두고 있으며 인간의 행동은 모두가 학습된 것이고, 학습과정을 통해 변화시킬 수 있다고 전제한다. 이상행동이나 문제행동도 정상에서 이탈된 질환으로 보기보다는 학습경험의 잘못으로 생각하려고 한다. 행동은 강화와 모방을 통해서 학습된다. 비정상적인 행동은 잘못된 학습의 결과이므로 바람직하지 않은 부적응 행동 내지 이상심리는 행동수정, 즉 재조건화 내지는 재학습에 의해서 교정될 수 있다는 것이다. 행동주의 상담은 학습이론에 기초하여 내담자로 하여금 이전의 바람직하지 못한 행동을 버리고, 새롭고 보다 적응적인 행동학습을 돕는 것을 주목적으로 하고 있다. 따라서 내담자는 목표를 설정하고 이 목표가 잘 실행되는지 평가하는 데에 적극적 역할을 한다. 상담자는 적극적이고 지시적이며 내담자가 보다 효율적인 행동을 배우도록 돕는 교사나 훈련가 역할을 한다.

1 상담목표

내담자의 부적응 행동을 제거하고 보다 효율적인 행동을 학습시키는 것이다. 내담자에게 부적절한 학습을 제거하고 학습경험을 제공하는 과정이라 할 수 있다. 행동주의 상담의 일반적인 목적은 크게 다섯 가지를 생각할 수 있다(George & Cristiani, 1981).

첫째, 내담자의 부적응 행동을 변화시킨다.

둘째, 내담자를 도와 효율적인 의사결정과정을 학습하게 한다.

셋째, 앞으로 일어날 문제를 예방한다.

넷째, 내담자가 요구하는 구체적인 행동상의 문제를 해결한다.

다섯째, 일상생활에 전이될 수 있는 행동변화를 이룩한다.

2 상담기법

주요 기법은 체계적 둔감법, 강화기법, 모델링, 자기주장훈련, 혐오치료, 토큰강화, 행동시연, 역할연기 등이다.

- **체계적 둔감법**: 우선 불안을 일으키는 자극을 행동적으로 분석하고 불안 상황의 위계를 작성한 다음 이완절차를 학습시키고 상상적인 장면을 통해 치료하는 방법이다. 상황의 설정은 가장 위협이 적게 느껴지는 상황에서부터 가장 위협적인 상황으로 옮겨가는 식으로 제시된다. 불안을 야기시키는 자극은 그런 자극과 불안 반응 간의 관계가 소거될 때까지 이완훈련을 하면서 반복해서 치료된다(Wolpe, 1969). 체계적 둔감법은 행동주의 상담에서 가장 널리 쓰이며 임상적으로 검증된 기법으로, 일차적으로 불안이 원인이 된 부적응 행동이나 회피행동에 적용한다.
- **모델링**: 관찰학습, 모방학습, 사회학습이라고도 한다. 내담자는 모델링을 통해서 시행착오를 거치지 않고도 바람직한 행동을 배울 수 있다. 관찰학습에서는 영화, TV, 소설 등에서도 관찰을 통해 모방학습이 이루어지고, 간접적 혹은 대리경험으로도 행동에 영향을 받는다. 모델의

행동이 관찰자에게 영향을 주는 것은 모델이 행한 반응의 결과에 따르는데, 모델의 행동이 보상받는 것을 본 관찰자는 보상받는 행동을 더 열심히 수행하려고 하고, 부정적인 결과를 가져오는 모델의 행동을 관찰했을 때는 그 행동을 하지 않으려고 한다. 이 외에도 명성, 유능함, 높은 사회적 지위 등을 갖추고 있는 모델의 영향을 더 많이 받으며, 관찰자의 성격 및 과거 경험에 의해서도 영향을 받는다.

- 자기주장훈련: 내담자가 어떤 상황에서 주장적으로 행동할지를 선택할 수 있도록 하기 위해 행동목록을 증가시키고 자신의 느낌, 생각, 신념, 태도를 표현할 수 있도록 한다. 사회기술이 부족한 사람들에게 인간관계에서 상호작용을 성공적으로 이끌어가는 방법을 가르쳐주도록 고안되었으며, 주장훈련의 여섯 가지 임상적 전략은 교시, 피드백, 모델링, 행동연습, 사회적 강화, 과제이다.

  교시는 상담자가 내담자에게 그의 특수한 행동을 말해주는 것이고, 행동연습은 인간관계 상황에 대한 내담자의 효율적이거나 비효율적인 행동들이 비판되며 여러 상황에서 실행되는 것이며, 사회적 강화는 내담자가 바람직한 행동을 했을 때 내담자를 칭찬하는 것이다. 그리고 과제는 내담자의 행동에 대해 특수한 과제를 부과하는 것이다.

- 혐오치료법: 혐오치료법(aversion therapy)은 바람직하지 못한 행동에 혐오스런 자극을 연합시켜서 행동을 수정하는 방법이다. 예를 들면, 알코올 중독자에게 술을 마실 때마다 먹으면 속이 메스꺼운 약을 먹도록 하면 술과 메스꺼운 증상이 짝지어 여러 번 반복되면 점점 술이 메스꺼운 증세를 일으키게 되어 술을 멀리하게 된다. 혐오자극은 실물 대신 그림, 슬라이드, 비디오 등을 활용하는 경우가 많다.

- 토큰강화: 토큰강화는 그 자체로는 강화력이 없으나 강화가 되는 자극과 짝지어져 제공됨으로써 강화력을 갖게 된다. 예를 들면, 아이가 휴지를 주울 때마다 아이가 좋아하는 초콜릿을 주면 초콜릿과 휴지줍기가 짝지어져서 강화력을 갖게 된다. 이때 초콜릿은 그 자체가 강화력을 갖게 되는데,

이런 자극을 '제1차 강화(primary reinforcer)'라고 하며, 강한 자극과 교환할 수도 있고 모을 수 있는 강화자극을 '토큰강화(token reinforcer)'라고 한다. 토큰강화는 직접적인 보상 대신에 별표나 스티커 등의 상징적인 표나 점수를 주게 되면 강화력을 갖게 된다.

- 행동시연: 내담자가 실생활에서 행동하기 어려운 구체적 장면에 대해 역할연기를 반복적으로 연습하게 한다. 역할연기는 내담자에게 현실적 장면이나 극적인 장면을 통하여 역할행동을 시키고 그것을 시연시킴으로써 이상행동을 적응행동으로 바꾸는 기법이다.

(5) 합리적-정서적 상담

엘리스(A. Ellis, 1984 & 2004)는 정신분석 치료자로서 그가 받은 훈련이 내담자를 치료하는데 부적합하다는 것을 발견하고 합리적-정서적 상담(Rational-Emotive Therapy, RET)을 발달시켰다. RET의 기본 가정은 인간의 정서는 신념, 평가, 해석 그리고 삶의 상황에 대한 반동에서 나온다는 것이다. 즉, 인간은 합리적 신념을 갖고 합리적 생각을 할 수 있으나 비합리적 신념을 갖고 비합리적 생각을 할 수도 있다는 것이다. RET를 통해서 내담자는 그가 가졌던 비합리적인 신념을 확인하고 논박을 통해서 효율적이고 합리적인 인지방식으로 대치할 수 있는 방법을 배우며 그 결과 상황에 대한 정서적 반응을 바꾸게 된다. 상담의 초점은 감정을 표현하는 것보다 생각하고 행동하는 것에 맞춘다. 치료자의 역할은 교사와 비슷하며 내담자는 학습자와 같다.

1 상담목표

내담자의 자기 패배적인 신념이나 생각을 극소화시키고 삶에 대해 보다 현실적이고 너그러운 철학을 갖게 하는 것이다(Ellis, 1984). 즉, 자기 패배적인 인생관을 없애고 합리적인 인생관을 획득할 수 있도록 돕는 것이다. 비합리적인 사고나 신념을 합리적인 사고나 신념으로 바꾸도록 돕는 것이다.

2 상담기법

RET에서는 인지적·정서적·행동적 기법을 내담자 개개인에 맞추어 다양하게 사용한다. 이 접근법은 매우 실용적이며 적용하기에 좋은 기법으로 입증되었으며 내담자를 포기하지 않고 적절한 결과로 이끄는 기법이다. 상담기법 중에서 ABCDE 전략을 제시하면 다음과 같다.

- ABCDE 전략: RET의 기본 가정은 정서장애(후회, 감정의 좌절, 슬픔, 고통 등)는 주로 비합리적 사고(思考)의 산물이다. 합리적 사고를 하는 사람은 일어난 사건에 대해서 합리적인 해석을 하기 때문에 바람직한 정서적·행동적 결과를 초래한다. 그러나 비합리적 사고를 하는 사람은 일어난 사건에 대해서 비합리적인 해석을 하기 때문에 바람직하지 못한 정서적·행동적 결과를 초래하게 된다. 즉, 인간은 정서적·행동적 결과에 영향을 미치는 원인은 사건보다는 신념체계가 더 중요하다는 것이다. 여기서 A는 활성화된 사건, B는 신념체계, C는 정서적·행동적 결과, D는 논박, E는 효과이다.

A(Activating events): 문제를 유발시키는 구체적인 사건
B(Belief system): 그 사건에 대해 개인이 갖는 신념이나 생각
C(Consequences): 신념이나 생각에 대한 결과로 생기는 행동
D(Dispute): 비합리적인 신념이나 생각에 대한 논박
E(Effect): 논박을 통해 나타나는 상담의 효과

여기서 B는 A에 대한 개인의 신념으로써 C, 즉 정서적·행동적 결과의 원인이 된다. 예를 들면, 어떤 사람이 이혼 후에 우울증을 겪는다면, 그것은 이혼 자체가 우울증을 일으킨 것이 아니라 그가 자신의 삶이 실패했다고 생각하고 배우자에게 거부당했으며 사랑을 잃었다는 잘못된 신념이 우울증을 유발했다는 것이다. 엘리스는 거부당하거나 실패했다는 신념(B)이 우울증을

일으키는 것(C)이지 이혼한 그 사건 자체(A)가 우울증을 일으키는 것이 아니라는 것이다. A−B−C 다음은 논박(Dispute)이다. 논박은 내담자의 비합리적 신념을 바꾸도록 돕는 방법으로 논리적 원리들이 제시되며, 이 원리들은 비합리적인 신념들을 깨뜨리는 데 사용된다. D 다음은 논박의 효과(Effect)이다. E는 자기파괴적 생각에서 벗어나서 보다 합리적인 인식과 현실적인 생각, 자신과 타인 또는 피할 수 없는 일상사에서의 좌절에 대해 보다 폭넓은 수용이 이루어지는 단계이다. 이혼에 대해 자신을 자책하는 대신에 "내가 결혼생활을 성공적으로 수행하지 못해 이혼한 것은 유감이지만, 이혼이 내 인생의 끝장은 아니기 때문에 계속 나 자신을 책망하고 이혼의 책임을 전적으로 내가 수용하는 것은 어리석다"고 생각하게 된다. 따라서 상담의 결과 우울증과 자기경멸의 감정이 제거된다는 것이다.

인간의 비합리적인 신념은 당위주의와 비합리적 사고에 뿌리를 두고 있다.

- 당위주의: 인간은 근본적으로 불완전한 존재이다. 인간이 완벽성을 추구할 때 당위성을 갖게 되는데, 이런 당위성은 대체로 비합리적인 신념이다. 비합리적인 신념의 뿌리를 두고 있는 세 가지 당위성, 즉 자신에 대한 당위성(I must), 타인에 대한 당위성(Others must), 조건에 대한 당위성(Conditions must)이다.

  자신에 대한 당위성은 자기자신에 대해 당위성을 강조하는 것이고 타인에 대한 당위성은 자기와 친밀한 사람들(부모, 자식, 남편이나 부인, 친구, 직장동료 등)에게 당위적인 행동을 기대하는 것이며, 조건에 대한 당위성은 주어진 조건에 대해 당위성을 기대하는 것이다.
- 비합리적 사고: 엘리스(Ellis, 1962)가 제시한 정서장애의 원인이 되고 유지시키는 비합리적 생각은 다음과 같다.
  - 알고 있는 모든 의미 있는 사람들로부터 인정받고 사랑받는 것이 필연적이라는 생각
  - 자신이 가치 있는 사람이려면 모든 측면에서 철저하게 능력이 있고 성취적이어야 한다는 생각

- 인간의 불행은 외적인 사건에서 비롯되었고 사람들은 자신의 슬픔과 장애를 통제할 능력이 없다는 생각
- 일이 자기가 원하는 대로 되지 않을 때 그것은 끔찍하고 파국적이라는 생각
- 어떤 사람은 나쁘고 사악해서 그런 사악함 때문에 가혹하게 비난받고 처벌받아야 한다는 생각
- 문제의 완전한 해결책은 항상 있으며 만약 이런 완전한 해결책을 찾지 못하면 파국이라는 생각

CHAPTER

교육과정의 이해 07

1. 교육과정의 개념
2. 교육과정의 구성요소
3. 교육과정의 유형
4. 우리나라의 교육과정의 변천

교육이 소기의 목적과 목표를 실현·달성하기 위해서는 일련의 교수–학습활동이 있어야만 하고, 이러한 교수–학습활동이 효과적·효율적으로 이루어지기 위해서는 교육의 내용이 체계적으로 구성되어 단계적으로 다루어져야 한다. 즉, 가르치려는 내용이 잘 조직되어 있을 때, 교수–학습활동은 순조롭게 이루어질 수 있다. 교육과정(敎育課程)의 개념과 이론은 바로 이처럼 교육내용을 효과적으로 구성·조직하는 원리와 방법을 다루는 교육학의 연구 영역으로 오늘날 그 중요성이 특히 강조되고 있다.

이 장에서는 먼저 교육과정의 개념과 구성요소를 살펴본다. 이어 교과중심 교육과정, 경험중심 교육과정, 학문중심 교육과정, 인간중심 교육과정의 순으로 주요 교육과정 유형을 살펴본다. 마지막으로 해방 이후부터 오늘에 이르기까지 우리나라 교육과정이 이렇게 변천해 왔는가를 개관한다.

01 교육과정의 개념

교육과정(敎育課程)이란 학교에서 가르치려는 교육내용을 구성한 것을 말한다. 교육과정은 커리큘럼(curriculum)이라고도 하는데, 이는 라틴어 'currere'에서 유래된 것으로 경주로(race course)에 해당하는 말이다. 20세기에 들어서며 커리큘럼에 대한 이론은 크게 발전하였고, 이에 커리큘럼은 교육학 분야에서는 일반적으로 '일정한 목표를 향해서 학습하는 진로' 또는 '진로에서 경험하는 내용'을 의미하게 되었다.

교육과정에 대한 최초의 저서는 보빗(F. Bobbit, 1918)의 『교육과정』으로, 그는 교육에 적용하여 "청소년들이 사회생활을 할 때 필요한 경험들을 사전에 제공하는 일련의 행위들"이라고 정의하였다. 커리큘럼을 교육과정, 학습과정, 학과과정으로 간주하며, 교육내용을 무엇으로 간주할 것인가에 따라 여러 유형으로 분류한다.

02 교육과정의 구성요소

교육은 가르치고 배우는 과정이 필수적이다. 교육하는 과정에서는 우선 '무엇'을 교육할 것인가 하는 교육목표의 설정, 설정된 교육목표를 달성하기 위한 학습경험의 선정, 선정된 학습경험을 가르치고 배우는 과정 그리고 교육목표의 달성도는 어느 정도인가를 확인하는 평가의 과정으로 나눌 수 있다.

(1) 교육목표설정

교육과정에서 가장 먼저 고려해야 할 사항은 '무엇'을 가르칠 것인가인데, 이것이 교육목표를 설정하는 것이다. 교육목표는 교육의 방향설정을 하기 때문에 교육하는 장면에서 매우 중요하다. 교육목표의 결정은 사회의 이상과 현실을 고려해야 하며, 가치와 지식 등에 관한 교육철학, 학생의 특성과 발달수준, 특정교과의 전문성 등을 고려하여야 한다.

(2) 학습경험의 선정과 조직

학습목표를 달성하기 위해 적합한 학습내용을 선정하여 조직할 때 고려해야 할 점은 학습자의 특성, 지역특성, 학교의 특성 등을 고려해야 한다. 이 외에도 학습경험의 본질에 관련하여 몇 가지 선택원칙을 고려해야 한다(황정규 등, 2003).

첫째, 교육목표와의 일관성이 있는 학습경험을 선택한다. 선택하는 학습경험이 교육목표가 지시하는 그 행동을 할 수 있는 기회를 제공하고 있는 것이어야 한다.

둘째, 참신성과 신뢰성이 있는 학습경험을 선택해야 한다. 학문의 발전과 지식의 급속한 증가로 인해 제공되는 정보가 이미 시대에 뒤떨어진 낡은 지식이나 정보일 수 있다.

셋째, 전이(轉移, transfer)의 효과가 높고 활용성이 넓은 학습경험을 선택해야 한다. 제공하는 학습경험은 그것으로 인해 다른 학습에 긍정적 전이 효과가 있는 것이어야 한다.

넷째, 다목적의 동시적 학습을 가능케 하는 학습경험을 선택해야 한다.

학습경험을 선택한 후에는 잘 조직하는 것이 중요하다. 학습경험 조직의 원리는 계속성, 계열성, 통합성의 원칙이 적용된다. ① 계속성의 원칙은 학습경험의 여러 요소들을 어느 정도 계속적으로 반복 경험할 수 있도록 조직하는 원칙이다. ② 계열성은 선행경험을 기초로 하여 다른 경험을 점차 깊이와 넓이를 더해가도록 전개해 가는 것이다. ③ 통합성은 여러 학습장면에서 얻은 학습경험 상호 간에 상호연결되고 일관성이 있으며 통합되도록 조직하는 것이다.

(3) 교수–학습

학습목표가 설정되고 학습경험이 선정·조직되면 그 다음은 가르치고 배우는 과정이다. 교수–학습과정에서 교사와 학습자는 상호협력적이며 동반자적인 관계이고 인간적인 만남이 이루어져야 한다. 교사는 학습자의 특성에 따라 적합한 교수전략을 세워야 하며, 전인교육이 이루어질 수 있도록 노력해야 한다.

(4) 교육평가

교육평가의 목적은 의도한 교육목표가 얼마나 달성되었는가를 확인하는 과정이다. 교육평가에서는 학생의 교육목적 달성도를 평가할 뿐만 아니라 교사 스스로의 학습지도 방법 등을 평가하며 나아가 교육과정 자체와 사회 공헌도까지 평가한다.

03 교육과정의 유형

1) 교과중심 교육과정

교과중심 교육과정(Subject-Centered Curriculum)은 학교교육이 시작된 이래 1920년대까지 동서양의 교육을 지배해 온 교육과정으로써 교과의 학습내용을 조직하고 전개하는 데 중점을 두고 있다. 문화유산의 전수를 목표로 삼는 교과중심 교육과정에서는 '교수목적을 위해 인류 문화유산의 핵심적인 것을 체계적으로 조직해 놓은 것'을 교과로 본다. 즉, 교육과정이란 각 과목별로 학습자들에게 가르칠 만하다고 생각되는 주제를 열거한 것, 즉 교수요목을 의미한다.

교과중심 교육과정에서는 인간을 사회적 존재로 만들어 주는 문화전통의 전수를 가르치기 위해 체계적으로 조직된 지식 중에서 특히 7자유과(문법, 수사학, 논리학, 대수, 기하, 천문학, 음악)를 가르칠 것을 제안하고 있으며, 그 목적은 정신도야에 있다. 정신도야의 근거는 형식도야설이다. 형식도야설에서는 인간의 정신은 서로 뚜렷이 구분되는 몇 가지 능력들, 즉 지각, 기억, 상상, 추리, 감정 및 의지력으로 구성되어 있는데, 이것은 신체의 근육을 단련시키는 것처럼 '마음의 근육(心筋)'을 단련하는 것이 가능하다고 보았다. 이 이론에서는 7자유과를 도야적 가치가 큰 교과로 보았다.

교과중심 교육과정의 장점은 ① 문화유산의 효율적인 전달, 평가 및 측정이 용이하다. ② 체계적이고 조직적인 지식의 전달이 용이하다. ③ 중앙집권적 통제가 용이하다. ④ 그 구성이나 평가가 간단하고 쉽다.

단점은 ① 학습자의 흥미, 노력 등이 무시당하기 쉽기 때문에 학습동기 유발이 되기 어렵다. ② 사고력이나 창조력 등의 고등정신 기능을 함양하기 어렵다. ③ 비실용적인 지식을 획득할 우려가 있다. ④ 학습내용이나 학습경험의 조직 배열이 비능률적이다.

2) 경험중심 교육과정

경험중심 교육과정(Experience-Centered Curriculum)은 교과중심 교육과정이 현실생활의 문제를 해결하는 데 직접 도움이 되지 않는 교과를 맹목적으로 주입시키는 데 문제가 있다고 비판하고 나온 것으로, 아동중심 교육과정, 생활중심 교육과정, 활동중심 교육과정 등으로 표현하기도 한다.

경험중심 교육과정은 교육내용을 학교에서 제공하는 경험의 총체로 본다. 경험중심 교육과정 운영의 핵심은 학생의 원만한 성장을 조력하는 데 있고, 모든 학습자의 협력과 참가에 의하여 이루어진다. 그리고 사실을 가르치는 것보다 실제 체험을 시키는 데 중점을 두어 학생들의 흥미와 능력에 따른 학습법을 강조하고, 학생들의 성격을 창조적으로 육성하고자 하며, 교육을 성장의 과정이라고 본다.

이 교육과정을 실천하였던 학교 및 관련 연구사례로는 경험중심 교육과정에서 활동교육 과정을 중시하던 듀이(John Dewey)의 실험학교, 미리엄(Junius L. Meriam)의 실험학교, 킬패트릭(William H. Kilpatrick)의 구안법(Project Method) 등이 있고, 생활영역 교육과정을 중시하던 보빗(John Franklin Bobbitt)과 차터스(Werrett W. Charters)의 생활 영역분류와 캐스웰(Hollis L. Caswell)의 버지니아 플랜(Virginia Plan) 등이 있다.

경험중심 교육과정의 장점은 ① 생활인과 실천인의 육성을 할 수 있다. ② 학습자의 흥미와 필요를 고려한 학습으로 능동적 학습태도를 함양한다. ③ 문제해결력을 신장하고 고등정신을 함양할 수 있다.

단점은 ① 체계적인 지식과 기능을 경시할 우려가 있다. ② 학습자의 행동을 통제하기가 어렵다. ③ 많은 시간과 설비가 필요하며 시간경제적인 면에서 비효율적이다.

3) 학문중심 교육과정

학문중심 교육과정(Discipline-Centered Curriculum)은 1957년 구소련의 인공위성 스푸트니크 발사에 의한 충격으로 당시 미국 교육의 주류를 이루던 진보주의 교육 관점에 따른 생활적응교육을 비판하면서 등장하게 되었다. 즉, 학습자의 흥미, 필요, 사회적 기능과 같은 생활적응에 중점을 둔 경험중심 교육과정이 체계적인 지식교육을 소홀히 한 결과로 구소련과의 경쟁에서 뒤처지게 되었다는 비판이 제기된 것이다.

학문중심 교육과정은 교과의 구조와 학습방법에서는 탐구학습(발견학습)을 중요시한다. 브루너(Jerome S. Bruner, 1960 & 1961)는 "어떤 교과든지 지적으로 올바른 형식으로 표현하면 어떤 발달단계에 있는 아동에게도 효과적으로 가르칠 수 있다"고 주장하였다.

학문중심 교육과정은 첫째, 교과의 내용이 지식의 구조(structure of knowledge)이다. 즉, 핵심적인 아이디어 또는 기본적인 원리 및 개념을 중요시하고 있다. 둘째, 교육과정은 계열성과 계속성을 중시하는 나선형 교육과정이다. 나선형이란 말은 달팽이나 조개껍질에서 보듯이 동그라미가 작은 것에서 점점 크게 돌아나가는 모양을 뜻한다. 학습의 가르치는 내용은 동일하되 발달단계가 높아짐에 따라 그 동일한 내용이 점점 폭이 넓고 깊이 있게 반복하여 가르친다. 셋째, 사고를 중시하고 학습자의 내적 보상에 의한 학습동기의 유발을 중시한다.

학문중심 교육과정의 장점은 ① 체계화된 지식을 교육하므로 교육의 질적 향상을 가능하게 한다. ② 학습하는 방법을 익혀 학습의 전이를 높일 수 있다. ③ 내적 동기유발에 의한 학습의 효과를 높일 수 있다.

단점은 ① 정의적 교육을 경시할 우려가 있다. ② 학습자 개인의 흥미와 필요가 무시되기 쉽다. ③ 추상적 지식만을 강조함으로써 복잡한 사회적응력 함양이 어렵다. ④ 소수의 우수한 학습자 위주의 교육이 되기 쉽다.

4) 인간중심 교육과정

1970년대 무렵 고도산업화에 따라 파생된 인간성의 상실과 비인간화 현상이 심각한 사회문제로 대두되었고 학문중심 교육과정에 대한 비판이 제기되면서 인간중심 교육과정(Human-Centered Curriculum)이 등장하게 되었다. 즉, 지식을 가르치는 것만으로는 복잡한 사회문제에 대응할 수 없으므로 고도산업사회에 적합한 기술교육, 인간적인 심성을 강조하는 교육의 필요성이 제기된 것이다.

맥닐(McNeil, 1985)은 "인간주의자들이 보는 교육과정의 기능은 개인에게 내적 경험을 제공하는 것이다. 즉, 교육의 목표는 인성적 성장, 통합, 자율성을 꾀하고, 자아 및 타인 그리고 학습에 대한 건전한 태도를 형성하는 과정으로서 자아실현을 모색하는 것이다"라고 하였다. 인간중심 교육과정에서 교육의 본질은 삶의 충실과 자아실현을 할 수 있는 인간을 육성하는 것이다. 즉, 인간의 가능성을 최대한 신장시키고 만족스런 삶을 살 수 있도록 도와주어 자아실현을 하도록 하는 데 목적이 있다.

인간중심 교육과정의 장점은 ① 학습자의 자아개념을 긍정적으로 형성하는 데 도움이 된다. ② 학습자가 개별적으로 자기성장을 조정할 수 있다. ③ 교수–학습과정에서 자율적·개방적 분위기를 조성하여 터득한 학습의 의미가 내면화될 수 있다.

단점은 ① 교수–학습과정에서 자유로운 환경조성이 유지되지 않으면 교육성과를 기대하기 어렵다. ② 인간중심 교육에 대한 교사들의 투철한 교육관이 확립되지 않으면 그 실현이 어렵다. ③ 과밀학급과 경쟁위주의 학교환경에서는 인간중심 교육이 어렵다.

04 우리나라 교육과정의 변천

1) 교육에 대한 긴급조치기(1945~1946년)

해방 후 수신과를 폐지하고 새로운 민주시민 양성을 위한 공민과를 신설했으며 국어가 일본어에서 우리나라 말로 바뀌었고, 일본 역사가 폐지되었으며 우리 국사가 개설되었다. 교과편제와 주당 시간수는 다음과 같다.

공민(2), 국어(5−7), 지리·역사(3−4), 수학(2−4), 물리·화학·생물(3−5), 영어(4−5), 체육(2−3), 음악(1−2), 습자(0−1), 도화(0−1), 실업(1−3) 등이다. 가사(2−4), 재봉(2−4), 수예(1) 등은 여학생에게만 가르쳤다.

2) 교수요목기(1946~1954년)

미군정 하의 교육으로 교육과정의 기초가 되었다.

국어(5), 사회생활(5), 수학(5), 과학(5), 체육·보건(5), 실과(2), 음악(2) 등의 필수과목과 미술(1−2), 외국어(5), 수공(1−2), 실업(0−10) 등의 선택과목이 있었다.

교수요목기의 특징은 다음과 같다. 첫째, 교과의 지도내용을 상세히 표시하고 기초 능력을 배양하는 데 주력하였다. 둘째, 분과주의를 채택하여 체계적인 지도와 지력배양에 중점을 두었다. 셋째, 홍익인간의 정신에 입각하여 애국애족의 교육을 강조하였다.

3) 제1차 교육과정(1954~1963년)

최초로 우리나라에서 만든 교육과정이다. 교과중심 교육과정으로 지적 체계를 중시하고 도덕교육을 강조했으며, 교과활동과 특별활동을 병행하여 가르쳤다. 국어(4), 수학(4), 사회생활(5), 과학(4), 체육(2), 음악(2), 미술(2), 실업·가정(5), 외국어(3−5) 등의 교과를 가르쳤다.

그 특징은 첫째, 현실생활을 개선·향상시킬 사회개선 의지를 강조하였다. 둘째, 반공교육, 도의교육, 실업교육을 강조하였다. 셋째, 특별활동 시간을 배당하여 전인교육을 지향하였다.

4) 제2차 교육과정(1963~1973년)

경험중심 교육과정으로 학습활동의 경험, 자주성, 생산성 및 유용성을 강조하고, 교과활동과 반공·도덕생활, 특별활동을 병행하여 가르쳤으며, 한문과 교련과목이 신설되었다. 국어(5−6), 수학(3−4), 사회(3−4), 과학(3−4), 음악(2), 미술(2), 실업·가정(4−5), 외국어(3−5) 등의 교과를 가르쳤다.

그 특징은 다음과 같다. 첫째, 자주성을 강조하여 명확한 사명감을 자각하고 수행하는 국민을 기르려 하였다. 둘째, 생산성을 강조하여 우리 생활을 실질적으로 개선하고 생산성을 높일 수 있는 교육을 강화하려 하였다. 셋째, 유용성을 강조하여 교육내용과 방법이 일상생활과 직결되도록 하였다. 넷째, 지역성을 강조하여 일반적 기준만 제시하고 구체적 적용은 지역사회의 실정에 맞도록 하였다.

5) 제3차 교육과정(1973~1981년)

학문중심 교육과정으로 지식의 구조와 기본개념 및 원리를 중시하였으며, 자발적 탐구를 통한 지식의 이해를 강조하였다. 1968년에 선포된 국민교육헌장의 이념을 실현하고자 시도하였다. 교과활동과 특별활동을 병행하여 가르쳤고 도덕교과를 신설하였으며, 1974년 일본어가 고등학교의 제2외국어로 추가되었다.

도덕(2), 국어(4−5), 국사(2), 수학(3−4), 사회(2−3), 과학(3−4), 체육(3), 음악(1−2), 미술(1−2), 한문(1−2), 실업·가정(3), 외국어(2−5) 등의 교과를 가르쳤다.

그 특징은 다음과 같다. 첫째, 민족 주체의식의 고양, 전통을 바탕으로 한

민족문화의 창조, 개인의 발전과 국가의 융성과 조화를 통한 국민적 자질의 함양을 하고자 하였다. 둘째, 가치관 교육의 강화, 비인간화 경향의 극복, 근면성과 협동성의 앙양을 통한 인간교육을 강화하고자 하였다. 셋째, 지식, 기술교육의 쇄신방안으로써 기본 능력의 배양, 기본 개념의 파악, 판단력과 창의력의 함양, 산학협동 교육의 강화를 꾀하였다.

6) 제4차 교육과정(1981~1987년)

인간중심 교육과정으로 교과, 경험 및 학문을 인간중심으로 조화시키고자 하였다. 국민정신교육, 전인교육, 과학기술교육을 강조하고 초등학교 1~2학년에서 바른 생활, 슬기로운 생활, 즐거운 생활 등 통합교과를 신설하였으며 교과활동과 특별활동을 병행하여 가르쳤다.

도덕(2), 국어(4-5), 국사(2), 수학(3−4), 사회(2−3), 과학(3−4), 체육(3), 음악(1−2), 미술(1−2), 한문(1−2), 기술·가정(6), 외국어(3−5) 등의 교과를 가르쳤다.

그 특징은 다음과 같다. 첫째, 초·중등학교 간의 연계성을 충분히 고려하였다. 둘째, 목표설정의 기준을 개인적 적합성과 사회적 적합성 간의 균형을 유지하는 데 두었다. 셋째, 초등학교는 1~2학년에서 교과 간의 통합을 시도하였고, 중학교는 학교장의 재량에 따라 자유선택과목을 운영하도록 하였으며, 고등학교는 인문계, 실업계, 기타계 고등학교의 교육과정을 통합하여 단일화하였다.

7) 제5차 교육과정(1987~1992년)

통합적 교육과정으로 교과, 경험, 학문 및 인간중심 교육과정을 조화시켜서 교육하였다. 초등학교에서 통합교과에 포함시켰던 국어와 수학을 분리하여 독립된 교과로 채택하였고, 초등학교 1~2학년의 통합적 교육과정이 탄생되었다. 컴퓨터교육(초등학교 4학년 실과교육)과 경제교육 등 다양한 교육자료가 개발·보급이 되었고, 교과활동과 특별활동을 병행하여 가르쳤다.

도덕(2), 국어(4−5), 국사(2), 수학(3−4), 사회(2−3), 과학(3−4), 체육(3), 음악(1−2), 미술(1−2), 한문(1−2), 기술·가정(3−6), 외국어(3−5) 등의 교과를 가르쳤다.

그 특징은 다음과 같다. 첫째, 기초교육의 강화, 둘째, 정보화사회에 대응하는 교육의 강화, 셋째, 교육과정의 효율성 제고이다.

8) 제6차 교육과정(1992~2000년)

통합적 교육과정으로 21세기 교육을 대비하려고 하였다. 중학교 교육과정에서는 도덕성과 창의성을 강조하고 컴퓨터·환경시설, 편성 및 운영체제를 개선하였다. 고등학교 교육과정에서는 필수과목을 축소하고 선택과목을 확대하였으며, 다양한 수준별·특성별 과목설정, 전문교과편제, 외국어 전문교과를 신설하였다. 또한 교과별 시간수 배정에 있어서 연간 34주 동안의 최소 시간만을 지정하고 이것을 기준으로 교과별 시간수 배정을 학교의 재량에 따라 운영하도록 하였다. 과목별 괄호 안의 시간수는 연간 최소 시간수이다. 도덕(68), 국어(136-170), 수학(136), 사회(102−136), 과학(136), 체육(102), 음악(34−68), 미술(34−68), 가정(34−68), 기술·산업(34−68), 영어(136) 등이 필수과목이고, 한문, 컴퓨터, 환경 등의 과목은 선택과목으로써 연간 34~68시간을 운영하도록 하였다.

그 특징은 다음과 같다. 첫째, 추구하는 인간상은 건강한 사람, 자주적인 사람, 창조적인 사람, 도덕적인 사람이다. 둘째, 교육과정 결정의 분권화, 교육과정 구조의 다양화, 교육과정 내용의 적정화, 교육과정 운영의 효율화를 강조하였다.

9) 제7차 교육과정(2000~2007년)

제7차 교육과정은 초·중등학교의 교육목적과 교육목표를 달성하기 위해 초·중등교육법 제23조제2항에 의거하여 교육과학부장관이 문서로 결정하여 고시한 교육내용에 관한 전국 공통의 일반적인 기준으로, 초·중등학교에서 편성·운영하여야 할 학교교육과정의 목표, 내용, 방법과 운영, 평가에 관한 국가수준의 기준 및 기본 지침이 제시되어 있는 국가 수준의 교육과정이다. 세계화·정보화·다양화를 지향하는 교육체제의 변화와 급속한 사회변동, 과학·기술과 학문의 급격한 발전, 경제·산업·취업구조의 변혁, 교육수요자의 요구와 필요의 변화, 교육여건 및 환경의 변화 등 교육을 둘러싸고 있는 내외적인 체제 및 환경, 수요의 대폭적인 변화의 수용을 개정의 배경으로 하고 있다.

제7차 교육과정 개정의 기본 방향은 21세기의 세계화·정보화 시대를 주도할 자율적이고 창의적인 한국인을 육성하는 데 두었으며, 21세기의 지식기반사회에 대비한 지식생성의 교육, 열린교육 체제를 지향하는 학생중심의 교육과정으로 그 방향을 잡고 있으며 다음과 같은 특징을 가지고 있다.

(1) 국민공통 기본교육과정 도입

국민공통 기본교육과정은 모든 국민에게 동일 기간 동안에 동일한 내용을 교육하여 국민으로서 필요한 최소한의 기초·기본교육을 보장하기 위해 도입된 것으로, 초등학교 1학년부터 고등학교 1학년까지의 10년간을 국민공통 기본교육 기간으로 설정하였다. 국민공통 기본교육과정은 기존의 학교급별 개념에 의한 교육과정 연계성 문제를 극복하고, 교육내용의 연속성을 보장하기 위한 것으로 단계 또는 학년제 개념에 기초하여 일관성 있게 구성하였다.

국민공통 기본교과는 국어, 도덕, 사회, 수학, 과학, 실과(기술·가정), 체육, 음악, 미술, 외국어(영어)의 10개 과목으로 구성하였다.

(2) 수준별 교육과정 편성·운영

수준별 교육과정은 학생의 능력, 적성, 필요, 흥미에 대한 개인차를 최대로 고려한 수업을 통해 학생 개개인의 성장잠재력과 교육의 효율성을 극대화하기 위한 교육과정의 차별화라고 할 것이다. 수준별 교육과정은 '단계형', '심화·보충형', '과목 선택형'으로 구분된다.

첫째, 단계형 수준별 교육과정은 학습자의 학습속도에 알맞은 단계의 교육내용을 제공하는 교육과정이다. 둘째, 심화·보충형 수준별 교육과정은 학습자의 학습능력에 적합한 교육내용을 제공하는 교육과정이다. 셋째, 과목 선택형 수준별 교육과정은 학생의 적성, 진로, 소질에 따른 과목 선택의 폭을 넓혀 주고 전문성 심화를 위해 다양한 기회를 제공하는 교육과정이다.

(3) 재량활동 신설 및 확대

재량활동은 초등학교 제6차 교육과정의 학교재량 시간을 초·중·고까지 신설·확대하였다. 재량활동은 단위학교에 교육과정 편성·운영의 자율성을 부여하고 학생의 자기주도적 학습능력을 신장함으로써 현장중심, 수요자중심의 교육과정의 취지를 살리기 위한 것이다.

재량활동은 '교과 재량활동'과 '창의적 재량활동'으로 구분되는데, 교과 재량활동은 중등학교의 선택과목 학습과 국민공통 기본교과의 심화·보충학습을 위한 것이며, 창의적 재량활동은 학교의 독특한 교육적 필요, 학생의 요구 등에 따른 범 교과학습과 자기주도적 학습을 위해 설정된 것이다.

(4) 교과별 학습량의 최적화와 내용수준 조정

학년별 수업시간 수는 3~6학년 모두 주당 평균시간이 0~2시간 정도 감축 조정되었으나, 1학년은 주당 평균 1시간이 증가되었다. 특히 실과시간은 노작중심의 실습교육을 강화하기 위해 3~4학년의 시간을 삭제하고, 5~6학년에 주당 평균 2시간씩을 배정하였다.

(5) 교육과정 평가체제 확립

학생의 교과별 성취기준을 설정하고, 주기적으로 학생의 학력과 학교교육과정 편성, 운영에 대한 평가체제를 확립하도록 하였다. 교육과정의 질 관리를 위해 국가수준에서는 주기적인 학생학력평가, 학교와 교육기관평가, 교육과정 편성·운영에 관한 평가를 실시하도록 하였다.

(6) 고교 2~3학년의 학생 선택중심 교육과정 도입

일반선택(26과목)과 심화선택(53과목)으로 구분하여 다양한 선택과목을 개설하였으며, 과정이나 계열의 구분을 하지 않고 운영하여 학생의 선택 폭을 확대하였다. 인문사회분야, 자연분야, 예·체능분야, 외국어분야, 실업분야 등에 관한 진로정보 제공에 따른 다양한 유형의 개인별 교육과정 선택으로 효율적인 진로지도를 할 수 있게 하였다.

10) 2007 개정 교육과정

교육과학부에서는 2007년 제7차 교육과정 보완을 위한 교육과정 개정안인 '새교육과정'을 발표하였다. 이는 제7차 교육과정을 급변하는 상황에 맞도록 개정·보완하는 '수시개정' 작업의 일환으로 추진되어 왔으며, 이 개정안은 2009년부터 2013년까지 초·중등학교에 단계적으로 적용하게 되었다.

(1) 기본방향

2007 개정 교육과정은 제7차 교육과정에서 강조하는 학습자중심의 단위학교에서 만들어가는 교육과정의 철학을 그대로 준수하면서, 국민공통기본 교육과정 및 선택중심 교육과정 등 기본체제를 유지하였다. 기본방향은 다음과 같다. 첫째, 제7차 교육과정의 기본 철학과 체제를 유지하면서 문제점은 개선한다. 둘째, 단위학교별 교육과정 편성·운영의 자율권을 확대한다. 셋째, 교과별 교육내용의 적정화를 추진한다. 넷째, 국가·사회적 요구사항을 반영한다.

(2) 주요 개정내용

1 단위학교의 교육과정 편성·운영 자율권 확대

가. 재량·특별활동 운영의 학교 자율권 부여
나. '교과 집중이수제' 도입

주당 이수시간이 1시간인 교과(도덕, 음악, 미술 등)의 경우 학기 또는 학년 단위 집중이수가 가능하도록 허용

다. 고등학교 선택 교육과정 편성의 자율권 확대

국가수준 교육과정 편제표 이외의 선택과목 일부 개설 허용

라. 특성화학교, 자율학교 등에 교과목별 수업시간 수의 증감 등 교육과정 편성·운영 자율권 부여

2 국가·사회적 요구 대응

가. 과학교육 강화

나. 역사교육 강화

다. 진로교육 강화

라. 논술교육 강화

3 고등학교 선택중심 교육과정의 개선

가. 선택과목의 일원화: 일반 선택과목과 심화 선택과목 구분 폐지

나. 선택 과목군을 세분화함으로써 폭넓은 교양교육 실시

- 과학·기술 과목군(수학, 과학, 기술·가정) → 수학·과학 과목군과 기술·가정 과목군 분리
- 예·체능 과목군(체육, 음악, 미술) → 체육 과목군과 예술 과목군(음악, 미술) 분리

4 교과 교육과정의 내용 적정화

가. 학습내용 양과 난이도의 적정화

나. 학년 간, 학교급 간, 교과(목) 간 교육내용 연계 및 중복 해소

- 예: [도덕 / 사회], [과학 / 실과 / 체육], [실과 / 체육], [과학 / 실과 / 수학], [사회 / 수학], [도덕 / 실과], [사회 / 실과] 등

11) 2009 개정 교육과정

2009 개정 교육과정은 2009년 12월 23일에 교육과학기술부 고시 제 2009-41호로 고시된 교육과정으로, 학교자율성과 창의성을 강화하는 방향으로 개정되었다.

이전 교육과정과의 차이점은 공통교육과정의 단축이다. 이전 교육과정까지 '국민공통교육과정'으로 10년, 즉 초등학교 1학년부터 고등학교 1학년까지 공통으로 편성되던 것이 '공통교육과정'으로 바뀌면서 9년으로 축소되었다. 따라서 고등학교는 전부 선택교육과정으로 구성되었다.

(1) 개정 중점내용

가. 학기당 이수 교과목 축소를 통한 학습 효율 제고
나. '창의적 체험활동' 도입을 통한 배려와 나눔을 실천하는 창의 인재 육성
다. 고등학교 교과 재구조화를 통한 학생의 핵심역량 강화
라. 국민공통 기본교육과정 조정

(2) 추구하는 인간상

가. 전인적 성장의 기반 위에 개성의 발달과 진로를 개척하는 사람
나. 기초 능력의 바탕 위에 새로운 발상과 도전으로 창의성을 발휘하는 사람
다. 문화적 소양과 다원적 가치에 대한 이해를 바탕으로 품격 있는 삶을 영위하는 사람
라. 세계와 소통하는 시민으로서 배려와 나눔의 정신으로 공동체 발전에 참여하는 사람

(3) 2009 개정교육과정의 편성, 운영 방안

가. 공통 교육과정 기간 축소 및 선택 교육과정 기간 확대
나. 학년군 및 교과군 설정
다. 수업시수 20% 증감
라. 교과 집중이수를 통한 학기당 이수교과 수 감축
마. 창의적 체험활동 신설–학년별 주당 3시간 편성
(자율활동, 동아리활동, 봉사활동, 진로활동 등)

(4) 주요 개정방향

공통교육과정 기간 축소 및 선택교육과정 기간 확대, 학년군 및 교과군 설정, 수업시수 20% 증감, 교과집중이수를 통한 학기당 이수교과수 감축, 창의적 체험활동 신설 등을 들 수 있다.

12) 2015 개정 교육과정

교육부는 2015년 9월 23일 '공교육 정상화'를 위한 핵심과제로서, 창의융합형 인재양성을 목표로 하는 「2015 개정 교육과정」을 확정·발표하였다.

이번 교육과정은 학교교육 전 과정에서 학생들에게 중점적으로 길러주고자 하는 핵심역량을 설정하고, 통합사회·통합과학 등 문·이과 공통과목 신설, 연극·소프트웨어 교육 등 인문·사회·과학기술에 대한 기초 소양교육을 강화하며, 교과별 핵심개념과 원리를 중심으로 학습내용을 적정화하고, 교실수업을 교사중심에서 학생활동중심으로 전환하기 위한 교수·학습 및 평가방법을 제시하였다.

(1) 주요 개정내용

2015 개정 교육과정은 2009 개정 교육과정이 추구하는 인간상을 기초로 창조경제 사회가 요구하는 핵심역량을 갖춘 '창의융합형 인재'상을 제시하

였다. 또한 이를 구체적으로 구현하기 위해 추구하는 인간상과 창의융합형 인재가 갖추어야 할 핵심역량으로 자아정체성과 자신감, 자기주도적 능력을 추구하는 '자기관리 역량', 합리적인 문제해결을 위해 다양한 영역의 지식 및 정보를 활용하는 '지식정보처리 역량', 여러 전문분야의 지식, 기술, 경험을 융합하여 새로운 것으로 창출하는 '창의적 사고역량', 인간에 대한 공감과 문화적 감수성을 바탕으로 하는 '심미적 감성역량', 자신의 생각과 감정을 잘 표현하고 다른 사람의 의견을 경청하는 '의사소통 역량', 지역·국가·세계 공동체 구성원에게 필요한 가치와 태도를 지니는 '공동체 역량'을 제시하였다.

- 창의융합형 인재: 인문학적 상상력, 과학기술 창조력을 갖추고 바른 인성을 겸비하여 새로운 지식을 창조하고 다양한 지식을 융합하여 새로운 가치를 창출할 수 있는 사람

(2) 추구하는 인간상

가. 전인적 성장을 바탕으로 자아정체성을 확립하고 자신의 진로와 삶을 개척하는 자주적인 사람

나. 기초능력의 바탕 위에 다양한 발상과 도전으로 새로운 것을 창출하는 창의적인 사람

다. 문화적 소양과 다원적 가치에 대한 이해를 바탕으로 인류문화를 향유하고 발전시키는 교양 있는 사람

라. 공동체 의식을 가지고 세계와 소통하는 민주시민으로서 배려와 나눔을 실천하는 더불어 사는 사람

(3) 주요 개정방향

첫째, 인문·사회·과학기술에 관한 기초 소양교육을 강화한다.

이를 위해 초·중등 교과 교육과정을 개편하여 인문학적 소양을 비롯한 기초 소양 함양교육을 전반적으로 강화하고, 특히 고등학교에 기초 소양함양을

위해 문·이과 구분 없이 모든 학생이 배우는 공통과목을 도입하고, 통합적 사고력을 키우는 '통합사회' 및 '통합과학' 과목을 신설하였다.

- 국어, 수학, 영어, 한국사, 통합사회, 통합과학, 과학탐구실험

둘째, 학생들의 "꿈과 끼"를 키울 수 있는 교육과정을 마련한다.

단위학교의 교육과정 편성·운영의 자율성을 확대하여 학생의 진로와 적성을 고려한 다양한 선택과목 개설이 가능하도록 하고, 자유학기제 전면 실시('16년)에 대비하여, 중학교 한 학기를 '자유학기'로 운영할 수 있는 근거를 마련하였다.

셋째, 미래사회가 요구하는 핵심역량의 함양이 가능한 교육과정을 마련한다.

교과별로 꼭 배워야 할 핵심개념과 원리중심으로 학습내용을 정선하여 감축하고, 교수·학습 및 평가방법을 개선하여 학생들의 학습부담을 줄이고 진정한 배움의 즐거움을 느낄 수 있도록 한다.

(4) 학교급별 주요 개정사항

초등학교의 경우, 1~2학년에서는 한글교육을 강조하는 등 유아 교육과정과의 연계를 강화한다. 한글교육을 27차시에서 62차시로 늘려 국어, 초등통합, 수학의 읽기·쓰기 활동 등을 바탕으로 2학년까지 모든 학생이 한글을 바르게 읽고 쓸 수 있도록 한다. 학생들의 추가적인 학습부담이 생기지 않도록 창의적 체험활동 시간을 활용해 체험중심의 '안전한 생활'을 편성·운영하도록 하였다.

- 안전한 생활은 생활안전/교통안전/신변안전/재난안전 4개 영역으로 설정하여 지식보다는 체험중심 학습으로 자연스럽게 안전한 생활습관과 의식을 습득하게 하였다.
  - 2016년부터 중학교에서는 자유학기 교육과정이 신설되어 운영되고 있다. 경쟁적인 교과중심의 학습이 아닌, 함께 문제를 해결하며 자신의 적성과 진로를 찾아가는 다양한 체험활동 중심이다. 명사 및 전문가 초청 특강, 진로포트폴리오 작성, 1학생 1문화·예술, 1체육활동

을 연계한 활동을 운영한다. 이를 통해 학생들은 지필평가에 대한 부담에서 벗어나 자신의 생각을 자유롭게 표현하고, 진로에 대해 보다 폭넓게 탐색할 수 있다.

- 고등학교에서는 문·이과 구분 없이 모두가 배워야 할 필수적인 내용으로 구성되어 있는 공통과목을 배운다. 여기에는 국어, 수학, 영어, 사회, 과학, 한국사, 과학탐구실험 등 총 7개의 과목이 포함되어 있다. 공통과목을 이수한 후에는 자신의 진로와 적성에 따라 다양한 선택과목을 이수하게 된다. 또한 국·영·수 교과의 비중을 대폭 축소(6단위 감축)하고 기초교과인 국·영·수 영역을 교과 총이수 단위의 50%를 넘지 못하도록 하며, 기초 교과 영역에 한국사를 포함하였다.
  - 특성화고 교육과정은 전문교과를 공통과목, 기초과목, 실무과목으로 개편하여 국가직무능력표준(NCS)과 연계를 강화하였다.
    - NCS(National Competency Standards) 기반 교육과정은 산업현장에서 요구하는 직무중심으로 직업교육체제를 구축하여 '할 줄 아는 교육'을 지향하는 특성화고와 산업수요 맞춤형 고등학교의 교육과정이다. 이에 특성화 고등학교와 산업수요 맞춤형 고등학교는 2016년부터 NCS 기반 교육과정을 반영하여 학생들이 일과 학습을 동시에 준비할 수 있도록 한다.

(5) 적용 연도

- 2017년 3월 1일: 초등학교 1~2학년
- 2018년 3월 1일: 초등학교 3~4학년, 중학교 1학년, 고등학교 1학년
- 2019년 3월 1일: 초등학교 5~6학년, 중학교 2학년, 고등학교 2학년
- 2020년 3월 1일: 중학교 3학년, 고등학교 3학년

표 7-1 **교과 교육과정 주요개정 내용**

현재의 교육 모습		앞으로의 교육 모습
• 과다한 학습량으로 진도맞추기 수업 • 어려운 시험문제로 수포자 양산, 높은 학업성취도에 비해 학습흥미도 저하 • 지식 암기식 수업으로 추격형 모방경제에 적합한 인간	➡	• 핵심개념 중심의 학습내용 구성 • 진도에 급급하지 않고 학생참여 중심수업을 통한 학습흥미도 제고 • 창의적 사고과정을 통한 선도형 창조 경제를 이끌 창의융합형 인재 양성

자료: 교육부 보도자료(2015).

CHAPTER

교수-학습 지도 08

1. 교수-학습의 개념
2. 학습이론
3. 교수이론
4. 교수방법의 유형

교육은 기본적으로 가르치고 배우는 활동을 통해서 이루어진다. 즉, 교수-학습 과정에서 교수기술이 어떻게 활용되는가에 따라 학생들의 학업성취에 중대한 영향을 미칠 수 있다. 따라서 교사가 학생들의 학습을 효과적으로 지도하기 위해서는 학습과 수업에 대한 충분한 이해가 필요하다.

이 장에서는 먼저 교수-학습의 개념을 살펴본다. 이어 행동주의 학습이론, 사회학습이론, 인지주의 학습이론 등 주요 학습이론을 알아본다. 다음 주요 학자들이 제안하는 교수이론, 교수모형을 알아본다. 마지막으로 다양한 교수방법의 유형을 살펴본다.

01 교수-학습의 개념

교수-학습은 가르치고 배우는 것으로 교수-학습의 주체는 교사와 학습자 양자가 주체이다. 가르치고 배우는 일은 근본적으로 하나의 과정(process)으로 전개되어야 하는데, 교수-학습과정은 목적성, 계획성을 가지고 교사와 학습자가 학습매체를 수단으로 하여 상호적극적으로 이루어지는 교수활동이라고 볼 수 있다. 교수(敎授, teaching)란 교사가 의도적으로 하는 일체의 활동을 의미하며, 학습(learning)이란 경험이나 연습의 결과로서 일어나는 비교적 지속적인 행동의 변화이다. 그리고 수업(instruction)이란 학습자가 특정한 목표에 도달할 수 있도록 학습자의 내적·외적 환경을 조정하는 과정이다. 흔히 가르친다는 의미로 교수와 수업이란 용어를 사용하고 있다. 대체로 교수와 수업을 같은 의미로 사용하고 있으나 엄밀히 구분하면 약간 다르다. 교수란 교사가 의도적인 목적을 가지고 하는 일체의 활동이고, 수업이란 학습이 일어날 수 있도록 학습자의 내·외부의 조건을 체계적으로 조정하는 과정이다.

가네(Gagné, 1979)는 "교수란 교사가 교사의 자격으로 하는 모든 행동이다"라고 하고, "수업이란 학습자 외부에서 학습의 내적 과정을 지원하기 위해 고안된 일련의 사상(事象, events)"이라고 정의하였다.

02 학습이론

학습이론(learning theory)이란 학습이 어떤 심리적 기제로 이루어지며, 어떤 기제가 학습을 성립시키는가를 설명해 주는 법칙이나 이론체계이다. 즉, 행동의 변화를 일으키게 한 학습의 과정으로, 학습이 일어나는 행동기제 또는 심리적 기제가 무엇인지를 설명하고 해석하는 것이라 말할 수 있다.

여러 가지 학습이론 중 행동주의 학습이론, 인지주의 학습이론, 사회학습이론 등에 대해 살펴보고자 한다.

1) 행동주의 학습이론

행동주의 학습이론의 기본 원리는 자극(Stimulus)과 반응(Response) 간의 연합으로, 자극은 학습자가 환경으로부터 받는 모든 것을 의미하고 반응은 자극의 결과로 나타나는 행동을 의미한다. 행동주의에서는 학습을 '경험의 결과로 나타나는 관찰할 수 있는 행동의 변화'로 정의한다. 행동주의 학습이론을 체계화하는데 공헌한 사람은 왓슨(John B. Watson, 1878~1958)이다. 그는 인간에 대한 이해가 관찰가능한 외현적인 행동과 그러한 행동을 이끌어내고 강화시키는 사건들에 의한 과학적 관찰에 근거를 두어야 한다고 주장하였다(임규혁, 2004).

(1) 고전적 조건형성

파블로프(Ivan Petrovich Pavlov, 1849~1936)는 개의 소화기관을 연구하던 중 개에게 먹이를 주면 그에 대한 반응으로 타액이 분비되었는데, 여러 번 반복하여 먹이를 주는 실험을 하는 동안 그 개는 음식을 맛보기도 전에 음식만 보아도 타액을 분비하고, 나중에는 음식을 가져오는 사람의 발소리만 들어도 타액을 분비한다는 사실을 관찰하였다(Pavlov, 1928).

파블로프가 배고픈 개에게 고기를 주었더니 개의 타액(침)이 분비되었다. 이 때 고기는 무조건자극(unconditioned stimulus, UCS)이고, 타액 분비는 무조건반응(unconditioned response, UCR)이다. 다음에는 개에게 중성자극(neutral stimulus, NS)인 종소리를 들려준 직후 무조건자극인 고기를 주는 것을 반복하였더니 개는 종소리만 들려주어도 타액을 분비하게 되었다. 이 때 종소리만은 중성자극이지만 종소리가 고기와 같이 제시되는 것을 반복해서 타액을 분비하게 되면 종소리는 조건자극(conditioned stimulus, CS)으로 작용하고, 타액은 조건반응(conditioned response, CR)이라고 한다. 즉, 고기(UCS)와 타액(UCR) 사이에는 무조건적인 관계성이 형성되지만 종소리(CS)와 타액(CR) 사이에는 조건화(conditioning)가 형성된다.

자극–반응의 고전적 조건화 단계

■ 조건형성 이전
- 중성자극(NS: 종소리) → 무반응
- 무조건자극(US: 음식) → 무조건반응(UR: 침)

■ 조건형성 중
- 중성자극(NS: 종소리) → 무조건반응(UR: 침)
- 무조건자극(US: 음식) → 무조건반응(UR: 침)

■ 조건형성 후
- 조건자극(CS: 종소리) → 조건반응(CR: 침)

고전적 조건형성의 예를 들어보면, 공부를 잘하는 현경이가 국어 시험에서는 계속 실패를 하게 되고, 이로 인해 시험을 볼 때가 되면 불안과 초조함을 느끼게 된다. 이때 국어 시험에서의 실패를 '무조건자극'으로 볼 수 있고, 실패로 인한 좌절이 '무조건반응'이 된다. 실패를 계속하게 되는 시험은 '조긴자극'이 되며, 국어 시험으로 인해 느끼는 불안과 초조함이 '조건반응'이 된다. 그리고 조건화되기 이전의 시험이 '중성자극'이다.

따라서 교사들은 교실상황에서 항상 고전적 조건형성이 일어나고 있다는 사실을 상기하고, 학생들의 개인차를 고려하여 부정적인 조건형성이 발생되지 않도록 학생의 행동을 이해하고 격려하는 것이 중요하다.

(2) 조작적 조건형성

고전적 조건화는 반응의 확률이 조건자극(CS)에 의해 좌우되지만 조작적 조건화는 반응의 결과에 의해 좌우된다. 스키너(Burrhus Frederic Skinner, 1904~1990)의 조작적 조건화의 실험은 스키너 상자 속에 흰쥐가 지렛대를 누르거나 비둘기가 단추를 쪼면 먹이가 나오게 고안하였다(Skinner, 1938). 비둘기를 이용한 실험에서는 첫 번째 상자의 벽에는 다양한 색이 칠해진 단추와 이동문이 있는데, 비둘기가 단추를 쪼면 이동문이 열리면서 음식이 담긴 접시가 나오도록 고안하였다. 비둘기가 단추를 쪼는 반응(R)은 처음에는 우발적으로 발생하지만, 반응의 결과로써 음식(S)을 받게 되면 마침내 비둘기는 단추 쪼기와 음식을 연결하도록 조건화된다. 두 번째 상자는 전류가 통하며 비둘기가 단추를 쪼면 전류가 멈추도록 고안되어 있는데, 이때 전류는 혐오자극이며 비둘기는 이 혐오자극을 피하기 위해 단추를 쪼는 행동을 증가시킨다. 이 실험에서 비둘기가 음식이 나오는 단추를 쪼는 행동의 빈도가 증가하게 되는 것을 강화라고 한다. 강화(reinforcement)란 어떤 행동의 강도와 발생빈도를 증가시키는 것을 의미하며, 정적 강화와 부적 강화가 있다. 정적 강화(positive reinforcement)란 바람직한 반응을 했을 경우에 반응자가 좋아하는 강화물을 제공하면 바람지한 행동의 강도와 빈도가 증가하는 것을 말한다(예: 인정, 칭찬, 상품 등). 부적 강화(negative reinforcement)란 바람직한 반응을 나타냈을 때 반응자가 싫어하는 것을 제거 혹은 감소시켜 주는 것이다(예: 청소나 과제를 제외시킴).

강화계획이란 행동에 대한 강화의 제시나 중단을 지시하는 규칙이나 절차를 말하며, 계속적 강화와 간헐적 강화가 있다. 계속적 강화란 행동이 일어날 때마다 강화를 제공하는 것으로 학생이 손을 들 때마다 지명하는 식으로 모든 반응에 강화를 주는 것이고, 간헐적 강화는 부분적으로 강화를 제공하는 것으로 학생이 손을 들 때 가끔씩 지명하는 식으로 특정한 반응에만 강화를 주는 것이다. 간헐적 강화는 고정간격 강화계획, 변동간격 강화계획, 고정비율 강화계획, 변동비율 강화계획으로 구분한다.

벌(punishment)이란 바람직하지 못한 행동을 약화시키거나 감소시키기 위해 의도되며 수여성 벌과 제거성 벌이 있다. 수여성 벌이란 바람직하지 않은 행동을 감소시키기 위해 불유쾌한 자극을 제공하여 행동반응률을 감소시키는 것을 의미하고, 제거성 벌이란 바람직하지 못한 행동을 했을 때 정적 강화를 받을 수 있는 기회를 차단시키거나 감소시킴으로써 행동이 일어날 확률을 감소시키기 위한 것이다. 부적 강화는 싫어하는 행동을 제거하는 반면 제거성 벌은 기대하고 바라는 행동을 제거하는 것이다.

2) 사회학습이론

반두라(Albert Bandura, 1925~)는 조건형성과 인지이론을 통합하여 사회인지 학습이론을 제안하였다. 이 이론에서는 학습자의 직접 경험보다 타인의 행동을 관찰하고 모방하는 데서 오는 행동변화를 강조한다. 즉, 직접적인 강화나 벌이 없어도 다른 사람의 행동을 관찰함으로써 학습할 수 있다는 것이다. 따라서 사회학습이론(social learning theory)은 관찰학습(observational learning)과 대리경험(vicarious experience)을 중요시하여 사회학습을 관찰학습, 모방학습, 인지적 행동주의 학습이라고도 한다(Bandura, 1977). 관찰학습에서는 영화, TV, 소설 등에서도 관찰을 통해 모방학습이 이루어지고, 간접적 혹은 대리경험으로도 행동에 영향을 받는다. 모델의 행동이 관찰자에게 영향을 주는 것은 모델이 행한 반응의 결과에 따르는데, 모델의 행동이 보상받는 것을 본 관찰자는 보상받는 행동을 더 열심히 수행하려고 하고, 부정적인 결과를 가져오는 모델의 행동을 관찰했을 때는 그 행동을 하지 않으려고 한다. 이 외에도 명성, 유능함, 높은 사회적 지위 등을 갖추고 있는 모델의 영향을 더 많이 받으며 관찰자의 성격 및 과거 경험에 의해서도 영향을 받는다.

특히 가정에서는 부모의 행동에서 관찰학습이 이루어진다. 가정폭력 등은 자녀가 폭력하는 장면을 관찰하게 되고, 모방학습이 되어 후에 폭력을 하는 행동을 한다는 것이다. 따라서 어린이들에게 바람직한 모델을 제공하는 한편, 바람직하지 못한 모델을 제공하지 않도록 해야 한다. 교사는 항상 학습자들의 관찰대상이 되어 모델링이 되고 있다는 사실을 기억해야 한다. 교사가 하는 행동과 언어는 학습자들에게 관찰학습이 되어 때로는 의도하지 않은 학습결과를 초래하기도 한다.

3) 인지주의 학습이론

인지주의 학습이론에서는 의식은 수동적인 수용이 아니라 능동적인 활동이며, 직접 의식되는 것은 원자적인 부분들이 아니라 통합되어 있는 전체이다. 학습은 S-R 연합으로 이루어지는 것이 아니라 통찰에 의하여 전체적인 관계를 파악함으로써 이루어진다. 학습은 행동변화가 아니라 인지구조의 변화로 본다. 즉, 행동주의 학습이론이 자극과 반응 간의 연합학습으로 보고 인간의 학습은 조건화된 연합으로써 보는 관점에 비해 인지적 학습에서는 인간의 내적 과정의 측면에서 학습의 의미와 과정을 분석하고 규명해야 한다고 보는 관점이다. 즉, 지각, 인식, 의미, 이해, 기억, 문제해결 등이 인간의 행동이나 학습을 결정하는 중심개념으로 보는 것이다.

인지주의 학습이론의 접근은 독일의 심리학자 분트(Wilhelm Maximilian Wundt, 1832~1920)의 내성법에서 시작하였다. 내성법(內省法, introspection)이란 인간이 의식의 내용을 스스로 관찰하여 언어로 보고하는 방법이다. 이 방법에 의하면 어떤 복잡한 의식내용이 라도 엄격한 내성법에 의해 구성요소를 분석할 수 있고 그렇게 함으로써 의식을 이해할 수 있다고 보았다. 이러한 분트의 심리학을 구성주의 심리학 혹은 내성 심리학이라고 한다(Rieber, 1980; Titchener, 1921).

(1) 통찰학습이론

통찰(insight)이란 문제상황에서 문제의 요소들을 재구성함으로써 갑작스럽게 문제해결이 이루어지는 현상을 말한다. 독일의 형태심리학자 쾰러(Wolfgang Köhler, 1887~1967)는 문제해결은 시행착오를 통하여 이루어지는 것이 아니라 통찰을 통해 이루어진다고 보았다(Köhler, 1925). 쾰러는 원숭이가 들어 있는 우리의 천정에 바나나를 매달아 놓고 바닥에는 몇 개의 상자, 작은 막대기, 긴 막대기 등을 놓았다. 이 실험에서 술탄(Sultan)이란 침팬지를 이용하였는데, 술탄은 처음에는 바나나를 따먹기 위해 뛰어본다던가, 다시 상자 하나를 놓던가 하다가 상자를 쌓고 올라가서 바나나를 취하였고 혹은 작은 막대기로 따다가 닿지 않으니까 긴 막대기로 먹이를 취하여 목적을 달성하는 과정에서 자력으로 문제해결을 하였다. 이런 과정은 통찰이 생겼기 때문에 가능하다는 것이다. 즉, 이 실험에서 침팬지는 상자, 막대기와 바나나 간의 관련성을 전체적으로 인식하고 상자와 막대기를 목적달성을 위한 도구로 사용하였으며, 문제사태를 전체적으로 이해하고 분석하여 인지함으로써 자신의 목적달성을 위한 행동과 결부시켜 재구성 또는 재구조화 과정을 거쳤다는 것이다. 통찰의 특징은 다음과 같다.

첫째, 통찰은 문제장면의 배열에 의존한다. 즉, 문제해결과 관계되는 요소들이 지각될 수 있도록 배열이 잘 되어 있을 때 통찰은 쉽게 일어난다.

둘째, 한 번 통찰에 의해 문제가 해결되면 곧 반복될 수 있다. 즉, 점진적인 해결이 시행착오의 법칙인데 반해 돌발적인 해결은 통찰의 법칙이다.

셋째, 통찰에 의해 달성된 해결방법은 새로운 장면에 적용될 수 있다. 즉, 통찰에 의해 학습된 것은 수단과 목적 간의 인지적 관계이다. 따라서 어떤 한 도구는 다른 장면에서 다른 도구로 대치될 수 있다.

(2) 장이론

사회심리학자 레빈(Kurt Lewin, 1890~1947)은 위상심리학을 발전시켜 장이론(場理論, field theory)을 발전시켰다(Lewin, 1936 & 1951). 위상심리학이란 어떤 순간에 처해 있는 생활공간의 구조에서 어떤 행동이 일어날 수 있으며, 일어날 수 없는가를 연구한 심리학이다. 레빈은 학습과정의 첫 단계에서의 인지는 분석적으로 이루어지는 것이 아니고 전체적 장(場)의 관계로 이루어진다고 했다. 즉, 장이란 인지가 일어날 때 그 사람에게 심리적으로 영향을 준 전체적 상황이라는 것이다. 장이란 한 사람의 전체적 생활공간을 뜻하고, 생활공간은 환경과 개인으로 구성된다. 행동은 생활공간의 함수이다. 이것을 공식으로 표현하면 다음과 같다.

> B = f(P · E)
> B(behavior 행동), f(function 함수), P(person 개인), E(environment 환경)

이 공식에 의하면 인간은 목적지향적으로 행동하고, 목표달성 방법에 대해 인지구조를 통찰하여 재구성한다는 것이다. 장이론의 특징은 다음과 같다.

첫째, 지각과 실재는 상대적 관계이다.

둘째, 인간은 자아의 관심을 추구하고 항상 전체로서 관련된 상황을 강조한다.

셋째, 현시성의 원리를 중시하고 학습을 통찰 또는 인지구조의 변화로 본다.

(3) 정보처리 학습이론

정보처리 학습이론은 학습을 정보처리의 관점으로 이해하려는 접근방법이다. 즉, 정보처리이론(information processing theory)을 활용하여 학습이 이루어지는 원리와 학습효과를 제고할 수 있는 방법을 찾고자 하는 것이다.

정보처리이론은 정보와 관련된 인간의 내적 처리과정을 컴퓨터의 처리과정에 비유하여 설명한다. 정보처리이론에서는 인간의 학습을 외부로부터 정보를 획득하여 의미 있는 정보를 변형시키고, 기억 속에 저장하며, 필요시에 인출하는 정보처리의 기능을 가진 일련의 과정으로 본다. 정보처리이론의 구조는 정보저장소와 인지처리과정으로 구성되어 있으며 정보저장소(information store)는 감각등록기, 단기기억(또는 작동기억), 장기기억 등으로 구성되어 있다.

1 감각등록기

감각등록기(sensory register)는 감각기억이라고도 하며, 감각기관(시각, 청각, 미각, 후각, 촉각)으로 들어온 정보를 순간적으로(0.5~2초) 저장하는 기억이다. 수용량에 제한이 없지만 주의집중하지 않으면 정보는 소멸되나 주의집중을 하면 단기기억 속으로 전이된다. 학습자가 환경으로부터 눈이나 귀와 같은 감각 수용기관을 통해 정보를 최초로 저장하는 곳이다. 자극을 아주 정확하게 저장하지만 매우 짧은 시간 동안 저장한다는 특징을 가지고 있다. 시각은 약 1초 정도, 청각인 경우엔 약 4초 정도를 저장한다.

2 단기기억

단기기억(short-term memory)은 작동기억(working memory)이라고도 한다. 작동기억은 간단한 암산과 같은 정신작용이 일어나기 때문에 붙여진 이름이다. 단기기억에서는 많은 양의 정보가 의미 있는 형태로 부호화되고 약 20~30초 동안 저장된다. 단기기억의 특징은 정보의 양과 지속시간에 제한이 있기 때문에 청킹(chunking)의 역할이 중요하다. 청킹이란 분리되어 있는 항목들을 보다 큰 묶음으로, 보다 의미 있는 단어로 조합하는 것을 의미한다. 예를 들면, 'm, e, m, o, r, y'라는 다섯 글자는 작동기억에서는 6개의 단위로 자리하지만, 이들이 'memory'라는 단어로 조합되면 한 개의 단위로 자리하게 된다. 이와 같은 청킹의 적극적인 활용은 제한된 작동기억의 수용량을 증가시키는 좋은 방안이 된다.

3 장기기억

장기기억(long-term memory)은 무한한 정보를 영구적으로 저장할 수 있는 곳이다. 단기기억에 있던 정보는 시연이나 부호화에 의해 장기기억으로 전송되며, 장기기억으로 전송되지 못한 정보는 소멸되어 망각한다. 장기기억에서는 몇 분에서 길게는 평생 동안 저장되기도 한다. 장기기억은 일상기억과 의미기억으로 구분한다. 일상기억(episodic memory)은 주로 개인의 경험을 보유하는 장소이다. 일상기억에서의 정보는 주로 이미지로 부호화되며, 정보가 발생한 때와 장소를 기초로 조직된다. 그리고 일상기억은 기억되는 경험이 매우 의미 있는 경우가 아닐 때에는 종종 인출에 실패하는 경향이 있는데, 이는 보다 최근에 발생한 정보로 인해 인출이 방해를 받기 때문이다. 의미기억(semantic memory)은 문제해결전략과 사고기술, 사실, 개념, 일반화, 규칙 등이 저장된다. 학교에서 학습하는 내용들의 대부분은 의미기억 속에 저장되고, 의미기억에 저장되는 정보들은 서로 연관을 맺으면서 체계적인 네트워크(network)를 구성하게 되는데, 이는 교육과 관련하여 매우 중요한 함의를 가진다. 네트워크라는 말은 장기기억 속에 존재하는 정보들이 따로따로 분리되어 존재하는 것이 아니라, 서로 관계성을 맺고 상호연결되어 있다는 것을 강조하기 위한 표현이다. 장기기억 속에 존재하는 정보들이 네크워크를 이룬다는 사실은 학습자가 정보를 수동적으로 받아들이는 것이 아니라, 정보를 이해하고 능동적으로 조직한다는 정보처리이론의 기본 가정을 잘 보여 준다.

03 교수이론

1) 글레이저의 수업모형

글레이저(Robert Glaser, 1921~2012)는 수업의 과정을 하나의 체제(a

system)로 파악하고 4단계로 구분하였다. 즉, 수업목표→출발점 행동→수업절차→성취도 평가이다. 이 체제에서는 전단계가 후속단계를 계속적으로 결정하고 수정하며, 각 단계가 피드백(feedback), 즉 환류에 의해 유기적으로 서로 관련되어 있다(Glaser, 1962).

환류(還流)는 수업의 효과를 제고하기 위하여 새롭게 얻어진 정보(예를 들면, 평가의 결과)를 수업과정에 적절하게 반영하는 활동을 말한다. 지속적인 환류를 통해 수업체제는 보다 효과적인 것으로 개선될 수 있다.

이 같은 수업모형을 도식화하면 그림 8-1과 같다.

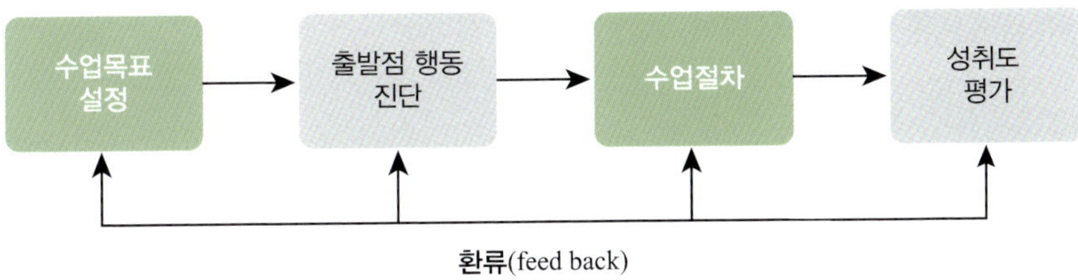

그림 8-1 **글레이저의 수업모형**

(1) 수업목표의 설정

수업목표(instruction objective)는 학생들이 성취해야 할 궁극적 목표이며 관찰, 측정, 기술이 가능한 것으로 세분화되어야 한다. 수업목표는 도착점 행동으로 설명되며, 도착점 행동(terminal behavior)이란 수업이 끝났을 때 학생들이 보여 줄 수 있는 성취를 의미한다.

(2) 출발점 행동

출발점 행동(entering behavior)이란 새로운 수업과정이 시작하는 단계에 있어서 학생이 가지고 있는 선행학습(previous learning)의 정도를 말한다. 이 단계에서는 학습자의 종합적 진단을 통한 학습자의 준비성 및 새로운 수업참여의 가능성 여부를 판단한다. 지금까지는 출발점 행동으로 선행학습

정도, 적성, 지능 등의 지적인 요인들이 고려되었으나 흥미, 태도, 자아개념과 같은 정의적인 요인들도 고려해야 할 것이다.

(3) 수업절차

수업절차(instruction delivery)란 교사가 학습자에게 가르칠 내용을 직접 가르치는 과정, 즉 교사의 수업전개 활동을 말한다. 이 단계에서는 수업현장에 필요한 수업전개의 구체적인 단계 및 절차를 구안하고, 교재의 재구성 및 교과내용에 적합한 교수매체나 학습자료의 준비, 다양한 교과내용에 대한 적합한 교수방법의 선정이나 활용 등으로 효과적인 수업과정이 이루어진다. 또한 형성평가에 의한 교정학습이 제공된다.

(4) 성취도 평가

설정된 수업목표가 얼마나 달성되었는지를 평가하는 방법으로 형성평가와 총괄평가의 두 가지가 있다. 형성평가(formative evaluation)는 교수–학습과정이 진행되는 동안 평가하는 것이고, 총괄평가(summative evaluation)는 교수–학습과정이 완전히 끝났을 때 평가하는 것이다. 형성평가에서 얻어진 정보는 후속되는 학습활동을 조정하는 데 이용하고, 총괄평가의 결과는 설정된 수업목표에 대한 도달 정도를 판단하는데 이용되며, 다음 단위의 교수과정 설계의 기초자료로 활용된다. 즉 평가에 의해 계속적인 피드백이 행해지고, 각 단계별로 수정 · 조정 · 보완이 이루어진다.

2) 캐롤의 학교학습모형

캐롤(John B. Carroll)의 학교학습모형은 '학생들의 학습은 어떠한 요소들에 의해 영향을 받는가?'의 관점에서 학습자의 학습활동을 설명한 것이다. 그는 1963년 「학교학습의 모형(The model of school learning)」이라는 논문을 발표하였는데 이는 블룸(B. S. Bloom, 1968 & 1971)이 '완전학습'의 이론과 전략을 발전시키는 데 크게 기여하였다. 캐롤의 모형은 이후 교육의 이론과 실제에 널리 활용되었다(Carroll, 1989).

캐롤은 학습자들의 학습정도에 영향을 미치는 변인으로 적성, 수업이해력, 학습지속력, 수업의 질 그리고 학습기회 등 다섯 가지를 들고 적성, 수업이해력 및 학습지속력을 개인차 변인으로, 수업의 질과 학습기회를 수업변인으로 분류하였다. 다섯 가지 변인들 간의 관계를 방정식으로 나타내어 학습의 정도를 알아보는 공식은 다음과 같다.

$$\text{학습정도} = f\,\frac{\text{학습에 사용한 시간}}{\text{학습에 필요한 시간}} = f\,\frac{\text{학습기회} \times \text{학습지속력}}{\text{적성} \times \text{수업이해력} \times \text{수업의 질}}$$

1 적성

적성(aptitude)은 학습자가 최상의 수업조건에서 주어진 학습과제를 완전히 학습하는 데 필요한 총 시간량으로 측정된다. 즉, 학습자의 학습적성은 완전학습하는 데 필요한 시간량을 결정해 준다는 것이다. 특정학습과제에 대한 학습자의 적성이 높은 학습자가 낮은 학습자보다 수업목표를 성취하는 데 필요한 시간량은 적다. 따라서 학습적성이 낮은 학생은 과외수업 등으로 학습에 필요한 시간량을 보충한다면 수업목표에 도달할 수 있을 것이다.

2 수업이해력

수업이해력(ability to understand instruction)이란 학습자가 수업내용이나 교사의 설명을 이해하는 능력이다. 교사의 수업활동이 대부분 언어적 활동이며 교과서도 주로 인쇄된 문자로 구성되어 있다. 따라서 교사가 사용하는 언어나 교과서를 잘 이해하는 능력을 가진 학습자는 수업목표에 도달하는 데 큰 도움이 될 것이다. 수업이해력은 학습해야 할 과제의 성질과 학습절차를 이해하는 학습자의 능력으로 정의되며, 학습자의 일반능력과 언어능력으로 대표된다.

3 수업의 질

수업의 질(quality of instruction)이란 학습과제 제시방법의 적절성을 말한다. 즉, 교사가 학습자들이 학습과제를 쉽게 이해하고 습득할 수 있도록 수업을 적절히 조직하여 제시하는 것이다. 교사가 교수하는 내용과 방법에 따라 학습자의 학업성취도는 달라진다. 이를 위해서 교사는 학습목표와 학습내용을 학습자가 충분히 이해할 수 있도록 설명하며, 학습과제를 적절한 계열로 조직하여 제시한다면 수업의 질을 높일 수 있다.

4 학습기회

학습기회(opportunity)란 특정학습과제를 학습할 수 있도록 학습자에게 주어진 시간량이다. 학습기회의 최적 수준의 문제는 학습자의 개인차에 따라 다르므로 학습자들의 개인차를 고려한 학습기회를 제공하는 것이 필요하다. 캐롤은 누구나 각자의 학습자에게 필요한 만큼의 시간을 제공해 준다면 완전학습에 도달할 수 있을 것으로 가정한다.

5 학습지속력

학습지속력(perseverance)이란 학습자가 특정학습과제를 일정한 수준으로 성취할 때까지 지속적으로 몰두해서 학습하는 시간량을 말한다. 학습지속력은 학습동기, 흥미, 인내심 등과 밀접한 관계를 가진 개념이다. 학습지속력은 학습자들에 따라 개인차가 있으며, 같은 학습자라도 과제가 달라짐에 따라 학습지속력이 달라진다. 즉, 학습과제에 따라 학습자의 학습동기나 흥미가 다르므로 학습지속력이 달라진다는 것이다.

이상에서 살펴보았듯이 캐롤의 학교학습모형은 완전학습의 이론적 토대를 제공했다. 이 모형에서는 학습에 관련된 변인을 시간개념으로 이해하고 있기 때문에 수업목표에 도달하는 것은 학습을 위해 사용하는 시간량에 따라 달라질 수 있다는 공헌점이 있다. 따라서 각 학습자에게 적정한 학습할 시간을 제공해 준다면 수업목표에 도달할 수 있다는 점에서, 기존의 우수아와 열등아라는 개념에서 빠른 학습자와 느린 학습자라는 개념으로 변화시켰다.

3) 브루너의 교수이론

브루너(Jerome S. Bruner)는 인지적 수업이론을 대표하는 학자로서, 수업은 학습자가 지식을 획득하기 위해 거쳐야 할 인지적 과정을 적절한(relevant) 방식으로 이끌어야 한다는 관점을 강조한다. 이에 수업은 일련의 과정으로 구성하고 이를 진행하여야 한다. 즉, 수업은 수업목표의 설정, 학습자의 개인차 고려, 학습자의 학습동기 형성, 학습자의 계열화와 구조화, 수업사태의 조직, 수업평가의 순서로 진행된다. 이것은 학습경향성, 지식의 구조화, 학습의 계열화, 강화, 학습자 사고의 자극이라는 5가지 측면을 포괄하고 있다(Bruner, 1966).

1 학습경향성

학습경향성(predisposition)은 학습자가 학습하고자 하는 의욕을 의미하며, 준비성이나 출발점 행동과 유사하다. 여기서는 학습동기가 중요한데, 외적 동기보다는 내적 동기를 중시하는 발견적 학습이 중요시된다. 학습경향성의 조건으로는 학습과제가 적절한 수준의 불확실성을 지니고 있어야 한다는 가능성 탐색의 자극, 실패에 대한 불안감을 제거해 주어야 한다는 가능성 탐색의 유지, 학습자들이 수업목표와 학습과제를 인식해야 한다는 가능성 탐색의 방향을 제공하는 3가지 조건을 제시한다.

2 지식의 구조화

지식의 구조화는 '지식의 구조(structure of knowledge)'에 기초하여 지식을 구성하는 방식을 말한다. 지식의 구조는 한 사물을 얽어매고 있는 요소 내지 그 요소가 얽혀 있는 모양, 즉 학문의 기저를 이루고 있는 일반적인 아이디어, 기본 개념, 일반적 원리이다. 브루너는 모든 지식은 구조를 가지고 있다고 전제하고, 학습사들이 특정 영역의 지식을 쉽게 학습할 수 있도록 지식을 구조화하는 구체적인 방식을 제시해야 한다고 본다. 특정 영역의 구조를 알게 되면 정보를 단순화하고, 새로운 명제를 산출하며, 지식의 조작능력을 증진시킬 수 있다는 것이다.

지식의 구조는 세 가지 특징으로 기술될 수 있다. 즉, 표현양식, 경제성 그리고 생성력이다. 잘 구조화된 지식이란 올바른 방법으로 표현되고, 경제성과 생성력이 있도록 조직화된 지식을 말한다(이홍우, 1988).

- 표현양식: 작동적 표현, 영상적 표현, 상징적 표현의 3가지 양식으로 표현될 수 있다. 작동적 표현(enactive representation)은 한 사건에 대하여 적절한 신체적 반응이나 그것으로부터 어떤 결과를 얻기 위한 일련의 활동으로 표현하는 방법이고, 영상적 표현(iconic representation)은 지식이 함축하고 있는 의미를 이미지(image)를 이용하여 표현하는 방식으로 과학적 개념을 그림·도표·사진 등으로 표현하며, 상징적 표현(symbolic representation)은 상징적인 언어나 형식적이고 논리적인 명제를 이용하여 지식을 훨씬 더 추상적으로 표현하는 방식이다.
- 지식구조의 경제성: 정보를 최대한 간소하게 요약해서 표현하는 것이다. 요구되는 정보의 양이 많을수록 그 지식의 경제성은 낮다.
- 지식구조의 생성력: 문장의 의미를 파악해낼 수 있도록 구성하는 것을 의미한다. 즉, 특수한 구조가 학습자로 하여금 새로운 명제를 표출해내거나 문제해결을 위해 정보를 이용할 때, 학습한 명제가 지적 산출력(응용력이나 전이가)을 가졌는가를 의미한다.

3 학습의 계열화

계열(sequence)이란 학습자들이 학습내용을 이해, 변형, 전이하는데 도움이 될 수 있도록 학습과제를 순서대로 조직하고 제시하는 원칙을 말한다. 학습내용을 어떻게 조직하느냐에 따라 학습의 효과가 좌우된다. 계열에 따른 학습과제를 조직할 때 고려할 점은 첫째, 학습계열은 학습자의 선행학습, 발달단계, 자료의 성격, 개인차 등을 고려해야 한다. 둘째, 학습자들의 지적 발달단계를 고려해야 한다. 셋째, 학습계열의 조직은 적절한 수준의 불확실성과 긴장감을 유지하도록 고려해야 한다. 넷째, 학습계열을 조직할 때는 학습자의 학습속도, 전이의 가능성, 망각에 대한 저항, 표현양식, 학습 내용의 경제성과 생성력 등의 준거를 고려해야 한다.

4 강화

수업과정에서 상벌은 학습활동의 결과와 방향을 알려 주며, 상벌의 교정적인 정보활용은 학습자 스스로 자기 학습의 결과를 확인하고 이에 따르는 만족과 불만족을 느끼는 내적 보상이 이루어진다.

브루너의 강화(reinforcement)에 대한 논의는 다음과 같다.

① 상이나 벌은 외적 보상이 강하면 성취 자체로부터 받는 보상은 감소된다.
② 학습에 실패한다는 것은 다음의 성취 혹은 향상을 위한 가치 있는 정보를 제공받게 된다.
③ 성공에 따른 강한 내적 보상은 그 행동을 다음에도 계속하게 하는 역할을 한다.
④ 외적인 보상에 따르는 벌은 행동을 와해시킬 가능성이 높으며 시정과 향상을 위한 기반이 되기 어렵다.

5 학습자 사고의 자극

브루너는 인간은 스스로 무엇인가를 발견하려는 욕구를 지닌 존재로 보고 발견학습을 주장하였다. 발견학습(discovery learning)이란 지식의 구조를 학생들 스스로 발견할 수 있게 하는 방법이다. 즉, 교사의 최소한의 지도와 학습자의 최대한의 탐구 및 시행착오에 의해 원리나 규칙을 깨닫고 문제를 스스로 해결하는 학습방법을 말한다. 따라서 교사는 학생들이 자발적으로 사고하는 태도를 갖도록 교과를 가르쳐야 할 것이다. 즉, 교사는 탐구적 사고의 절차를 학생들에게 가르쳐야 한다.

4) 가네의 교수이론

가네(Robert M. Gagné, 1919~2002)는 인간학습의 결과로 얻어지는 산출물을 다섯 가지 능력(즉, 언어정보, 지적 기능, 인지전략, 운동기능, 태도)으로 분류하고, 이러한 각각의 능력을 향상시키고자 하는 것이 교수활동의 목표라고 하였다.

가네의 교수이론은 '학습위계(learning hierarchy)'의 개념에 기초해 있다. 이는 학습에는 단계, 즉, 위계가 있으며, 학습유형은 학습위계에 영향을 받는다는 것을 말한다. 다시 말해 학습은 단순한 것으로부터 복잡한 것으로, 저차원적인 것으로부터 고차원적인 것으로와 같이 단계적으로 발전한다는 것이다. 즉, 학습은 쉬운 것에서 어려운 것으로 위계적으로 진행된다는 것이다. 이러한 관점에서는 어떤 한 단계의 학습은 그 다음 단계의 학습에 필수적인 선행요건이 된다(Gagné, 1974; Gagné & Briggs, 1974). 이 이론은 수업목표분석, 학습과제분석 및 수업이론 정립에 기여하였다. 가네는 8가지 학습유형이 위계를 이루고 있고, 하위학습이 이루어져야 상위학습이 가능하다고 하였다.

1 신호학습

신호학습(signal learning)은 파블로프의 고전적 조건형성에 의한 반응으로 이루어지는 학습으로, 자극이나 신호에 대해 정서적 반응을 하는 학습이다(예: 학교에서 종소리를 듣고 수업의 시작과 종료를 알게 된다).

2 자극-반응학습

자극-반응학습(stimulus-response learning)은 스키너(B. F. Skinner)의 조작적 조건화 원리에 의해 이루어지는 학습으로, 특정자극에 대해 구체적인 반응을 하는 것이다(예: 카드에 '사과'(자극)라고 써서 보여 주었더니 아이가 '사과'(반응)라고 읽는다).

3 연쇄학습

연쇄학습(chaining learning)은 전 단계에서 학습한 자극-반응의 고리를 연결시키는 학습으로, 운동기능에서의 자극과 반응의 결합이 연쇄적인 것을 의미한다(예: 체조를 순서대로 하는 것을 배운다. 한글의 자음과 모음을 연결하여 사물의 이름을 쓴다).

4 언어연합학습

언어연합학습(verbal association learning)은 개별적 언어가 순서에 맞도록 연결시키는 학습이다. 또한 우리말과 외국어 단어를 연결하여 학습하는 것도 여기에 포함된다(예: 학습–learning, '개'라는 단어와 '뛰다'라는 단어가 연결되어 '개가 뛰다' 등).

5 중다변별학습

중다변별학습(multiple discrimination learning)은 여러 가지 구체적 반응과 연쇄반응을 학습하여 그것들을 구별할 수 있는 능력이다. 즉, 비슷한 여러 대상을 구별할 수 있는 능력을 학습하는 것을 말한다(예: 여러 가지 모양의 도형을 제시했을 때 삼각형을 다른 것과 구별하는 능력).

6 개념학습

개념학습(concept learning)은 공통된 속성을 이해하고 그것을 기준으로 하여 사물을 분류하는 학습이다. 즉, 사물의 공통적인 성질이나 추상적인 성질을 분류하는 것이다(예: 크다, 작다 등의 사물의 공통 성질에 대해 분류하거나 반응하는 것).

7 원리학습

원리학습(rule learning)은 개념과 개념 간의 관계를 파악하는 능력을 획득하는 것을 의미한다. 즉, 개념들 간의 관계가 연결됨으로써 학습이 된다

(예: 사각형의 넓이를 구하려면 가로와 세로의 길이를 곱하면 된다).

8 문제해결학습

문제해결학습(problem solving learning)은 학습자가 이전에 경험하지 못했던 어떤 문제에 대해 몇 가지 규칙을 적용해서 해결하려는 학습이다. 즉, 이전에 논의된 여러 종류의 학습에서 획득한 능력을 주어진 문제에 응용하여 해결하는 능력을 학습하는 것을 말한다.

5) 블룸의 완전학습모형

블룸(Benjamin S. Bloom)의 완전학습모형은 캐롤(J. B. Carroll)의 학교학습모형을 토대로 하였다. 완전학습(mastery learning)이란 학급 내 약 95%의 학생들이 주어진 학습과제를 약 90% 이상 완전히 학습하도록 한다는 것이다.

블룸은 캐롤의 모형에서 5가지 변인을 수업전략의 기본으로 하고 있기 때문에 충분한 학습기회를 주면 완전학습이 가능하다고 본다. 그리고 완전학습에서 중요하게 다루는 것은 형성평가와 이에 따르는 계속적인 교정이다.

완전학습의 특성은 수업이해력을 높일 수 있도록 수업의 질을 높여 주고, 적성이 부족한 학생에게 충분한 학습기회를 제공하며 지구력이 약한 학생에게 지구력을 높이면 학습의 정도를 완전학습의 정도까지 달성할 수 있다는 것이다. 즉, 완전학습을 위한 수업전략은 수업목표의 명료화, 형성평가에 의한 학습장애의 발견과 개별지도, 소집단별 상호협력을 통한 복습 등의 방법들로 구성된다.

블룸의 완전학습모형은 수업 전 단계(기초학습 결함의 진단, 기초학력 보충과정) → 수업활동(수업목표 명시, 수업활동, 수업보조 활동, 형성평가, 보충학습, 심화학습과정, 제2차 학습기회) → 수업 후 단계(총괄평가)로 구분한다.

(1) 수업 전 단계

1 기초학습 결함의 진단

선행학습 정도를 진단하여 학습결손 유무를 파악한다. 선행학습이 불충분한 학습자들은 수업의 출발점에서 상당한 학습결손을 가진 채 수업에 임하게 되므로 학습결손의 유무를 파악해야 한다.

2 기초학력 보충과정

기초학력 진단을 통해서 발견된 선행학습 결손 정도를 보충한다. 해당 학생들에게만 실시하는 것이 원칙이며, 전체 수업시간에 실시하기에는 제한이 있으므로 기초학력 보충과정을 위한 학습은 자율적인 가정학습을 통하여 하는 것이 좋다.

(2) 수업활동 단계

1 수업목표 명시

학습할 단원의 학습목표를 분명하게 제시하여 인식시킨다. 이 단원의 성취목표나 완전학습의 기준을 학생에게 제시하고 명확한 학습목표점을 인식할 수 있도록 돕는 활동에 집중되어야 한다.

2 수업

본시 수업을 실제로 실시한다. 이때 학습밀도를 높이고 충분한 학습기회를 제공한다. 또한 학생들의 수업이해력의 수준에 비추어 학습내용을 체계적인 순서에 따라 명확히 제시하고 학습시간을 효율적으로 사용하여 낭비시간이 없도록 한다.

3 수업보조 활동

교과의 성질에 따라서 수업의 본 활동인 가르치는 교사의 활동과 연습·

실험·실습 및 시청각적 방법을 병행하여 수업한다.

4 형성평가

학습 및 교수가 진행되고 있는 상태에서 학생에게 피드백을 주고, 교과과정과 수업방법을 개선하기 위해 실시하는 평가이다. 이 평가는 교사와 학생에게 학습진도에 관한 피드백을 제공하며, 단원의 내용과 구조 속에서 오류가 발생한 부분을 규명한다.

5 보충학습

형성평가를 통해 학습이 부진한 것으로 판정된 학생에게 적절한 재학습의 기회를 주는 것이다.

6 심화학습

일정한 수준까지의 학습이 이루어진 것으로 판명된 학생들로 하여금 학습경험을 심화시킬 수 있도록 하는 활동이다. 따라서 정상적인 진전을 보인 학생을 대상으로 심화학습을 시킨다.

7 제2차 학습기회

보충학습과 심화학습을 거친 학생들에게 재학습의 기회를 준다.

(3) 수업 후 단계

일정 기간 동안의 수업이 종결되었을 때, 학생들의 학업성취도를 총합적으로 평가하여 수업활동의 효율성에 대해 판단하는 것이 총합평가이다. 총합평가는 한 단원이 끝날 때나 학기 말에 이루어진다.

04 교수방법의 유형

1) 강의법

강의법(lecture method)은 주로 언어를 통한 설명과 해설을 통해 이루어지는 교수방식이다. 강의의 주된 목적은 청중들에게 분명한 사실, 개념, 지식, 아이디어 등에 관한 정보를 제공하는 데 있다(Cruickshank et al., 1995). 강의법의 일반적 기술은 첫째, 교사는 언어를 직관적이며 명확하게 사용해야 한다. 둘째, 교사는 학습자의 성장발달을 고려하여 언어를 선택해야 한다. 셋째, 교사는 학습자의 반응을 수시로 확인하여 그에 따른 강의의 진도 및 정도를 조절해야 한다. 넷째, 교사 자신의 음성이나 음색의 정도를 조절하고 가끔 유머를 사용하여 학습자가 권태를 느끼지 않도록 해야 한다. 다섯째, 시청각 보조자료도 사용하여 학습의 효과를 높여야 한다.

강의법의 장점은 ① 짧은 시간에 다량의 내용을 많은 사람들에게 체계적으로 전달할 수 있다. ② 교사의 언어만으로 난해한 문제를 용이하게 설명할 수 있다. ③ 학습자의 감정자극과 동기유발이 용이하다. ④ 학습 보조자료를 적절히 제시함으로써 학생들의 동기유발이 가능하다. ⑤ 교사가 시간을 조절할 수 있어 학습경제상 유리하다.

강의법의 단점은 ① 학습자의 수동적 역할로 인해 학생들의 활동기회를 제약한다. ② 교사의 획일화된 수업진행으로 개성과 능력이 무시되기 쉽다. ③ 지식위주의 교육에 빠지기 쉽다. ④ 고등정신의 기능을 기르는데 미흡하다. ⑤ 추상적인 개념전달로 인해 학습능력이 낮은 학습자는 학습내용을 이해하기 곤란하다.

2) 토의법

토의법(discussion method)은 공동학습의 일종으로 학급조직을 고정시키지 않고 비형식적인 토의집단으로 구성해서 자유로운 토론을 함으로써 문제해결에 협력, 집단사고를 통한 집단적 결론으로 이끌어나가는 학습방법이다. 이 방법은 의사소통을 전제로 하기 때문에 토의에 참여하는 학습자와 수업자의 역할이 강조되며, 정보와 경험의 상호교환이 중요시된다. 따라서 토의에서 수업자의 역할은 상황에 따라 다양하게 나타나고, 집단의 크기와 구성원들의 특성에 따라 토의의 성격이 좌우될 수 있다. 데이비스(Davis, 1981)는 수업전략으로서 토의법의 목적이 학습자의 참여를 유도하고, 문제를 비판적으로 분석하는 능력을 신장시키며 창의적 능력과 협동적 기술을 개발시키는 데 있다고 보았다.

토의법의 유형은 원탁식 토의(round table discussion), 배심토의(panel discussion), 공개토의(forum discussion), 세미나(seminar), 버즈 토의(buzz discussion) 등이 있다.

토의법의 장점은 ① 타인의 의견존중 및 협력하는 태도와 실천력을 기를 수 있다. ② 스스로 사고하고 의사표현을 하는 능력을 함양할 수 있다. ③ 고등정신 기능을 기를 수 있다. ④ 다수의 의견에 따라 결정된 결론에 따르는 민주적 시민의식을 함양할 수 있다. ⑤ 복잡한 교육목표 달성에 효과적이다.

토의법의 단점은 ① 저학년이나 학습능력이 낮은 학습자 수업에서 형식적인 토의가 되기 쉽다. ② 시간의 비경제성과 인원의 제한이 있다. ③ 정보전달이 느리다. ④ 어려운 사실과 개념을 다루기는 어렵다. ⑤ 토의 전에 충분한 준비가 필요하다.

3) 문제법

문제법(problem mcthod)은 학습자에게 어떤 문제를 수고 그 해결과정을 통하여 지식·태도·기능·기술 등을 종합적으로 획득하도록 하는 학습방법으로 문제해결학습이라고도 한다. 이 방법의 목적은 문제해결능력을 함양시키는 데 있다. 이 방법에 의한 학습 전개과정은 여섯 단계에 의해 이루어진다. 즉, 문제의 선정–문제의 한정–문제해결 방법의 수립–자료수집 및 분석–자료의 조직 및 종합–자료로부터 결론의 형성이다.

이 방법에서 교사가 유의할 점은 첫째, 학습자의 흥미, 경험, 능력 등을 고려하여 문제를 선택해야 한다. 둘째, 문제가 자주적으로 해결되기 위해서 자유로운 분위기를 조성해야 한다. 셋째, 학습자 자신이 사고하는 시간과 기회를 충분하게 갖도록 한다. 넷째, 가능한 한 성질이 다른 문제를 풍부하게 취급하도록 한다. 다섯째, 학습자가 문제를 해결할 때까지 인내심을 가지고 관찰해야 한다.

문제법의 장점은 ① 학습자의 자발적인 학습이 이루어진다. ② 실생활과 직결된 문제를 학습내용으로 하기 때문에 학습자의 구체적인 행동과 경험을 통하여 학습이 이루어진다. ③ 광범위한 학습 영역을 학습할 수 있다. ④ 민주적인 생활태도를 기를 수 있다. ⑤ 지식·태도·기능·기술 등을 종합적으로 학습할 수 있다.

문제법의 단점은 ① 교과의 체계적인 학습이 곤란하다. ② 기초학력을 충실하게 학습하기 곤란하다. ③ 학습과정에서 일관성을 잃을 우려가 있다. ④ 시간이 많이 소요된다. ⑤ 학문적인 지식을 조속히 학습하기가 어렵다.

4) 컴퓨터 활용수업

컴퓨터 활용수업(Computer Based Instruction)은 컴퓨터 관리수업(Computer Managed Instruction, CMI)과 컴퓨터 보조수업(Computer Assisted Instruction, CAI)으로 구분한다.

(1) 컴퓨터 관리수업

컴퓨터 관리수업(CMI)은 컴퓨터가 직접 가르치는 기능을 하는 것이 아니라 컴퓨터를 통해 개별 학습자의 학습내용, 진도 그리고 성취도 등 학습에 관한 정보를 저장하고 평가하면서 개별적인 지침을 주어 학습을 관리하고 도움을 주는 시스템이다. 학습지도과정에서 교사나 학교행정가들을 돕기 위해서 고안되었다. 학습자의 반응에서부터 전체 교수시스템의 결과에 이르기까지 다양한 정보를 모으고 관리하는 데 적용되며, 시험문제 출제, 컴퓨터 채점, 성적처리에 활용할 수 있다.

(2) 컴퓨터 보조수업

컴퓨터 보조수업(CAI)은 프로그램화된 교재를 학생이 다루게 함으로써 컴퓨터가 직접 수업을 하도록 하는 것이다. 컴퓨터 활용수업의 목적은 해당 수업목표의 효과적 달성이다.

CAI의 장점은 ① 자신의 학습진로에 따라 수업이 가능하여 개별학습을 할 수 있다. ② 기존의 교실수업에서 제공하지 못했던 학습환경을 제공한다. ③ 컴퓨터를 통한 프로그래밍 학습은 그 과정에서 요구되는 문제해결과 지속적인 오류검증 및 수정의 작업을 통하여 고도의 사고능력을 신장시킬 수 있다. ④ 정보화사회에 대처해 나가는 능력을 기를 수 있다. ⑤ 학생중심의 수업이 가능하다.

CAI의 단점은 ① 학습경험을 획일화할 가능성이 있다. ② 일반적으로 학생의 요구를 충족시키는 데 활용되지 못할 수 있다. ③ 학습장소는 작업장소보다 더 많은 하드웨어 필요량을 보유해야 한다.

CAI의 유형은 반복연습형, 개인교수형, 시뮬레이션형, 게임형, 시험형 등이 있다.

1 반복연습형

반복연습형(drill and practice mode)은 개념이나 규칙의 예들을 반복 습득시키는 유형이다. 이 유형의 특성은 진단적, 평가적, 개별적, 난이도에 따른 학습이다. 문항선정 → 문항제시 → 학생반응 → 피드백 제공의 단계로 수업이 전개되고, 수업목표가 달성될 때까지 반복연습을 통해서 기억력과 종합력이 향상되도록 한다. 수학과목에서 기본연산, 외국어의 단어 익히기, 발음 배우기 등 광범위하게 사용된다.

2 개인교수형

개인교수형(tutorial mode)은 내용설명에 따른 질문이 주어지고 학생이 답을 하면 그것을 분석하여 피드백하고 행로를 지시해 주는 유형이다. 이것은 교실에서 교사와 학생이 일대일 교수상황에서의 수업을 하는 것과 동일하다. 학생에게 충분한 교수, 상세한 안내, 연습과 피드백 제공, 총괄평가를 목적으로 한 연습기회, 학습내용의 파지를 위한 새로운 지식과 기존 지식을 연관시키는 전략을 제공한다.

3 시뮬레이션형

시뮬레이션형(simulation mode)은 문제를 주고 학생이 귀납적 방법에 의해 해결하도록 하는 발견학습법이다. 단순화·체계화된 모의 현실상황에서 학습자들이 컴퓨터와 상호작용을 통해서 문제를 해결하도록 하는 유형이다. 컴퓨터에 의해 시청각적 방법으로 실제와 유사한 가상적 상황을 학생에게 제시한다. 실습비용이 너무 많이 든다거나 실생활에서 개념을 배우기가 곤란하거나 학습자에게 위험부담이 높을 경우에 사용한다(예: 비행기 조종훈련, 자동차운전연습 등).

4 게임형

게임형(game mode)은 정해진 규칙 내에서 달성해야 할 목적에 도전한다는 흥미가 있는 유형으로 오락적 요소를 지니고 있으며, 학습이 촉진되고 특정기술 습득이 가능하다. 항상 목표가 제시되어 있고 학생을 대표하는 물체가 이 목표를 달성하기 위해 정해진 규칙에 따라 경쟁적으로 도전한다. 동기유발과 학습을 강화시키기 위해 환상적·오락적 요소를 가진다.

5 시험형

시험형(examination mode)은 학습자의 성취정도를 평가하기 위한 것으로, 컴퓨터가 시험문제를 만들고 제시순서를 정해줄 수 있으며, 시험과정을 관리하고 그 결과를 쉽고 정확하게 기록할 수 있도록 도와주는 유형이다. 이 유형은 정확하게 학습자의 능력을 측정함으로써 시험의 질을 높이고, 교사의 관리와 기록에 따른 시간을 절약해 주며, 다양한 시험유형을 활용할 수 있도록 한다.

5) 이러닝

이러닝(e-learning)은 인터넷 또는 인트라넷을 통한 교육훈련 서비스의 설계, 구축 및 관리를 포함하는 개념으로 정리된다. 즉, 이러닝이란 정보통신기술을 이용한 교육을 말하며, 이는 기존의 교재나 강사주도의 교육과 대비되는 컴퓨터기반(CBT: Computer-based Training), 웹기반(Web-based) 등 가상학습(virtual classroom)을 포함하는 개념이다. 이러닝은 기존의 전통적인 교실위주(c-learning)의 집합식(off-line)의 강사주도 교육에서 멀티미디어와 정보통신기술을 이용한 기술기반의 교육(on-line)으로 변화되면서 새로운 교육방식으로 등장하게 되었다. 이러닝은 인터넷과 인트라넷을 기반으로 다양한 멀티미디어 정보기술을 활용하여 학습자가 원하는 시간과 장소의 사이버 공간에서 필요한 정보와 지식을 획득하는 학습방식으로, 교사와 학습자 간의 시간적·공간적 제약이 없이 이루어지는 학습활동을 통하여 수요자중심의 학습서비스가 제공되는 새로운 개념의 교육체제이다.

따라서 이러닝은 첫째, 인터넷 기술을 사용하여 최종학습자에게 전달된다. 둘째, 학습내용으로서의 정보가 즉각적으로 통신망에 연결된다. 셋째, 학습내용과 더불어 수행을 향상시키는 도구까지도 포함되는 기술기반의 학습형태이다.

이러닝의 장점은 ① 개방과 공유형 체제이다. ② 시간적, 공간적 제한이 없고 경제적이다. ③ 사기수도적 학습으로 개별학습이 가능하다. ④ 다각적 커뮤니케이션이 가능하다. 문제점은 교육비 지원을 포함하는 제도적 과제, 전문가의 발굴과 활용의 어려움, 교육 소외계층으로 교육확산의 어려움 등을 들 수 있다.

CHAPTER 09

교육평가

1. 교육평가의 개념
2. 교육평가의 유형
3. 평가도구의 판단기준
4. 교육평가의 방법

01 교육평가의 개념

1) 교육평가의 정의

교육평가(教育評價)는 교육활동의 결과를 일정한 기준에 의해 판정하는 과정으로 각각의 교육활동에서 교육목적이 얼마나 달성되었는가를 파악하고, 앞으로의 교육계획을 수립하는데 도움이 되는 자료를 얻는 각종 활동이라고 정의할 수 있다. 따라서 교육평가는 그 자체가 목적이 아니며 학습의 촉진, 교수의 개선, 교육적 정치(placement, 定置)에 활용하는 데 그 의미가 있다. 또한 교육의 목표는 인간의 외현적 행동뿐만 아니라 내면적인 행동을 포함하기 때문에 교육평가는 인간행동의 인지적, 정의적, 신체운동적인 제 영역을 포함하는 전체 행동의 변화를 파악하는 것이다.

일반적으로 교육평가는 교육의 과정 중 끝 단계에서 교수–학습활동에서 학생들의 성취정도를 판단하는 것으로 이해되고 있다. 그러나 교육평가는 단지 교육목표의 달성여부를 확인하는데 그치는 것이 아니라 교육의 과정 전반에 걸쳐 이루어져야 한다. 즉, 설정된 교육목표의 타당성 여부, 선정 조직된 교수–학습 내용의 적합성 여부, 교수–학습활동의 효율성 여부, 결과에 대한 평가 자체의 타당성 및 신뢰성 여부 등 교육의 과정 그 자체에 대해서도 평가가 필요하다.

흔히 교육평가에서는 검사, 측정, 평가라는 용어가 사용되고 때로 그 의미가 혼용되기도 하지만 엄밀한 의미에서는 개념상의 차이가 있다.

먼저 검사란 용어는 '지능검사'와 같이 측정도구의 일종을 지칭하는 명사(즉, test)로서 사용되기고 하고, '지능검사하기'와 같이 동명사(즉, testing)로도 사용된다. 명사로서의 검사(test)란 필답 또는 구술로 된 대답을 요구하는 문제나 질문을 단순히 지칭하지만, 동명사로서의 검사(testing)란 지능검사라는 측정도구를 사용한다는 의미를 지니게 되고, 이때의 검사라는 용어는 측정 및 평가와 동의어로 쓰이고 있는 것이다.

한편 교육에서 측정이란 학생의 특성을 수량화 하는 과정을 의미한다. 즉, 측정에서는 신뢰성과 객관성을 강조되기 때문에 '키가 크다' 또는 '영재이다'와 같은 언어적 기술이 아닌 '키가 1m 80cm이다' 또는 'I.Q가 145이다' 등의 정확한 숫자로 표현한다. 그런데 측정에서 사용되는 도구에는 여러 가지가 있을 수 있으며 검사는 그중 가장 보편적인 도구라고 할 수 있다. 따라서 측정은 검사를 포함하는 개념이다.

끝으로 평가란 수집된 정보나 자료를 사용해서 가치판단 내지는 의사결정을 하는 과정을 말한다. 대부분의 평가적 결정은 측정결과, 즉 측정도구를 사용해서 수집한 정보나 자료를 기본적인 근거로 해서 이루어진다. 그러나 면담, 관찰, 투사적 방법, 사례연구 등 수량화되지 않은 방법에 의해 얻어진 정보나 자료를 가지고 해석 또는 가치판단을 하기도 한다. 물론 이밖의 다른 방법에 의해 얻어진 정보가 추가될 수도 있다. 이처럼 측정결과와 기타정보에 기초해서 판단 내지는 해석하는 과정을 흔히 평가라고 하는데 이는 좁은 의미의 평가이다. 보다 넓은 개념으로는 측정도구나 기타방법으로 정보를 수집하는 과정과 그 결과에 대한 해석까지의 전체 과정을 평가로 보기도 한다.

요약하면 그 범위에 있어서 평가는 측정을 포함하며 측정은 검사를 포함하는 개념이라고 하겠다. 그러나 일반적으로 이렇게 의미를 엄밀히 구분하여 사용하고 있지는 않다. 검사란 측정의 대표적인 도구가 되고, 측정은 평가의 기초적이고 중요한 수단이라는 점에서 이들 간에는 서로 밀접한 관계가 있다.

2) 교육평가의 기능과 문제점

(1) 교육평가의 기능

교육평가의 기능을 살펴보면 다음과 같다.

첫째, 학습의 진단과 치료의 기능을 한다. 효율적인 교수–학습활동을 위해서는 학습자에 대한 정확한 진단이 선행되어야 한다. 따라서 평가를 통해 선수학습의 정도나 심신의 발달상태를 파악하는 것은 학습자에 알맞은 교육활동을 계획하고 그 활동을 전개하는 데 도움이 된다.

둘째, 생활지도 및 상담을 위한 자료를 제공한다. 학교생활, 진학이나 취업에 대한 지도를 위해서는 학생의 정서, 능력, 흥미, 성격은 물론이고 학생을 둘러싸고 있는 학급, 가정 등 사회적 환경에 대한 광범위하고 정확한 이해가 필수적이며, 다양한 평가는 그 이해를 위한 정보를 제공한다.

셋째, 학습을 촉진하는 기능을 지닌다. 교육평가는 학습동기를 유발하고 강화하는 기능을 지니고 있다. 학습동기는 내적 동기와 외적 동기로 나눌 수 있는데 평가는 주로 외적 동기와 관련된다. 즉, 시험에 대비하는 공부라는 일종의 사회적 압력이 학습동기를 유발하는 것이다. 그러나 평가는 내부적 동기를 유발할 수도 있다. 즉, 평가결과를 통해 학습자는 자신의 학습역량을 확인하고, 자신의 결함을 보충하여 좋은 결과를 올리려는 동기를 가질 수도 있다.

넷째, 선발의 기능을 한다. 즉, 평가는 각급 학교의 입학시험과 같이 선발을 위한 중요한 방법이 된다.

다섯째, 교육과정과 학습지도 방법의 개선을 위한 자료를 제공한다. 평가를 통한 학생들의 학력정도의 파악, 학습곤란의 진단, 목표달성의 확인, 개인차의 식별 등은 교사로 하여금 교육과정의 적절성 여부를 판단하고, 자신의 교수행동에 대해 반성하며 이를 토대로 교수–학습과정을 개선하는 데 도움이 된다.

여섯째, 교육정치의 기능이 있다. 교육정치(educational placement)란 학생이 자신의 적성이나 소질 등 잠재능력을 최대한 발휘할 수 있는 교육상태에 학생을 배치하는 것을 말하는데, 평가는 진급, 진학, 학급편성, 집단조직 등의 교육정치를 위한 자료를 제공한다.

일곱째, 학교교육의 수준유지 기능이 있다. 국가 사회는 학교에 대하여 기대하는 수준이 있다. 교육평가의 결과는 그 수준을 확인하고 필요할 경우 적절한 조치를 취하기 위한 기본 자료를 제공해 준다.

여덟째, 학부모, 상급학교, 취업기관의 필요를 충족시켜 준다. 학부모에게는 자녀에 대한 이해와 지도를 위한 자료제공을 통해 가정교육에 도움을 줄 수 있으며, 상급학교나 취업기관에서 요구하는 내신성적 또는 생활기록부등과 같은 필요를 충족시켜 줄 수 있다.

(2) 교육평가의 문제점

자연과학에서와 달리 교육평가는 그 대상이 인간의 행동이라는 점에서 측정상 여러 가지 어려움에 직면하게 된다.

첫째, 측정대상의 불명확성에서 오는 어려움이다. 사물에 관한 측정의 경우는 그 대상이 분명한데 비해 인간의 행동특성을 대상으로 하는 교육측정은 그 대상을 명확히 정의하기도 어렵거니와 견해에 따라 그 정의도 달라질 수 있다는 어려움이 있다.

둘째, 측정방법이나 도구의 불완전성이 지니는 어려움이다. 사물에 대한 측정의 경우 길이는 자로, 무게는 저울로, 시간은 시계로 재는 것처럼 정확하고 일관적인 도구가 마련되어 있다. 따라서 어떤 사람이 재든 가능한 오차의 범위도 한정되어 있다. 그러나 인간의 행동특성을 재는 교육측정에서는 그 방법이나 도구가 다양하여 일관성이 적을 뿐만 아니라 그 오차의 범위가 커질 수 있다는 문제가 있다. 경우에 따라서는 어떤 행동특성을 재는 데 필요한 측정의 기준과 그에 맞는 도구가 어떤 것인지조차 불분명할 수도 있다.

셋째, 측정의 간접성에서 오는 어려움이다. 물리적인 측정은 대개 그 대상에 대해 직접적으로 이루어진다. 즉, 사람의 몸무게나 키를 재는 경우 직접 그 사람에게 자나 저울을 사용할 수 있다. 그러나 교육측정의 경우는 예설바른 행동을 측정하기 위해 인사습관을 알아보는 것과 같이 대부분 간접적인 방법을 통해 이루어질 수밖에 없다. 따라서 측정대상의 일부 측면만을 가지고 평가하는데 따른 오차발생의 범위가 넓고 경우에 따라서는 원래 측정하고자 했던 것과는 달리 엉뚱한 행동특성을 재는 결과를 낳을 수도 있다.

넷째, 결과의 수량화에 따른 어려움이다. 자연과학에서 물리측정의 도구는 거의가 비율척도의 수준인데 반해 교육측정에서 사용되는 도구 대부분이 서열척도나 등간척도의 수준에 머물러 있음에도 불구하고 교육측정에서 얻은 수치를 물리측정에서 얻는 수치와 동일한 성격의 것으로 다루는 경우를 흔히 볼 수 있다. 그러나 교육측정에서 얻어지는 수치는 절대성이 없어 산술적인 가감승제가 별 의미가 없다. 따라서 국어점수가 80점인 학생은 40점인 학생보다 국어실력이 두 배가 높다고 할 수도 없으며, 100점 맞은 학생은 완벽한 국어실력을 갖추고 있으나 0점 맞은 학생은 국어에 대한 지식이 전무하다고 할 수도 없다. 또한 교과의 성격이나 평가기준이 서로 다른 경우 측정된 수치를 물리측정에서 얻어진 수치와 같이 취급하는 우를 범하기 쉽다. 예컨대, 국어가 60점이고 사회가 80점이라서 그 평균이 70점이라고 하는 것은 마치 60kg과 80cm를 더해서 둘로 나누는 것과 같다.

다섯째, 상황의 가변성에 따른 어려움이다. 평가는 행동특성의 표본을 다루기 때문에 어떤 상황에서 측정하느냐에 따른 오차로 인해 그 결과가 크게 달라질 수 있다는 점이다. 예컨대, A라는 학생의 성실성은 집에서 관찰하느냐 아니면 학교에서 관찰하느냐에 따라 큰 차이를 보일 수 있다.

따라서 교육평가에 있어서는 이상과 같은 문제 내지는 어려움을 충분히 감안해야만 한다.

02 교육평가의 유형

교육평가의 유형은 적용하는 준거의 틀에 따라 여러 가지로 분류할 수 있다. 여기에서는 몇 가지 대표적인 구분방식에 따라 그 유형을 살펴본다.

1) 인지적 특성 평가와 정의적 특성 평가

교육평가는 행동목표에 따라 인지적 평가와 정의적 평가로 분류할 수 있다. 교육에 있어서 행동목표의 영역은 흔히 인지적 영역, 정의적 영역, 운동기능적 영역으로 나누어 논의되지만, 실제 평가에서 주로 다루어지는 것은 인지적 영역과 정의적 영역이다.

인지적 영역은 지식의 재생과 재인 그리고 지적 능력의 개발 등과 관련되는 것으로 블룸 등(Bloom et al., 1956)은 이를 지식, 이해, 응용, 분석, 종합, 평가의 순서로 분류하고, 뒤로 갈수록 보다 고등의 정신과정이며 앞의 것이 뒤의 것을 형성하는 기초가 된다고 위계적으로 설명하였다. 정의적 영역은 흥미, 태도, 가치에 있어서의 변화와 감상력, 적응력의 개발 등과 관련되는 것으로, 블룸은 이를 위계적인 순서에 따라 감수, 반응, 만족, 가치화, 조직화, 성격화로 분류하였다.

2) 상대평가와 절대평가

교육평가는 측정결과를 해석하는 준거에 따라 상대평가와 절대평가로 구분할 수 있다. 한 학생의 점수를 규준집단의 득점분포를 기준삼아 해석할 때 규준참조(norm referenced, 規準參照)라 하고 명세화된 행동준거를 기준삼아 해석할 때 준거참조(criteria referenced, 準據參照)라고 한다.

상대평가는 곧 규준참조평가이다. 즉, 어떠한 측정을 통해 얻어진 한 학생의 점수를 그가 속해 있는 집단의 결과에 비추어 상대적으로 나타내는 평가방법이다. 따라서 상대평가에서는 주어진 교육목표의 달성정도와는 상관없이 다른 학생이 자신보다 점수가 높은가 낮은가에 따라서 자신의 수준이 결정된다. 이러한 상대평가는 여러 개인의 상대적인 비교를 기초로 하기 때문에 개인차의 변별이 쉬우며, 평가의 객관성이 강조되기 때문에 평가자의 편견을 배제할 수 있고, 학생 상호간의 경쟁을 통해 외적인 동기를 유발할 수 있다는 장점이 있다. 그러나 타집단과의 직접적인 비교가 불가능하고,

학습목표 달성의 진정한 수준을 평가할 수 없기 때문에 교수-학습의 개선에 큰 도움을 주기 어렵고, 인간의 발전 가능성이나 교육의 잠재력에 대한 신념을 흐리게 하거나, 학생들 간의 경쟁의식을 지나치게 조장할 수 있다는 문제점을 지니고 있다.

한편 절대평가는 준거참조평가이다. 즉, 측정을 통해 얻어진 한 학생의 점수를 그가 속해있는 집단의 결과와는 관계없이 단지 설정되어 있는 교수목표의 달성이라는 절대적인 기준에 비추어 평가하는 방법이다. 따라서 절대평가에서는 다른 학생보다 얼마나 점수가 높은가 낮은가 하는 것은 중요하지 않다. 이러한 절대평가는 상대평가와는 대립적인 성격을 지니기 때문에 상대평가의 단점을 극복하는 방법이 되기도 하지만 상대평가의 장점을 단점으로 지니고 있기도 하다.

역사적으로 볼 때 절대평가 방법은 상대평가의 많은 문제점을 해결하기 위해 등장하였지만, 그렇다고 해서 절대평가만을 채택하고 상대평가 방법을 완전히 배제할 수 있는 것은 아니다. 교육에서 상대평가냐 절대평가냐의 선택은 평가의 구체적인 목적과 용도에 따라 달라질 수 있기 때문이다. 예컨대, 입학시험과 같은 비교, 변별, 선발 등의 결정이 요구되는 경우에는 상대평가가 필요하지만, 운전면허시험과 같은 자격여부의 결정이나 학습의 진도를 확인하는 형성평가 등에서는 절대평가를 적용하는 것이 보다 적절하다고 하겠다. 이상 살펴본 상대평가와 절대평가의 특징을 요약해서 비교해 보면 표 9-1과 같다.

표 9-1 상대평가와 절대평가의 비교

	상대평가	절대평가
성립근거	선발적 교육관	발달적 교육관
의 미	상대적 순위파악	교육목표 달성도 확인
장 점	• 개인차 변별가능 • 경쟁을 통한 외적 동기유발가능	• 교육효과에 대한 적극적 신념 • 협동적 학습가능

(계속)

	상대평가	절대평가
장 점	• 교사의 주관 배제	• 정신위생에 공헌
단 점	• 경쟁심 조장 • 진정한 학업성취도 판단 불가 • 정신위생에 나쁨	• 성취도 수준결정에 곤란 • 통계적 활용의 곤란 • 객관성과 신뢰성 문제

3) 진단평가, 형성평가, 총합평가

교육평가는 교수-학습의 진행단계, 즉 시간적 흐름에 있어서 언제 어떠한 목적으로 활용하는가에 따라 그 유형을 진단평가, 형성평가, 총합평가(또는 총괄평가)로 구분할 수 있다.

진단평가는 교수-학습의 초기 단계에서 학생들의 과거학습의 정도, 적성, 학습흥미도 등을 진단하여 효율적인 지도방안을 찾아내기 위해 실시하는 평가이다. 그 목적은 효과적으로 학생들을 정치(定置)하고, 출발점 행동을 확인하여 선수학습의 결핍정도를 판정하며, 예상되는 학습장애나 학습곤란에 대한 대책을 수립하는 데 있다. 정치란 학생들을 그들의 능력에 알맞는 위치를 찾아내어 그곳에 배치함으로써 학습효과를 얻기 위한 활동을 의미하는 것으로, 그 평가는 대부분 단원, 학기, 학년의 초기에 실시한다. 예컨대, 학기 초에 특정과목에 대한 평가를 통해 학습자를 적절한 수업집단으로 구분하는 것이 그것이다.

또한 출발점 행동에는 개인차가 있을 수 있으므로 선수학습의 정도를 파악하여 결핍된 학생들에게는 특별한 과정을 제공하여 이를 보충하는데도 진단평가가 적용된다.

수업의 진행과정에서 특별히 실패를 거듭하거나 곤란을 겪는 학생이 있다면 이를 단지 개인차의 원인에 돌리는 것이 아니라 그 실패의 직접적인 원인을 규명하고 그 실패를 회복하기 위한 진단활동도 필요하다. 예컨대, 수학의 계산에서 특정한 오류를 계속 범하는 원인을 규명하는 것을 들 수가 있다. 진단평가는 절대평가로 이루어질 수도 있고 상대평가로 이루어질 수도 있다.

형성평가는 교수–학습이 진행되는 과정에서 과연 그 활동이 교육의 목표 달성을 위해 정상적으로 진행되고 있는가를 수시로 점검하여 문제가 있다면 방법의 수정이나 문제점을 극복하고자 하는 평가이다.

형성평가를 통해 학습의 목표가 잘 달성되고 있다는 사실을 확인하면 교사나 학습자가 보다 자신감과 만족감을 갖게 되어 교수–학습동기가 강화된다(Scriven, 1967). 수시로 실시하는 형성평가를 통해 교정 또는 보충의 기회를 가지는 것은 학생들로서는 자신의 결함을 스스로 발견하여 학습결손의 누적 현상을 피할 수 있게 해주고, 교사에게는 학습지도상의 문제점을 찾아내고 이를 보완하게 하여 교육목표를 보다 완전히 달성할 수 있게 해준다. 따라서 형성평가는 학습의 진행과정에서 자주 실시되어야 하며, 학생 상호간의 우열을 밝히는 것이 주관심이 아니기 때문에 절대평가의 형태로 실시하여 수업의 효율성 내지는 학습자의 학습결손 여부를 확인하여야 한다.

총합평가(또는 총괄평가)는 교과의 전 과정 또는 그중의 상당한 부분에 걸쳐서 달성된 학습결과를 총괄적으로 측정하여 성적을 매기는 것으로 흔히 중간고사, 기말고사 등이 이에 속한다. 종래의 학습결과의 평가라고 할 때는 곧 총합평가를 의미하였다. 총합평가는 형성평가와는 달리 학습성과의 총합적인 평가이기 때문에 목표달성 정도를 보는 절대평가의 성격을 지니지만 경우에 따라서는 학생 상호간의 우열을 비교하는 상대평가의 성격을 띠기도 한다. 총합평가는 주어진 교과목표의 달성도에 따라서 학생의 성적을 매기는 것이 주목적이지만, 다음의 학습지도 및 생활지도에 대한 예측자료로서, 교수방법의 개선을 위한 자료로서, 다른 학급이나 학교와의 집단 간 비교자료로서의 기능도 가진다. 이상 살펴본 진단평가, 형성평가 및 총합평가의 특징을 요약해서 비교해 보면 표 9-2와 같다.

표 9-2 진단평가, 형성평가, 총합평가의 비교

평가종류 / 비교항목	진단평가	형성평가	총합평가
기 능	• 선행 기능의 보유상태의 결정 • 학습 전 성취수준의 결정 • 교수방법의 대책에 관련된 특성에 따른 학생의 분류 • 계속적 학습곤란의 원인 결정	• 학습단위에 관련된 학생의 진보상태를 교사, 학생에게 피드백 • 학습단위의 구조에 따라 오류를 확인함으로써 교정 교수방법의 대안을 제시	• 학습단위, 학기, 학년의 끝에 학생성적의 판정 및 자격 부여
시 기	• 학습시초: 학습초기, 학기, 학년의 시초에 배치를 위하여 • 수업도중: 정상수업으로는 학생이 계속해서 도움을 못받을 때	• 수업도중	• 학습단위, 학기, 학년의 끝
평가에서의 강조점	• 지적, 정의적, 심리운동적 행동 • 신체적, 환경적, 심리적 요인	• 지적 행동	• 일반적으로 지적행동: 교과의 특성에 따라 심리적 행동 또는 정의적 행동
검사도구의 형태	• 사전검사를 위한 형성 및 총합평가도구 • 표준화 검사 • 교사제작의 평가도구	• 학습단위의 목적에 맞게 특별히 고안된 형성평가 도구 • 주로 교사제작 검사	• 주요 교육목표의 달성 정도를 파악하는 총합평가도구 • 표준화검사 • 교사제작검사
평가방법	• 규준참조 및 준거참조 평가 겸용	• 준거참조 평가	• 일반적으로 규준참조 평가이나 준거참조 평가도 사용

4) 교사제작검사와 표준화검사

검사는 어떠한 목적으로 누가 제작하느냐에 따라 교사제작검사와 표준화검사로 구분하기도 한다. 교사제작검사란 말 그대로 필요에 따라 교사가 제작하는 검사를 말한다. 이때의 교사란 개인일 수도 있고 집단일 수도 있다. 교사제작검사의 경우 검사의 항목이나 검사의 실시, 채점을 위한 절차는 얼마든지 달라질 수 있다. 반면에 표준화검사란 검사를 실시, 채점하는 절차가 단일화되어 있는 검사를 말한다. 표준화검사의 중요한 요소는 검사마다 고유한 규준(norm)이 있다는 것이다. 이들 각각의 특징은 그 차이점을 살펴봄으로써 보다 쉽게 이해할 수 있다.

첫째, 표준화검사는 개인이나 집단의 검사결과를 해석할 수 있는 규준이 있으나 교사제작검사는 이러한 규준이 없다.

둘째, 교사제작검사는 교사개인이나 집단에 의해 제작되지만 표준화검사는 고도로 훈련된 교과 또는 평가전문가에 의해 제작된다.

셋째, 교사제작검사는 그 절차가 단순하지만 표준화검사는 그 절차가 훨씬 복잡하며 신중을 기한다.

넷째, 교사제작검사는 실시방법이 엄격하지 않은 반면 표준화검사는 실시방법 자체가 엄격히 표준화되어 있다.

다섯째, 교사제작검사는 대부분 특정집단만을 대상으로 하지만 표준화검사는 사용가능한 대상의 범위가 넓다.

여섯째, 교사제작검사는 대부분 그 용도가 학력검사인 반면에 표준화검사는 학력검사, 지능검사, 성격검사, 적응검사, 적성검사 등 다양하다.

일곱째, 교사제작검사에 비해 표준화검사는 타당도, 신뢰도, 객관도가 대부분 높다.

03 평가도구의 판단기준

교육평가에 있어서 어떠한 평가도구를 이용하느냐 하는 것은 그 결과에 커다란 영향을 미치기 때문에, 교사가 평가도구를 직접 제작하거나 기존의 도구 가운데 필요한 것을 선정할 때는 평가도구의 질(quality)을 반드시 고려하여야 한다.

평가도구의 질을 판단하는 기준으로는 타당도, 신뢰도, 객관도, 실용도 등 네 가지를 들 수 있다. 어떤 평가도구가 이 기준들을 골고루 만족시킨다면 좋은 평가도구라고 할 수 있다.

1) 타당도

타당도(validity)란 하나의 평가도구가 '측정하려고 하는 대상의 내용 그 자체를 충실하게 재고 있는 정도'를 의미한다. 간단히 말하면 타당도는 '무엇(what)을 재고 있느냐'와 관련된다. 예컨대, 국어시험이 국어능력을 측정하는 것이어야지 사회생활능력을 측정하는 것이라면 이 도구는 타당도가 낮은 것이다. 타당도에는 여러 가지 종류가 있는데 그중 대표적인 것들로 내용타당도, 예언타당도, 공인타당도, 구인타당도 등을 들 수 있다.

내용타당도(content validity)란 한 측정도구가 그것이 측정하려는 내용(교육목표)을 얼마나 충실히 측정하고 있는가를 분석, 측정하는 것이다. 주로 교수-학습 과정에서 설정했던 교육목표를 평가도구가 얼마나 충실히 재고 있느냐를 결정할 때 그 평가도구가 처음에 의도했던 교육목표에 비추어 보아서 적절한가, 문항의 내용이 교과내용의 중요한 것을 골고루 포함하고 있는가, 또 문항의 난이도가 학생집단의 성질에 비추어 보아 적절한가 그리고 문항의 표본이 모집단을 잘 대표하고 있는가를 살펴보는 것으로 교과타당도, 안면타당도, 논리적 타당도라고도 한다.

예언타당도(predictive validity)란 어떤 검사의 결과가 피험자의 미래의 행동이나 특성을 얼마나 잘 예언해 주는가를 살펴보는 타당도이다. 미래의 행동특성은 학업이나 직업에서의 성공일 수도 있고 개인적, 사회적 적응의 정도일 수도 있다. 예컨대, 대학입학을 위한 수학능력시험이라면 그 평가도구에서 성적이 좋았던 사람이 입학 후의 성적이 우수할 것으로 나타날 때 그 검사의 예언타당도는 높다고 할 것이다. 내용타당도는 비추어보는 준거가 내적 준거이지만 예언타당도는 실제적인 외적 준거와 관련지어 해석한다. 통계적 개념으로 설명한다면 예언타당도는 선행검사(수학능력시험) X와 준거검사(대학에서의 성적) Y간의 상관계수로 표시된다. 상관계수가 클수록 예언의 정확성이 크고 예언의 오차가 적다는 뜻이 된다.

공인타당도(concurrent validity)란 통계적으로는 예언타당도와 그 의미가 같다. 그러나 이들 두 가지 타당도간에는 시간의 차원과 준거의 성질에서 차이가 있다. 첫째, 공인타당도는 검사 X와 준거 Y가 본질적으로 동시에 측정된다. 즉, 한 행동특성을 측정한 검사 X가 검사 밖에 존재하는 행동준거 Y와 '현재' 어느 정도나 일치하는가로 판단한다. 반면에 예언타당도는 행동의 준거를 현재가 아닌 '미래'에 두고 있다. 둘째, 공인타당도는 준거의 성질이 예언에 있지 않고 공통된 요인이 있느냐의 여부에 있다. 즉, 검사 X를 검사 Y로 대체할 수 있느냐고 할 때 공인타당도가 된다. 예컨대, 작문시험을 학생의 편지로 대체할 수 있는지를 밝히기 위해 그들 간의 상관관계를 알아보는 것은 공인타당도에 해당한다.

구인타당도(construct validity)란 한 검사가 조작적으로 정의되지 아니한 어떤 성질이나 특성을 측정했을 때, 그것을 과학적인 개념으로 분석하고 의미를 부여하는 데 이용된다. 구인(construct)이란 검사에 반영되어 있다고 짐작되는 인간의 어떤 가정적(假定的) 속성을 말한다. 지도성, 자아개념, 사고력, 학습동기, 성취동기 등 인간행동을 설명, 해석하기 위해 만들어낸 가설적 개념들이 바로 그것이다. 구인타당도는 요인분석이라는 통계적 방법을 통해 여러 검사간의 상호 상관계수를 바탕으로 검사들 간의 공통적인 요인과 특정검사만의 고유한 요인을 찾아내는 것이다. 구인타당도는 아직 조작적으로 정의되지 않고 과학적으로 이론이 제대로 정립되지 않은 새로운 개념 또는 구인을 측정하는 검사에 과학적 이론과 타당화를 부여하는 과정이라고 할 수 있다.

2) 신뢰도

신뢰도(reliability)란 하나의 평가도구가 측정대상이 되는 내용을 안정성 있고 일관성 있게 재고 있는 정도를 말한다. 타당도가 '무엇'을 측정하고 있느냐에 관한 것인데 반해, 신뢰도란 한 평가도구가 '어떻게(how)' 측정하고 있느냐에 관한 것이다. 인간행동의 측정은 자연과학에서의 측정과 같이 엄밀할 수는 없으며, 어차피 어느 한계 내에서의 오차는 각오할 수밖에 없다. 그러나 그 오차를 최소화 하도록 평가도구를 제작할 필요가 있다. 신뢰도를 알아보는 방법으로는 재검사신뢰도, 동형검사신뢰도, 반분신뢰도, 문항내적 합치도 등이 있다.

재검사신뢰도(test-retest reliability)는 하나의 평가도구 또는 검사를 같은 집단에게 두 번 실시하여 그 전후의 결과로 얻어지는 점수들 간의 상관계수를 산출하는 방법이다. 이는 곧 전과 후의 점수 사이에 어느 정도의 안정성이 있느냐를 보는 것이기 때문에 안정성계수(coefficient of stability)라고도 한다. 그런데 이 방법은 동일한 검사를 반복 실시하고 전후검사간의 시간적 간격과 조건의 차이 등의 요인으로 인해 실제보다 높은 신뢰도를 얻게 될 가능성이 많다.

동형검사신뢰도(equivalent-form reliability)란 미리 두 개의 동형검사를 제작하고, 그것을 같은 피험자에게 실시해서 이들 동형검사에서 얻은 점수 사이의 상관계수를 산출하는 방법으로, 그 계수를 흔히 동형성계수(coefficient of equivalance)라고 한다. 그러나 엄격한 의미에서 '같은(동형의)' 검사를 제작하는 것은 거의 불가능하기 때문에 대안형(alternate form) 또는 병행형(평행형, paralled-form) 검사라고도 한다.

반분신뢰도(spilt-half reliability)란 하나의 평가도구 혹은 검사를 한 피험자집단에게 실시한 후, 그것을 적절한 방법에 의해 두 부분의 점수로 분할하고, 이 분할된 두 부분을 독립된 검사들로 간주하여 그 사이의 상관계수를 구하는 방법이다. 이 방법은 재검사신뢰도가 부적당할 때 또는 동형검사의 제작이 어려울 때 용이하게 사용할 수 있는 방법으로 많이 이용된다.

반분신뢰도에서 분할된 두 부분을 각각의 독립된 검사로 간주하듯이, 문항내적 합치도(inter-item consistancy reliability)란 한 검사 속에 있는 문항 하나하나를 모두 각각의 독립된 검사로 간주하여 각 문항간의 상관계수를 구해 문항들의 합치성, 동질성, 일치성을 종합하는 방법이다.

이상에서 살펴본 타당도 및 신뢰도의 의미를 이해함에 있어서 염두에 두어야 할 사항은 이들은 서로 독립된 특성이 아니라 상호간에 밀접한 관계 속에서 영향을 주고받는다는 점이다. 간단히 말하자면 신뢰도는 타당도의 일부이며 타당도의 필요조건이라고 할 수 있는데, 이는 타당도는 낮아도 신뢰도는 높을 수 있지만, 신뢰도가 낮으면서 타당도가 높을 수는 없다는 것을 의미한다.

3) 객관도

객관도(objectivity)란 하나의 평가도구에 의한 '측정결과에 대한 채점이 여러 채점자 간에 또는 시간의 흐름에 따라 얼마나 일관성을 유지하는가의 정도'를 말한다. 같은 답안지를 여러 사람이 채점했을 경우의 일치도를 채점자간 객관도라 하고, 같은 채점자가 동일한 답안지를 시간적 간격을 두고 두 번 이상 채점한 결과 간의 일치도를 채점자내 객관도라고 한다. 신뢰도가 평가도구 자체의 변덕에 의해 결정되는 것이라면, 객관도는 채점자의 변덕에 의해 결정되는 신뢰도라고 할 수 있다. 따라서 객관도를 채점자 신뢰도(tester's relibility)라고도 한다. 객관도를 높이기 위한 몇 가지 방안을 제시하면 다음과 같다.

첫째, 객관화된 검사도구를 사용한다. 검사문항 자체를 객관화하여 일관성을 잃을 가능성 자체를 낮추는 것이다.

둘째, 검사자의 소양을 높이도록 검사자를 충분히 훈련시킨다.

셋째, 기준을 구체화 한다. 세밀한 기준을 설정하고 그에 따름으로서 반응내용에 충실한 채점을 통해 글씨가 깨끗하다든가, 평소에 충실하다든가 하는 인상의 오류를 배제한다.

넷째, 다수의 채점자가 채점한다. 여러 사람의 채점결과를 평균하거나 극단적인 점수는 배제한다.

4) 실용도

실용도(practicability or usability)란 하나의 평가도구가 '얼마나 시간과 노력과 경비를 적게 들이면서도 원하는 평가목적을 달성할 수 있는가 하는 정도'를 의미한다. 앞서 살펴본 타당도, 신뢰도, 객관도 등이 좋은 평가도구의 이론적 기준이라면, 실용도는 현실적 기준이라고 할 수 있다. 즉, 이론적 기준을 아무리 잘 충족시키더라도 실제 시간이나 비용의 소모가 지나치거나 실시나 채점에 어려움이 따른다면 실용도에 문제가 있는 것이다. 특정한 평가도구의 실용도를 판정하기 위해서는 다음의 측면들을 고려하여야 한다.

첫째, 실시나 채점이 얼마나 용이한가?

둘째, 해석은 얼마나 용이하며 활용성이 높은가?

셋째, 비용은 얼마나 저렴하며 시간은 얼마나 소요되는가?

04 교육평가의 방법

학교에서 이루어지는 대부분의 평가는 주어진 교육목표에 기초한 평가영역의 선정, 평가도구의 제작 또는 선택, 평가의 실시 및 결과처리, 결과의 해석 및 활용의 4단계에 걸쳐 이루어지게 된다. 여기에서는 교육목표의 영역 가운데 학교에서 주로 다루어지는 인지적 영역과 정의적 영역에 한정하여, 학습자의 행동을 평가하는 도구들에 관해 교사가 직접 제작하거나 기존의 것을 선택적으로 사용할 때 참고할 수 있는 기본적인 사항을 다룬다.

1) 인지적 영역의 평가

인지적 영역의 평가는 학생들의 표현력, 사고력, 종합력, 창의력 등 소위 인간의 정신기능을 측정하는 평가이다. 학교에서 교사들이 주로 평가하게 되는 것은 학업성취도를 파악하는 것인데 이는 대부분 인지적 특성에 대한 평가가 된다. 인지적 영역의 평가는 주로 시험, 즉 지필검사에 의존하게 되는데 여기에는 논문형(또는 주관식) 검사와 객관형 검사가 있다.

(1) 논문형 검사

논문형 검사는 적은 수의 문제를 제시하고 아는 바를 써라, 설명하라, 논의하라, 비교하라, 비판하라 등의 형태로 지시가 주어지며, 이에 대해 자유롭게 기술하는 방식이다. 이 방식은 가장 전통적인 시험방법의 하나로 사용되어 왔던 것이나 20세기 초 측정운동이 대두되면서 주관에 치우치기 쉽다는 이유로 비난을 받았다. 그러나 객관식 측정의 편협성이 제기되면서 다시 그 가치를 인정받고 있으며 새롭게 발전하고 있다.

논문형 검사 제작상의 유의점으로는 ① 논문형 검사로 잴 수 있는 교육목표에 한해 출제할 것, 교육목표를 명확히 하고 이에 관련되는 정신작용을 고려하도록 문제를 작성할 것, ② 학생의 정도를 고려하여 이에 맞도록 자유도를 규정할 것, ③ 묻는 말을 분명히 나타내도록 문제를 출제할 것, ④ 난이도를 조절하여 제한된 시간 내에 모든 문제를 답할 수 있도록 쉬운 것부터 배열할 것 등을 들 수가 있다.

논문형 검사의 장단점에 대해서 살펴보면 먼저 장점들로는 ① 복잡한 고등정신기능의 측정에 유용하며, ② 반응의 자유도가 높고, ③ 인성진단의 자료를 얻는데 유용하며, ④ 학습태도를 개선해 주며 바람직한 학습방향을 제시해 주고, ⑤ 문항제작에 필요한 시간과 노력이 절약된다는 점을 들 수 있다. 반면, 단점들로는 ① 채점의 신뢰도, 객관도가 부족하고, ② 문항의 표본이 제한되어 포괄도가 낮으며, ③ 채점하는데 시간과 노력이 많이 든다는 점을 지적할 수 있다.

(2) 객관식 검사

객관식 검사의 대표적인 것으로는 진위형, 선다형, 완성형, 단답형, 배합형 등을 들 수 있다.

1 진위형

진위형(true-false type)은 어떤 문장을 진술하고 그 진술이 옳은지 그른지를 O, X 등의 기호로 표시하게 하는 것이다.

문항제작상의 유의점으로는 ① 반드시 참이 아니면 거짓인 진술을 사용할 것, ② 길고 복잡한 진술을 피할 것, ③ 교과서에서 따온 것을 그대로 사용하지 말 것, ④ 가급적 부정적인 문장을 피할 것, ⑤ '절대로', '반드시', '결코' 등 제약을 주는 말은 피할 것, ⑥ 참과 거짓의 문항은 거의 같은 수로 하며, 문항의 배열을 뒤섞어 놓을 것 등을 들 수가 있다.

진위형의 장점으로는 ① 문항을 많이 낼 수 있으므로 광범위한 능력을 다룰 수 있으며, ② 사실의 이해나 과학적인 판단력 측정에 적당하고, ③ 문항작성이 쉽다는 점 등을 들 수 있으며, 그 단점으로는 ① 정답에 대한 우연적인 적중률이 50%로 객관식 검사 가운데 가장 높고, ② 문항구조가 간단하여 문제의 초점이 불명확하게 되기 쉬우며, ③ 고등정신기능을 측정하기가 어렵다는 점을 들 수가 있다.

2 선다형

선다형(multiple-choice type)은 한 문항에 두 개 이상의 답지를 제공하여 그중에서 정답을 선택하게 하는 것으로, 문항작성의 기술에 따라서 단순한 지식이나 기초능력에서부터 자료해석력, 판단력, 추리력 등의 고등정신기능까지도 측정할 수 있다.

선다형 문항제작상의 유의점으로는 ① 문항은 의문형 또는 미완성 문장으로 하되 간단명료하게 쓸 것, ② 문항과 답지는 의미상으로 잘 관련이 지어지도록 할 것, ③ 답지에는 반드시 정답이나 최선답이 있도록 할 것, ④ 답지에 너무 전문적인 용어를 쓰지 말 것 등을 들 수 있다.

선다형 문항은 ① 제작기술에 따라서는 고등정신기능까지도 측정할 수 있으며, ② 답지가 많으므로 진위형보다 우연 적중률이 낮고, ③ 채점이 객관적이며 용이하여 신속정확하게 결과를 처리할 수 있으며, ④ 문항의 분량이 많아서 포괄도가 높다는 점에 그 장점이 있으나, 동질적인 선택지의 선정에 시간이 많이 걸리며, 표현력, 문장력을 측정할 수가 없다는 단점이 있다.

3 완성형

완성형(completion type)은 문장의 일부를 비워 놓고 괄호 속에 낱말이나 어구를 기입하게 해서 그 문장을 완성시키는 형식으로 주로 기본적 지식이나 기억을 측정하는데 쓰이며, 세련되게 제작하면 고도의 이해력이나 판단력도 잴 수 있다.

완성형 문항제작상의 유의점으로는 ① 문장 속에 공란을 만들 때는 가장 중요한 부분을 뺄 것, ② 정답이 꼭 하나로 정해진 것을 사용할 것, ③ 문장 속에 공란을 너무 많이 만들지 말 것, ④ 공란을 가급적 같은 길이로 할 것 등을 들 수가 있다.

완성형 문항은 그 장점으로 추측에 의한 답이 적어지며 비교적 고도의 이해력이나 판단력을 측정할 수 있다는 점을 들 수 있으나, 단편적인 지식이나 기억 상기 위주의 측정에 그치기 쉽고, 추리력, 종합력, 표현력을 평가할 수 없다는 단점을 지니고 있다.

4 단답형

단답형(short-answer type)은 질문에 대해 간단한 대답을 하게 하는 형식으로 누가, 언제, 어디서, 무엇을 등의 사실적 지식이나 간단한 기능을 알아내는 데 많이 사용된다.

단답형 문항제작상의 유의점으로는 ① 정답이 하나만 나오도록 질문을 명료하게 할 것, ② 교과서에 나오는 문장을 그대로 따오지 말 것, ③ 정답에 충분한 공란을 주고 채점하기 쉽도록 배열할 것, ④ 모범답안 또는 채점기준을 문제와 동시에 작성할 것 등이 있다.

단답형의 장점으로는 ① 추측만으로는 정답을 맞추기 어렵고, ② 초점을 묻게 되므로 답을 명확히 쓸 수 있으며, ③ 문항작성에 전문적인 기술이 필요 없으며 짧은 시간에 많은 문항을 제작할 수 있다는 점 등을 들 수 있다. 그러나 ① 암기위주의 학습을 유도할 우려가 있고, ② 정답이 여러 개 나올 수 있어 객관적인 채점이 곤란할 때가 있으며, ③ 이해력, 판단력, 추리력, 응용력 등의 측정이 어렵다는 단점이 있다.

5 배합형

배합형(matching type)은 선택형의 복합형식으로 전제와 답지를 많이 만들어 양쪽의 계열에서 서로 관계가 있는 것끼리 연결하게 하는 방법으로, 좌우 또는 상하에 두 줄로 몇 개 사항을 배열하여 관계있는 것끼리 선을 긋게 하거나 번호를 표시하게 한다. 이것은 주로 연대, 책과 저자, 원인과 결과의 관계 등 지식, 이해의 측정에 사용된다.

배합형 문항제작상의 유의점으로는 ① 양쪽의 계열이 서로 동질적인 것으로 할 것, ② 양쪽의 항목수를 달리하여 한쪽이 2~3개 더 많도록 할 것, ③ 어떤 관계로 배합할 것인가를 명백히 지시할 것 등이 있다.

배합형 문항은 제작기술 여하에 따라서는 여러 가지 고등정신기능을 측정할 수 있으며, 짧은 시간에 중요한 인물과 사건 및 시대를 동시에 관련지어 생각하는 능력을 측정할 수 있다는 장점이 있지만, 피상적인 연상이나 기억위주의 검사가 되기 쉽고, 어떤 암시를 주지 않기 위해서 동질적으로 각 항목을 배열한다는 것이 매우 어렵다는 단점이 있다.

이상 살펴본 논문형(주관식) 검사와 객관식 검사에 대하여 그 특징을 비교해 보면 표 9-3과 같다.

표 9-3 **논문형(주관식) 검사와 객관식 검사의 비교**

	논문형 검사	객관식 검사
반응의 자유도	넓음	좁음
반응의 특색	문항이 요구하는 관련지식뿐만 아니라 구성력, 표현력 등이 내포됨	문항이 요구하는 관련지식만 내포됨
반응의 강조점	종합적 전체적 이해가 요구됨	정확한 지식이 요구됨
문항표집	일반적으로 부족	충분히 할 수 있음
채점의 객관도	비교적 낮음	비교적 높음
추측요인의 작용	비교적 적음	비교적 많음
출제 소요시간	적음	많음

2) 정의적 영역의 평가

학습자의 행동에 대한 전인적 이해는 인지적 영역에 대한 평가만으로는 도저히 이루어질 수 없다. 따라서 교사는 가능한 한 다양하고 적절한 방법을 통해서 학생들의 정의적 측면을 평가하도록 노력하여야 한다. 교육평가에서 주로 쓰이고 있는 정의적 영역의 평가 방법으로는 관찰법, 면접법, 질문지법, 사회성 측정법, 평정법 등이 있는데 그 각각을 설명하면 다음과 같다.

(1) 관찰법

관찰법(observation)은 조사자가 시각, 청각의 감각을 통하여 직접적으로 조사대상의 특성을 살피고 분석하는 방법이다. 관찰법은 특정한 현장에서 현재 발생하는 사태나 조사대상자의 특성을 다른 사람의 개입 없이 관찰자가 직접 자료를 수집한다는 데 그 특징이 있다.

관찰법의 장점은 조사대상자의 자발적인 행동을 관찰할 수 있고, 현실적인 장면에서 폭넓은 행동을 볼 수 있으며 값비싼 설비나 도구가 필요 없다는 점 등이다. 그러나 한 번 일어난 행동을 다시 관찰하기 어렵고, 과거의 행동을 알아볼 수 없으며, 관찰자의 편견이나 선입관이 개입될 위험이 있다는 것이 단점이다. 관찰법의 사용 시 유의할 점은 조사대상자에게 관찰하고 있다는 의식을 주지 말아야 한다는 것이다. 즉, 관찰기록 방법, 관찰시간, 관찰장면 선택에 있어서 신중한 사전계획이 있어야만 한다.

(2) 면접법

면접법(interview)은 조사대상자와 직접 이야기를 나누면서 필요한 자료를 수집하는 방법이다. 면접은 그 진행절차가 사전에 얼마나 치밀하게 구조화되어 있는가에 따라 구조적 면접, 비구조적 면접과 반구조적(절충적) 면접으로 나눌 수 있는데, 구조적 면접과 비구조적 면접의 장단점을 절충하여 면접의 목적에 대해서는 사전에 치밀한 계획을 세우되, 면접장면에서는 면접자가 질문의 형식이나 순서 등 방법적인 면에서는 융통성을 부여하는 반구조적 면접방법이 실제로는 많이 사용되고 있다.

면접법의 장점은 현재의 일 뿐만 아니라 과거의 사실이나 장래의 계획까지도 알아볼 수 있고, 면접 중의 태도나 표정을 통해 상대방의 사정을 파악할 수 있으며 필요시 질문을 다양하게 변화시킬 수도 있다는 것이다. 반면에 면접자에게 고도의 기술과 훈련이 요구되며, 결과를 통계적으로 처리하여 해석하기가 어렵다는 단점이 있다. 면접법의 사용 시 유의할 점은 면접자와 피면접자 간에 심리적 친밀감(rapport)이 형성되어야 하고, 상대방에 책임을 돌리거나 비난하지 말아야 하며, 면접자는 주로 잘 듣는 편이 되어야 한다는 것이다. 또 면접 후에는 요점을 기록하거나 정리해 두어야 하며 면접 중에 알게 된 개인적 비밀은 반드시 지켜주어야 한다.

(3) 질문지법

질문지법(questionnire)이란 응답자가 스스로에 대해 여러 가지 판단을 하고 진술 또는 표시를 하는 자기보고 형식의 가장 일반적인 형태로서, 평가하고자 하는 문제에 대해 일정한 방식 및 내용의 질문을 작성, 제시하여 조사대상자의 반응을 살펴보는 방법이다.

질문지법은 다른 조사방법으로는 측정하기 어려운 광범위한 문제에 대해서 많은 대상자를 단기간에 연구할 수 있다는데 그 장점이 있으나, 질문을 통제할 수 없으며 자료를 엄격하게 다룰 수 없기 때문에 신뢰성이 적다는 단점이 있다. 질문지법을 사용할 때 유의할 점은 질문의 내용이 되도록 간단하고, 구체적이며, 객관적이어야 한다는 것이다. 또 해답을 암시하지 말고 특히 응답자가 생각하는 의견과 사실을 구별하여 처리하되 사실만을 보고하도록 하여야 한다.

(4) 사회성 측정법

인간은 복잡한 인간관계 속에서 살아가게 된다. 어떤 사람은 다른 사람들에게 호감을 얻는 반면에 어떤 사람은 무관심하게 남아 있거나 배척당하기도 한다. 또 집단 내에는 여러 형태의 비공식적 소집단이 형성되어 그 집단 본래의 기능을 촉진하기도 하고 때로는 장애가 되기도 한다. 이러한 인간관계에 있어서 집단 내에서 개인의 사회적 위치 및 비공식적 집단형성의 구조를 알아보는 방법을 사회성 측정법이라고 한다.

사회성 측정법(sociometry)은 모레노(J. L. Moreno)의 연구를 계기로 발전되어 왔다. 그는 1932년 미국 뉴욕시의 한 공립학교에서 유치원에서 8학년까지의 학생들에게 옆에 앉기를 원하는 학생들을 선택하도록 요구하는 조사를 실시하였다. 그 결과 어떤 학생은 많은 학생들에 의해 집중적으로 선택되었으며, 어떤 학생은 전혀 선택되지 않았고, 또 어떤 학생들은 그 중간에 있었다. 이를 보다 자세히 분석해본 결과 상호간의 선택도 있었고, 그 선택을 기초로 특정한 소집단이 형성되어 있음을 볼 수 있었다. 모레노는 이러한 현상에 대한 관심을 발전시켜 1934년에 「누가 생존할 것인가?(Who Shall Survive?)」라는 책으로 발간했는데 이것이 곧 사회성 측정법이 발전하는 계기가 되었다.

사회성 측정법의 장점은 문항작성이 간단해서 교사가 쉽게 작성할 수 있고, 5~6분 정도의 극히 짧은 시간에 검사를 실시할 수 있으며 그 결과의 응용범위 및 효과가 크다는 데 있다. 이 방법을 사용할 때 유의할 점은 선택하는 집단의 범위가 명확해야 하고 조사대상자에게 의미있는 특정한 선택 기준을 마련해야 하며, 무제한의 선택 또는 거부를 허용하되 지시문은 친절하고 구체적이어야 한다는 것이다.

(5) 평정법

평정법(rating method)은 관찰의 결과를 어떤 척도상의 유목이나 숫자에 의거해 기록하고 정리하는 방법이다. 평정법은 평가자의 주관이나 편견 또는 가치관의 차이 때문에 부정확하기 쉬운 관찰결과의 평가를 보다 엄밀하고 정확하게 평정해낼 수 있으며, 다른 방법으로 평가하기 어려운 복잡한 행동의 증거를 좀 더 세분하여 과학적으로 파악할 수 있는 평가방법이다.

평정법의 장점은 여러 검사사태에 적용할 수 있고 다양한 교육목표를 평가할 수 있으며 평정 자체가 실제적, 이론적 준거가 될 수 있다는 것이다. 반면에 단점으로는 평정이 주관적으로 이루어질 가능성이 있으며 평정의 타당도도 낮아질 우려가 있다는 것이다. 평정법의 사용 시 유의할 점은 평정자가 관찰의 착오에서 벗어나도록 노력해야 하고, 가능한 한 다수의 평정자가 함께 평정하여 그 결과를 평균해야 한다는 것이다. 또한 평정척을 사용할 때 모든 평점의 단계를 사용하고, 평정척에는 평정될 행동의 특성이 명백히 정의되어야 한다.

3) 표준화검사의 선택과 활용

앞서 살펴보았듯이 표준화검사는 타당도, 신뢰도가 대체로 엄밀하며, 전국적인 규준에 비추어 공통적으로 비교, 해석할 수 있으며, 보통의 시험으로는 재기 어려운 득성을 손쉽게 잴 수 있는 특성을 지니고 있다. 또한 학생의 행동특성을 평가함에 있어 모든 검사도구를 교사가 직접 제작하여 사용하는데는 비용, 시간, 능력 등 여러 가지 측면에서 한계가 있다. 따라서 교육평가에서 표준화검사를 적절히 사용하는 것은 교사나 학생 모두에게 큰 도움이 될 수 있다. 표준화검사를 실시하고자 하는 경우, 그 선택과 사용에 있어서 염두에 두어야 할 내용들을 제시하면 다음과 같다.

첫째, 목적에 대한 타당성을 검토한다. 교사가 검사하고자 하는 목적에 맞는 것을 선택하기 위해서는 검사문항이나 실시요강(manual)을 읽어보고 그것이 재고자 하는 특성을 제대로 반영하는 것인가, 그 문항의 내용의 선정방법은 적절한가의 여부를 검토하여야 한다.

둘째, 실시요강에 제시된 신뢰도를 검토한다.

셋째, 규준(norm)을 검토한다. 표준화검사의 생명은 그 규준에 있다고 할 수 있다. 표준화 과정에서 표집대상의 분포를 지역, 연령, 인원, 계층 등의 측면에서 살펴봄으로써, 검사결과의 해석을 위한 규준이 얼마나 잘 되어있는가를 검토한다.

넷째, 표준화된 시기를 검토한다. 표준화검사의 규준은 그것이 표준화된 당시의 표집대상, 검사결과를 바탕으로 정해지기 때문에 가능한 한 최근에 표준화된 것이 좋다.

다섯째, 환경조건을 정비한다. 표준화검사를 실시할 때는 피험자가 충분히 실력을 발휘할 수 있도록 검사요강에서 금지하지 않는 범위 내에서 장소, 기후, 시간대 등의 측면에서 최적의 조건을 제공해 주어야 한다.

여섯째, 실시요강을 엄수한다. 검사결과의 규준에 대한 정확한 해석을 위해서는 실시 요강에 익숙하여 그 실시, 채점 및 해석상의 지시에 정확히 따라야만 한다.

일곱째, 교사제작검사를 병용한다. 표준화검사는 광범위한 대상을 염두에 두고 그 대상들의 공통적인 요인들에 입각하여 구성되기 때문에, 아무리 훌륭한 검사라도 개별적인 집단의 특수성을 고려한 평가를 할 수는 없다. 따라서 가능한 한 이를 보완 또는 확인하는 교사제작검사를 수시로 실시하는 것이 필요하다.

CHAPTER

교육행정의 이해 10

1. 교육행정의 개념
2. 교육행정의 이론
3. 교육행정조직
4. 학교경영과 학급경영

현대사회에서 교육활동은 규모가 방대해지고 고도의 공공성을 띠게 되어, 정부는 교육에 대한 광범위한 관여와 개입을 하고 있다.

국가의 교육에 대한 관심과 개입이 교육활동을 발전시키기도 하지만 기본적으로 통제·관리하는 속성도 있다. 따라서 "어떻게 하면 교육행정이 교육활동을 바람직한 방향으로 촉진할 수 있는가?"를 연구하는 것은 현실적으로 중요한 과제가 아닐 수 없다.

이 장에서는 먼저 교육행정의 개념을 살펴본다. 이어 과학적 관리론, 행정관리론, 인간관계론, 행동과학론의 순으로 주요 행정이론을 알아본다. 그리고 교육행정조직과 관련하여 조직의 개념과 관료제의 특징을 알아보고 우리나라의 교육행정조직을 알아본다. 마지막으로 학교경영과 학급경영의 개념과 목표, 원리 등에 대하여 살펴본다.

01 교육행정의 개념

교육행정(educational administration)을 교육과 행정의 두 측면으로 나누어 접근해 볼 때, 현대 교육행정의 개념을 광의와 협의의 두 가지 의미로 규정할 수 있다.

광의의 교육행정은 사회적·공공적·조직적 활동으로써의 교육을 대상으로 교육목표의 설정, 목표달성을 위한 인적·물적·기타 지원조건의 정비 확립, 목표달성을 위한 계획과 결정, 집행과 지도, 통제와 평가 등을 포함하는 일련의 봉사활동을 말하며, 교육조직체 내에서의 집단적 협동행위를 위하여 효과적으로 지원하는 것을 본질로 하는 작용이다.

협의의 교육행정은 국가의 통치작용 또는 공권력에 관련시키서 국가나 지방공공단체에 한하여 사용하고, 학교를 단위로 하는 학교행정 또는 학교경영과 구별하여 설명하기도 한다. 따라서 협의의 교육행정은 국가나 지방공공단체가 교육활동에 관한 계획이나 정책을 수립하고, 이를 달성하는 데 필요한 인적·물적 조건을 정비·확립하고 교육정책을 합법적·효율적·협동적으로 집행·평가하는 일련의 활동과정을 말한다(안병환 등, 2016).

교육과 행정의 관계를 통한 교육행정의 개념을 고찰하면 다음과 같다.

첫째, 교육행정을 행정의 한 분야로서 교육에 관한 행정으로 보는 입장이다. 이때 '교육에 관한 행정'이란 입법과 사법을 제외한 공권적 작용으로서 행정활동 중에서 교육이라는 한정된 분야에 관련된 행정을 말한다. 즉, 교육기관, 교육조직체를 중심으로 교육활동에 관한 행정을 말한다. 이러한 관점은 국가행정의 한 분야로써 일반행정의 위치에서 교육행정의 영역을 밝혀 보고자 하는 것이다. 그러므로 행정은 교육보다 높은 위치를 차지하며 국가행정이 교육행정을 통제하는 '위에서 밑으로'의 전통적 권위주의 행정을 말한다.

둘째, 교육행정이란 교육의 핵심적 기능인 교수와 학습의 효율성을 높이기 위하여 제반 조건을 정비하는 수단적, 봉사적 활동으로서의 교육활동을 위한 행정으로 보는 입장이다. 이때 '교육을 위한 행정'이란 교육행정이 사회적·공공적·조직적 활동으로써의 교육활동에 관한 목표를 설정하고 그 목표달성에 필요한 조직들을 정비·확립하고 그 달성을 조장하는 것으로 보는 견해이다. 그러므로 교육이 행정보다 높은 위치를 차지하며, 행정은 밑에서 교육활동을 조장해 주는 '밑에서 위로'의 민주적인 교육행정을 의미한다(조성일·김영출, 2001).

이상의 논의들을 토대로 볼 때 교육행정은 교육목표를 달성하기 위하여 필요한 인적 자원과 물적자원을 확보하고 정비하는 일이다. 이를 통하여 협동적 행위를 통해 능률적이고 효과적으로 교육목표를 달성할 수 있도록 지원하는 봉사활동이라 볼 수 있다.

02 교육행정의 이론

1) 과학적 관리론

과학적 관리론(scientific management theory)은 19세기 말부터 20세기 초에 미국의 경제사정과 경제공황을 극복하기 위해 경영합리화 운동으로 테일러(Frederic W. Taylor, 1856~1915)에 의해 등장하게 되었다. 테일러는 일의 자연법칙이 있다고 믿었고, 하나의 과업을 과학적으로 연구함으로써 과업을 수행하는 가장 좋은 하나의 방법이 규명될 수 있다는 것이다. 따라서 관리에 대한 실험적, 경험적 접근이 탄생하였다. 과학적 관리론은 근로자의 직무에 초점을 두고 있으며, 능률성과 생산성을 증대시키기 위해 조직에 과학적 방법을 적용하였다. 즉, 최소의 노동과 비용으로 최대의 효과를 올려서 생산의 효과성을 높이는데 목적이 있고, 4가지 원리는 노동자의 생산성을 극대화하기 위해 고안되었다(Taylor, 1911).

테일러의 과학적 관리 4가지 원리는 다음과 같다.

① 과학적 직무분석: 관찰, 자료수집 및 신중한 측정을 통해 최선의 방법을 결정하는 것.

② 인사선발: 직무분석 후 적절한 사람을 선발하여 훈련하고 가르치며 발전시키는 것.

③ 협동관리: 관리자와 노동자 상호협동을 통한 경영협동.

④ 기능적 감독: 관리자와 노동자의 분업 시, 관리자는 계획하고 조직하며 의사결정을 하는 활동을 하고 노동자는 그들의 직무를 수행하는 것.

테일러는 표준과업 설정을 위한 시간연구, 관리자와 종업원 간의 분업, 임금 유인체제 등 과학적 관리가 조직적 태업문제를 해결할 수 있다고 보고, 입증된 연구와 실험에 근거를 두어 생산관리를 개선하기 위한 명확한 지침을 관리자에게 제공하였다. 종업원들이 새롭고, 과학적인 작업체계를 받아들이도록 준비시키기 위하여 테일러는 높은 수준의 생산성 달성을 위한 보상체계를 채택할 것을 주장하였다. 또한 공정한 하루의 임금을 위해 공정한 하루의 작업량을 강하게 주창하였다. 이처럼 과학적 관리론은 목표달성, 분업, 전문화, 표준화, 공식화, 권위의 위계화, 통솔범위, 조정 및 공식적 조직을 그 특징으로 하고 있다.

한편 보빗(Frank Bobbitt, 1876~1956)도 미국 교육학회를 통하여 과학적 관리의 원리를 충실히 적용할 것을 주장하였다. 즉, 행정가는 과학적 체계에 입각하여 의사결정을 해야 하며, 목표에 대한 기준을 설정하여 수행해야 할 과업과 급여를 결정하고, 교사에 대한 자세한 지시와 수업방법을 결정하며, 교사를 선발하여 훈련시키고 이용할 자료와 시설을 선택해야 한다고 하였다. 보빗은 테일러와 마찬가지로 학교의 능률을 좌우하는 것은 권한의 집중과 감독자가 모든 작업수행과정을 분명히 지시하는 것이라고 믿었다.

교육에서 과학적 관리의 원칙으로 다음과 같이 제시하였다(남정걸, 2003).

첫째, 모든 시설을 동시에 이용할 것.

둘째, 교사의 작업능률을 최대로 향상시켜 교사의 수를 최소로 감소시키는 것.

셋째, 낭비를 추방하는 것.

넷째, 각자의 능력에 적합한 개별프로그램을 적용하는 것이다.

이처럼 과학적 관리론은 인간을 기계의 톱니바퀴처럼 다루고 물질적 보상에 의한 동기유발, 지시행정 등으로 인하여 인간의 사회심리적 요소를 소홀히 다룬다는 점에서 비판도 받고 있다.

과학적 관리론의 공헌은 비능률적인 인간을 지식과 기술을 체계화하여 생산과정에 활용하는 기술과 지식을 체계화하는 기초를 확립하여 과학적 접근을 했다는 것이고, 비판점은 인간을 단순히 기계적, 합리적, 비인간적인 도구로 취급하였다는 것이다.

2) 행정관리론

과학적 관리론이 개별 근로자의 직무에 초점을 둔 반면에, 행정관리론(administrative management theory)은 전체 조직의 관리에 초점을 두고 있으며 조직구성원의 협조에 의해 이루어진다. 행정관리론을 발전시킨 학자로는 페이욜(Henri Fayol, 1841~1925), 귤릭(Luther H. Gulick, 1892-1993)과 어윅(Lyndall Urwick, 1891~1983) 등이 있다.

페이욜은 엔지니어이며 프랑스의 큰 탄광회사의 임원을 관리하였는데, 그는 관리자로서 자신의 성공을 자신이 가지고 있는 개인적 자질이 아니라 그가 사용한 관리의 원리라고 보았다(Fayol, 1949). 페이욜은 모든 관리자들은 기획(planning), 조직(organizing), 명령(commanding), 조정(coordinating), 통제(controlling)와 같은 5가지 기본 기능을 수행하고 있다고 주장하였다(Lunenburg & Ornstein, 2000).

페이욜은 처음으로 관리를 하나의 계속적인 과정으로 인식하였다. 그는 5가지 기능 외에도 조직관리에 필요하다고 느낀 14가지 원리를 제시하였는데, 이것은 분업(division of work), 권한(authority), 규율(discipline), 명령통일(unity of command), 지휘통일(unity of direction), 개인이익보다는 조직이익 우선(subordination of individual interest), 보상(remuneration), 집중(centralization), 계층망(scalar chain), 질서(order), 공평성(equity), 직원고용 안정성(stability of personnel), 솔선수범(initiative), 단체정신(esprit de corps)의 원리 등이다.

또한 귤릭과 어윅은 페이욜의 5가지 요소를 토대로 일부 수정·보완하여 7가지의 관리기능을 제시하였다(Gulick & Urwick, 1937). 이를 첫 머리 글자를 따서 POSDCoRB라고 부르기도 한다. 이를 보면 다음과 같다.

① 기획(Planning): 조직의 목적을 달성하기 위한 조직의 미래 방향 설정
② 조직(Organizing): 공식적인 권한 구조설정 및 직무의 규정과 조정
③ 인사(Staffing): 직원의 선발, 훈련 및 개발과 훌륭한 작업조건 유지
④ 지시(Directing): 의사결정, 의사소통, 지시이행 및 직원평가

⑤ 조정(Coordinating): 공동의 목표달성을 위하여 조직통합에 필요한 모든 활동과 노력
⑥ 보고(Reporting): 기록, 연구 및 조사 등을 통한 진척사항 보고
⑦ 예산편성(Budgeting): 재무기획, 회계 및 통제를 포함한 예산편성에 관한 모든 활동

행정관리론의 공헌은 조직의 기능을 대별하여 관리자가 취할 적절한 조직관리의 방향을 알려주고 해야 할 일을 제시해 주어 교육조직에서 많이 활용되고 있는 반면에, 공식적 조직에만 관심을 두어 분업, 권한의 배분, 각 지위의 권한과 책임의 명료화에 관심을 가졌을 뿐 개인의 특성과 집단구성원 간의 사회적 역동성에 대해서는 관심을 두지 않았다는 비판을 받고 있다.

3) 인간관계론

인간관계론(human relations theory)은 1930년대에 고전이론의 지나친 생산성과 능률을 향상시키기 위한 조직의 경직된 관료화 지향성이 개인의 사기와 자발성을 떨어뜨렸다는 비판을 하며, 인간의 정서적인 면을 중요시하여 보다 작업능률을 향상시키도록 하는 관리법으로 등장하였다. 메이오(G. Elton Mayo, 1880~1949) 등의 시카고 서부전기회사의 호손 공장(Hawthorne plant)에서 수행된 3차에 걸친 실험연구를 하였는데, 공장에서의 능률성에 대한 조명의 질과 양의 관계를 연구하기 위하여 수행된 실험이었다. 호손실험을 통해 발견된 결론은 다음과 같다(Mayo, 1933 & 1949).

① 경제적 유인이 항상 인간을 동기유발시키는 것은 아니다.
② 근로자들은 개인으로서가 아니라 비공식 집단의 구성원으로서 관리층에 반응한다.
③ 생산수준은 생리적 능력에 의해서라기보다 비공식적 조직의 사회적 규범에 의해 더 제한된다.
④ 전문화가 반드시 작업집단의 가장 능률적 조직화를 조성하지 않는다.

⑤ 근로자는 관리자의 독단적 결정으로부터 자신을 보호하기 위해 비공식적 조직을 이용한다.

⑥ 개인은 적극적 존재이지 수동적인 기계의 톱니바퀴가 아니다.

인간관계론의 공헌은 작업환경을 연구하기 위하여 실험실을 통한 실험뿐만 아니라 현장연구방법을 사용하였으며, 인간의 정서적인 면을 중시하여 작업능률을 향상시켰다. 이러한 연구를 통하여 생산성의 증가는 단순히 외적 환경보다는 개인의 사회심리적 조건이 더 중요하며, 공식적 조직보다 비공식적 조직도 중요하다는 점을 시사하고 있다. 그러나 인간관계론은 인간적 측면을 강조한 나머지 조직의 생산성을 위축시켰고, 조직을 폐쇄된 체제로 간주함으로써 조직환경에 대한 관계를 명백히 다루지 못했으며, 인간의 욕구와 동기를 강조한 나머지 조직생활의 복잡성을 지나치게 단순화하였다는 비판을 받고 있다.

인간관계론이 교육행정에 미친 영향

첫째, 민주적 지도성, 민주적인 집단 분위기 등 민주적 교육행정에 공헌하였다.

둘째, 조직 내의 비공식적 조직을 중요시하였다.

셋째, 구성원들의 사회심리적 욕구충족을 강조하였다.

인간관계론에서 보면 실제로 행정가들에게 유용한 것은 사기, 집단역동성, 민주적 감독, 직원관계 그리고 동기라고 볼 수 있다. 인간관계론은 조직업무처리에 있어서 인간 및 대인관계를 강조하였다. 민주적 절차, 참여, 사회성 측정(sociometry)을 통하여 조직과 집단역동성, 집단구성원들 간의 상호작용의 유형분석을 강조하였다. 이러한 것은 학급경영에도 시사하는 바가 크다. 즉, 전체적으로 볼 때 인간관계론은 교육행정의 민주화에 공헌하였다고 볼 수 있다(안병환 등, 2016).

4) 행동과학론

행동과학론(behavioral science theory)은 조직의 생산성을 높이기 위하여 조직 내의 인간행동을 심리학, 경영학, 인류학 등의 행동과학을 수용함으로써 행정학 발전의 새로운 계기를 마련하였다. 과학적 관리론이 능률성과 생산성을 증대시키기 위하여 조직에 과학적 방법을 적용하려고 노력하였고, 인간관계론은 조직 내의 인간의 욕구와 사회심리적 요소를 강조하였으나, 과학적 관리론은 인간을 톱니바퀴와 같이, 기계와 같이 취급함으로써 인간적 측면을 경시하였다는 비판을 받고 있고, 인간관계론은 인간의 욕구와 동기를 강조한 나머지 조직생활의 복잡성을 지나치게 단순화하였다는 비판을 극복하기 위해 행동과학적 접근이 등장하였다.

행정을 행동과학과 관련시킨 최초의 학자인 바너드(C. Barnard)는 1938년에 출간된 『경영자의 기능(The Functions of the Executive)』에서 조직을 고전적 관리와 인간관계론의 원리를 하나의 틀로 통합한 협동체제로 보고, 공식적 조직과 비공식적 조직 간의 불가피한 상호작용을 입증하였다. 그는 효과성(effectiveness)과 능률성(efficiency)의 개념을 구분하여, 효과성은 체제지향적이며 조직의 목표와 관계 있는 것이고, 능률성은 인간지향적이며 조직구성원으로서 갖게 되는 만족감과 관계 있는 것으로 보았다. 한 조직의 계속적인 존속을 위해서는 두 가지 모두 필요하며, 개인의 의욕, 신념 및 만족감 등이 조직목표달성에 중요한 요인이 된다는 것이다.

바너드는 경영자의 기능은 어떤 조직을 효과적이 되도록 하기 위하여 세 가지 요소를 개발하여야 한다고 생각하였다(Shapiro, 2006).

첫째, 목적을 개발하는 것이다.

둘째, 임무를 수행하기 위하여 모든 구성원들이 임무에 관한 지식을 공유할 수 있도록 하기 위하여 가능한 한 직접적인 의사소통 체계를 개발하는 것이다.

셋째, 임무를 성취하기 위하여 협동체계를 개발하는 것이다.

바너드는 목표 또는 목적, 의사소통체계 그리고 협동을 강조하였다.

그리고 사이먼(H. A. Simon, 1980)은 바너드 이론을 확대하여 균형론, 의사결정, 의사소통, 권력과 권위 등에 대해 확대·발전시켰다. 그는 작업동기에 관한 공식적 이론에 초점을 두어 조직의 균형에 관한 개념을 사용하였으며, 인간형을 의사결정과정에서 최적의 합리화만을 추구하는 경제적 인간형과 인간은 모든 일을 이성적으로 처리할 수 없고 만족스런 범위 내에서 의사결정을 하면 된다고 보는 행정적 인간형으로 구분하고 행정적 인간형을 제시하였다. 따라서 경영의 입장에서 최대의 이익보다 현실적인 적절한 이익을 찾는 것이라고 보았다.

행동과학론의 공헌은 고전이론과 인간관계론의 균형점을 찾아 조직과 구성원 모두에게 합리적인 길을 탐색하도록 한 반면에, 행정학이 가치문제나 윤리문제를 다루지 못하여 행정에 대한 방향제시나 처방이 불가능하여 문제해결에 도움이 되지 못했다는 비판이 있다.

행동과학론의 교육행정에 대한 시사점

첫째, 교육행정을 연구하는데 있어서 이론의 역할이 중요함을 인정하고 이론에 근거한 가설·연역적 연구방법을 택해야 한다.

둘째, 교육행정을 일반행정이나 기업행정 등과 다르게 보려는 편협한 관점을 버리고, 행정 앞의 한정사와는 관계 없이 행정은 그 자체로서 과학적 연구주제가 될 수 있다.

셋째, 교육기관은 사회체제로서 가장 잘 이해될 수 있는 것이기 때문에 교육행정의 연구는 행동과학적 방법에 크게 의존하지 않을 수 없다.

표 10-1 과학적 관리론·인간관계론·행동과학론의 비교

구분 변인	과학적 관리론	인간관계론	행동과학론
행정의 목표	조직의 목표 달성 생산성의 향상(능률성)	조직의 목표달성 생산성 향상	조직의 목표달성 조직의 효과와 목표달성 극대화
조직의 차원	공식구조 또는 공식조직 조직의 기능과 원리강조	공식구조, 비공식 집단과 집단 내에서의 대인관계를 강조	공식조직과 비공식조직의 복합적 역할

(계속)

구분 변인	과학적 관리론	인간관계론	행동과학론
권한의 차원	집권적, 지시적, 권위주의적이다.	분권적, 참여적, 민주적이다.	인간관계론에 더 가까우나 과학적 관리론과 인간관계론의 조화와 균형을 강조한다.
지도성의 차원	미시적, 근접감독을 강조하는 감시적 지도성	지원적, 조언적인 민주적 지도성	역동적, 가변적 지도성
	소극적, 반항적, 책임회피적, 수동적이다. 생리적 욕구충족을 위한 존재로서 경제적 보상에만 만족하는 경제적 인간, X 이론의 입장	적극적, 협동적, 자율적, 능동적이며 심리적, 사회적 욕구충족을 갈망하는 심리적, 사회적 존재이다. Y 이론의 입장	
목표달성의 수단	과업의 능률적 수행 개인의 욕구충족	과업수행과정에서의 사기, 사회적 욕구충족, 능률	효과와 능률 강조, 자아실현의 욕구 중시
환경의 차원	조직 내 환경에 국한. 주로 작업환경과 조건에 관련되는 물리적 환경 중시	조직 내 환경에 국한, 대인 상호간의 집단역동에서 형성되는 심리적, 사회적 환경 중시	조직 내의 상·하위 체제와 조직 외적인 환경과의 생태적 측면 강조
변화의 차원	안정지향적	안정지향적	변화와 혁신강조
접근방법	공학적, 경제적 및 경영학적이다. 해결할 문제를 규명하고 기술하여 현상 분류	집단역학적 또는 사회심리학적이다. 실험적으로 관찰 자기입장 주장	사회과학적, 행동과학적 접근, 개념조작, 가설검증, 가치중심으로 현상을 설명, 예언하는 이론수립

자료: 송화섭(1993).

03 교육행정조직

1) 조직의 개념

교육행정조직은 교육목적을 효과적, 효율적으로 달성하는 것을 목표로 하며, 이러한 목표의 달성은 조직구성원들의 관계를 보다 명확하게 규명하는 것으로부터 출발한다고 할 수 있다.

인간은 조직을 떠나서 살 수 없으며, 우리 주변에는 수많은 조직이 존재하고 있다. 인간을 위한 최초의 조직이라 할 수 있는 가정으로부터 시작하여 학교조직, 기업조직, 정치조직, 정부조직 그리고 국제조직 등의 사회조직이 산재해 있다. 이러한 이유에서 우리들이 살고 있는 사회는 조직사회이다(안병환 등, 2016). 에치오니(A. Etzioni, 1964)가 인상적으로 표현한 바와 같이, 인간은 조직 속에서 탄생하고, 조직에 의하여 교육되며, 인생의 대부분을 조직을 위해서 일한다. 또 인간은 여가의 대부분을 조직 속에서 소비하고 놀고 그리고 기도하면서 보내기도 한다. 그러므로 인간들 대부분은 조직 속에서 죽게 되며, 매장될 때에는 가장 큰 사회조직인 국가의 공식적인 허가를 얻어야 한다.

사이먼(H. A. Simon)에 의하면 조직은 인간들의 습관을 형성하고 생활의 질을 발전시키는 힘을 제공할 수 있는 환경 자체를 갖고 있기 때문에 인간에게 중요하다. 그러므로 우리 인간과 밀접한 관계를 형성하면서 영향을 주고받고 있는 조직이론을 올바르게 이해하고 분석할 필요가 있다.

파슨스(T. Parsons)는 "조직은 그 조직이 속해 있는 더 큰 사회의 기능에 공헌하는 특정한 목적을 달성하기 위한 사회단위"라고 정의하였고, 에치오니는 "조직이란 일정한 환경하에서 특정한 목표를 추구하며 이를 위하여 일정한 구조를 형성하는 사회적 단위"라고 정의하였으며, 사이먼은 조직은 "주로 의사결정의 구조이고, 주로 업무분담, 업무수행상 표준의 설정, 권한과 영향력의 구사, 의사소통, 교화와 훈련 등 다섯 가지의 기능을 수행한다"고 하였다. 바너드(C. Barnard)는 "조직은 일정한 목적을 실현하기 위하여 2인 이상의 협동자가 일정한 방법으로 업무를 분담하고, 일정한 권위하에서 권한의 위양과 의사소통에 의하여 연락·조정·통제를 기도하여 형성된 활동체계이다." 이러한 조직의 요소로서 의사전달, 협동의욕, 공통목표가 필요하다. 아울러 조직은 대내외적인 균형 및 효과성과 효율성이 유지되어야 존속한다.

이러한 견해들의 공통점을 토대로 조직에 대한 개념을 정의하면 조직이란 '어떤 공동의 목적을 달성하기 위해 두 사람 이상이 과업을 분담하여 협동하는 사회체제' 또는 '공동목적을 효율적으로 달성하기 위하여 의도적으로 구성된 협동의 체제'라고 할 수 있을 것이다.

2) 관료제

관료제(bureaucracy)에 관한 최초의 이론은 독일의 사회학자 막스 베버에서 시작되었다. 베버(M. Weber)는 관료제를 계층제의 형태를 지닌 대규모 조직의 집단관리 현상으로 이해하였다.

베버의 관료제 이론은 세 가지 특색을 가지고 있다.

첫째, 그가 취급하는 관료제는 어디까지나 이념형(ideal type)이다. 이념형은 현존하는 관료제의 속성을 평균화해서 정립된 것이 아니라, 관료제의 가장 특징적인 것만 추출해서 구성한 것이기 때문에, 현실적으로는 이와 같은 관료제가 완전무결하게 실현되는 경우는 있을 수 없고, 다만 경험적 연구의 지침으로 고려되는 데 불과하다.

둘째, 관료제의 보편성을 강조한다. 현대사회에서는 비단 국가에서뿐만 아니라, 사회·정당·학교 등 그것이 다수인을 포함하는 지속적인 조직체인 관료제 구조가 존재한다는 것이다.

셋째, 관료제를 합리적이라고 강조하는 점이다. 관료제 구조를 가지는 조직은 마치 기계와 같이 움직이며, 소기의 목적을 위하여 가지고 있는 인적·물적자원을 집중적이고 최고도로 활용하도록 편재되어 있다는 것이다(이찬교·김재웅, 2005).

베버는 이상과 같은 이념형의 입장에서 지배의 정당성을 기준으로 하여 권위의 유형을 다음과 같이 세 가지로 구분하였다.

① 전통적 권위(traditional authority): 신분·전통·관습 등 전통의 신성성에 근거한 권위이다. 전통적 왕권은 전통적 권위의 고전적인 예이다.

② 카리스마적 권위(charismatic authority): 어떤 인물이 지니는 초인적 인격성의 신앙에 근거를 두는 권위이다. 그러므로 종교·정치·군사 분야의 지도자 중에 많은 추종자를 이끄는 사람의 권위가 그 전형적인 예이다.

③ 합리적·합법적 권위(rational-legal authority): 규범과 법칙의 우월성에 기초를 둔 공식적인 신념에 기초한 권위이다. 이와 같은 권위는 현대적 대규모 조직에서 볼 수 있다.

베버의 관료제의 특징을 종합하면 다음과 같다(김창걸, 1994).

첫째, 분업과 전문화이다. 조직의 목표달성에 필요한 정규활동은 공식적인 직무로서 적절하게 배분된다. 이러한 분업은 그 분야에 적합한 전문인을 고용하게 된다.

둘째, 계층제이다. 하위자는 상위자의 지시와 감독을 받는다. 하위자는 지시와 명령에 복종해야 하고, 상위자는 하위자의 행동에 책임을 져야 한다.

셋째, 법규이다. 조직 내에서 구성원의 모든 활동은 법규에 의해 규제된다. 법규체제는 행동의 획일성을 보장하며 법규에 내재하는 권위구조가 다양한 활동을 가능하게 한다. 이러한 법규체제는 조직운영에서의 계속성과 안정성을 유지시켜 준다.

넷째, 몰인정성이다. 구성원은 개인적인 감정을 떠나서 형식적인 비인성적 관계(formalistic impersonality)에서 자신의 직무를 처리해야 한다. 즉, 직무활동에서 인간적인 고려가 개입되지 않고 합리적인 기준에 의해 냉정하고 초연한 정신자세가 선행되어야 한다.

다섯째, 경력지향성이다. 관료조직에서의 고용은 기술자격을 기준으로 하기 때문에 구성원들은 그들의 일을 하나의 경력으로 생각한다. 그러한 경력지향성이 있을 때마다 연공제(seniority), 업적 또는 양자에 따라 승진되는 체계이다. 승진은 상급자의 판단에 달려 있다.

여섯째, 능률성이다. 관료제는 합리적 의사결정과 행정적 능률을 극대화한다. 분업과 전문화는 전문가를 양성하고 몰인정성을 가진 전문가는 사실에 근거하여 방법상으로 올바르고 합리적인 결정을 한다.

일곱째, 문서주의이다. 업무처리는 주로 문서에 근거한다. 조직의 행위가 모두 문서로서 표현되고 보전됨으로써 합리적 조직관리를 할 수 있다.

표 10-2 베버 모형의 순기능과 역기능

역기능	관료제의 특성	순기능
권태	분업	전문적 기능
사기저하	몰인정성	합리성
의사소통장애	권한과 계층	훈련된 순응과 조정
경직성과 목표정치	규칙과 규정	계속성과 통일성
업적과 연공제 간의 충돌	경력지향성	유인

애보트(M. Abbott, 1969)는 학교를 고도로 발달된 관료제로 보았다. 그 근거는 다음과 같다.

① 학교는 전문화와 과업의 세분화의 필요에 의해 영향을 받고 있다.
② 학교조직은 명확하고 엄격하게 규정되어 있는 권위의 계층을 가지고 있다.
③ 학교조직은 조직구성원들의 행동을 통제하고 과업수행의 통일성을 기하기 위하여 규칙사용에 크게 의존한다.
④ 학교조직은 인화단결을 자주 내세우지만 조직관계에서 보면 몰인정성의 원리가 폭넓게 적용되고 있다.
⑤ 교사들의 채용은 전문적 능력에 기초해서 이루어지며, 대부분의 경우 전문적 경력으로 이어진다.

이처럼 학교조직의 관료적 구조, 성격은 기본적인 것이다. 이것은 다음과 같은 학교에서의 관료제 양상에 의해서도 확인할 수 있다.

① 학생인구의 폭발적 증가와 학교규모의 확대는 관료제적 경향을 발생시킨다.
② 학교조직이 점차 복잡해짐에 따라 내적 조정의 필요가 커지고, 이는 조정의 일차적 기능을 가진 행정가의 권력을 증대시킨다.
③ 학교행정의 잡무와 사무관리에 교장들이 시간을 많이 소비하기 때문에 그들이 원하는 장학에 많은 시간을 보내고자 하지만 그렇지 못한 교장이 점차 많아진다.

④ 상급기관의 개개학교에 대한 압력의 증가와 학교의 획일화 경향이 높아지고 있다.

학교의 관료제적 성격이란 학교가 분업과 전문화·계층제·문서주의 등의 관료제의 특징을 갖고 있는 교육조직이라는 것이다. 한편 학교는 관료제적 성격 이외에도 특유의 성격 또한 내포하고 있어 그 특성이 복합적이다. 또한 학교는 전문적 조직이고, 규범적 조직이며, 봉사조직이다.

관료제의 공헌은 고전적 이론의 효율적 적용범위에 대한 연구를 촉진시켰으며 복잡한 조직으로서의 학교에 대한 연구의 틀을 제공하여 합리성과 효율성이 높은 평가를 받고 있는 반면에, 현대 조직의 복잡성을 지나치게 단순화시켰다는 비판을 받고 있다. 인간을 단순히 기계적, 비인간적 도구로 취급하고 관리함으로써 자발적 생산성을 저하시켰다. 관료제의 기본 가정은 모든 추종자들은 그들의 상관보다 기술적 전문성이 부족하다는 것이다. 이러한 것은 자칫하면 상급자 자신이 아니면 안 된다는 식의 사고를 고착시켜 업무수행에서의 지시, 명령 그리고 철저한 감독과 같은 방법으로 조직을 운영하려 할 것이다.

3) 우리나라의 교육행정조직

교육행정은 교육활동의 목표를 설정하고 그 목표달성에 필요한 인적, 물적 조건을 정비하여 목표달성을 위한 활동을 지도, 감독하는 행정활동이다. 교육행정조직은 교육목적을 달성하기 위하여 모든 구성원이 교육제도를 운영하는 제반 협동체제로, 크게 중앙교육행정조직과 지방교육행정조직으로 나뉜다.

한 나라의 교육행정조직의 체계는 기본적으로 그 나라의 교육행정의 기반이 얼마나 중앙집권적인가 혹은 지방분권적인가의 성격에 따라 크게 영향받는다. 중앙집권적인 교육행정의 전통이 강한 나라의 경우에는 중앙집권적 교육행정조직의 활용이 강화되며, 지방분권적인 교육행정의 전통이 강한 나라의 경우에는 지방분권적 교육행정조직의 활용이 확대된다. 중앙집권적 교육행정조직과 지방분권적 교육행정조직은 각각 장·단점을 가지고 있다.

(1) 중앙집권적 교육행정조직

중앙집권적 교육행정조직은 권한과 책임을 중앙에 집중시켜 강력한 통제력과 지휘·감독이나 행정적 결정권이 중앙에 집중되어 있는 조직형태를 말한다. 일반적으로 행정관리 면에서는 대통령, 국무총리, 교육과학부장관·차관, 기획관리실장까지 포함되는 최고 관리층과 국·과·계장이 포함되는 중간 관리층 및 계원들로 구성되는 사무 관리층을 포함한다. 교육행정에 관한 행정권은 대통령 → 국무총리 → 국무회의 → 교육부장관의 체계를 통하여 행사된다.

- **대통령**: 행정부의 수반으로서 중앙교육행정조직의 최고책임자, 최고 조직권자, 국무회의 의장으로서의 권한을 가지고 교육부장관을 지휘하고 감독한다. 첫째, 교육에 관한 대통령령의 발표, 둘째, 주요 교육공무원의 임명, 셋째, 국무회의 의장으로서 교육정책수립에 대한 영향력을 행사한다.
- **국무총리**: 국무회의의 부의장으로서 국무회의를 통해서 교육부에 영향권을 행사할 수 있고, 대통령을 보좌하며 행정에 관해 대통령의 명을 받아 행정 각 부를 통할하는 권한을 가진다.
- **국무회의**: 대통령, 국무총리, 기타 국무의원으로 구성되는 합의제 기관으로서 정부의 권한에 속하는 정책심의기관이다(헌법 제88조). 따라서 국무회의는 교육에 관한 최고의결기관이다. 국무회의는 대통령, 국무총리 및 15인 이상 30인 이하의 국무위원으로 구성되는 행정부의 최고정책심의기구이다. 국무회의는 대통령이 의장이 되고, 국무총리가 부의장이 되며, 대통령은 국무회의를 소집하고 사회하며 그 운영을 통할한다.
- **교육부장관**: 국무위원으로 국무회의의 구성원임과 동시에 교육부의 장으로서 중앙교육행정조직의 사실상의 핵심이며, 중앙교육행정사무를 관리하고 집행하는 최고책임자이다. 교육부장관은 교육정책의 수립과 제반 시책에 관하여 실질적인 의사결정의 책임을 가지고 있으며, 교육행정 전반에 관하여 최고의 조정과 통제를 한다.

중앙교육행정조직의 장점은 ① 신속·강력한 행정을 수행할 수 있다. ② 통일성과 안전성을 확보할 수 있다. ③ 행정의 전문화를 기할 수 있어 행정능률을 향상시킬 수 있다. ④ 전국의 교육기회균등을 이룰 수 있다. ⑤ 행정의 중복을 방지하고 인적·물적자원을 절약할 수 있다. 요컨대, 중앙집권은 행정의 통일성, 강력성 및 능률성을 보장할 수 있다는 장점을 가지고 있다.

중앙교육행정조직의 단점은 ① 지역의 특수성을 무시한 획일행정에 빠질 우려가 있다. ② 지방민의 참여의 기회를 박탈함으로써 자발적인 참여의식, 창의성을 마비시킬 우려가 있다. ③ 중요한 교육내용, 방법 등에서까지 획일주의와 통제위주가 되어 발전가능성을 저해할 수 있다. ④ 사실상 광범위한 지방행정의 지휘, 통제가 어려우므로 행정능률을 저하시킬 우려가 있다. ⑤ 민주주의 원칙을 외면한 관료제에 빠질 우려도 있다. 요컨대, 과도한 중앙집권은 행정수도의 지역적 특수성을 무시하고 획일적 관료주의에 빠지기 쉽다는 점과 지방에서의 민주주의 약화를 가져온다는 단점을 갖고 있다.

중앙집권적 교육행정조직은 흔히 협의로 중앙정부의 교육부의 조직에 국한시키기 쉬우나, 대통령·국무총리·교육부장관 그리고 국무회의를 포함하는 것으로 넓게 이해할 필요가 있다.

(2) 지방분권적 교육행정조직

지방분권적 교육행정조직은 교육자치제도를 특징으로 하고 있으며 헌법, 교육기본법 및 지방교육자치에 관한 법률에 그 근거를 두고 있다. 우리나라는 교육자치제도의 기본정신인 교육의 자주성, 전문성, 정치적 중립성 및 지역의 특수성이 헌법과 교육기본법에 명문화되어 있고, 그 구현을 위한 기관의 설치와 조직 및 운영에 관한 사항을 지방교육자치에 관한 법률에 명시하고 있다.

우리나라 지방교육행정조직은 시·도 단위 교육위원회와 교육감 제도를 중심으로 하는 광역 교육자치제도를 특징으로 하고 있다. 교육의 자주성, 전문성 및 지방교육의 특수성을 살리기 위해 교육·과학·기술·체육 기타 학예에 관한 중요 사항을 심의·의결하기 위해 시·도 교육위원회를 두고 있다. 그리고 시·도에 교육·학예에 관한 사무의 집행기관으로 시·도에 교육감을 두고 있다.

- 교육위원회: 교육위원회(敎育委員會, board of education)는 교육자치를 실시하기 위한 기관으로 「지방교육자치에 관한 법률」에 의해 특별시·광역시·도에 설치되어 그 지방자치단체의 교육 및 학예에 관한 주요 사항을 심의·의결하는 기관이다.

  1949년 「교육법」이 제정되면서 처음 구성되었다가 1961년 기능이 정지되었으며, 1963년 「교육법」이 개정되면서 다음해 다시 구성되었다. 본격적인 지방자치가 시작된 것은 1991년 「지방교육자치에 관한 법률」이 제정되었고, 2006년 「지방교육자치에 관한 법률」 개정으로 교육위원회가 시·도의회 내 상임위원회로 통합되었으며 교육감과 교육위원 선거가 주민직선제로 변경되었다. 2010년 '교육감 후보의 교육경력 자격폐지'와 '교육위원 일몰제'를 골자로 한 「지방교육자치에 관한 법률」이 국회를 통과하였다. 교육위원 일몰제란 교육위원 선거를 통한 교육위원회 제도를 2014년 6월 30일까지만 유지하고 폐지한다는 내용이다. 일부 지방자치단체에서는 교육위원회를 상임위원회로 유지하되 지방위원들로 구성하는 방안을 시행하고 있다.

- 교육감: 대한민국의 교육감 선거(敎育監選擧)는 지방교육자치에 관한 법률에 따라 교육감을 선출하기 위한 선거이다.

  1992년까지는 대통령이 임명하였으나 1992년 교육위원이 선출하는 방식으로 바뀌었다가 1997년 학교운영위원과 교원단체에서, 2000년 학교운영위원이 선출하는 방식이 되었으며. 2006년 '지방교육자치에 관한 법률'의 개정 이후 2010년부터 주민 직선으로 치러지고 있고 지방선거와 동시에 치러졌다.

  교육감의 임기는 4년으로서 1차에 한하여 중임할 수 있다. 임기는 전임자의 임기가 만료된 다음날부터 개시된다. 다만 부득이한 사정으로 전임자의 임기가 중단된 후 선출된 경우에는 그 선출된 날부터 임기가 개시된다(지방교육자치에 관한 법률).

교육감 직선제는 궁극적으로 지역사회, 주민을 위해 우수한 교육서비스를 제공하고, 정책집행의 결과에 대해 강한 책무성을 강조하는 바람직한 제도이다. 직선제의 효과는 주민들이 직접 선출한 만큼 대표성이 강조되므로 교육정책의 경력한 추진을 담보할 수 있다.

교육감은 교육·학예에 관한 조례안 작성, 예산안 편성, 결산서 작성, 교육규칙의 제정, 학교 기타 교육기관의 설치·이전 및 폐지, 교육과정의 운영, 과학기술의 진흥, 사회교육·학예진흥, 학교체육·보건 및 학교환경정화, 학생의 통학구역, 교육·학예의 시설설비 및 교구, 재산의 취득 및 처분, 특별부과금 등 기금의 설치 운용 등에 관한 사항 17가지이다.

지방분권적 교육행정조직의 장점은 ① 지방실정에 맞는 교육을 실시할 수 있다. ② 지방민의 적극적 참여를 유도하므로 발전적 행정이 가능하다. ③ 교육내용과 방법 등도 지방에 적합한 것을 채택·발굴할 수 있다. ④ 중앙의 업무량 감소 등 민주화를 기할 수 있다.

그러나 지방교육행정조직의 단점은 행정의 통일성, 강력성, 능률성 등을 보장할 수 없다는 것이다.

지방교육자치제도는 다음의 네 가지 원리로 설명되기도 한다.

① 지방분권주의의 원리: 중앙의 획일적 통제를 지양하고 지방의 실정에 맞고 그 다양한 요구에 부합되는 행정을 하려는 것이다. 그것은 곧 교육행정의 특수성을 살리고 자율과 자치의 정신을 함양하려는 데 의의가 있다.

② 주민자치의 원리: 주민자치의 원리를 구현하는 것이 곧 교육위원회 제도이며, 그것은 교육에 관한 기본정책을 민중의 대표들이 결정하게 됨을 의미한다. 지방분권의 원리와 주민자치의 원리는 민주성의 원리라고 할 수 있으며, 교육행정의 민주화를 위하여 필수적인 조건이라고 할 수 있다.

③ 일반행정으로부터 분리·독립의 원리: 교육활동의 특수성에 비추어 그 자주성과 전문성을 보장하기 위하여 교육행정을 일반행정에서 분리·독립하여 운영해 나가는 것을 의미한다. 교육행정의 기구를 일반행정의 기구와 구분하여 조직하고 인사, 재정, 장학 등을 일반행정과 분리하여 자주적으로 운영한다는 데 의의가 있다.

④ 전문적 관리의 원리: 전문적 관리란 교육의 본질과 특수성에 대한 인식을 가지고 교육행정에 대한 교양과 훈련을 쌓은 전문적인 인사들로 하여금 교육행정을 운영하게 하려는 것이다. 구체적으로는 교육감 제도와 그 효율적인 운영을 의미한다. 이 원리와 일반행정으로부터의 분리·독립의 원리를 전문성의 원리라고 할 수 있다.

지방교육자치제 교육의 특수성을 인정하고 교육의 자주성과 정치적 중립성을 보장하기 위하여 교육행정을 일반행정으로부터 분리·독립시키고 있다. 따라서 지방교육자치제는 교육행정의 민주화와 교육행정의 지방분권화 및 교육행정의 독립의 원칙에 따라 교육위원회를 두어 교육행정을 일반행정으로부터 분리·독립시키고, 행정조직·활동 면에서 교육의 자주성을 확보하려는 제도이다. 그리고 교육위원회의 사무를 능률적이고 전문적으로 처리하기 위하여 교육위원회의 교육정책 집행기관으로서 교육행정 전문가인 교육감을 두고 있다.

04 학교경영과 학급경영

1) 학교경영

(1) 학교경영의 개념

학교경영(school management)이란 어떤 학교가 그 목적을 달성하기 위하여 인적·물적자원과 기술·정보의 활용을 조정·통합하는 활동이라고 할 수 있다. 학교경영은 학교를 하나의 단위로 해서 교육활동을 계획하고 조직을 편성하여 교육의 효과를 올리는 데 관심을 둔 것이다(배종근·정태범, 1986).

학교경영에서는 수업의 원칙이나 준거에 따라 교육과정(curriculum)을 어떻게 효율적으로 운영할 것인가를 고려하면서 학교경영의 계획, 조직, 운영, 평가를 포함하는 일련의 과정을 다룬다. 따라서 학교경영은 학교관리나 학교운영과는 그 의미가 다른 것이다. 학교관리가 교육법규의 해석적 입장에서 교육이 집행되어온 것이라면, 학교운영은 교육계획이 실천되는 한 과정만을 언급한 것이다. 이에 비해서 교육경영은 교육목적의 달성과정을 전반적으로 포괄한 것이기 때문에 그 의미는 더욱 크다고 볼 수 있겠다. 즉, 학교경영이란 학교 교육목적을 효율적으로 달성하기 위하여 학교장의 자주적 관점에서 인적·물적자원과 기술·정보의 활용을 조정·통제하는 활동과정이다(김창걸, 1994).

학교경영은 학교가 목적을 수립하고 수립된 목적을 달성하기 위하여 인적, 물적, 재정적 자원을 확보하여 이를 배분하고 능률적으로 활용하여 목표달성을 극대화하기 위하여 계획·운영·평가하는 일련의 활동이다. 학교경영은 단위학교에서의 교육활동을 지원하기 위한 활동이며, 학교에서의 교육목표설정과 프로그램의 정비는 물론 인적·물적 기타 지원조건과 계획, 결정, 집행과 지도, 통제·평가 등의 과정을 거친다. 이것은 행정가로서의 학교장을 중심으로 하는 지도성의 발휘를 필요로 하며 학교교육의 성패를 좌우하는 관건이 된다. 또한 학교경영은 학교조직을 구성하는 여러 구성원들과 기타 외부 인사들이 공동의 목표를 향하여 협동할 수 있도록 지도성을 발휘하는 데 초점을 둔다. 그리고 학교경영의 개념은 단위학교의 운영에 있어서 환경의 변화에 따르는 동태적·창조적 적응을 강조하고 있다.

(2) 학교경영의 목표

학교경영의 목표는 학교가 가지는 교육적인 목적을 충분히 실현할 수 있도록 하는 수단이지 결코 경영 그 자체가 목적일 수는 없다. 즉, 학교의 교사나 시설을 갖추고 교직원을 마련하며, 모든 기본 계획을 세우고 하는 것은 다름 아닌 학습자의 인간형성을 위한 작용에 대하여 수단일 따름이다. 이렇듯 학교경영이 교육의 목적을 효율적으로 달성하도록 작용하는 활동이라고 할 때, 학교경영의 목적은 학교가 지니고 있는 교육적인 목적을 충분히 능률적으로 실현하도록 하는 수단적 의미를 지니고 있다.

이러한 학교경영의 기본목표를 살펴보면 다음과 같다(김정환 등, 1994).

첫째, 학교조직을 하나의 조직체로 뭉치게 함으로써 그 자체의 존속을 유지하려는 데 목표가 있다. 조직체를 이루고 있는 조직구성원들은 저마다 독특한 인성을 지니고 있으며 그들로 하여금 조직으로서의 유대성, 응집성을 지니게 하며, 하나의 협동체제로서 유지·존속케 하는 것은 학교경영의 기본목표이다.

둘째, 학교조직의 기본목표인 교육작용, 즉 교수–학습활동과 인격형성활동 또는 생활지도활동을 효율적으로 수행할 수 있도록 조건을 정비·조성하고 감독을 충분히 함으로써 유능한 인재를 양성·배출하는 데 있어서 좋은 성과를 거두게 하는 것이다.

셋째, 조직의 쇄신과 발전을 도모하고 하나의 개방체제를 유지하려는 것이다.

(3) 학교경영의 원리

1 민주성의 원리

학교장의 독단과 편견을 배제하고, 교직원의 자발적 참여를 얻어야만 올바른 학교경영을 할 수 있다. 학교경영의 책임은 학교장에게 있지만, 학교장의 일방적인 명령이나 지시에 의한 학교운영보다는 교사들의 중지를 모아 서로 협력함으로써 학교경영의 성과가 오른다.

2 능률성의 원리

학교경영활동에 있어서 경비를 극소화시키고 최대한의 경영효과를 올리자는 것이다. 그러나 교육의 효과는 유형적인 성과만이 아니라 무형적인 성과가 오히려 더 중요한 것이므로 교육적인 면에서 장기적인 평가를 하도록 해야 한다. 능률이란 달성하고자 하는 목적과 그에 필요한 수단이 서로 균형을 이루고 있는 상태를 말한다. 따라서 무리와 낭비가 없이 일정량의 수단으로서 최대의 성과를 올리는 것이라 하겠다. 그러나 지나치게 능률만을 강조해서 민주성의 원리가 희생이 되어서는 안 된다.

3 타당성의 원리

타당성의 원리는 목적과 수단 사이에 모순이 없어야 하고, 목적에 비추어 가장 타당한 방법으로 실천해야 한다는 것이다. 따라서 민주시민 양성을 교육목표로 내걸고 비민주적 방법으로 실천을 해서는 안 되는 것이다. 학교경영은 교육정책을 수행하는 활동이고 명시된 교육목표를 달성시키기 위한 것이므로 교육목표에 비추어 가장 타당성 있는 학교경영이 이루어져야 한다.

4 적응성의 원리

적응성의 원리는 학교경영에 있어 획일적 통제보다는 구체적 환경에 적응하는 조치를 강구하여 사회변화에 순응하는 한편, 사회변화를 질서 있게 조정해 나가도록 해야 한다는 것이다. 적응이란 새로 발전되어 나가는 시대에 대하여 신축성 있게 대응해 나감으로써 조화적 관계와 능률적 성과를 계속 확보해 나가는 것을 의미한다.

5 안정성의 원리

교육활동은 일관성 있는 지속성, 안정성을 견지하면서 서서히 발전해 나가야 한다는 것이 안정성의 원리이다. 이것은 앞에서 본 적응성의 원리와는 대조적으로 적응성의 원리가 사회변화에 민감하게 순응한다는 데 반하여, 안정성의 원리는 비교적 급진적인 변화를 피해야 한다는 것이다. 따라서 급진적인 사회변화나 외래사상을 비판 없이 그대로 받아들인다면 건전한 현실적 제도까지 망

쳐버릴 수 있으므로 적응과 안정을 잘 조정하는 중용이 필요하다.

6 균형성의 원리

학교경영 방침이나 집행에 있어 항상 경중과 우선순위가 고려되어야 한다. 따라서 학교경영에 있어 균형을 잡는 데는 지성적인 판단과 오랫동안 교육경험이 요청된다고 볼 수 있다.

(4) 학교경영기법

1 총체적 질 관리(TQM)

총체적 질 관리(Total Quality Management)는 1985년 미국기업에서 발생한 품질개선의 운동으로, 생산기능이 완전히 분리되었던 전통적 생산 시스템에서 탈피하여 소비자가 만족할 수 있는 제품이나 서비스를 경제적으로 생산·제공할 수 있도록 기업조직 내의 모든 부문과 구성원이 수행하는 품질개발, 품질유지, 품질향상의 노력을 통합하는 효과적인 체제이다.

2 정보관리체제(MIS)

정보관리체제(Management Information System)는 의사결정자가 합리적인 의사결정을 내릴 수 있도록 필요한 정보를 적시에 신속하고 정확하게 제공하는 체제이다. 즉, 기업 등의 조직에서 경영관리에 필요한 정보를 조직의 각 부분으로부터 정확하고 신속하게 수집하여 종합적·조직적으로 가공하고 저장하여 정책결정자에게 제공하는 것이다.

정보관리란 경영관리를 위한 각종 정보의 수집, 분류, 정리, 분석, 평가, 이용 등에 관한 관리를 뜻하며, 넓은 의미에서는 여러 가지 정보처리 전체 과정의 효율화를 달성하는 방법이다.

3 목표관리기법(MBO)

목표관리기법(Management By Objectives)은 조직 전체의 목표와 개인의 목표를 관련시켜 경영계획의 효율적인 목표달성을 위한 것이고, 목표달성이 인간의 흥미나 욕구를 만족시키는 관리방법으로 드러커(D. Drucker, 1954)에 의해 제창되었고 오디온(G. S. Odiorne, 1965)에 의해 널리 보급되었다.

교육에서의 목표관리는 첫째, 교육목표설정에 교직원의 공동참여, 둘째, 목표달성을 위한 각자 책임 영역의 명료화와 합의, 셋째, 공동작업에 의한 목표실현의 노력과 성과의 평가와 보상, 넷째, 교직원 각자의 자기통제를 통한 목표도달 등이 순환과정을 밟아 이루어지는 역동적 교육경영체제이다(김윤태, 1994).

4 과업평가계획기법(PERT)

과업평가계획기법(Program Evaluation and Review Technique)은 어떤 사업수행에 필요한 세부과업들을 활동과 수행단계로 세분하고, 이들의 선후관계와 인과관계를 따져서 과업추진공정을 수립하고 이를 도표화함으로써, 과업을 추진공정에 따라 순차적으로 수행하고 관리할 수 있도록 해주는 합리적인 관리기법이다.

2) 학급경영

(1) 학급경영의 개념

교육은 계속적인 경험 속에서 만들어지는 사회적 과정으로 학생들은 하루의 대부분을 교실에서 보내고 교사와 학생, 학급환경 안에서 배우고 경험하고 생각하면서 성장한다. 따라서 학급경험의 질은 학생들의 삶의 질이 될 수 있다. 때문에 교사의 학급경영 방식은 학생들의 학업성취는 물론이고 인격형성에도 많은 영향을 미칠 수 있다.

학급경영은 학급을 대상으로 하는 경영형태로 학교–학년–학급으로 이루어지는 학교조직의 연계성을 바탕으로 학교 및 학년 경영과 유기적 관계를 맺으면서 독자적으로 학급을 운영하는 형태라고 할 수 있다. 학급경영에 대한 정의를 학자들은 다음과 같이 정의하였다.

김명환 등(1988)은 “학급경영이란 학급의 목적을 달성하기 위하여 인적자원과 비인적자원을 사용하여 계획, 조직, 지도, 통제하는 일련의 활동이다”라고 하였고, 강경석 등(2003)은 학급진단을 다루는 경영활동이라고 정의하였다. 많은 학자들이 다양한 정의를 내리고 있으나, 이를 종합하여 보면 학급경영이란 학교경영 및 학년, 학급경영의 목표를 달성하기 위한 가장 작은 단위의 교수-학습체제로서 각 학급에서 학생들의 학습지도 및 생활지도, 특별활동 등의 교육환경 및 학교 교육목표의 달성을 위하여 연계적 또는 독자적으로 활동하는 경영체제라 할 수 있을 것이다.

한국교육행정학회에서는 학급경영의 의미를 다음과 같이 세 가지로 구분하였다. 첫째, 질서유지로서의 학급경영, 둘째, 조건정비로서의 학급경영, 셋째, 교육경영으로서의 학급경영으로 구분하였는데, 이에 대한 설명은 다음과 같다.

1 질서유지로서의 학급경영

질서유지로서의 학급경영은 훈육과 동일시하는 견해로서 학급에서 발생하는 문제행동을 다루는 경영활동을 일컫는다. 학생문제행동의 예방과 선도 및 학급활동에 참여를 지도하는 활동으로써 바람직한 행동을 촉진시키고, 무질서한 행동에 적절히 반응하는 교사의 상담활동을 강조하는 생활지도의 관점에서의 경영활동이라고 말할 수 있다.

박병량(2003)은 학생의 비생산적 활동이나 문제행동을 예방하고 바람직한 행동을 촉진하고 무질서한 행동에 적절하게 반응하는 교사의 상담적 활동을 강조하는 것을 학급경영이라고 보았다. 즉, 학생의 문제행동과 학급활동 참여는 밀접하게 연관되어 있으며, 학급활동에 학생을 참여시켜 문제행동을 최소화하려는 교사행동을 학급경영으로 파악한 것이다.

2 조건정비로서의 학급경영

조건정비로서의 학급경영은 수업을 위한 학습환경으로 보는 관점으로 듀크(D. Duke, 1982)는 학급경영이란 교수와 학습이 일어날 수 있는 환경을 확립하고 유지하는 데 필요한 조건과 규정으로 구성된다고 하였으며, 존슨과 베이니(L. Johnson & M. Bany, 1970)는 학급경영을 교육목적의 달성을 위해 학급의 내적 환경의 제반조건을 확립하고 유지하는 과정이라고 정의하였다. 따라서 조건정비로서의 학급경영이란 수업과 경영을 분리하는 입장을 취하며, 경영을 수업을 위한 조건 정비와 유지하는 활동으로 볼 수 있다.

3 교육경영으로서의 학급경영

교육경영으로서의 학급경영은 경영학적 관점에서 교육조직을 경영한다는 차원으로 보는 입장을 말한다. 이와 같은 관점에서는 학급조직도 다른 조직의 경영과 유사한 경영기능을 수행한다고 보며, 다른 조직을 경영하는 방식을 학급경영에도 적용하는 것이다.

(2) 학급경영의 의의

학급경영은 학급의 목적을 효율적으로 달성하기 위하여 인적·물적자원을 활용하여 계획, 조직, 지도, 통제하는 일련의 활동으로 조직의 목적, 자원사용, 경영과정이 중요한 요소가 된다.

이러한 요소들을 중심으로 학급경영의 의의를 다음과 같이 정의할 수 있다.

첫째, 학급경영은 학급의 목표를 추구하는 활동이다. 학급의 목표는 학교교육 목표를 바탕으로 세워진 학급조직의 목표이고, 학급구성원의 욕구와 필요에 의한 개인적 목표이다.

둘째, 학급경영은 교육자원을 획득하고 배분하고 활용하는 활동이다. 학급경영에 주어지는 인적·물적자원은 비교적 고정되어 주어지는 반면, 지식,

정보 등과 같은 교육자원은 학급 사기를 창출해 낼 수 있는 자원으로, 바람직한 학급경영이란 한정된 자원을 효율적으로 배분하고 활용하는 기술이라고 할 수 있다.

셋째, 학급경영은 계획, 조직, 지도, 통제 등의 일련의 활동과정으로 이루어진다. 이러한 활동과정은 학급운영을 합리적이고 효율적으로 수행하게 하는 일련의 절차로써 목표달성에 매우 중요한 역할을 한다.

넷째, 학급경영은 집단적 협동체활동이다. 학급경영은 학급이라는 집단적 협동체를 형성하고 학급구성원 개개인이 학급조직을 기반으로 하여 집단적 활동을 협동적으로 수행하도록 하는 활동이다. 여기서 학급경영은 개인적 수준의 개별행위보다는 집단적 수준의 조직행위에 관심을 갖는다.

이상과 같이 학급경영의 각각의 활동은 서로 연계된 활동으로 학급목표를 효율적으로 달성하는 데 필요한 순환적 과정 활동이다. 효율적인 학급경영이란 앞의 각각의 절차에 필요한 자원을 배분하고 활용하며 상황에 따라 적절한 피드백이 가해지는 일련의 과정이라 할 수 있다.

3) 학급경영의 계획

학급담임이 우선적으로 수행해야 할 학급운영상의 과제는 학급경영계획을 세우는 일이다. 계획은 목적을 효율적으로 달성하기 위한 구체적인 미래의 행동 순서 또는 절차이며, 목적과 수단 그리고 방법을 합리적으로 연결시키는 지적 준비과정이다(김종철, 1982).

학급경영계획은 학급활동에 대해 앞으로 무엇을 어떻게 추진해나갈 것인가를 설계하는 것이다. 이러한 설계는 학급활동을 효과적으로 추진해나가는 데 필요한 길잡이 역할을 한다. 따라서 학년 초가 되면 교사는 새 학급의 실태를 파악하여 일정 기간 동안에 학급이 성취할 목표를 세우고, 이를 달성하기 위해서 여러 가지 조건과 활동방안을 구안하고, 그것을 실천해나갈 구체적인 방법을 학급경영계획안으로 작성해야 한다.

학급경영계획은 일반적으로 다음과 같은 절차를 거쳐 수립된다.

1 기초 조사

교사는 먼저 학급교육목표를 설정해야 하는데, 이를 위해서는 기초조사를 실시해야 한다. 기초조사는 아동, 학급, 가정환경, 지역사회 등을 대상으로 실시하며, 조사의 내용은 대상에 따라 다르다. 아동조사는 신체검사, 체질검사, 체력검사, 건강검사, 지능 및 학력검사, 적성검사, 도덕성검사 등을 위주로 하고, 학급조사에서는 학급 풍토, 교우관계, 교실 기자재 등을 알아본다. 가정환경조사에서는 보호자의 성명, 직업, 가족상황 등을 확인하고, 지역사회 실태조사에서는 지역사회의 주요 기관 및 인사들이 제시하는 교육적 요구를 파악한다.

2 학급교육목표의 설정

학급교육목표는 상위의 교육목표, 즉 학교교육목표나 학년교육목표에 근거하여 학급단위에서 달성해야 할 목표를 설정하는 것을 말한다. 이러한 목표의 설정에는 학급의 교육과정 운영, 학생실태 등이 고려되어야 한다. 아울러 학생들의 인지적, 정의적, 심체적 행동발달에 대한 목표가 구체적으로 진술되어야 한다.

3 학급경영목표의 설정

학급경영목표는 학급교육목적을 달성하기 위한 추진 방법 및 절차 등과 관련된 구체적 목표이다. 이러한 목표는 구체적으로 진술되어야 한다.

4 학급경영방침의 설정

학급경영방침은 학교경영 목표를 달성하기 위한 수단 또는 방법이라 볼 수 있다. 따라서 이러한 방침은 학급경영 활동의 기본 지침이 된다.

5 학급활동계획의 설정

학급활동계획은 경영방침을 실현하기 위한 실천계획이다. 이러한 계획에는 '누가, 언제, 어디서, 무엇을, 어떻게, 왜'를 세부적으로 기술한 실천방안을 포함되어야 한다. 즉, 활동 영역, 대상, 필요한 자원, 시간 등을 구체적으로 제시해야 한다.

6 학급경영평가계획의 설정

학급경영평가계획은 학급경영이 계획대로 잘 실천되었는지를 판정하기 위한 것이다. 즉, 설정된 교육목표, 경영목표, 채택된 교육과정, 사용한 교과서나 보조자료, 실시된 수업지도와 생활지도 등이 계획대로 목적을 달성했는가를 평가하기 위한 것이다. 학급경영평가의 영역과 대상, 평가기준과 척도를 계획할 때는 신중한 접근이 필요하다.

7 학급경영안의 작성

학급경영계획은 일정한 양식에 따라 학급경영안으로 작성된다. 이때 양식은 학교에서 정한 것일 수도 있고, 교사 자신이 개발한 것일 수도 있다.

학교경영안에 포함될 주요 내용은 다음과 같다.

① 학급경영목표 체계: 학급경영목표와 학급경영방침

② 교육과정 운영: 교과활동, 특별활동, 학교재량시간

③ 생활지도 운영: 당번활동, 청소활동, 급식활동

④ 학급환경 정비: 교실환경과 교실비품 관리

⑤ 수업평가: 평가계획

⑥ 학급사무처리: 가정통신문 배부, 각종 검사결과의 기록·보존계획

⑦ 학부모와의 관계: 학부모 상담, 학부모 대표자 선정 및 운영계획

⑧ 학급장부정리: 학생부, 출석부 등 장부정리 계획

⑨ 학급경영평가: 평가내용 및 척도의 실시 및 후속조치 계획

CHAPTER

평생교육의 이해 11

1. 평생교육의 개념
2. 평생교육의 필요성 및 특성
3. 평생교육의 내용 및 영역
4. 평생학습사회와 평생교육의 과제

오늘날 사회에서 개인과 조직은 끊임없이 학습하지 않으면 사회적응이 곤란한 실정이다. 현대사회는 고령화가 빠른 속도로 진행되고 세계화의 가속화, 고용구조의 변화 등은 평생학습의 필요성이 제기되고 있는 실정이다. 또한 우리나라의 경우 국민들의 교육수준이 높아짐에 따라 자아실현이나 삶의 질 향상에 대한 기대가 증가하면서 평생학습의 중요성이 강조되고 있다.

이 장에서는 먼저 평생교육의 개념 및 평생교육과 연관된 개념 등을 살펴본다. 이어 평생교육의 필요성 및 특성을 알아보고, 평생교육의 내용 및 영역 등에 대해 살펴본다.

01 평생교육의 개념

평생교육이란 용어는 1965년 렝그랑(P. Lengrand, 1965)이 처음으로 사용하였다. 렝그랑은 평생교육(lifelong education)을 개인의 출생에서부터 죽을 때까지 전 생애에 걸친 교육의 통합으로 보았다. 즉, 평생교육은 학교교육을 포함하여 평생을 두고 죽을 때까지 교육을 받아야 한다는 이념이다.

평생교육이란 인간의 삶의 질을 개선하기 위해 교육권을 실질적으로 보장해주기 위한 교육이념으로서, 유아교육·청소년교육·성인교육·노인교육 등 발달단계에 따른 교육활동의 수직적 통합과 가정교육·학교교육·사회교육 등으로 각기 다르게 전개되는 형식·비형식·무형식적인 교육활동의 수평적 통합을 통하여 '삶이 곧 교육'인 '학습사회'를 건설하고자 하는 모든 형태의 교육활동이다.

렝그랑(Lengrand, 1970)은 "평생교육은 모든 국민들에게 평생을 통해서 각자 자신이 가진 다양한 소질을 계속적으로 발전시키고 사회의 발전에 충분히 참여할 수 있게 하는 교육을 말한다"고 정의하였고, 다베(Dave, 1976)는 "평생교육은 개인과 집단 모두의 생활의 질을 향상시키기 위하여 개인의 전 생애를 통한 개인적, 사회적, 직업적인 생활을 성취시키는 과정"이라고 정의하였다. 따라서 평생교육은 출생에서부터 죽을 때까지 받는 모든 교육으로 가정교육, 학교교육, 사회교육 등이 포함되며, 누구나 교육을 받을 수 있고 어느 장소에서든 이루어지는 통합적인 교육이라고 볼 수 있다.

이처럼 평생교육은 기존의 교육이념과 체제에 대한 새로운 교육적 패러다임이다. 우리 교육의 최종 목표는 평생교육이다. 평생교육은 교육의 본질이며 교육이 나아가야 하는 방향으로써 새로운 교육의 지평이다. 교육이 학교교육인 것처럼 각인되어 교육의 의미가 축소되어 버린 현실에서 교육의 의미와 본질을 되살리려는 노력이 평생교육이다.

우리나라에서는 평생교육이란 '학교의 정규교육과정을 제외한 학력보완교육, 성인기초, 문자해독교육, 직업능력향상고육, 인문교양교육, 문화예술교육, 시민참여교육 등을 포함한 모든 형태의 조직적인 교육활동'으로 정의하였다.

평생교육의 개념은 광의와 협의의 두 가지로 구분하여 정의될 수 있다. 광의의 평생교육은 학교교육과 학교 외 모든 교육을 포괄하는 개념이다. 즉, 유아교육, 아동교육, 청소년교육, 성인교육, 노인교육의 수직적으로 통합된 교육과 가정교육, 학교교육, 사회교육을 수평적으로 통합한 교육을 포괄한다.

협의의 평생교육은 정규 학교교육에 대비되는 학교 외 교육을 의미하지만, 학교가 주체가 되는 비정규 교과도 평생교육에 해당된다. 「평생교육법」 상의 평생교육은 협의의 개념으로 사용되고 있으며, 법 적용의 범위에서는 「교육기본법」 및 종전 「사회교육법」 상의 '사회교육'과 동일한 의미이다. 우리나라의 「평생교육법」은 협의의 평생교육 개념을 채택한 것이다(교육부·국가평생교육진흥원, 2014).

평생교육과 관련된 용어는 매우 다양하다. 많이 사용되는 용어를 살펴보면 다음과 같다.

1) 성인교육

성인교육(adult education)이란 성인이 지식, 태도, 가치, 기술의 변화를 가져오는 것을 목적으로 체계적이고 지속적인 학습활동에 참여하는 과정이다(Darkenwald & Merriam, 1982). 성인교육은 성인을 대상으로 하여 그들의 자질의 향상, 자기충족 및 건전한 사회적 관계증진 그리고 사회적 활동에의 적극적인 참여 등 성인학습자의 요구에 의하여 기초 및 보충교육, 직업·전문교육, 건강·복지교육, 가족생활교육, 시민생활교육, 자기실현교육 등의 영역에 해당하는 교육내용을 조직하고 체계적으로 수행하는 교육활동이다.

2) 계속교육

계속교육(continuing education)은 일생 동안 살아가면서 일정한 연령층에서만 가능했던 학교교육을 마치고 난 후, 성인이 되어서 역할수행에 있어 부족한 자신의 능력을 고양시키고, 자아성취의 만족을 위한 교육을 필요로 하는 성인들에게 계속해서 배움의 기회와 학습의 장을 마련해 주기 위한 교육적 대안으로서 그리고 평생교육의 실천의 일환으로 사용되는 용어이다. 영국이나 호주 등과 같은 일부 국가에서는 계속교육을 성인교육과 동의어로 사용하고 있다. 또한 성인을 대상으로 고등교육프로그램을 전개하거나 대학이 교육의 주체로서 운영하고 있는 대부분의 확장교육 또는 연장(extension)교육을 의미하기도 한다(Hiemstra, 2002). 유럽의 계속교육 대학연합(European Universities Continuing Education Network, EUCEN)에 의하면 지속적으로 받아왔던 교육을 마치고 어느 정도 휴지기를 보낸 다음 직업(vocation)이나 일반교양(liberal art)의 차원에서 교육을 다시 시작하는 것으로 정의하고 있다.

3) 순환교육

순환교육(recurrent education)이란 제도적 교육기관의 학교와 생활현장인 사회와의 사이를 왕래하면서 이론과 실천을 추구하고, 자신의 관점에 따라 자아를 형성하는 동시에 사회의 요구에 부응할 수 있는 인간을 길러낼 수 있다는 의미의 교육활동이다. 즉, 인생의 주기는 다시 순환·반복·회귀될 수 없는 일회적인 것이지만 교육의 주기는 본인의 의지에 의해서 얼마든지 반복·환류(feedback)될 수 있다는 것이다. 순환교육은 산업사회에서는 생산성 향상을 위한 반복적인 교육을 하는 것으로 학교교육을 마치고 직업생활에 종사하는 성인들에게 수시로 적절한 시기를 선택하여 계속적인 재교육을 실시하거나 교사들의 교육연수 등이 이에 속한다.

4) 생애교육

생애교육(career education)은 사람들이 생활수단으로 일을 배우고 직업에 종사하기 위하여 준비하는 모든 경험을 말한다. 생애교육이란 개인이 자기의 적성, 흥미, 능력에 알맞은 일은 자각·선택·준비·유지·개선할 수 있도록 취학 전 교육부터 시작하여, 평생 동안 학교와 지역사회의 공동적인 노력에 의하여 학습하는 경험의 총체를 뜻한다. 이러한 생애교육이 지향하는 교육목적은 첫째, 모든 청소년들이 직업을 선택할 수 있도록 기초를 개선하고, 둘째, 직업상 기능획득을 촉진시키며, 셋째, 교육상의 성취를 증대시켜 줌과 동시에 미래에 대한 희망을 안겨주고, 넷째, 훈련기회를 확대한다는 것이다.

생애교육이라는 말이 평생교육으로 오해되기 쉽지만 생애교육은 평생을 두고 주로 진로와 직업의 준비 및 일에 관하여서 관심을 가지고 있으며, 학교교육과 평생교육에서 이루어지고 있는 진로교육을 의미한다. 따라서 평생교육과는 다소 차이가 있다고 하겠다.

5) 지역사회교육

지역사회교육(community education)은 지역에 위치하고 있는 학교와 긴밀한 관계를 유지하면서 지역사회와 학교의 발전을 도모하고자 실시하는 교육활동이다. 지역사회교육은 지역사회 전체가 지역사회구성원들로부터 교육적 요구를 받아들여 봉사한다는 개념을 지닌 용어로써 지역사회 문제를 해결하여 지역사회를 발전시키고, 궁극적으로 지역사회 주민의 자아실현을 돕고자 하는 사회교육활동체제를 말한다. 처음에 저개발 국가들의 지역사회 개발을 위하여 수립된 계획에서 사회교육의 중요성을 인식하면서 공식적으로 사용되었으며, 과거 우리나라 1970년대 새마을운동이 대표적인 지역사회교육의 형태라고 볼 수 있다. 지역사회교육도 성인교육과 매우 유사하지만, 그 대상이 특정 지역에 한정되며 지역의 공통된 이슈를 해결하기 위한 교육이라는 점에서 일반 성인교육과 다르다(NCEA, 2004).

6) 사회교육

사회교육(social education)은 학교교육 이외의 일체의 조직적인 교육활동을 말한다. 이상주(1980)는 "사회교육이란 형식적 학교교육을 이수한 사람들로 하여금 계속적인 적응과 성장을 할 수 있도록 도와주기 위한 계속교육, 추가교육, 영구교육 또는 재교육의 성격을 띠는 것"이라고 정의하였고, 김종서(1983)는 "사회교육이란 학교의 정규과정 이외의 모든 조직적인 교육활동을 말하며, 그 대상은 취학 전 아동, 학교의 청소년 및 성인을 포함한다"고 하였다. 평생교육법으로 개정되기 이전의 우리나라 사회교육법 제2조제1항에는 사회교육을 "다른 법률에 의한 학교교육을 제외한 국민의 평생교육을 위한 모든 형태의 조직적인 교육활동을 의미한다"라고 규정하고 있다. 사회교육은 우리나라를 비롯하여 동남아시아 국가들, 즉 일본, 태국, 필리핀 등에서 일반적으로 사용하고 있는 용어이다.

02 평생교육의 필요성 및 특성

1) 평생교육의 필요성

현대사회는 산업사회에서 정보화사회를 거쳐 지식기반사회로 이동하고 있다. 21세기에 들어서 전 세계적으로 사회는 지식기반사회로 가속화되고 있고, 평생교육은 과거 어느 때보다 강조되고 있다. 평생교육의 필요성은 지식기반사회와 관련하여 사회변화에 대한 적응과 삶의 질 향상 등과 같은 측면에서 이해되고 있다. 평생교육의 필요성을 살펴보면 다음과 같다(가영희 등, 2013).

(1) 세계화의 가속화

정보화사회를 거쳐 지식기반사회의 도래는 지식에 기반한 경제사회를 만들었으며, 세계화 범주 안에서 이해될 수 있다. 지식기반사회는 기존의 세계화 경향을 더욱 가속시키며 동시에 새로운 통신, 정보기술, 교통, 경제의 상호의존성의 결과인 세계화는 지식발전의 원동력이 되고 있다. 세계화는 단순히 경제적인 측면에서 강조되는 것이 아니라 문화, 이념, 종교, 스포츠 등과도 매우 관련이 깊다고 볼 수 있다. 지구촌이 갈수록 좁아지는 상황에서 개인과 국가 모두 세계화에 동참할 수 있는 태도와 능력이 요구된다. 세계화와 관련하여 국가 간의 협력과 교류가 빈번해졌지만, 반면에 경쟁도 치열하다. 단순히 외국인과의 언어적 커뮤니케이션 능력을 넘어서 그 나라의 각종 제도나 문화를 이해하여 자신의 것으로 소화해내고 이에 기반한 새로운 지식의 창출과 활용이 요구된다.

(2) 경제와 고용구조의 변화

지식기반사회는 기업의 고용구조와 직업구조에서 분산 조직 및 지식·정보를 가진 전문직의 형성 등 매우 큰 변화를 초래하고 있다. 개인의 직업 라이

프사이클이 대단히 짧아지고 지식정보가 양적·질적으로 다양해지면서 개인의 경력이 다양화되고 유연해지며, 컴퓨터와 네트워크의 열린 가상공간을 통하여 가상현실 사회와 분산조직이 형성되는 것이 대표적인 고용구조와 직업구조상의 특성이라고 할 수 있다. 정보화 기술은 과거 어느 때보다 엄청난 속도로 발전하고 있으며 지식기반사회의 모든 시스템, 제도, 행정, 문화, 교육 등에 영향을 주고 있다. 따라서 지식기반사회에 있어서 빠르게 진화하고 있는 정보화 기술에 대한 지속적인 교육의 필요성이 제기된다.

(3) 수명연장에 따른 노인인구의 증가

현대는 평균수명 연장에 따른 노인인구의 증가로 인한 고령화사회에 돌입하였다. 따라서 성인인구의 증가가 많아지고 교육수준도 높아짐에 따라 평생교육에 대한 관심이 고조되고 있으며, 성인인구의 증가로 인해 학교교육을 마친 성인학습자들의 요구에 부응하는 다양한 교육의 기회가 요구되고 있다. 성인인구의 연령과 교육수준이 높아진다는 것은 삶의 기간이 연장되면서 발생하는 다양한 문제들을 해결하기 위한 실질적인 교육프로그램의 요구와 관련되며, 기능문해교육, 재취업교육, 여가활용을 위한 취미교육, 문화교육 등 성인의 다양한 연령과 성별에 적합한 교육내용이 요구되고 있다.

(4) 환경의 문제

지식의 생산과 사용으로 인해 세계적으로 급속한 경제의 성장과 인구의 증가로 인하여 예기치 않았던 환경문제를 야기하게 되었다. 기존의 산업사회에서부터 정보화사회 그리고 최근의 지식기반사회로 오면서 환경문제는 더욱 심각해지고 있다. 도시화, 산업화, 자동화, 대량화, 자본화 등으로 인한 환경파괴는 지식기반사회에서 아직까지 사회적 이슈로 작용하고 있다. 단순한 노동집약적 생산행위에서 기계화와 자동화로 인하여 날로 산업화가 심화되고, 지식을 창출하는 곳에 자본이 집약되며, 집약된 자본이 새로운 지식을 창출하는 환경에서는 인간의 개성이나 존엄성보다는 이익이 중심이 되고, 상대방과 더불어 사는 사회보다는 개인을 우선시하는 사회로 변하고 있다. 이러한 변화속도는 정보화 기술로 인해 더욱 가속화되고 있다. 따라서 사회변화로부터 파생되는 사회병리와 기존에 없었던 새로운 가치의 등장 그리고 환경적 변화에 대처하기 위한 지속적이고 꾸준한 문화적 이해와 사회적 질서가 요구될 것이다. 이러한 환경변화와 어울리는 인간의 양성은 보통 공교육제도하에서 이루어지기 힘든 것이 현실이다.

(5) 자아실현과 삶의 질 향상추구

인간은 측정하기 어려울 만큼 대단히 잠재된 능력을 가지고 있으면서도 많은 환경적 저해 요인 때문에 그 능력이 사장되는 경우가 있다. 현대사회처럼 복잡하고 급변하는 시대에 인간이 주체적이고 자율적으로 적응하여 살아가려면 끊임없는 자기발전이 요구되는데, 그것은 학교교육만으로는 불가능하기 때문에 평생교육을 통하여 보완하여야 할 것이다. 지식기반사회는 어느 정도 경제성장을 이룩한 국가에서 나타날 수 있는 사회이며 기본적인 인간의 권리나 생리적인 욕구가 충족되는 나라에서 가능하다고 볼 수 있다. 점차 여가시간이 증가하고 기본적인 삶을 영위하기 위한 조건이 충족되면 인간은 자신의 삶의 질 향상을 꾀하게 되므로 자아실현을 위한 교육이 필요하게 된다.

2) 평생교육의 특성

평생교육은 개인이 일생 동안 받는 모든 교육의 총체로써 가정교육·학교교육·사회교육 등을 포함하는 특성이 있다. 평생교육의 특성을 살펴보면 다음과 같다(Lengrand, 1972).

① 일생이 모두 교육하는 기간이다.
② 교육목적이 인간교육과 삶의 질적이고 전인적인 향상을 추구한다.
③ 교육체계의 개방성과 통합성을 추구한다.
④ 지식의 전수가 아니라 탐구를 추구한다.

⑤ 교육방식에서 자율성과 다양성을 추구한다.
⑥ 교육은 문화의 전달보다 개인의 성장과 자기개발에 관심을 둔다.
⑦ 교육행위의 결과에서 개인적인 우열보다 개개인의 잠재능력의 개발을 추구한다.
⑧ 교사만 교육을 하는 것이 아니라 누구든지 교육을 할 가능성을 가진다.

이와 같이 평생교육의 특성을 보면 학교교육과는 대비되는 특성을 보여준다. 송병순·이영호(2000)는 평생교육을 학교교육에 대비하여 비교하였는데 차이를 정리하면 표 11-1과 같다.

표 11-1 평생교육과 학교교육의 비교

구 분	평생교육	학교교육
교육목적	인간교육, 인격향상, 실제적	입신출세, 취직조건, 이상적
교육대상	다원적, 이질적, 보편적	획일적, 동질적, 특징적
교육내용	학습자의 흥미와 필요에 기초한 문화내용	사회에 의하여 공인된 특정 지식 중심의 교과내용
교육방법	상호교육, 학습자중심, 능동적	일방교육, 교사중심, 수동적
교육제도	비형식적, 다양성, 유연성 사회변화에 적응이 용이	형식적, 고정적, 획일적 사회변화에 적응하기 곤란
교육평가	학습자 스스로 자기 평가	경험 위주의 시험 평가
교육결과	지식의 현재 효용도 중시	지식의 미래 효용도 중시
교육시기	무한정(수시), 전 생애	재학기간 중
교육장소	학교 내외로 무한정	학교로 한정됨
학습동기	자율적	타율적
학습자	독립적 성향(자기주도적)	의존적 성향(교사주도적)
교사역할	안내자, 조력자	지식 전달
사전경험	경험 자체가 풍부한 학습자원	경험이 별로 중시되지 않음

이와 같이 평생교육과 학교교육은 여러 측면에서 차이를 갖고 있다. 그렇지만 양자가 서로 단절되어 따로 존재하는 것이 아니라 긴밀한 관계를 유지

하여야 한다. 교육의 목적이라는 관점에서 양자는 궁극적으로 국가교육의 이념과 목표를 지향하며 교육내용과 방법에 있어서도 과학성과 예술성, 자주성이 존중되는 교육이라는 공통점을 가지고 있다. 따라서 평생교육은 학교교육과 상호보완적일 때 실현가능하다고 할 수 있다.

현대사회에서 평생교육의 필요성과 중요성이 증가되는 것은 급진적인 사회변화에서 오는 시대 요청임과 동시에 학교의 사회적 기능수행의 역기능적 현상 때문인 것이다. 지금까지의 학교는 인격형성 또는 자아실현에 필요한 충분하고 참된 지식과 기술을 가르치지 못했을 뿐만 아니라, 개인의 사회경제적 지위에 따라 교육기회가 차별적으로 주어졌고, 학교교육을 많이 받은 자와 적게 받은 자 사이에 계층적 차이를 가져다주었다. 형식교육 정도에 따른 차등적 평가는 평등사회 실현이라는 이념과 역행하는 결과를 초래하였다. 이로 인해 학교교육은 인격형성이나 자아실현과는 거리가 멀고 상급학교 진학을 위한 입시준비의 장으로 변하는 현실에 직면하였다. 또한 학교교육의 이념과 실제, 학교교육의 내용과 생활 및 생산과 부합되지 못하는 현상이 뚜렷해지고 직업생활에 대한 적응력을 만족스럽게 길러주지 못하고 있다(성낙돈 등, 2015).

요컨대 평생교육의 개념은 교육활동이 학교 안에서 이루어져야 한다는 고정관념을 벗어나야 할 것을 요청하고 있다. 이에 학교 안에서 이루어지는 교육을 학교 밖으로도 연장하는 한편, 학교 밖에서도 사회적 필요와 사람들의 요구에 부응할 수 있는 다양한 형태와 내용의 교육을 활성화하여야 한다. 이는 교육이 모든 사람들의 평생학습을 도와주고자 하는 관점에서 이루어져야 한다는 것을 의미한다. 그리고 학교교육과 같이 정형화되고 경직된 성격의 교육으로는 이러한 목적을 달성하기 어렵다는 것을 의미한다. 따라서 평생교육이 활성화되기 위해서는 학교교육 자체가 보다 유연하고 개방적으로 변화되어야 하고, 개인과 사회 보다 나은 삶을 이루어가는 데 필요한 학습의 기회를 다양하고 효과적으로 제공할 수 있는 학교 외 교육, 즉 사회교육의 기회가 풍부하게 제공되어야 한다.

03 평생교육의 내용 및 영역

1) 평생교육의 내용

평생교육의 대상은 어린이에서 노인에 이르기까지 다양하다. 그리고 학력의 수준 또한 초등교육에서 고등교육에 이르기까지 다양하며, 내용도 교양교육에서 전문교육에 이르기까지 광범위하다. 따라서 평생교육 내용 구성에는 다양한 학습자의 교육요구가 반영되어야 하고, 광범위한 교육 내용에 대해서 고려해야 한다.

평생교육 학습자의 교육요구는 평생교육 내용의 기초가 된다. 아무리 훌륭한 평생교육프로그램을 개발하여 제공할지라도 그것을 배우고자 하는 학습자가 없으면 아무 쓸모가 없기 때문이다. 따라서 평생교육 내용을 구성하고 편성하는 과정에서는 무엇보다도 평생교육에 참여하고자 하는 학습자들의 요구 및 흥미, 평생교육을 지원하는 조직과 기관의 요구 및 흥미, 지역사회의 요구 및 흥미 등이 고려되어야 한다.

UNESCO 주관의 성인교육회의에서 성인교육의 일반적 학습요구는 다음과 같다.

- 교육의 요구(문자교육, 고등교육수준의 교육기회 등)
- 일과 관계되는 요구(직업에 필요한 자격취득, 직업훈련, 현직훈련 등)
- 인생의 발달관계에 관련된 요구(학교회의 청소년교육, 부모교육, 노인교육 등)
- 특정 문제에 직면한 개인적 요구(심신장애자, 소외계층, 장기입원환자 등)
- 자발적 학습자의 요구(교육공학적 학습시스템의 발달에 따른 교육요구)
- 특정 집단의 요구(이민, 소수민족, 여성 등)
- 기타 대중의 요구 등을 제시하고 있다.

이러한 교육요구는 평생교육의 내용이 얼마나 광범위하고 다양한가를 나타내는 지표가 된다. 이처럼 평생교육 학습자들의 교육요구가 평생교육 내용의 기반이 되기 때문에 시대적으로 민감하게 나타나게 된다.

2) 평생교육의 영역

평생교육의 영역은 학자에 따라 다양하게 주장된다. 평생교육 학습자의 요구에 따른 평생교육의 영역을 살펴보면 다음과 같다.

놀스(M. S. Knowles, 1960)는 성인을 위한 고등교육, 노인교육, 지역사회개발교육, 창조적 예술교육, 경제교육, 성인을 위한 기초교육과 문자교육, 공중건강교육, 가정 및 가족생활교육, 인간관계 및 지도자 양성교육, 성인 교양교육, 공공문제 교육, 레크리에이션 교육, 과학교육, 직업교육의 14가지 영역을 제시하였다.

림영철과 림광영(2001)은 기초교육과 보충교육, 교양교육, 건강교육, 경제생활 교육, 직업교육과 기술교육, 가정생활교육, 인간관계교육, 시민교육과 민족정신교육, 국가안보교육, 여가선용 교육의 10가지 영역을 제시하였고, 권건일과 김인아(1996)는 성인을 중심으로 한 평생교육의 내용을 문해 및 기초교육, 국민의식계발교육, 직업기술교육, 준학교 형태의 교육, 교양증진 및 여가선용 교육의 다섯 개 영역으로 구분하였다. 이들이 분류한 다섯 개 영역을 살펴보면 다음과 같다.

첫째, 문해교육 및 기초교육은 일상생활에 필요한 국어를 정확하게 사용할 수 있도록 하고, 국민생활에 필요한 의식주, 직업 등에 기초적인 이해와 능력을 배양하기 위한 초등교육 수준의 교육을 실시하는 가장 기본적인 사회교육 영역이다. 문해교육 및 초등교육은 보다 질적으로 향상된 사회교육을 실시하기 위해 기초적인 선수학습으로 실시되어야 하는 사회교육의 영역으로써 그 의의를 갖는다.

둘째, 국민의식계발교육은 국가사회의 발전을 위하여 전체 구성원들로 하여금 그에 필요한 자질과 태도를 고양시키고, 자발적·적극적인 참여를 유도하며, 구성원의 인식변화 및 정신계도를 목적으로 하는 사회운동적 성격을 띤 사회교육 영역이다.

셋째, 직업기술교육은 실생활에 도움을 줄 수 있는 다양한 직업기술을 제공함으로써 개인의 사회적응능력을 함양시켜 개인적 측면과 경제성장, 사회발전을 위해 양질의 인력을 확보해야 한다는 사회적 측면을 반영하는 사회교육 영역이다.

넷째, 준학교교육은 개인적 사정 그리고 기존 교육체제의 모순에서 발생하는 진학하지 못한 학습자와 직업에 종사하는 사람들을 대상으로 필요에 따라 학교과정에 준하는 교육과정을 자율적으로 선택하여, 학교시설이나 그에 준하는 교육시설에서 단계별 교육과정을 제공하는 교육이다. 따라서 준학교교육은 학교교육에 비해 교육의 구조, 대상, 내용, 방법 등 다양한 측면에서 학습자의 자율성이 확대되고 학습자의 필요와 요구에 부응하는 교육을 실시할 수 있는 가능성이 보다 큰 평생교육 영역이다.

다섯째, 교양증진 및 여가선용 교육은 사회교육시설과 사회교육활동을 통해서 건전한 여가생활과 국민들의 기초적 교양증진에 목적이 있는 평생교육 영역이다. 우리나라의 경우 교양증진 및 여가선용 교육은 주로 도서관, 마을문고, 청소년단체, 대학의 사회교육원 및 평생교육원 등을 중심으로 실시되고 있으나 교양증진과 여가선용의 개념이 불명확하게 자의적으로 사용되고 있다. 그러나 교양증진하는 것이나 여가선용을 한다는 것 둘 다 양질의 삶을 추구하기 때문에 하나의 영역으로 분류하는 것이다.

이와 같이 각 학자들의 평생교육 각 영역에 해당되는 내용을 이석재(1990)의 이론을 중심으로 살펴보면 다음과 같다.

- **인간발달단계에 따른 과업 및 성별에 따른 교육**: 청소년 선도, 노령자 및 부녀자 지도, 순결 및 성교육에 관한 내용
- **직업과 관련된 교육**: 직업적 기능의 발전, 보충교육, 자격획득을 위한 교육, 농사기술, 소득증대, 운전교육, 각종 기술교육에 관한 내용

- 자기성장을 위한 기본교육: 문맹교육, 읽기·쓰기·셈하기 등의 기초교육, 신체조절, 대화 혹은 연설법, 잠재능력 이해에 관한 내용
- 여가선용을 위한 교육: 취미나 레크리에이션 활동에 관한 내용
- 교양교육: 보건에 대한 학습, 인생관, 사회관 및 세계관을 확립하는 것, 가정 및 가족생활, 종교·도덕·윤리에 관한 교육내용
- 사회적응을 위한 교육: 의사소통과 인간관계의 기능, 최근 정세, 시민생활, 공중생활, 소비생활 등

04 평생학습사회와 평생교육의 과제

1) 평생학습사회

평생학습(lifelong learning)의 개념은 교육의 수요측면으로서 종전의 교육 공급자(교육자) 중심의 교육이 아닌 수요자(학습자) 중심의 학습을 의미한다. 즉, 평생학습이란 국민의 자질함양과 삶의 질을 향상시키기 위한 모든 형태의 수요자 중심적 학습활동이다. 그러므로 평생학습은 개개인이 학습자가 되며 평생에 걸친 학습생활을 능동적으로 자기 스스로 관리한다.

가르치고 배우는 교육활동에 있어서의 학습자는 수동적 존재가 아니며 능동적이고 적극적인 존재가 된다. 학습자의 입장에서는 교육을 받는다는 개념이 아니고 학습의 기회를 제공받고 학습활동을 지원받는다는 개념이 평생교육에 대한 평생학습인 것이다.

따라서 평생학습은 개개인이 주체적 학습자로서 평생에 걸친 학습생활을 주체적으로 관리하도록 국가와 사회가 지원하는 제도이다. 평생학습은 배우는 교육활동에 있어서 학습자는 수동적 존재가 아니라 능동적이고 적극적인 존재로 인식되며, 학습자의 입장에서 평생에 걸쳐서 교육의 문제를 다루

려는 것이다. 교육자 본위의 기존 교육관을 비판하고 학습자 본위의 새로운 교육관을 추구하는 대안적 교육론이 평생학습이다(이형교, 2002).

특히 오늘날은 과학기술의 발달로 지식과 정보량이 폭발적으로 증대하고 있다. 이러한 급변하는 사회에 적응하기 위해서는 형식적 학교교육만으로는 한계가 있으므로 일생동안 끊임없이 배우지 않으면 안 된다. 또한 복지국가 실현이라는 차원에서 교육적 혜택을 받지 못하는 소외계층을 위하여 언제든지 원하는 시간에 교육받을 수 있는 교육기회를 제공할 필요도 있다. 나아가 자기계발과 성취를 통하여 자아실현의 과정으로서도 평생학습이 필요하다.

다시 말하면, 평생학습이란 사람들이 일생을 통하여 필요로 하는 모든 지식, 가치, 기술 등을 획득하여 모든 역할, 환경 및 상황에서 자신감, 창의성 및 즐거움으로 그것들을 적용할 수 있도록 지원하는 것이다. 이러한 계속적인 지원과정을 통하여 인간잠재력의 발달을 가져오려는 것이다. 즉, 평생학습이란 평생에 걸쳐서 배우는 모든 과정과 내용을 말하고 평생교육이란 평생학습을 지원·실현하는 것이다.

평생학습사회(lifelong learning society)는 일종의 삶의 양식으로서 사회 곳곳에서 교육 및 학습활동이 이루어지는 사회를 말한다. 사회 각 부문에서 학습이 적극적으로 일어날 수 있도록 촉진하는 사회형태로 언제 어디서나 가르치고 배우는 삶의 양식이 사회 전반에 스며들어 있는 사회로, 목적은 다양한 삶의 질 가운데 인간의 풍요로운 정신세계로서의 삶의 질을 향상시키는 데 있다(가영희 등, 2013).

평생학습사회의 특징은 첫째, 평생학습사회는 다양성의 사회로 학습자 집단, 학습장소, 학습방법 등이 다양해지고 있다. 둘째, 평생학습사회는 인간과 사회의 질적 성장을 추구하는 사회이다. 셋째, 평생학습사회는 모든 개개인의 학습권이 보장되도록 노력하려는 미래지향적 철학에 바탕을 둔 사회이다. 평생학습사회의 교육은 시공간의 제약을 뛰어넘는 학습자중심의 형식 및 비형식 체제의 협력을 기반으로 행해진다.

평생학습사회는 종래의 선택적이고 통제적이었던 학교중심 교육으로부터 탈피하여 모든 사람이 원하고 필요한 학습활동을 언제 어디서나 할 수 있도록 돕는 개방적이고 허용적인 열린 교육제도를 실현하고자 한다. 교육자, 고용주, 사회는 주로 생산기술 개발에 초점을 두고서 빠른 변화와 고도의 기술사회 속에서 생활하는 구성원들에게 정보를 제공하고 있다. 특히 성인학습의 내용과 방법에 있어서의 경계가 무너지고 있음에 따라, 우리는 소위 학습사회의 출현을 목격하고 있는 것이다. 따라서 학습사회란 사회적 맥락에 대한 반응이다. 자비스(Peter Jarvis)에 의하면 급속한 테크놀로지 수준의 변화는 사람들에게 일생을 통하여 그들의 학습을 확대하는데 필요한 사회적 조건을 제공함으로써 학습사회가 출현하도록 하였다는 것이다(Merriam & Caffarella, 1999).

요컨대 평생학습사회란 모든 국민의 평생학습을 촉진하는 사회, 즉 국민 각자가 자신의 삶의 질 향상에 도움이 되는 학습활동을 언제 어디서든 쉽게 할 수 있도록 돕고 지원할 수 있는 사회적 여건을 조성·발전시켜 나가는 사회를 말한다. 그리고 이때의 학습의 내용은 궁극적으로 개인의 자아실현을 위한 것으로, 직업과 여가, 교양과 시민생활 등 개인적 및 사회적 삶의 모든 영역과 문제와 관련된 것이라 할 수 있다. 아울러 학습의 방법은 전생애적이며 자기주도적인 것을 지향하는 것이라 할 수 있다.

결국 이러한 학습을 어떻게 촉진해 줄 수 있는가가 평생학습사회의 과제라고 할 수 있다. 그러기 위해서는 학습이 이루어지는 다양한 경로와 장면에 대한 관심과 고려가 요구된다. 예를 들어, 학습은 개인적으로 이루어질(individual learning)뿐 아니라 조직이나 집단 속에서 이루어지기도(organizational learning) 한다. 따라서 평생학습사회에서는 학습조직(learning organization)이나 학습공동체(learning community)와 같이 학습을 적극적으로 추구하는 조직이나 집단을 조성하고 육성하는 데 관심을 기울여야 한다. 이러한 관심이 보다 적극화하여 지역사회 전체가 주민들의 평생학습활동을 촉진하기 위해 노력할 때 학습도시(learning city)가 될 수 있을 것이다. 그리고 이러한 관심이 학습도시의 수준을 넘어 사회 전체로 확산될 때 학습사회(learning society), 즉 평생학습사회(lifelong learning society)가 될 수 있을 것이다.

2) 평생교육의 과제

1965년 12월 유네스코에서 개최된 '세계성인교육발전회의(International Committee for the Advancement of Adult Education)'을 거치며 발전된 평생교육(lifelong education)의 개념이 우리나라에 소개된 것은 1970년대 초이다. 그러나 평생교육이라는 용어가 사회적으로 널리 사용되기 시작한 것은 1980년대 초 헌법에 국가의 평생교육 진흥 의무가 명시되고 사회교육법이 제정된 시기라 할 수 있다.

1980년 10월에 개정된 제5공화국 헌법 제29조는 "국가는 평생교육을 진행해야 한다"고 규정함으로써 국가가 평생교육을 진흥해야 할 법적 책무를 가지고 있음을 명시하였다. 1982년 12월에는 사회교육법이 제정되었는데, 이는 평생교육의 이념을 구현하기 위하여 국가가 아동과 청소년에 대한 학교에서의 교육뿐만 아니라 모든 연령층에 대한 학교 밖에서의 교육에 대해서도 적극적으로 지원해야 한다는 것을 상징하는 것이었다. 사회교육법은 그 후 세 차례 개정을 거친 후 1999년 8월 평생교육법이 제정되면서 폐기되었다. 이로써 평생교육법은 1997년 12월 제정된 교육기본법을 중심으로 하는 교육관련법의 체계에서, 초·중등교육법, 고등교육법과 대등한 위상을 갖는 법으로까지 자리매김 하게 되었다.

교육기본법은 종전의 교육법을 폐지하고 대체된 법률로서, 대한민국의 교육이념을 규정하면서 모든 국민에게 평생에 걸쳐 학습하고 교육받을 수 있는 권리가 있음을 천명하고 있다. 즉, 교육은 홍익인간의 이념 아래 모든 국민으로 하여금 인격을 도야하고, 자주적 생활능력과 민주시민으로서 필요한 자질을 갖추게 하여 인간다운 삶을 영위하게 하고 민주국가의 발전과 인류공영의 이상을 실현하는 데 이바지하게 함을 목적으로 한다. 그리고 모든 국민은 평생에 걸쳐 학습하고 능력과 적성에 따라 교육받을 권리를 가진다.

평생교육법은 2007년 11월에 개정되었다. 이는 평생학습의 원리와 학습자 중심으로 법적 체계를 마련하기 위한 것이었다. 또한 직업교육을 평생교육의 맥락에서 지원할 수 있도록 지역자원의 통합 및 재정적 지원을 유도하기 위한 것이었다. 아울러 평생교육진흥원과 같은 기관으로 하여금 평생학습 전반을 지원할 수 있는 연구개발 및 실무집행 업무를 위탁하기 위한 것이었다. 이로써 평생교육진흥원과 평생교육진흥위원회의 설치, 평생교육진흥계획의 제도화 등이 이루어짐에 따라 평생학습을 촉진할 수 있는 실질적 기제가 작동할 수 있게 되었다.

평생교육법은 평생교육의 개념과 이념, 국가 및 지방자치단체의 임무, 교육부장관의 평생교육진흥계획 의무, 국가평생교육진흥원의 임무, 평생교육사의 자격 등에 관하여 규정하고 있다. 또한 평생교육에 참여하는 다양한 형태의 기관(즉, 학교부설, 학교형태, 사내대학형태, 원격대학형태, 사업장부설, 시민사회단체부설, 언론기관부설, 지식·인력개발관련 평생교육시설) 및 평생교육 관련 사업에 관해서도 규정하고 있다. 아울러 소정의 문해교육을 이수한 사람들에게 학력을 인정할 수 있도록 규정하고 있다.

평생교육법의 제정은 우리나라에서도 평생교육의 이념을 수용하고 이를 구현하려는 사회적 노력이 적극화되었다는 것을 말해주는 것이라 할 수 있다. 다만 평생교육법은 평생교육의 개념을 "학교의 정규교육과정을 제외한 모든 형태의 조직적인 교육활동"이라고 협의적으로 규정함으로써, 종전의 '사회교육' 개념을 크게 넘어서지 못했다는 지적도 받고 있다. 평생교육법이 평생교육의 개념을 협의적으로 규정할 수 없었던 데에는 관련법들 간의 체계를 유지·운영하기 위해서 불가피하였다는 점이 있다. 그렇다 하더라도 평생교육법이 평생교육의 개념을 제한하고 고착화할 수 있다는 우려는 없지 않다.

평생교육법에 따른 제도 중 교육부가 수립·운영하여야 할 평생교육진흥계획은 평생교육 전반에 종합적인 영향을 미친다는 점에서 특히 큰 의미를 지닌다. 2002년 1월 교육부는 제1차 평생학습진흥종합계획을 발표하였다. 이 계획은 평생학습의 기회확대 및 기반구축을 위해 향후 5개년 동안 추진해야 할 과제와 세부 추진방안을 제시하였다. 이에는 지역평생교육정보센터와 평생학습관의 설치, 평생학습도시의 지정, 성인문해를 위한 교육이나 소외계층을 위한 평생교육의 지원이 포함되었다. 이 계획은 2006년도에 종결되었다.

제1차 평생학습진흥계획은 평생학습에 관한 최초의 체계적 계획이라는 점에서 의의가 있지만, 관련 사업들이 상호연계적으로 추진되지 못하고 개별사업이나 개별프로그램 단위로 분절되게 추진되었다는 점에서 한계가 있었다. 또한 관련 사업들이 평생학습정책과의 긴밀한 관련 속에서 이루어지지 못했다는 점도 노정되었다.

이에 2007년 12월 제2차 평생학습진흥종합계획에서는 1차 종합계획의 기조를 유지하면서도 그 한계를 극복하는 데 역점이 두어졌다. 이에 국가경쟁력을 높이는 창조적 지식근로자를 육성하고, 평생학습을 통한 관용 및 포용사회를 실현하며 평생학습기반을 공고히 하기 위하여 5년간 국가차원에서 추진할 정책과제를 제시하였다. 정책과제는 '생애단계별 창조적 학습자 육성', '사회통합을 위한 평생학습 관련 기관 참여 및 연계 확대', '평생학습 인프라구축 및 네트워크 활성화'의 세 가지 영역별로 제시되었다. 제2차 평생교육진흥계획은 2007년 개정된 평생교육법에 규정된 '국가의 평생교육진흥기본계획 수립' 요구에 적극적으로 부응한 것이라는 점에서 의미가 있다. 평생교육법은 교육부가 기본계획을 수립하고, 광역 및 기초 자치단체가 시행하도록 하고 있다.

교육부는 2013년 9월 13일 '제3차 평생학습진흥기본계획(2013~2017)'을 발표하였다. 이 계획에서는 국민 개개인의 삶의 질 향상과 국민행복을 증진하는 데 주안점을 두었다. 이 계획에서 주목할 점은, 관계 부처, 시·도 및 시·도교육청의 의견을 수렴하는 것은 물론 전문가 회의, 정책자문위원회를 통한 의견수렴을 통하여 수립되었다는 것이다. 이러한 과정을 통해 100세시대 제2의 인생설계와 삶의 질 향상을 위해서는 국가의 평생학습체제를 구축하는 것이 필수적이라는 공감대가 확인되었다.

제3차 평생교육진흥계획은 생애주기, 계층, 지역에 따라 다양한 평생교육의 장을 마련하고, 전 국민이 언제 어디서나 쉽게 접근하여 학습할 수 있도록 온라인과 오프라인을 동시에 활용할 수 있는 체계의 구축에 역점을 두고 있다. 이에 '대학 중심 평생교육체제 실현', '온·오프라인 평생학습조합지원체제 구축', '사회통합을 위한 맞춤형 평행학습지원', '학교와 지역을 연계한 평생학습 강화'의 4대 정책 영역을 설정하였다. 각 영역별 주요 과제는 다음과 같다.

첫째, 대학을 성인학습자를 위한 체제로 전환하고, 지역대학의 평생교육 역할을 강화하며, 국가직무능력표준에 기반한 학습과 자격의 연계를 강화한다.

둘째, 온라인 평생학습지원체제를 구축하고, 기초–광역 지자체의 평생교육 추진체제를 강화하며, 전문성·투명성 강화를 통한 평생교육의 질을 향상한다.

셋째, 세대별·대상별 맞춤형 평생학습을 지원하고, 사각 없는 소외계층의 평생학습을 지원하며, 학습을 통한 경력단절 극복을 지원한다.

넷째, 학교와 지역을 연계한 평생학습을 강화하고, 지역주민의 인문역량과 시민역량을 강화하며, 지역 학습공동체 확신을 지원한다.

제3차 평생교육진흥계획의 시행으로 정부는 2017년까지 평생학습 참여율을 OECD 평균인 40.4%까지 높이고, 소득계층 간 평생학습 참여 격차는 9% 미만으로 낮출 수 있을 것으로 기대하였다. 국가 평생교육통계조사에 따르면 2012년 우리나라 성인의 평생학습 참여율은 35.6%이고, 고소득층(월 500만 원 이상)의 참여율(44.1%)이 저소득층(월 150만 원 미만)의 참여율(30.1%)보다 14.0% 높게 나타났다.

제3차 평생교육진흥계획은 현재 시행 중에 있다. 그 성과에 대한 평가를 반영하여 제4차 평생교육진흥계획이 수립될 수 있어야 할 것이다.

CHAPTER

교사론 12

- 1. 교직의 성격
- 2. 교직관
- 3. 교사의 역할과 자질
- 4. 교직윤리
- 5. 교권

교육활동에서 교사가 차지하는 비중은 막대하다. "교육의 질은 교사의 질을 능가하지 못한다"는 말은 바로 이 점을 잘 표현하고 있다. 교사의 말 한마디, 행동 하나가 학생의 성장과 발전에 중대한 영향을 줄 수도 있다. 따라서 "어떻게 하면 훌륭한 교사를 양성할 수 있는가?", "교사가 학생을 바람직하게 교수·지도할 수 있게 하기 위해서는 어떠한 직무상의 조건과 여건이 필요한가?"를 연구하는 것은 중요한 과제가 아닐 수 없다. 교사론은 바로 이러한 문제 영역을 연구하는 교육학의 분야이다.

이 장에서는 먼저 교직의 성격을 살펴보고 교직에 관한 주요 관점을 살펴본다. 이어 교사의 역할과 자질에 대하여 알아보고, 교직의 윤리에 대해서 살펴본다. 마지막으로 교직의 권리에 대한 주요 관점을 살펴본다.

01 교직의 성격

한 개인의 일생 중에서 학창시절에 어느 선생님을 만났느냐에 따라 인생목표가 달라질 수 있다는 점에서 교사의 역할은 다른 직업보다 더 중요하다. 따라서 교사는 인간을 대상으로 교육을 하며, 전문직으로 고도의 훈련과 기술이 필요하기 때문에 교사의 인성이나 자질이 매우 중요하다. 교직의 특수성을 제시하면 다음과 같다.

첫째, 교직은 인간을 대상으로 하는 직업이다.

둘째, 교직은 인간행동의 계획적인 변화를 주도하는 직업이다.

셋째, 교직은 미성숙자를 대상으로 하는 직업이다.

넷째, 교직은 사회변화와 발전에 공헌하는 사회봉사직이다.

다섯째, 교직은 국가와 사회에 지대한 영향을 미친다.

02 교직관

교직관이란 교직이라는 직업을 어떤 관점으로 보느냐이다. 일반적으로 교직은 성직자관, 노동직관, 전문직관의 3가지 관점으로 구분된다.

① **성직자관**: 교직이 주로 인간의 인격형성을 돕는 일을 담당하고 고도의 정신적 봉사활동으로 세속적인 것들과 거리가 멀어야 한다는 교직관이다. 교사는 윤리적 덕목이 가장 높은 덕목으로 도덕적으로 깨끗해야 하고 물질에 연연하지 않으며, 학생들에게 사랑과 헌신, 희생과 봉사, 정신적 활동에 전념해야 한다고 본다.

② **노동직관**: 교직도 본질적으로 노동직이고 노동의 대가로 보수를 받으며 근무조건의 개선을 위해 노동조합을 결성한다는 교직관이다. 교사의 지위향상도 권리행사를 통해 이룩될 수 있다고 보기 때문에 노동직관에서는 교사의 경제적 지위와 향상을 중시한다. 우리나라에서는 전국교직원노동조합이 결성되어 일부 교사들이 가입하였으며 교직을 노동직관으로 보고 있다.

③ **전문직관**: 교직을 지성적, 정신적 활동을 위주로 한 고도의 자율성, 윤리성을 필요로 하는 직업이라는 교직관이다.

리버만(M. Lieberman, 1956)은 전문직의 조건으로 사회적 봉사기능, 고도의 지적 기술, 장기간의 준비교육, 광범위한 자율권 행사, 광범위한 개인적 책임, 자치조직, 직업윤리 등을 제시하고 있고, 호일(E. Hoyle, 1980)은 전문직의 기준으로 사회적 봉사, 체계적인 지식, 상당한 기간 동안의 학문적·기술적 훈련, 자율성, 윤리체제, 현직 훈련을 통한 기술의 성장 등을 들고 있다.

교사는 전공 교과에 대한 지식, 기술, 경험 등을 연찬하며, 교육과 학생에 대한 이해를 위한 교육학을 통해 교육의 본질, 목적, 내용, 방법, 평가 등의 학문적 배경으로 상당 기간의 준비교육이 이루어지며 그리고 인간발달의 지적·정의적·신체적 제 영역의 특성을 기초로 하여 생활지도와 상담을 하며 봉사하는 직업이라는 점에서 교직은 전문직 특성에 속한다고 볼 수 있다.

03 교사의 역할과 자질

1) 교사의 역할

교사는 학생의 학습을 지도할 뿐만 아니라 생활 전반에 대한 상담과 지도를 병행함으로써 학생의 지적 성장은 물론 신체적, 정서적, 도덕적, 사회적 개발을 종합적으로 촉진할 수 있어야 한다. 이렇게 하기 위해서는 교사의 역할에 대한 폭넓고 깊이 있는 이해가 필요하다.

교사의 역할은 '교사가 하는 일 또는 해야 할 일', 즉 교사의 직무이다. 그런데 이러한 교사의 직무를 어떻게 세분화할 수 있는가에 대해서는 다양한 관점이 있을 수 있다. 먼저, 교사에게 기대되는 세부 영역과 관련시켜 보는 관점에서는, 교사의 역할은 '교과지도, 학생지도, 전문 영역 연구, 교직단체 활동, 학급관리 및 학교 경영' 등으로 이루어진다. 한편, 보다 거시적으로, 교사의 직무가 어떠한 사회적 차원 또는 맥락에서 수행되는 것이냐와 관련시켜 보는 관점에서는, 교사의 역할은 '일반적이고 포괄적인 교사의 역할, 학교사회에서의 교사의 역할, 학급에서의 교사의 역할' 등으로 이루어진다(정우현 편, 1993). 나아가, 교사에 대한 평가에 활용하고자 하는 관점에서는, 교사의 역할은 보다 체계적이고 구체적인 교사의 직무수행 능력으로 파악되어진다. 예를 들어 정제상(2001)은 교사의 직무수행 능력을 '교과지도, 학급경영, 생활 및 특별활동, 연수 및 연구, 학 부모 및 지역사회 관계, 학교경영참여'로 구분하고, 각 영역에 포함되어야 할 주요 활동을 제시하고 있다.

여러 관점을 종합해 보면 교사의 역할은 일반적으로 다음과 같이 구분해 볼 수 있다.

(1) 학습조력자로서의 역할

교사는 학생을 가르치는 것뿐만 아니라 학생의 학습활동을 도와주어야 한다. 즉, 학생이 필요로 하는 지식이나 기술의 공급원으로서의 역할, 새로운 지식을 탐구하고 배운 지식을 활용하여 문제해결을 하는 과정에서 도와주어야 한다. 또한 학생의 흥미, 적성, 태도 등을 고려하여 학습에 대한 동기유발이 되도록 조력자로서의 역할은 매우 중요하다.

(2) 생활지도자로서의 역할

교사는 학생의 일상생활에서 해결하여야 할 여러 가지 문제, 즉 교육적·가정적·사회적·직업적·신체적·정서적 문제를 자력으로 해결할 수 있도록 도와주며 지도하기 위한 조직적 봉사활동이다. 생활지도란 인간 개개인의 인지적·정의적·신체적 특성과 잠재가능성을 바르게 이해하고 발달시켜서 개인이 교육적·직업적·사회적·심리적 발달을 가능성의 최고 수준까지 도달할 수 있도록 도와주는 역할을 해야 한다.

(3) 모범자로서의 역할

교사는 학교와 사회에서 모범을 보일 수 있어야 한다. 특히 학교에서 학생들은 교사가 모델링 대상이기 때문에 학생들이 교사의 행동, 태도, 가치관, 도덕관 등을 모방하게 되므로 교사는 학생들의 모범자로서의 역할에 유의해야만 한다. 또한 교사의 언행은 일반인보다 사회에 더 큰 영향을 미치며, 사회에서는 교사에게 사회의 모범이 될 것을 기대하고 있다. 따라서 교사는 바르고 모범적인 생활태도를 가지고 올바른 언행으로 모범을 보여야 한다.

(4) 경영자로서의 역할

교사는 학교나 학급의 경영자로서의 역할을 한다. 학교 교육목적을 달성하기 위해서는 학교경영자의 역할이 매우 중요하다. 학교경영자로서의 역할은 학교가 교육목적을 달성하기 위하여 인적·물적자원과 기술·정보의 활용을 조정·통합하는 활동이라고 할 수 있다.

학교경영은 행정가로서의 학교장을 중심으로 하는 지도성의 발휘를 필요로 하며, 학교교육의 성패를 좌우하는 관건이 된다.

또한 학생들은 하루의 대부분을 교실에서 보내고 교사와 학생, 학급환경 안에서 배우고 경험하고 생각하면서 성장한다. 따라서 학급경험의 질은 학생들의 삶의 질이 될 수 있다. 때문에 교사의 학급경영 방식은 학생들의 학업성취는 물론이고 인격형성에도 많은 영향을 미칠 수 있다.

(5) 연구자로서의 역할

현대정보사회에서는 사회의 급격한 변화로 인한 지식과 정보량의 폭발, 그리고 다양한 특성을 지닌 학습자들에 대한 이해의 요구 등으로 인해 교사는 끊임없이 전공교과에 대한 연구, 다양한 교수–학습지도 방법, 학생들의 개성과 적성을 개발할 수 있는 능력 그리고 학생의 특성에 따른 개별화에 대한 이해 등에 대해 꾸준히 연구해야 한다.

2) 교사의 자질

교사의 자질은 교사가 역할을 수행하기 위해 갖추어야 할 비교적 영속성이 있는 개인적 특성 및 교직에 관한 태도를 말한다(강기수, 2000).

바람직한 교사의 자질이 무엇인가에 대해 객관적 기준을 세우기는 쉽지 않다. 어떤 교사의 자질이 강조되어야 할 것인가는 시대와 상황에 따라 혹은 관점에 따라 상이할 수 있기 때문이다. 따라서 누구나 동의할 수 있는 구체적이고 공통적인 교사의 자질을 제시하는 것은 쉽지 않다(이윤식, 2002).

교사의 자질에 관한 초기의 연구는 '바람직한 교사, 좋은 교사, 훌륭한 교사' 등 교사의 인성적 특성을 두다가 최근에는 학생의 학업성취도와 관련된 수업기술의 처방에 초점을 둔 '효과적인 교사'에 관심을 두고 있다.

김선양과 신용일(1991)은 국내외의 문헌에서 학자들과 교육단체가 제시하는 바람직한 교사상(教師像)의 조건을 분석하여 다음과 같이 네 가지 영역에 걸쳐 16개 항목으로 정리하였다.

(1) 지식 영역

① 교과목에 대한 지식
② 일반교양
③ 학생에 대한 지식
④ 교직과목에 대한 지식

(2) 인성 영역

① 협동성
② 친절성
③ 인내성
④ 안정성

(3) 교육기술 영역

① 학습상황의 조성
② 교육내용의 조직
③ 지식전달기술
④ 평가기술

(4) 교직태도 영역

① 교직에 대한 신념
② 학생에 대한 긍정적 태도
③ 수업에의 열의
④ 자신에 대한 긍지

위 연구자들은 이러한 구분에 기초하여 교사자질의 준거추출을 위한 설문지를 작성하였다. 설문지는 예비교사용, 교사용, 학부모용 그리고 사회인용으로 구분하여 작성하였다. 설문지의 문항은 교사자질로 볼 수 있는 요인들을 가려내도록 하고, 찾아낸 교사자질요인에 대하여 의견을 묻도록 작성하였다. 설문조사는 인천직할시 내 2,800명을 대상으로 이루어졌다. 주요 분석 결과는 다음과 같다.

첫째, 교사의 역할에는 안내자, 가르치는 자, 탐색자, 상담자, 권위자, 평가자, 깨우쳐 주는 자, 혁신자 등이 있는데, 이 중 깨우쳐 주는 자와 안내자의 역할이 중요시 된다.

둘째, 교사자질에 대한 의견은 특히 교사신뢰, 교사덕망, 교사의 책임감과 관련되어 있다.

셋째, 바람직한 교사행동에는 생활의 청렴, 모범적 행동, 계속적인 연구, 교육적 정열 등이 있는데, 이 중 교육적 정열과 모범적 행동이 중요시 된다.

넷째, 능력 면에서 본 교사자질에는 창의성, 탐구성, 애타성, 봉사성, 진실성, 성실성, 솔선성, 인내성, 능동성, 낙천성 등이 있는데, 이 중 성실성과 진실성, 창의성과 봉사성이 중요시 된다.

다섯째, 성격 면에서 본 교사자질에는 안정성, 근면성, 온정성, 지배성, 솔직성, 자부성, 계획성, 만족성, 애착성, 혁신성, 일관성 등이 있는데, 이 중 특히 근면성이 중요시 되고, 계획성, 솔직성, 일관성도 중시된다.

이러한 연구 결과에 기초하여 위 연구자들은 교사자질의 준거로서 인간화, 건강화, 자각화, 지력화, 인정화(人情化), 인간애화(人間愛化)의 여섯 가지 요소를 제시하였다. 그리고 이 모든 특성 중에서 인간화가 기반이 되어야 할 것을 주장하였다.

한편 윤홍주(1996)는 교사직능을 교사자질, 교과지식 및 학습지도능력, 업무능력, 학급경영능력의 네 영역으로 구분하고, 이 중 교사자질 영역의 내용을 10가지로 제시하였다. 학생에 대한 애정과 관심, 교육활동에 대한 열의와 흥미, 교직에 대한 만족감, 심신의 건강, 학생관, 교직에 대한 사명감, 자신의 발전에 대한 적극성, 성실성, 관대함, 정서적 안정이 이에 속한다. 그리고 이병진(1998)은 교사의 자질로 고도의 지적능력과 학문적 배경, 심신의 건강, 아동과의 활동에 대한 관심과 만족, 개인적 매력, 자신 및 타인의 수용, 수업에 자아 몰두, 행정적·조직적 리더십 등의 요소를 제시하였다.

교사자질에 대한 기존의 연구 결과를 종합하여 김영만(2004)은 교사자질의 주요 요소를 다음과 같이 압축하여 제시하였다. 신체적·정신적 건강, 투철한 교육관의 확립, 학생에 대한 깊은 관심과 사랑, 교직에 대한 사명감, 교직에 대한 만족감, 상냥하고 친절하며 원만한 성격, 인간으로서 겸손한 자세, 학생의 인간형성에 대한 책임감, 신분에 맞는 언행·복장·외모, 전문적 능력을 갖추기 위한 노력 등이 그것이다.

04 교직윤리

교사는 다른 직업과 다르게 타인의 모범이 되고 존경을 받는 직업이다. 교사는 단순히 가르치는 일뿐만 아니라 인생의 모범자로서 인격적인 감화를 주어야 하므로 교사 스스로 올바른 윤리의식을 갖고 있어야 한다. 한국교원단체연합회는 1958년에 교원윤리강령을 제정하였고, 1982년 5월 15일 스승의 날에 사도헌장과 사도강령을 선포하였다.

(1) 사도헌장

오늘의 교육은 개인의 성장과 사회의 발전과 내일의 국운을 좌우한다. 우리는 국민교육과 수임자로서 존경받는 스승이요, 신뢰받는 선도자임을 자각한다. 이에 긍지와 사명을 새로이 명심하고 스승의 길을 밝힌다.

① 우리는 제자를 사랑하고 개성을 존중하며 한마음 한뜻으로 명랑한 학풍을 조성한다.

② 우리는 폭넓은 교양과 부단한 연찬으로 교직의 전문성을 높여 국민의 사표가 된다.

③ 우리는 원대하고 치밀한 교육계획의 수립과 성실한 실천으로 맡은 바 책임을 완수한다.

④ 우리는 서로 협동하여 교육의 자주혁신과 교육자의 지위향상에 적극 노력한다.

⑤ 우리는 가정교육, 사회교육과의 유대를 강화하여 복지국가 건설에 공헌한다.

(2) 사도강령

민주국가의 주인은 국민이므로 나라의 주인을 주인답게 길러내는 교육은 가장 중대한 교육적 과업이다.

우리 겨레가 오랜 역사와 찬란한 문화를 계승·발전시키며, 선진제국과 어깨를 나란히 하여 인류복지증진에 주도적으로 기여하려면, 무엇보다도 문화국민으로서의 의식개혁과 미래사회에 대비한 창의적이고 민주적인 인간 육성에 온 힘을 기울여야 한다.

그러기 위해 우리 교육자는 국가발전과 민족중흥의 선도자로서의 사명과 긍지를 지니고, 교육을 통하여 각자의 능력을 최대한으로 계발하여 개인의 자아실현과 국력의 신장 그리고 민족의 번영에 열과 성을 다해야 한다.

또한 교육자의 품성과 언행이 학생의 성장발달을 좌우할 뿐만 아니라 국민윤리 재건의 관건이 된다는 사실을 명심하고 사랑과 봉사, 정직과 성실, 청렴과 품위, 준법과 질서에 바탕을 둔 사도확립에 우리 스스로 헌신해야 한다.

이러한 우리의 뜻은 교직에 종사하는 모든 교육자가 공동체 의식을 가지고 노력하여야만 이루어질 수 있다는 것을 인식하고, 사도헌장제정에 때를 맞추어 우리의 행동지표인 현행 교원윤리강령으로 개정하여 이를 실천함으로써 국민의 사표가 될 것을 다짐한다.

제1장. 스승과 제자

스승의 주된 의무는 제자로 하여금 고매한 인격과 자주정신을 가지고 국가사회에 봉사할 수 있는 유능한 국민을 육성하는 데 있다. 그러므로,

① 우리는 제자를 사랑하고 그 인격을 존중한다.
② 우리는 제자의 심신발달이나 가정의 환경에 따라 차별을 두지 아니하고 공정하게 지도한다.
③ 우리는 제자의 개성을 존중하며, 그들의 개인차와 욕구에 맞도록 지도한다.
④ 우리는 제자에게 직업의 존귀함을 깨닫게 하고, 그들의 능력에 알맞은 직업을 선택하도록 지도한다.
⑤ 우리는 제자 스스로가 원대한 이상을 세우고, 그 실현을 위하여 정진하도록 사제동행(師弟同行)을 한다.

제2장. 스승의 자질

스승은 스승다워야 하며 제자의 거울이 되고 국민의 사표가 되어야 한다. 그러므로,

① 우리는 확고한 교직관과 긍지를 가지고 교직에 종사한다.
② 우리는 언행이 건전하고 생활이 청렴하여 제자와 사회의 존경을 받도록 한다.
③ 우리는 단란한 가정을 이룩하고 국법을 준수하여 사회의 모범이 된다.
④ 우리는 학부모의 경제적, 사회적 지위를 이용하지 아니하며 이에 좌우되지 아니한다.
⑤ 우리는 자기향상을 위하여 전문적인 지식과 전문화된 기술을 계속 연마하는 데 주력한다.

제3장. 스승의 책임

스승은 제자교육에 열과 성을 다하여 맡은 바 책임을 다하여야 한다. 그러므로

① 우리는 사회의 일원으로서 모든 책임과 의무를 다한다.
② 우리는 교재연구와 교육자료 개발에 만전을 기하여 수업에 최선을 다한다.

③ 우리는 생활지도의 중요성을 인식하여 제자들이 올바른 사람이 될 수 있도록 지도에 철저를 기한다.
④ 우리는 교육의 성과를 공정하게 평가하고 이를 교육에 충분히 활용한다.
⑤ 우리는 제자와 성인들을 위한 정규교과 외의 활동에 적극 참여한다.

제4장. 교육자와 단체

교육자는 그 지위의 향상과 복지의 증진을 위하여 교직단체를 조직하고 적극 참여함으로써 단결된 힘을 발휘할 수 있다. 그러므로,
① 우리는 교직단체활동을 통하여 교육자의 처우와 근무조건의 개선을 꾸준히 추진한다.
② 우리는 교직단체활동을 통하여 교육자의 자질향상과 교권의 확립에 박차를 가한다.
③ 우리는 편당적, 편파적 활동에 참가하지 아니하고 교육을 방편으로 삼지 않는다.
④ 교직단체는 국가의 주요 교육정책 결정에 참여하여 교육자의 여망과 주장을 충분히 반영시킨다.
⑤ 교직단체는 교육의 혁신과 국가의 발전을 위하여 다른 직능단체나 사회단체와 연대 협동한다.

제5장. 스승과 사회

스승은 제자의 성장발달을 돕기 위하여 학부모와 협력하여 학교와 사회와의 상호작용의 원동력이 되고 국가발전의 선도자가 된다. 그러므로,
① 우리는 학교의 방침과 제자의 발달상황을 가정에 알리고, 학부모의 정당한 의견을 학교교육에 반영시킨다.
② 우리는 사회의 실정을 정확히 파악하고 지역사회의 생활과 문화의 향상을 위하여 봉사한다.
③ 우리는 사회의 요구를 교육계획에 반영하며 학교의 교육활동을 사회에 널리 알린다.
④ 우리는 국민의 평생교육을 위하여 광범위하게 협조하고 평생교육의 핵심이 된다.
⑤ 우리는 확고한 국가관과 건전한 가치관을 가지고 국민의식 개혁에 솔선수범하며, 국가발전의 선도자가 된다.

05 교권

일반적으로 교원을 교사의 권위와 권리로 파악한다. 한국교원단체총연합회의 「교권사건판례집」에는 "교권은 사회적 제도로서의 교육에 종사하는 교

원들이 자신들에게 주어진 사회적 역할을 수행하는 데 있어서 첫째, 그들이 일정한 기간의 훈련을 통하여 획득한 전문적 지식과 능력의 소유자로서 권위를 인정받고, 둘째, 부과된 책임과 임무를 이행하는 데 있어서 부당한 간섭과 침해로부터 자신과 자신의 업무를 보호하고, 셋째, 그 전문직에서의 안정된 생활과 최대한의 능률을 기하기 위한 신분상의 보장을 받을 수 있는 조건을 주장할 수 있는 권리이다"라고 하였다.

여기에는 교사의 자격에 대한 권위의 인정, 학생이나 학부모, 타인들이 학교교육에 간섭하고 교사의 권리를 침해하는 데 대해 교사의 권리와 권위를 확보하려는 교사의 교육권이라는 뜻으로 사용한 것이다. 교육권은 교육에 직접 관계하는 사람들의 교육에 관한 권리와 의무 및 책임과 권한 관계의 총체이다.

교사의 권위는 외부로부터 주어지는 것이 아니라 교사 자신이 타의 모범이 되고 전문인으로서 인정을 받을 수 있도록 자질향상을 위해 꾸준히 노력하는 생활태도를 보일 때 외부로부터 교사의 권위를 인정받을 수 있다. 일반적으로 교사의 권위는 지적 권위, 학생지도의 권위, 기술적 권위 등을 들 수 있다. 첫째, 지적 권위는 전공학문에 대한 전문직 지식과 경험, 능력 등을 소유하였다고 인정받는 권위이다. 둘째, 학생지도의 권위는 학생들의 학교생활을 지도하도록 법적으로 부여받은 권위이다. 셋째, 기술적 권위는 교사가 교육의 방법과 기술의 능력이 인정되는 권위이다.

교사의 권리에 대해 UNESCO와 ILO(세계노동기구)의 주최로 1966년에 열린 "교원의 지위에 관한 정부 간 특별회의"에서 채택된 교원의 지위에 관한 권고문에서는 교육의 자유권, 생활보장권, 신분보장권 등이 명시되어 있다.

(1) 교육자유권

교사는 전문직으로서 법과 제도의 범위 내에서 외부의 간섭없이 자율적으로 학생을 가르치고 지도할 수 있다. 교원의 지위에 관한 권고문 제61조에는 "교직은 전문직으로서 임무를 수행하는 데 있어서 학문의 자유를 누려야 한다. 교원은 학생에게 가장 적합한 학습지도 보조자료와 방법을 판단하는 데 있어서 특별한 자격을 가지고 있으므로 소정의 교육과정의 테두리 안에서 당국의 원조를 받아 교재의 선정과 개선, 교과서의 선택, 교육방법 적용 등에 중요한 역할을 담당해야 한다"고 명시되어 있다.

(2) 생활보장권

교원은 품위를 유지하고 교사의 직분에 부합한 문화생활을 영위할 수 있는 경제적 보수를 받을 수 있어야 한다. 즉, 교사가 학생을 가르치고 연구에 전념할 수 있는 보수를 받아야 한다는 것이다.

(3) 신분보장권

교원은 학생들의 교육과 취업의 안정성을 위해서 전문적 지위에 영향을 미치는 부당한 행위로부터 신분보장을 받아야 한다. 제45조에는 "교직에 있어, 취업의 안정성과 신분보장은 교원을 위해서는 물론, 교육을 위해서도 불가결하며, 비록 교육제도 자체가 변하거나 또는 그 내부에 변화가 일어나더라도 보호되어야 한다"고 명시되어 있다.

(4) 교직단체활동권

교원의 사회·경제적 지위향상과 교직의 전문성, 교섭권 행사, 정책개발의 참여 등 교육발전을 위한 교원의 참여활동이다. 교원지위에 관한 권고문에는 "교직단체는 교육발전에 크게 기여할 수 있는 하나의 세력으로 인정되어야 하며, 따라서 교직단체는 교육정책결정에 관여하여야 한다"고 밝히고 있다.

우리나라의 교원단체로는 한국교원단체총연합회와 한국교원노동조합, 전국교직원노동조합이 있다. 김종철(1982)은 교원들이 단체를 조직하는 것은 교원상호 간의 유대를 강화하고 회원들의 복지향상을 도모하며, 회원들의 자질향상 등을 추구하는 데 그 의의가 있다고 보았다.

교육기본법 제15조에는 "교원은 상호협동하여 교육의 진흥과 문화의 창달에 노력하며, 교원의 경제·사회 지위를 향상시키기 위하여 각 지방자치 단체 및 중앙에 교원단체를 조직할 수 있다"고 제시하고 있다.

1 한국교원단체총연합회(한국교총)

한국교총의 설립목적은 회원 상호 간의 강력한 단결을 통하여 교원의 사회적·경제적 지위향상과 교직의 전문성 확립을 기함으로써 교육의 진흥과 문화의 창달에 기여하기 위한 것이다.

한국교총의 이념은 ① 교육의 수월성과 교직의 전문적 위상확립을 추구하는 전문직 주의, ② 학교급별, 직위별, 설립별 구분 없이 교육자가 함께 참여하는 조직의 통합주의, ③ 교육의 종속화, 수단화를 경계하는 활동의 자주주의이다.

그리고 주요활동은 교원의 전문성 신장, 교권의 옹호와 확대, 교원의 처우개선, 교육정책의 참여확대, 회원의 유대강화, 국제 교육단체와의 협력 및 교류, 정기간행물의 발행과 보급 등의 활동이다.

2 전국교직원연합회(전교조)

전교조는 참교육 실천이라는 슬로건을 내세우며 1989년에 결성되었다.

설립목적은 '본 조합은 선언 및 강령의 정신에 입각하여 교육노동자로서의 기본 권익을 적극 옹호하고 민주교육의 발전에 기여한다.' 교원노조는 한국교육이 안고 있는 문제점으로 첫째, 학생들의 학교 이탈현상과 공교육 체제의 위기, 둘째, 교사의 교권 실추와 학부모들의 학교에 대한 불신, 셋째, 불평등적 평등정책이 교육의 부익부·빈익빈 초래와 학력저하로 보고, 교육개혁의 방향은 ① 단위학교의 자율권 확대, ② 학부모의 학교평가권과 학교선택권 부여, ③ 행정자치와 교육자치의 통합과 지역사회 평생교육 공동체의 일원, ④ 초·중·고에서 진로교육과 직업교육 강화, ⑤ 평생학습 기회의 형평성 제고, ⑥ 교육시장 개방시대에 국·사립대학의 역할분담과 대학 특성화, ⑦ 수능을 자격시험으로의 전환과 대학자율 등을 제시하였다.

3 한국교원노동조합(한교조)

1999년 2월 22일 노조를 설립하고 1999년 8월 30일에 한국노총 가입 후 한국노총 산하의 교원노동조합으로 정식으로 출범하였다. 설립목적은 교원의 노동기본권 보장과 교육환경개선 및 푸른 교육의 실천이고, 이를 실천할 이념으로 첫째, 행복하고 자긍심 있는 교사관 확립, 둘째, 깨끗하고 선명한 교육, 셋째, 미래지향적이고 창의적인 교육이다. 한교조에서는 푸른교육이라는 교육목표를 설정하고 이를 실행하는 방법으로 중도합의주의를 추구하고 있으며, 현실적인 개혁을 이루기 위해 점진적이고 투명한 교육개혁을 주장하고 있다.

참고문헌

가영희 등(2013). 성인학습 및 상담. 서울: 동문사

강갑원 등(2006). 교육학개론. 서울: 교육과학사.

강경석 등(2003). 학교 학급경영의 이론과 실제. 서울: 원미사.

강기수(2000). 교사교육론. 서울: 세종출판사.

교육부 · 국가평생교육진흥원(2001). 2000 평생교육백서.

교육부 · 국가평생교육진흥원(2013). 2011-2012 평생교육백서.

교육부 · 국가평생교육진흥원(2014). 2013 평생교육백서.

교육인적자원부(2002. 1.). 제1차 평생교육진흥종합계획(2002~2006).

교육인적자원부(2007. 6.). 제2차 평생교육진흥종합계획(2008~2012).

교육인적자원부(2013. 9.). 제3차 평생교육진흥기본계획(2013~2017).

구광현 등(2006). 교육심리학. 서울: 동문사.

권건일 · 김인아(1996). 사회교육의 이해. 경기: 양서원.

권영창 등(2005). 교육의 이론과 실제. 서울: 형설출판사.

김규수(2000). 포스트모더니즘과 유아교육. 열린정신 인문학연구, 제1집, 81-101. 원광대학교 인문학연구소.

김명환 등(1988). 교육행정 및 경영. 서울: 형설출판사.

김선양 · 신용일(1991). 교사 자질추출에 관한 분석연구. 교육학연구, 29(2), 111~128.

김수동(2000). 인간교육이론. 서울: 책사랑.

김수일(1995). 사회교육방법론. 서울: 박영사.

김신일(2000). 교육사회학. 서울: 교육과학사.

김안중(1993). 해방후 한국 교육이념의 변천. 안귀덕 등, 한국 현대교육의 재조명. 경기: 한국정신문화연구원.

김언주 · 구광현(1998). 신교육사회학. 서울: 문음사.

김영만(2004). 교사발달단계와 교사의 직무능력 및 직무만족간의 관계 연구.

박사학위 논문. 인하대학교 대학원.
김영우 등(1998). 교육학개론. 서울: 교육과학사.
김영화(2000). 한국의 교육과 사회. 서울: 교육과학사.
김윤태(1994). 교육행정·경영신론. 서울: 배영사.
김정환 등(1994). 교육행정경영. 서울: 형설출판사.
김종서(1983). 평생교육원론. 서울: 교육과학사.
김종서·이영덕(1990). 교육학개론. 서울: 한국방송통신대학출판부.
김종철(1982). 교육행정의 이론과 실제. 서울: 교육과학사.
김창걸(1994). 교육행정학신론: 교육행정 및 교육경영. 서울: 형설출판사.
김태련·장휘숙(1994). 발달심리학. 서울: 박영사.
김형태(2003). 교육심리학적 이해. 서울: 동문사.
남정걸(2003). 교육행정 및 교육경영. 서울: 교육과학사.
료타르(1979). 포스트모던적 조건-정보사회에서의 지식의 위상. 이현복 역, 서울: 서광사.
림영철·림광명(2001). 평생교육개론. 서울: 형설출판사.
박경민(1997). 포스트모던 교육의 위상. 이화여자대학교 대학원 석사학위논문.
박병량(2003). 학급경영. 서울: 학지사.
박용헌 등(1980). 학교와 지역사회. 서울: 교육과학사.
배종근·정태범(1986). 교육행정·교육경영. 서울: 정민사.
서울대학교 교육연구소(1995). 교육학용어사전. 서울: 하우동설. 네이버 지식백과로 접속. 2017. 12. 12.
석태종(1996). 교육사회학. 서울: 교육과학사.
성낙돈 등(2015). 평생교육학개론. 서울: 동문사.
손영민 등(1998). 교육학 용어해설. 서울: 박문각.
송병순 등(2002). 교육사회학. 서울: 문음사.
송병순·이영호(2000). 평생교육의 이론과 실제. 서울: 원미사.
송화섭(1993). 교육행정 이론과 경영론. 경기: 양서원.
신득렬(2004). 교육이념과 학교 교육. 교육철학, 제26집, 19-38.

안병환 등(2016). 교육행정 및 교육경영. 서울: 동문사.
안영진(2001). 21세기 교사양성을 위한 교육심리학. 서울: 창지사.
오천석(1975). 발전한국의 교육이념탐구. 오천석 교육사상 문집, 8. 서울: 광명출판사.
유승우 · 이종문(2006). 인간자원개발론. 서울: 한국방송통신대학교출판부.
유한구(2004). 초등 통합교과 지도 프로그램 개발. 교사교육프로그램개발과제 2004-4. 교육인적자원부.
윤정일 등 역(1986). 교육과 사회발전. 서울: 대영문화사.
윤종건(1996). 창의력: 이론과 실제. 서울: 정민사.
윤평중(1990). 푸코와 하버마스를 넘어서. 서울: 교보문고.
윤홍주(1996). 교사발달단계 및 직능발달 요인에 관한 연구. 석사학위논문. 서울대학교 대학원.
이병진(1998). 현장교사론. 경기: 양서원.
이상주(1980). 사회교육제도 발전의 기본방향. 서울: 교육과학사.
이석재(1990). 사회교육학개론. 서울: 과학교육사.
이선숙(2001). 대안학교와 학생들의 생활이야기. 서울: 교육과학사.
이성진(1996). 교육심리학서설. 서울: 교육과학사.
이영덕 · 정원식(1989). 표준화 간편 창의성검사 실시 요강 및 규준. 서울: 한국교육개발원.
이윤식(2002). 학교경영과 자율장학. 서울: 교육과학사.
이종각(1996). 교육사회학총론. 서울: 동문사.
이종태(2001). 대안교육과 대안학교. 서울: 민들레.
이진우(1993). 포스트모더니즘의 포스트는 무엇을 말하는가?. 이진우 편, 포스트모더니즘의 철학적 이해. 서울: 서광사.
이찬교 · 김재웅(2005). 교육행정. 서울: 한국방송대학교출판부.
이찬교 · 최정숙 · 조화태(1996). 교육의 이해. 서울: 한국방송통신대학교출판부.
이현청(1994). 교육사회학. 경기: 양서원.
이형교(2002). 평생교육정책론. 서울: 학현사.
이형행(2004). 교육학개론. 경기: 양서원.

이홍우(1988). 지식의 구조. 서울: 교육과학사.
임규혁(2004). 학교학습 효과를 위한 교육심리학. 서울: 학지사.
전득주 등(1992). 현대 민주시민교육론. 서울: 정민사.
전제상(2001). 교사평가의 준거개발 연구. 교육행정학연구, 19(2), 183-222.
정범모(1968). 교육과 교육학. 서울: 배영사.
정범모(1976). 교육과 교육학. 서울: 배영사.
정우현 역(1975, 1980). 교육사회학. 원저: K. W. Prichard, *Concept and Theories in Sociologe of Education*. 서울: 고려대학교출판부.
정우현 편(1993). 현대 교사론. 서울: 교육과학사.
정찬주(1989). 기초주의 교육철학의 연구. 건국대학교 대학원 논문집, 제28집.
조성일 · 김영출(2001). 교육학개론. 서울: 재동문화사.
조용환(1997). 사회화와 교육. 서울: 교육과학사.
진유범(2001). 남북한 정치교육 비교 연구. 인하대학교 대학원 박사학위논문.
차경수 등(2001). 교육사회학의 이해. 경기: 양서원.
최양미(1996). 진정한 교육개혁을 위하여: 대안적 학교교육의 모색. 인문 과학연구, 제4권 1호. 안양대학교 인문과학연구소.
최정웅 · 양경숙(2004). 교육사회학: 이론적 기초. 경기: 양서원.
한림학사(2007). 구조주의-후기 구조주의, 포스트모더니즘. 통합논술 개념어 사전. 청서출판. http://terms.naver.com/entry.nhn?docId=2060598&cid=47335&categoryId=47335 (2017. 12. 30. 접속)
한준상(1982). 새로운 교육학. 서울: 한길사.
한준상 등(1996). 신교육사회학. 서울: 학지사.
황정규 등(2003). 교육학개론. 서울: 교육과학사.

Abbott, M.(1969). Hierarchical impediments to innovation in educational organizations. In F. Carver and T. Sergiovanni (eds.), *Organizations and human behavior: Focus on schools*. New York: McGraw-Hill Book Co.

Anderson, E.(2014). Dewey's moral philosophy. *Stanford Encyclopedia of Philosophy*. Available at: https://plato.stanford.edu/entries/dewey-moral/ (accessed on Dec 12, 2017).

Anyon, J.(1979). Ideology and United States history textbooks. *Harvard Educational Review*, 49, 361-386.

Anyon, J.(1980) Social class and the hidden curriculum of work. *Journal of Education*, 162, 67-92.

Apple, M.(1979). *Ideology and curriculum*. Boston: Routledge & Kegan Paul.

Atkinson, J. W.(1950). Studies in projective measurement of achievement motivation. Unpublished doctoral dissertation, University of Michigan, Ann Arbor.

Atkinson, J. W.(1953). The achievement motive and recall of interrupted and completed tasks. *Journal of Experimental Psychology*, 46, 381-390.

Atkinson, J. W.(1958). Towards experimental analysis of human motivation in terms of motives, experiences, and incentives. In J. W. Atkinson (ed.), Motives in fantasy, action, and society. Princeton: Van Nostrand.

Aylesworth, G.(2015). Postmodernism. *Stanford Encyclopedia of Philosophy*. https://plato.stanford.edu/entries/postmodernism/ (accessed on Dec 12, 2017).

Ballantine, J. H.(1997). *Sociology of education*. New Jersey: Prentice Hall.

Bandura, A.(1977). *Social learning theory*. Englewood Cliffs, NJ: Prentice-Hall.

Bandura, A.(1986). The explanatory and predictive scope of self-efficacy theory. *Journal of Clinical and Social Psychology*, 4, 359-373.

Bandura, A.(1993). Perceived self-efficacy in cognitive development and functioning. *Educational Psychologist*, 28, 117-148.

Barnard, C. I.(1938, 1960). *The functions of the executive*. Cambridge, MA: Harvard University Press.

Berk, L.(1994). *Child development* (3d ed.). Needham Heights, MA: Allyn & Bacon.

Bernbaum, G.(1977). *Knowledge and ideology in the sociology of education.* London: The Macmillan Press Ltd.

Bloom, B. S.(1968). Learning of mastery. *Evaluation Comment*, Vol. 1. LA: Center for the Study of Instructional Programs, University of California.

Bloom, B. S.(1971). *Individual differences in school achievement: A vanishing point?* Bloomington, Indiana: Phi Delta Kappa.

Bloom, B. S., Engelhart, M. D., Furst, E. J., Hill, W. H., & Krathwohl, D. R.(1956). *Taxonomy of educational objectives: The classification of educational goals, Handbook I: Cognitive domain.* New York: David McKay Company.

Bobbitt, F.(1918). *The curriculum.* Boston: Houghton-Mifflin.

Borgatta, E. F., & Borgatta, M. L.(1992). *Encyclopedia of sociology.* New York: Macmillan Publishing Company.

Bowles, S., & Gintis, H.(1976). *Schooling in capitalist America.* New York: Basic Books Inc.

Bransford, J., & Stein, B. S.(1984). *The Ideal problem solver: A guide for improving thinking, learning, and creativity.* New York, NY: W. H. Freeman & Company.

Broudy, H. S.(1954, 1961). *Building a philosophy of education.* Englewood Cliffs: Prentice-Hall.

Broudy, H. S.(1955). How philosophical can philosophy of education be?. *Journal of Philosophy*, 26.

Brophy, J. E.(1988). On motivating students. In D. Berliner and B. Rosenshine (eds.), *Talks to teachers*, 201-45. New York: Random House.

Brown, F. J.(1960). *Educational sociology* (2nd ed.). Englewood Cliffs, NJ: Prentice-Hall.

Bruner, J. S.(1960). *The Process of education*. Cambridge, Mass.: Harvard University Press.

Bruner, J. S.(1961). The act of discovery. *Harvard Educational Review*, 31, 21-32.

Bruner, J. S.(1966). *Toward a theory of instruction*. Cambridge, Mass.: Belkapp Press.

Carroll, J. B.(1963). A model of school learning. *Teachers College Records*, 723-733.

Carroll, J. B.(1989). The Carroll model: A 25-year retrospective and prospective view. *Educational Researcher*, 18(1), 26-31.

Cattell, R. B(1963). Theory of fluid and crystallized intelligence: A critical approach. *Journal of Education Psychology*, 54(1).

Compas, B. E.(1987). Coping with stress during childhood and adolescence. *Psychological Bulletin*, 101(3), 393-403.

Coombs, P. H.(1985). *The world crisis in education: A view from the eighties*. New York: Oxford University Press.

Coombs, P. H., & Ahmed, H.(1974). *Attacking rural poverty: How nonformal education can help*. Baltimore: Johns Hopkins University Press.

Covington, M. V., Crutchfield, R. S., Davies, L. & Olton, R. M.(1974). *The productive thinking program: A course in learning to think*. Columbus, Ohio: Merrill.

Crawford, R., P.(1954). *Techniques of creative thinking*. New York: Hawthorn Books, Inc.

Crawford, R. P.(1964). *Direct creativity with attribute listing*. Wells, VT: Fraser Fraser Pub. Co.

Cruickshank, D. R., Bainer, D. L., & Metcalf, K. K.(1995). *The act of teaching*. NY: McGraw-Hill.

Darkenwald, G. G., & Merriam, S. B.(1982). *Adult education: Foundation of practice. New York: Harper Collins.*

Dave, R. H.(ed.)(1976). *Foundations of lifelong education*. Oxford: UNESCO Institute for Education.

Davis, I. K.(1981). *Instructional technique*. New York: McGraw-Hill.

Dembo, M. H., & Gibson, S.(1985). Teacher's sense of efficacy: An important factor in school improvement. *Elementary School Journal*, 86, 173-184.

Dewey, J.(1899). *The school and society*. Chicago. University of Chicago Press.

Dewey, J.(1916). *Democracy and education: An introduction to the philosophy of education*. New York: The Macmillan Company.

Dewey, J.(1932). *Ethics* (ed. J. A. Boydston, *Later Works 7*). Carbondale: Southern Illinois University Press.

Dewey, J.(1933, 1938). *Experience and education*. New York, NY: Touchstone.

Dewey, J.(1991). *Lectures on ethics, 1900-1901* (ed. D. Koch). Carbondale: Southern Illinois University Press.

Drucker, P. F.(1954). *The Practice of management*. New York, NY: Harper & Brothers.

Duignan, B.(2017). Postmodernism. *Encyclopaedia Britannica*. https://www.britannica.com/topic/postmodernism-philosophy (accessed on Dec 12, 2017).

Duke, D. L.(1982). Introduction: Let's look at classroom management. In D. L. Duke (ed.), *Helping teachers manage classroom* (vii-ix). Alexandria, Virginia: Association for Supervision and Curriculum Development.

Durkheim, E.(1956). *Education and sociology*. (trans. S. D. Fox). New York: The Free Press.

Eggen, P. D., & Kauchak, D. P.(1992). *Educational psychology: Classroom connections*. New York: Merrill.

Eggleston, J.(1977). *The sociology of school curriculum*. London: Routledge

& Kegan Paul.

Ellis, A.(1962). *Reason and emotion in psychotherapy*. Secaucus, NJ: Citadel.

Ellis, A.(1984). The essence of RET. *Journal of Rational-Emotive Therapy*, 2(1), 19-25.

Ellis, A.(2004). *Rational emotive behavior therapy: It works for me-it can work for you*. Amherst, NY: Prometheus Books.

Englund, T.(1986). Curriculum as a political problem: Changing educational conceptions, with special reference to citizenship education. *Uppsala Studies in Education 25*. Lund: Studentlitteratur, Chartwell Bratt.

Erikson, E.(1950). *Childhood and society*. New York: Norton.

Erikson, E. H.(1959). Identity and the life cycle. *Selected papers with a historical introduction by D. Rapaport*. New York: International University Press.

Etzioni, A.(1964). *Modern organization*. Englewood Cliffs, N.J.: Prentice-Hall, Inc.

Faure, E. et al.(1972) *Learning to be: The world of education today and tomorrow*. Paris: UNESCO.

Fayol, H.(1949). *General and industrial management*. (trans. C. Storrs). London, England: Sir Issac Pitman & Sons, Ltd.

Freire, P.(1970). *Pedagogy of the oppressed*. New York: Herder & Herder.

Freire, P.(1971). The adult literacy process as cultural action for freedom (trans. L. Stover). In H. Castel (ed.), *World development: A introductory reader*. The Macmillan Company, New York.

Freud, S.(1949). *An outline of psychoanalysis*. New York: Norton.

Freud, S.(1955). *The interpretation of dreams*. London: Hogarth Press.

Frischeisen-Köhler, M.(1921). Practical pedagogics. In W. Brezinka(1992). *Philosophy of educational knowledge: An introduction to the foundations of science of education, philosophy of education and practical pedagogics. (trans. J. S. Brice & R. Eshelman). Springer-Science+Business Media, B. V.*

Gaedke, B., & Shaughnessy, M.(2003). An interview with Jere Brophy. *Educational Psychology Review*, 15(2), 199-211.

Gagné, R. M.(1964). *The conditions of learning*. New York: Holt, Rinehart and Winston.

Gagné, R. M.(1974). *Essentials of learning for instruction*. Hinsdale, IL: Holt, Rinehart and Winston.

Gagné, R. M.(1979). *Principles of instructional design*. New York: Holt, Rinehart and Winston.

Gagné, R. M., & Briggs, L. J.(1974). *Principles of instructional design*. New York: Holt, Rinehart, and Winston.

Gardner, H.(1983). *Frames of mind*. New York: Basic Books.

Gardner, H.(1993). *Multiple intelligences: The theory into practice*. New York: Basic Books.

George, R. L., & Cristiani, T. S.(1981). *Theory, methods, and processes of counseling and psychotherapy*. Englewood Cliffs, NJ: Prentice-Hall.

Giroux, H. A.(1981). *Ideology, culture and the process of schooling*. Philadelphia, PA: Temple University Press.

Glaser, R.(1962). Psychology and instructional technology, In R. Glaser (ed), Training research and education. University of Pittsburgh Press.

Goleman, D.(1996). *Emotional intelligence: Why it can matter more than IQ*. New York: Bantam Books.

Goleman, D., Boyatzis, R., & McKee, A.(2002). *Primal leadership: Realizing the power of emotional intelligence*. Harvard Business School Press.

Gordon, W. J. J.(1961). *Synectics*. New York: Harper & Row.

Gordon, W. J. J.(1973). *The metaphorical way of learning and knowing*.

Cambridge: Porpoise Books.

Guilford, J. P.(1959). The three faces of intellect. *American Psychologist*, 14, 469-479.

Guilford, J. P.(1967). *The nature of human intelligence*. New York: McGraw-Hill.

Gulick, L., & Urwick, L.(1937). *Papers on the science of administration*. New York: Institute of Public Administration.

Havighurst, R. J.(1953). *Human development and education*. New York: Longmans, Green and Co.

Havinghurst, R. J.(1972). *Developmental tasks and education* (3rd ed.). New York: David McKay.

Havighurst, R. J., & Neugarten, B. L.(1957). Education among American Indians: Individual and cultural aspects. *The Annals of the American Academy of Political and Social Science*, 311, 105-15.

Hiemstra, R.(2002). *Lifelong learning*. New York: Hi Tree Press.

Horn, J. L.(1965). Fluid and crystallized intelligence: A factor analytic study of the structure among primary mental abilities. Ph.D. Thesis. University of Illinois.

Horn, J. L.(1998). A basis for research on age differences in cognitive capabilities. In J. J. McArdle & R. Woodcock (eds.), *Human cognitive abilities in theory and practice* (57-91). Chicago: Riverside.

Horn, J. L., & Cattell, R. B.(1966). Refinement and test of the theory of fluid and crystallized general intelligences. *Journal of Educational Psychology*, 57, 253-270.

Horn, J. L., & Cattell, R. B.(1967). Age differences in fluid and crystallized intelligence. *Acta Psychologica*, 26, 107-129.

Horton, P. B, & Hunt, C. L.(1980). *Sociology*. Tokyo: McGraw-Hill Kogakusha, Ltd.

Hoyle, E.(1980). Professionalization and deprofessionalization in education.

In E. Hoyle and J. Megarry (eds.), *World Yearbook of Education 1980: Professional Development of Teachers* (42). London: Kogan.

Hurlock, E. B.(1978). *Child Development*. McGraw-Hill, Inc.

Inhelder, B., & Piaget, J.(1958). *The growth of logical thinking from childhood to adolescence*. (trans. A. Parsons & S. Milgram). New York Basic Books.

Inkeles, A.(1983). *Exploring individual modernity*. New York: Columbia University Press.

Inkeles, A., & Smith, D. H.(1974). *Becoming modern: Individual change in six developing countries*. Cambridge, Mass.: Harvard University.

Irwin, D. B., & Simons, J. A.(1994). *Lifespan developmental psychology*. Madison, WI: Brown & Benchmark.

Johnson, L. V., & Bany, M. A.(1970). *Classroom management: Theory and skill training*. New York: MacMillan.

John-Steiner, V.(1990). A *Vygotskian perspective on verbal thinking and writing*. In C. Hedley, J. Houtz, & A. N. Baratta (eds.), *Cognition, curriculum, and literacy*. Norwood, NJ: Ablex.

Kant, I.(1900). *On education(Über Pädagogik)*. (trans. Annette Churton). Boston: D. C. Heathe & Co. Publishers.

Kermerling, G.(2011). Definition and meaning. *The Philosophy Pages*. Available at: http://philosophypages.com/lg/e05.htm (accessed on Dec 12, 2017).

Kilpatrick, W. H.(1918). The project method. *Teachers College Record*, 19, 319-335.

Kilpatrick, W. H.(1921). Dangers and difficulties of the project method and how to overcome them: A symposium. *Teachers College Record*, 22, 283-321.

Kilpatrick, W. H. (1925). *Foundations of method*. New York: Macmillan.

Kneller, G. F.(1958). *Existentialism and education*. New York: Philosophical Library.

Knowles, M. S.(ed.)(1960). *Handbook of adult education in the United States*. Chicago: Adult Education Association.

Kohlberg, L.(1984). *The psychology of moral development*. New York: Harper.

Köhler, W.(1925). *The mentality of apes*. NY: Liveright.

Kozulin, A., & Presseisen, B.(1995). Mediated learning experience and psychological tools. *Educational Psychologist*, 30(2), 67-76.

Kupersmidt, J. B, Coie, J. D., & Dodge, K. A.(1990). The role of peer relationships in the development of disorder. In S. R. Asher, & J. D. Coie (eds.), *Peer rejection in childhood*. New York: Cambridge University Press, 274-308.

Lawton, D.(1975). *Class, culture and curriculum*. London: Routledge & Kegan Paul.

Lengrand, P.(1965). *L'éducation permanente*. Paris: Peuple et Culure.

Lengrand, P.(1970, 1972). *Introduction to lifelong education*. Paris: UNESCO.

Lévinas, E.(1969). *Totality and infinity: An essay on exteriority*. (trans. Alphonso Lingis). Pittsburgh, PA: Duquesne University Press.

Lévinas, E.(1978). *Otherwise than being or beyond essence*. (trans. Alphonso Lingis). Dordrecht and Boston, MA: Kluwer Academic Publishers.

Lewin, K.(1936). *Principles of topological psychology*. New York: McGraw-Hill.

Lewin, K.(1942, 1951). Field theory and learning. In D. Cartwright (ed.), *Field theory in social science: Selected theoretical papers by Kurt Lewin*, 60-86. New York: Harper & Row.

Lieberman, M.(1956). *Education as a profession*. Prentice Hall, New York.

Locke, J.(1693). Some thoughts concerning education. Available at:https://en.wikisource.org/wiki/Some_Thoughts_Concerning_Education.

Lowe, M.(1975). Trends in the development of representational play-An observational study. *Journal of Child Psychology and Psychiatry*, 16, 33-47.

Lunenburg, F. C., & Ornstein, A. O.(2000). *Educational administration: Concepts and practices* (3rd ed.). Blemont, CA: Wadsworth.

Lyotard, J.-F.(1979, 1984). *The postmodern condition: A report on knowledge.* (trans. Geoff Bennington and Brian Massumi). Minneapolis: University of Minnesota Press.

Maier, N. R. F.(1933). An aspect of human reasoning. *British Journal of Psychology*, 24, 144-155.

Maltzman, I.(1960). On the training of originality. *Psychological Review*, 67, 229-242.

Mannheim, K.(1936). The Sociology of knowledge. In J. E. Curtis & J. W. Petras, *The sociology of knowledge.* New York: Praeger Pub.

Mayo, E.(1933, 1938). *The human problems of an industrial civilization.* New York: MacMillan.

Mayo, E.(1949). Hawthorne and the Western Electric Company. *The social problems of an industrial civilization* (60-76). New York, NY: Routledge.

McClelland, D. C., Atkinson, J. W., Clark, R. A., & Lowell, E. L.(1953). *The achievement motive.* New York: Appleton-Century-Crofts.

McClelland, D. C.(1985). *Human motivation.* New York: Scott, Foresman & Co.

McNeil, J. D.(1985). *Curriculum: A comprehensive introduction.* Boston: Little Brown.

Merriam, S. B., & Caffarella, R. S.(1999). *Learning in adulthood: A comprehensive guide.* San Francisco: Jossey-Bass.

Miller, M. J.(1987). Career counseling for high school students: Grades 10-12. *Journal of Employment Counseling*, 24(A), 173-183.

Miller, M. J.(1988). Restating a client-centered approach to career counseling. *Journal of Employment Counseling*, 25(2), 64-69.

Moreno, J. L.(1934). *Who shall survive? A new approach to the problems of human interrelations*. Washington, DC: Nervous and Mental Disease Publishing Co.

Moreno, J. L.(1941). Foundations of sociometry, an introduction. *Sociometry*, 4, 15-35.

Morsy, Z.(ed.), *Thinkers on education*, Vol.1~4. Paris: UNESCO.

Mussen, P. M., Conger, J. J., Kagan, J., & Huston, A. C.(1990). *Child development and personality* (7th ed.), Harper and Row, New York.

Murray, H.(1938). *Explorations in personality*. New York: Oxford University Press.

NCEA(2004). *Community Education Journal*, Vol.28-29.

Nelson, K., Rescorla, L., Gruendel, J., & Benedict, H.(1978). Early lexicons: What do they mean? *Child Development*, 49, 960-968.

Odiorne, G. S.(1965). *Management by objectives: A system of managerial leadership*. New York City: Pitman.

Ornstein, A. C. & Levine, D. U.(1981). *Foundations of education*. Houghton Mifflin Co.

Osborn, A. F.(1940, 1953). *Applied imagination: Principles and procedures of creative problem solving*. New York, NY: Charles Scribner's Sons.

Osborn, A.(1963). *Applied imagination: Principles and procedures of creative problem-solving* (3rd revised edition). New York: Charles Scribner's Sons.

Panofsky, C. P.(1987). The interactionist roots of literacy: Parent-child book reading and the processes of cognitive socialization. Unpublished doctoral dissertation, University of New Mexico.

Panofsky, C. P.(1989). The functions of language in parent-child book reading events. *Theory into Practice*, 28: 120-125.

Parelius, A. P. & Parelius, R. J.(1978). *The sociology of education*. Englewood Cliffs, New Jersey: Prentice-Hal. Inc.

Parker, F.(1992). William Heard Kilpatrick(1871-1965): Philosopher of progressive education and teacher of teachers. ERIC ED350-203.

Parsons, T.(1951). *The social system*. New York: The Free Press.

Parsons, T.(1960). *Structure and process in modern societies*. NY: The Free Press.

Pavlov, I. P.(1928). *Lectures on conditioned reflexes*. NY: Liveright.

Peters, R. S.(1964). *Education as initiation*. London: Harrap.

Peters, R. S.(1966). *Ethics and education*. London: George Allen Unwin.

Phenix, P.(1958). *Philosophy of education*. New York: Holt.

Piaget, J.(1952). *The origins of intelligence in children*. (trans. M. Cook). New York: International Press.

Postman, N.(1985). *Amusing ourselves to death: Public discourse in the age of show business*. U.S.: Viking Penguin Inc.

Rieber, R. W.(ed.)(1980). *Wilhelm Wundt and the making of a scientific psychology*. New York: Plenum.

Rogers, C.(1942). *Counseling and psychotherapy*. Boston: Houghton Mifflin.

Rogers, C.(1951). *Client-centered therapy*. Boston: Houghton Mifflin.

Rogoff, B., & Chavajay, P.(1995). What's become of research on the cultural basis of cognitive development? *American Psychologist*, 50, 859-877.

Rubinstein, M. F.(1975). *Patterns of problem-solving*. Englewood Cliffs, NJ: Prentice-Hall.

Saha, L. J.(ed.)(1997). *International encyclopedia of the sociology of education*. Pergamon.

Salovey, P., & Mayer, J. D.(1990). Emotional intelligence. *Imagination, Cognition, and Personality, 9, 185-211.*

Schunk, D. H.(1990). Goal setting and self-efficacy during self-regulated learning. *Educational Psychologist*, 25, 71-86.

Scotter, R. D., Haas, J. H., Kraft, R. K., & Schott, J. D.(1991). *Social foundations of education*. New Jersey: Prentice-Hall.

Scriven, M.(1967). The methodology of evaluation. In R. W. Tyler, R. M. Gagné, & M. Scriven (eds.), *Perspectives of curriculum evaluation,* Vol.I(39-83). Chicago, IL: Rand McNally.

Shapiro, A.(2006). Chester Barnard. In F. English (ed.), *Encyclopedia of educational leadership and administration* (68-69). Thousand Oaks, CA: Sage.

Shertzer, B., & Stone, S. C.(1981). *Fundamentals of guidance*. Boston: Houghton Mifflin.

Simon, H. A.(1980). Problem solving and education. In D. T. Tuma & F. Rief (eds.), *Problem solving and education: Issues in teaching and learning*. Hillsdate, NJ: Erlbaum.

Skinner, B. F.(1938). *Behavior of organisms*. NY: Appleton Century Crofts.

Skinner, B. F.(1968). *The Technology of Teaching*. NY: Appleton Century Crofts.

Spearman, C. E.(1927). *The abilities of man*. N.Y.: Macmillan.

Spearman, C. E.(1923). *The nature of intelligence and the principles of cognition*. London: Macmillan.

Sternberg, R. J.(1985). *Beyond IQ: A triarchic theory of human intelligence*. NY: Cambridge University Press.

Sternberg, R. J.(1986). *Intelligence Applied: Understanding and increasing your intellectual skills*. San Diego, CA: Harcourt Brac Jovanovich.

Stipek, D. J.(1984). Development aspects of achievement motivation in children. In R. Ames & C. Ames (eds.), *Research on motivation in education* (Vol. 1): *Student motivation* (145-174). New York: Academic Press.

Thurstone, L.(1938). Primary mental abilities. *Psychometric Monograph*, No. 1.

Taylor, F. W.(1911). *The principles of scientific management*. New York: Harper & Brothers.

Taylor, J. W.(1961). *How to create ideas*. Englewood Cliffs, NJ: Prentice-Hall.

Terman, L. M.(1916). *The Measurement of intelligence*. Boston: Houghton Mifflin Company.

Titchener, E. B.(1921), Wilhelm Wundt. *American Journal of Psychology*, 32(2): 161-78.

Usher, R.(1994). *Postmodernism and education*. London: Routledge.

Vygotsky, L. S.(1962). *Thought and language*. Published by MIT Press.

Vygotsky, L. S.(1978). *Mind in society*. Cambridge, MA: Harvard University Press.

Vygotsky, L. S.(1987). *The collected works*. New York: Plenum.

Ward, L. F.(1883). *Dynamic sociology*. New York: Appleton.

Watson, J. B.(1913). Psychology as the behaviorist views it. *Psychological Review*. 20: 158-177.

Watson, J. B.(1919). *Psychology: From the standpoint of a behaviorist*. Lippincott.

Watson, J. B.(1924). *Behaviorism*. Lippincott.

Weber, M.(1946). *The theory of social and economic organization*. (ed. T. Parsons, trans. A. M. Henderson & T. Parsons). New York: The Free Press.

Wechsler, D.(1944). *The measurement of adult intelligence* (3rd ed.). Baltimore: Williams & Wilkins.

Weiner, B.(1974). *Achievement motivation and attribution theory*. NJ: General learning Press.

Weinstein, D.(2017). Herbert Spencer. *Stanford Encyclopedia of Philosophy*. Available at: https://plato.stanford.edu/entries/dewey-moral/ (accessed on Dec 12, 2017).

Williamson, E. G.(1939). *How to counsel students: A manual of techniques for clinical counselors*. New York: McGraw-Hill.

Williamson, E. G.(1950). *Counseling adolescents*. New York: Mcgraw-Hill Book Co.

Williamson, E. G., & Biggs, D. A.(1979). Trait and factor theory and individual differences. In H. M. Birks, Jr., & B. Stefflre (eds.), *Theories of counseling* (3rd ed., 91-131). New York: McGraw-Hill.

Williamson, E. G., & Darley, J. S.(1937). *Student personnel work*. New York: McGraw-Hill.

Wolpe, J.(1969). *The practice of behavior therapy*. New York: Pergamon Press.

Woodworth, R. S.(1941). *Heredity and environment*. NY: Social Science Research Council.

Young, M. D.(1971). An approach to the study of curricula as socially organized knowledge. In M. D. Young (ed.), *Knowledge and control: New directions for the sociology of education*. London: Collier-Macmillan.

Young, M. D.(1972). On the politics of educational knowledge. *Economy and Society*, 1, 193-215.

Young, P. T.(1961). *Motivation and emotion*. New York: John Wiley and Sons.

찾아보기

저자소개

• **안병환**

영남대학교 교육학 석사(교육사회학 전공)
영남대학교 교육학 박사(교육사회학 전공)
대진대학교 부총장 역임
중원대학교 총장 역임
현) 한국교육포럼회장
주요저서: 교육사회학(공저), 교육학개론(공저), 교육행정 및 교육경영(공저), 성인학습 및 상담(공저), 평생교육학개론(공저), 평생교육경영론(공저)

• **성낙돈**

서울대학교 사범대학 교육학과 졸업(문학사)
미국 펜실베니아 주립대학교(Pennsylvania State University) 교육학 박사(교육정책·성인교육 전공)
덕성여자대학교 교육대학원장, 평생교육원장 역임
현) 덕성여자대학교 교직학부 교수
동 대학 교육대학원 석사과정 평생교육 전공 주임교수
주요저서: 교육사회학(공저), 교과교육론(공저), 교육행정 및 교육경영(공저), 평생교육학개론(공저)

• **구광현**

서울대학교 대학원 교육학 석사(교육학 전공)
캐나다 토론토대학교(University of Toronto) 대학원 교육학 박사(교육학 전공)
현) 안양대학교 인문대학 유아교육과 교수
주요저서: 교육학개론(공저), 신교육심리학(공저), 부모역할과 자녀교육(공저), 학교상담의 이론과 실제(공저), 아동발달(공저), 교육심리학(공저), 유아사회교육(공저), 교육연구방법

• **가영희**

고려대학교 교육학 석사(상담심리 전공)
인하대학교 교육학 박사(교육사회학·교육행정 전공)
고려대학교 교육대학원 겸임교수, 덕성여대, 세종대, 인하대 외래교수 역임
현) 대진대학교 초빙교수, 안양대학교 겸임교수, 한국교육상담연구원 부원장
주요저서: 교과교육론(공저), 교육사회학(공저), 교육심리학(공저), 교육행정 및 교육경영(공저), 교육학개론(공저), 청소년상담(공저), 성인학습 및 상담(공저), 평생교육경영론(공저), 평생교육방법론(공저), 평생교육학개론(공저)

교육학개론

초판 1쇄 인쇄 / 2018년 1월 15일
초판 1쇄 발행 / 2018년 1월 20일

공저자 / 안병환 · 성낙돈
구광현 · 가영희
발행인 / 이 중 수
발행처 / **동 문 사**

서울특별시 서대문구 홍제원 1길 12
(홍제동 137-8)
Tel : 02)736-3718(대), 736-3710, 3720
Fax : 02)736-3719
등록번호 : 제9-17호
가격 : 20,000원

ISBN : 978-89-8251-969-7(93370)
E-mail : dong736@naver.com
www.dongmunsa.com